公路工程监理培训用书

Jianli Lilun Jichu Zhishi
监理理论基础知识

中国交通建设监理协会　组织编写
章剑青　秦志斌　主　编

人民交通出版社股份有限公司
北　京

内 容 提 要

本书为公路工程监理培训用书,内容包括绪论,与公路工程监理相关的法律法规与标准规范,监理工程师与监理单位,工程监理组织,施工准备阶段监理,工程质量、安全、环保监理,工程进度监理,工程费用监理,合同事项管理,交工验收与缺陷责任期监理,监理工地会议,监理资料共12章。

本书主要作为公路工程监理人员培训用书,也可供公路工程建设单位及监理单位的技术及管理人员参考。

图书在版编目(CIP)数据

监理理论基础知识／中国交通建设监理协会组织编写. — 北京：人民交通出版社股份有限公司, 2020.4
ISBN 978-7-114-16366-1

Ⅰ. ①监… Ⅱ. ①中… Ⅲ. ①道路施工—施工监理—基本知识 Ⅳ. ①U415.1

中国版本图书馆 CIP 数据核字(2020)第 033167 号

公路工程监理培训用书
书　　名：监理理论基础知识
著　作　者：中国交通建设监理协会
责任编辑：刘永超　周佳楠
责任校对：赵媛媛
责任印制：张　凯
出版发行：人民交通出版社股份有限公司
地　　址：(100011)北京市朝阳区安定门外外馆斜街 3 号
网　　址：http://www.ccpcl.com.cn
销售电话：(010)85285857
总 经 销：人民交通出版社股份有限公司发行部
经　　销：各地新华书店
印　　刷：北京市密东印刷有限公司
开　　本：787×1092　1/16
印　　张：21.25
字　　数：542 千
版　　次：2020 年 4 月　第 1 版
印　　次：2025 年 4 月　第 11 次印刷
书　　号：ISBN 978-7-114-16366-1
定　　价：80.00 元

(有印刷、装订质量问题的图书由本公司负责调换)

前　言

为满足公路工程建设需要，提高施工监理队伍素质，中国交通建设监理协会组织相关专家学者，编写了用于施工现场监理员岗前培训的公路工程监理培训用书，本套培训用书共二册，分别为《监理理论基础知识》与《工程质量与安全监理》。

本套培训用书依据我国公路建设实际以及最新颁布的法律法规、标准规范，以夯实现场监理员完成监理工作所必需的知识和技能为目的，以传递"公正、科学、诚信、自律"的监理职业原则为前提，注重工程监理基本理论、基本方法的阐述，突出工程建设质量与安全监理要点，内容系统性与实践指导性并重，有利于公路工程监理员岗前监理业务培训和学习。

《监理理论基础知识》一书，在基本认识公路工程监理制度的基础上，全面介绍了与监理相关的法规文件、体系构成，系统阐述了监理组织、监理规划、工程进度、费用、环境保护监理等基础理论知识。全书共分为12章，另外在附录中摘选了公路工程监理相关的部分法律法规，由中国交通建设监理协会组织编写，章剑青、秦志斌主编。

《工程质量与安全监理》一书，从公路工程建设的质量与安全监理角度出发，系统介绍了路基、路面、桥梁、隧道、交通安全设施、机电工程的质量监理内容，以及施工中的安全监理程序和要点等。全书共分为10章，由中国交通建设监理协会组织编写，秦仁杰、秦志斌主编。

本套培训用书在编写时参考了2013年由中国交通建设监理协会组织编写的"公路工程监理培训用书（第三版）"，在此特向该套书的主编（罗娜、袁志英、袁剑波、彭余华、李宇峙、王富春、杨玉胜、原驰、王成）及所有参编人员表示感谢。本套培训用书既可作为公路行业监理业务培训用书，也可供从事公路工程管理的人员学习使用和高等学校相关专业教师教学参考。

限于编者的水平和经验，书中谬误和疏漏之处在所难免，敬请读者批评指正。

中国交通建设监理协会
2020年4月

目 录

第一章 绪论 ··· 1
- 第一节 公路工程项目管理 ··· 1
- 第二节 公路工程项目建设程序和管理制度 ··· 5
- 第三节 公路工程监理概述 ··· 11
- 第四节 公路工程质量保证体系 ··· 15

第二章 与公路工程监理相关的法律法规与标准规范 ··· 25
- 第一节 法律法规基本知识 ··· 25
- 第二节 公路工程监理相关法规及政策 ··· 27
- 第三节 监理的法律责任及职业行为规范 ··· 29
- 第四节 工程建设标准的基础知识 ··· 36

第三章 监理工程师与监理单位 ··· 40
- 第一节 监理工程师及其管理 ··· 40
- 第二节 监理工程师的素质要求及职业道德准则 ··· 43
- 第三节 监理工程师的职责、权力与法律地位 ··· 46
- 第四节 监理单位资质等级与资质管理 ··· 53

第四章 工程监理组织 ··· 58
- 第一节 组织概述 ··· 58
- 第二节 工程监理组织 ··· 60

第五章 施工准备阶段监理 ··· 67
- 第一节 施工准备阶段监理工作内容 ··· 67
- 第二节 监理计划 ··· 70
- 第三节 监理细则 ··· 76

第六章 工程质量、安全、环保监理 ··· 79
- 第一节 公路工程监理目标控制 ··· 79
- 第二节 工程质量监理 ··· 83
- 第三节 施工安全监理 ··· 94
- 第四节 施工环境保护监理 ··· 96

第七章 工程进度监理 ··· 101
- 第一节 进度监理概述 ··· 101
- 第二节 施工进度与施工组织 ··· 106
- 第三节 进度监理基本方法 ··· 119

  第四节 网络计划技术 ……………………………………………………… 127
第八章 工程费用监理 ………………………………………………………………… 140
  第一节 工程费用监理概述 …………………………………………………… 140
  第二节 工程计量 ……………………………………………………………… 145
  第三节 工程费用支付 ………………………………………………………… 154
第九章 合同事项管理 ………………………………………………………………… 173
  第一节 菲迪克（FIDIC）合同条件简介 …………………………………… 173
  第二节 工程变更 ……………………………………………………………… 177
  第三节 工程索赔 ……………………………………………………………… 187
  第四节 价格调整 ……………………………………………………………… 195
  第五节 反索赔 ………………………………………………………………… 201
  第六节 违约处理 ……………………………………………………………… 205
  第七节 合同其他事项管理 …………………………………………………… 208
第十章 交工验收与缺陷责任期监理 ………………………………………………… 214
  第一节 概述 …………………………………………………………………… 214
  第二节 交工验收与缺陷责任期监理 ……………………………………… 216
  第三节 竣工验收 ……………………………………………………………… 220
第十一章 监理工地会议 ……………………………………………………………… 222
  第一节 工地会议概述 …………………………………………………………… 222
  第二节 工地会议的组织与内容 …………………………………………… 222
第十二章 监理资料 …………………………………………………………………… 225
  第一节 监理资料的内容 …………………………………………………… 225
  第二节 监理资料的管理 …………………………………………………… 229
附录1 中华人民共和国公路法 ……………………………………………………… 236
附录2 公路工程建设项目招标投标管理办法 ……………………………………… 245
附录3 公路建设监督管理办法 ……………………………………………………… 258
附录4 公路建设市场管理办法 ……………………………………………………… 265
附录5 公路水运工程监理企业资质管理规定 ……………………………………… 272
附录6 公路水运工程监理工程师登记管理办法 …………………………………… 287
附录7 建设工程质量管理条例 ……………………………………………………… 290
附录8 建设工程安全生产管理条例 ………………………………………………… 299
附录9 公路水运工程安全生产监督管理办法 ……………………………………… 309
附录10 公路工程竣（交）工验收办法 …………………………………………… 318
附录11 公路水运工程试验检测管理办法 ………………………………………… 323
附录12 关于深化公路建设管理体制改革的若干意见 …………………………… 328
参考文献 …………………………………………………………………………………… 333

第一章 绪 论

30多年来,中国交通建设工程监理,从无到有,从弱到强。中国交通建设工程监理,结合自身实际,不断培养和引进人才,持续改进经营模式,对提高工程建设管理水平、保证工程建设质量和安全、提高投资效益等方面发挥了重要作用,已产生了广泛而深远的影响。随着公路建设管理体制改革的进行,其内容、方法、运行机制等各方面也更臻完善。

第一节 公路工程项目管理

一、项目及其特征

1. 项目的概念

"项目"一词已越来越广泛地被人们应用于社会经济和文化生活的各个方面,人们经常用"项目"来表示一类事物。项目的定义很多,最常用的是从对项目特征的描述予以定义,即:项目是指在一定的约束条件下具有专门组织和特定目标的一次性任务。

2. 项目的主要特征

(1)一次性。是指项目过程的一次性,它区别于周而复始的重复性活动。一个项目完成后,不会再安排实施与之具有完全相同开发目的、条件和最终成果的项目。项目作为一次性事业,其成果具有明显的单件性,它不同于现代工业化的大批量生产。项目成果的单件性和实施过程的一次性,都会给项目管理带来较大的风险。因此,为了避免管理失误,就要靠科学的管理手段和方法,以保证项目一次性成功。

(2)目标性。任何一个项目都必须有明确的特定目标。项目目标包括两个方面:一是项目工作本身的目标,是项目实施的过程;二是项目产出物的目标,是项目实施的结果。例如,对公路工程建设项目而言,项目工作的目标包括项目工期、造价、质量、安全等各方面工作的目标;项目产出物的目标包括建筑物的功能、特性、使用寿命、安全性等指标。一般而言,项目的目标性是最重要和最需要项目管理者注意的特性。

(3)制约性。项目的制约性是指每个项目都在一定程度上受到内在和外在条件的制约。项目只有在满足约束条件下获得成功才有意义。内在条件的制约主要是对项目质量、寿命和功能的约束(要求),外在条件的制约主要是对于项目资源的约束,包括人力资源、财力资源、物力资源、时间资源、技术资源、信息资源等方面。项目的制约性是决定一个项目成功与失败的关键特性。

(4)时限性(生命周期)。项目成果的单件性和实施过程的一次性决定了每个项目都具有自己的生命周期,任何项目都有其产生时间、发展时间和结束时间,在不同时期都有特定的任务、程序和工作内容。了解掌握项目的生命周期,就可以有效地对项目实施科学的管理和控制。如建设项目的生命周期包括建设项目决策评估阶段、设计阶段、招投标阶段、施工阶段、竣工保修阶段。成功的项目管理是对项目全过程的管理和控制,是对整个项目生命周期的管理。

(5)独特性。项目的独特性是指项目所生成的产品或服务,与其他产品或服务相比所具有的特殊性。通常一个项目的产出物或实施过程,即项目所生成的产品或服务至少在一些关键特性上与其他的产品和服务是不同的。每个项目都有一些以前没有做过的、独特的内容。例如,我国已经建设了数万条不同等级的公路,但没有两条完全相同的公路,这些公路在某个或某些方面都有一定的独特性,包括不同的自然条件(气象、水文、地质、地理条件等)、不同的设计、不同的项目法人、不同的承包人、不同的施工方法和施工时间等。当然,许多项目会有一些共性的东西,但是它们并不影响整个项目的独特性。

(6)不确定性。项目的不确定性主要是由项目的独特性造成的,因为一个项目的独特之处中,多数需要进行不同程度的创新,而创新就包括各种不确定性;其次,项目的非重复性也是造成项目不确定性的原因,因为项目活动的非重复性使得人们没有改进工作的机会,所以使项目的不确定性增大;另外,项目的环境多数是开放的,而且相对变动较大,这也是造成项目不确定性的主要原因之一。

二、项目管理及其特征

1. 项目管理的概念

项目管理是指在一定的约束条件下,为达到项目目标对项目所实施的计划、组织、协调和控制的过程。

一定的约束条件是制订项目目标的依据,也是对项目控制的依据。项目管理的目的就是保证项目目标的实现,项目管理的对象是项目。由于项目具有独特性、一次性、制约性、时限性等特点,因此要求项目管理具有针对性、系统性、科学性、严密性,只有这样才能保证项目完成。项目管理作为管理的一个分支,具有与管理相同的职能,如计划、组织、协调和控制等。项目管理的目标就是项目目标,该目标界定了项目管理内容,如建设项目管理的内容有投资控制、进度控制、质量控制、合同管理及协调各方关系等。

2. 项目管理的主要特征

(1)目标明确。项目管理的目标,就是在限定的时间、限定的资源和规定的质量标准范围内,高效率地实现项目法人所规定的项目目标。项目管理的一切活动都要围绕这一目标进行。项目管理的好坏,主要看项目目标的实现程度。

(2)项目经理负责制。项目管理十分强调项目经理个人负责制,项目经理是项目成功的关键人物。项目法人为项目经理规定了要实现的项目目标,并委托其对目标的实施全权负责。有关的一切活动均需置于项目经理的组织与控制之下,以避免多头负责、相互扯皮、职责不清和效率低下。

(3)充分的授权保证系统。项目管理的成功必须以充分的授权为基础。因为项目经理的授权,应与其承担的责任相适应。特别是对于复杂的大型项目,协调难度很大,没有统一的责任者和相应的授权,势必难以协调配合,甚至导致项目失败。

(4)具有全面的项目管理职能。项目管理的基本职能包括计划、组织、协调和控制。

①计划职能。即把项目活动全过程、全部目标都列入计划,通过统一的、动态的计划系统来组织、协调和控制整个项目,使项目协调有序地达到预期目标。

②组织职能。即建立一个高效率的项目管理体系和组织保证系统,通过合理的职责划分、授权,动用各种规章制度以及合同的签订与实施,确保项目目标的实现。

③协调职能。项目的协调管理,即在项目存在的各种结合部或界面之间,对所有的活动及力量进行连接、联合、调和,以实现系统目标的活动。项目经理在协调各种关系特别是主要的人际关系中,应处于核心地位。

④控制职能。项目的控制就是在项目实施过程中,运用有效的方法和手段,不断分析、决策、反馈,不断调整实际值与计划值之间的偏差,以确保项目总目标的实现。项目控制往往是通过目标的分解、阶段性目标的制订和检验、各种指标定额的执行以及实施中的反馈与决策来实现的。

实践证明,在经济建设领域中实行项目管理,对于提高项目质量、缩短建设周期、节约建设资金都具有十分重要的意义。

三、工程建设项目管理

近些年来,我国在工程建设领域大力推行项目管理,对提高工程质量、保证工期、降低成本起到了重要作用,同时取得了明显的经济效益。

1. 工程建设项目

工程建设项目是最为常见和最为典型的项目类型,也是项目管理的重点。工程建设项目是指按照一个总体设计进行施工,由一个或几个相互有内在联系的单项工程组成,经济上实行统一核算、行政上实行统一管理的建设实体。

工程建设项目有时也简称为工程项目。一个工程项目可以是一个单项工程,也可以是一个系统的群体工程,但是只有具备以下条件的工程才能称为工程项目。第一,工程要有明确的建设目的和投资理由;第二,工程要有明确的建设任务量,即要有确定的建设范围、具体内容及质量目标;第三,投资条件要明确,即总的投资量及其资金来源、各年度的投资量等要明确;第四,进度目标要明确,即要有确定的项目实施阶段的总进度目标、分进度目标和项目动用时间;第五,工程各组成部分之间要有明确的组织联系,应是一个系统;第六,项目的实施具有一次性特征。

2. 公路工程项目

公路工程项目是工程建设项目的其中一类。公路工程项目除具有一般工程建设项目的特征外,其固有的技术经济特点又有别于其他的工程建设项目。公路工程项目的主要特征有:

(1)公路工程项目属于线性工程。一个公路项目建设路段少则几公里,多则数十、甚至数百公里,路线跨越山川河谷,所经路段难以完全避免不良地质地段,如滑坡、软基、冻土等路段,难以完全避免地形复杂路段,如大桥、特大桥、长隧道、高大挡墙等结构物不可避免。这使得公路项目建设看似简单,实际却比一般土木工程项目复杂得多。由于公路路线所经地区地质特性的多变性,使得公路路基施工复杂,结构物施工也因地质条件的不确定性经常导致设计变更、工期延长,质量、进度、投资等控制难度加大。

(2)公路工程项目构成复杂。公路工程项目构成包括路基土石方工程、路面工程、桥梁工程、隧道工程、立交工程、沿线设施及交通工程、绿化工程等。各类工程的施工内容差异很大,这决定了公路工程项目管理的技术复杂性和管理的综合性。

(3)公路工程项目形体庞大,施工过程多,工作面有限,决定了其工期长。高速公路的施工工期通常为2~5年。工期长意味着在工程建设中面临着更多的不确定性,承担着更大的风险。

(4)公路工程项目建设投资巨大。高速公路每公里造价一般为几千万元甚至上亿元,一条高速公路建设投资的巨大由此可见。工程建设巨大的资金需要量能否及时到位是保证工程按期完工的前提。巨大的资金投入对于决定投资活动的成功与否关系重大。同时,更要求高质量的工程管理,以保证项目工期、投资(成本)和质量等目标的实现。

3. 工程建设项目管理

工程建设项目管理是以建设项目为管理对象,以实现建设项目投资、工期、质量、安全和环保目标为目的,对建设项目进行高效率的计划、组织、协调、控制,以及系统的、有限的循环管理过程。

建设项目的管理者应由参与建设活动的各方,即项目法人、设计单位和承包人等组成。因各方所处的角度和职责不同,形成的项目管理类型也有所不同。

(1)业主的建设项目管理。是指对从编制项目建议书至项目竣工验收、投产使用全过程进行的管理。如果委托监理单位进行具体管理,则称为工程监理。工程监理是监理单位受业主委托,按合同规定为业主服务,并非代表业主。

(2)设计单位的建设项目管理。由设计单位进行的项目管理,一般限于设计阶段。

(3)承包人的建设项目管理。由承包人进行的项目管理,一般限于施工阶段。

四、公路工程建设项目的划分

凡是按一个总体设计组织施工,建成后具有完整的运行系统,可以独立地形成生产能力或使用价值的建设工程,称为一个基本建设项目,简称建设项目。我国基本建设工作中,通常以一个企业或一个独立工程作为一个建设项目,如交通建设方面的一条公路、一条铁路、一个港口。就其实物形态而言,每项基本建设工程都是由许多部分组成的。为了使工程建设各有关部门(包括设计、施工、管理、计划、统计、财务等)统一口径,必须对建设项目的组成划分做出统一规定。公路工程建设项目可依次划分为:单项工程、单位工程、分部工程和分项工程。

(1)单项工程(也称工程项目)。凡是具有独立的设计文件,竣工后可以发挥生产能力或效益的工程,称为一个单项工程。它是建设项目的组成部分。一个建设项目,可以是一个单项工程,也可以包括许多单项工程。

公路建设的单项工程一般指独立的桥梁工程、隧道工程,这些工程一般包括与已有公路的接线,建成后可以独立发挥交通功能。但一条路线中的桥梁或隧道,在整个路线未修通前,并不能发挥交通功能,也就不能作为一个单项工程。

(2)单位工程。凡是具有单独设计,可以独立施工,但完工后不能独立发挥生产能力或效益的工程,称为一个单位工程。它是单项工程的组成部分。

公路建设项目如一条公路中一段路线(或一个合同段)作为一个单项工程,其中各个路段(或合同段)范围内的路基工程、路面工程、交通安全设施、桥梁(每座)、隧道(每座)都可作为单位工程。

(3)分部工程。分部工程是单位工程的组成部分,一般是按单位工程中的结构部位、路段长度、施工特点或施工任务划分的。

在公路建设工程中,分部工程的确定,是在工程项目界定的范围内,以工程部位、工程结构和施工工艺为依据,并考虑在工程建设实施过程中便于进行工程结算和经济核算的方便划分的。如单位工程中的路基工程可划分为路基土石方工程(1~3km路段)、排水工程(1~3km路段)、小桥及符合小桥标准的通道、人行天桥、渡槽(每座)、通道(1~3km路段)、砌筑防护工程(1~3km路段)和大型挡土墙、组合式挡土墙(每处)等分部工程。

(4)分项工程。分项工程是分部工程的组成部分,是按照不同的施工方法、材料、工序及路段长度等来划分的。它是概预算定额的基本计量单位,故也称为工程定额子目或称工程细目。如分部工程中的路基土石方工程可划分为土方路基、石方路基、软土路基、土工合成材料处置层等分项工程。

第二节 公路工程项目建设程序和管理制度

一、建设程序的概念

建设程序也称为基本建设程序,是指建设项目从设想、选择、评估、决策、设计、施工到竣工验收、投入使用的整个建设过程中,各项工作必须遵循的先后次序的法则。

建设程序反映建设工作的客观规律和经济规律,由国家有关主管部门制定、颁布。建设程序既是基本建设应遵循的准则,也是国家对基本建设进行监督管理的手段之一。

建设程序是人们在认识客观规律,科学地总结建设工作实践经验的基础上,结合经济管理体制制定的。按照建设项目发展的内在联系和发展过程,国家通过制定有关法规,把整个基本建设过程划分为若干个阶段,规定每一阶段的工作内容、原则以及审批权限。这些阶段相互衔接,循序渐进,有严格的先后顺序,不能任意颠倒,也不能随意省略。作为工程建设者之一的监理工程师,应该严格遵守工程建设项目的内在规律,并在工程建设中遵守并监督实施这一程序。

二、公路工程建设程序

按照工程建设的客观规律,公路工程项目建设应当经过投资决策、建设实施、交付使用等三个发展时期,每个时期又可分为几个阶段。根据《公路建设监督管理办法》(交通部令2006年第6号)的规定,公路建设项目的实施,应当按照下列程序进行:

根据规划,编制项目建议书;根据批准的项目建议书,进行工程可行性研究,编制可行性研究报告;根据批准的可行性研究报告,编制初步设计文件;根据批准的初步设计文件,编制施工图设计文件;根据批准的施工图设计文件,组织项目招标;根据国家有关规定,进行征地拆迁等施工前准备工作,并向交通运输主管部门申报施工许可;根据批准的项目施工许可,组织项目实施;项目完工后,编制竣工图表、工程决算和竣工财务决算,办理项目交、竣工验收和财产移交手续;竣工验收合格后,组织项目后评价。

我国公路基本建设程序的具体内容如下:

1. 项目建议书阶段

项目建议书是拟建项目单位向国家提出的要求建设某一具体工程项目的建议文件,是投资决策前对拟建项目的轮廓设想,是基本建设程序中的第一个阶段。

项目建议书的主要作用是推荐拟建项目并对拟建项目进行初步说明,论述拟建项目建设的必要性、条件的可行性和获利的可能性,供有关部门选择并确定是否进行下一步的工作。项目建议书批准后,才可进行可行性研究阶段的工作,但项目建议书并不表明项目非上不可,批准的项目建议书不是项目的最终决策。

项目建议书的内容一般应包括:项目建设的必要性和依据;拟建项目规模、建设地点和建设方案的初步设想;资源情况、建设条件和协作关系等的初步分析;投资估算和资金筹措的设想;建设进度设想;经济效益和社会效益的初步估计。

项目建议书编制一般由项目投资方委托有相应资质的设计单位或咨询机构承担,并按国家现行规定权限向主管部门申报审批。项目建议书被批准后,即可组建项目法人筹备机构。

2. 可行性研究阶段

项目建议书一经批准,即可着手进行可行性研究,在进行全面技术经济预测、计算、分析论证和多种方案比较的基础上,对拟建项目在技术上是否可行和经济上是否合理进行科学的分析和论证,提出评价意见,为项目决策提供依据并推荐最佳实施方案。

我国从20世纪80年代初将可行性研究正式纳入基本建设程序,规定大中型项目、利用外资项目、引进技术和设备进口项目,都要进行可行性研究,其他项目有条件的也要进行可行性研究。承担可行性研究工作的单位应是经过资格审定的规划、设计和工程咨询单位。

可行性研究报告是在工程可行性研究基础上编制的一个重要文件。公路建设项目可行性研究报告的主要内容包括:

(1)建设项目的依据、历史背景,进行建设项目的经济效益和社会效益分析。

(2)建设地区综合运输现状和建设项目在交通运输网中的地位和作用,原有公路的技术状况及适应程度。

(3)论述建设项目所在地区的经济特征,研究建设项目与经济发展的内在联系,预测交通量、运输量的发展水平。

(4)建设项目的地理位置、地形、地质、地震、气候、水文等自然特征。

(5)筑路材料来源及运输条件。

(6)论证不同建设方案的路线起讫点和主要控制点、建设规模、标准,提出推荐性意见。

(7)评价建设项目对环境的影响。

(8)测算主要工程数量、征地拆迁数量,估算投资,提出资金筹措方案,提出勘察、设计、施工计划安排。

(9)确定运输成本及相关经济参数,进行国民经济评价、敏感性分析、财务分析。

(10)提出存在的问题及建议。

可行性研究报告作为确定建设项目、编制设计文件的重要依据,要求其必须有相当的深度和准确性。可行性研究报告批准后,一般不得随意修改和变更。经批准的可行性研究报告,是项目决策和进行初步设计的依据。工程项目可行性研究报告批准后,应正式成立项目法人,并按项目法人责任制实行项目管理。

3. 设计阶段

设计是对拟建工程的实施在技术上和经济上所进行的全面而详尽的安排,是基本建设计划的具体化,是组织施工的依据。可行性研究报告经批准的工程建设项目,应通过招标、投标择优选择设计单位,按照批准的可行性研究报告的内容和要求进行设计,编制工程设计文件。

按照我国现行规定,公路基本建设项目一般进行两阶段设计,即初步设计和施工图设计。对于技术上复杂而又缺乏设计经验的项目或建设项目中的个别路段、特殊大桥、互通式立体交叉、隧道等,必要时可进行三阶段设计,即初步设计、技术设计和施工图设计。

初步设计应根据批准的工程可行性研究报告的要求和初测资料,拟订修建原则,制订设计方案,计算主要工程数量,提出施工方案的意见,编制设计概算,提供文字说明及图表资料。初步设计是设计工作的第一阶段,如果初步设计提出的总概算超过工程可行性研究报告确定的总投资估算10%以上或其他主要指标需要变更时,要重新报批工程可行性研究报告。

初步设计文件应按规定报交通运输主管部门审批,初步设计文件批准后,即可要求列入年度基本建设计划,并开始进行下阶段设计。

技术设计应根据批准的初步设计和补充初测(或定测)资料,对重大、复杂的技术问题通过科学试验、专题研究,加深勘探调查及分析比较,解决初步设计中遗留的问题,落实技术方案,计算工程数量,提出修正的施工方案,编制修正概算。技术设计文件也应按规定报主管部门审批后,开始进行下阶段设计。

施工图设计应根据批准的初步设计(或技术设计)和定测资料,进一步对审定的修建原则、设计方案、技术措施加以具体和深化,最终确定工程数量,提出文字说明和适应施工需要的图表资料及施工组织计划,编制施工图预算。施工图设计文件在交付施工前,须经项目法人或由项目法人委托有相应工程咨询或者设计资质的单位审查,并由项目法人按照项目管理隶属关系将施工图设计文件报交通运输主管部门审批。

设计工作必须由具有相应资质等级的勘察设计单位来完成,所编制的设计文件必须符合《公路工程基本建设项目设计文件编制办法》(交公路发〔2007〕358号)的规定。

4. 开工准备阶段

建设项目必须有经过批准的初步设计和总概算,并经有关主管部门综合平衡,在资金、材料和施工力量有保证后,才能列入年度基本建设计划。年度基本建设计划是确定年度基本建设任务,进行建设拨款的依据。

当建设项目施工图设计文件经过审批后,满足法定条件时,即可编制项目招标文件,组织项目招标投标。项目法人通过项目施工监理招标、投标择优选定项目监理单位,签订监理合同后;再组织施工招标投标,优选承包人,签订施工合同。

为了确保项目施工的顺利进行,项目在主体工程开工之前,必须进行必要的施工准备工作,主要内容包括:征地、拆迁和场地平整;做到水通、电通、进场道路通;组织设备、材料订货;建设必需的生产、生活临时工程;办理报建手续、办理施工许可等。

准备工作基本就绪后,业主按审批权限,向主管部门提出项目开工报告,经批准后,才能正式开工。

5. 组织施工阶段

在具备开工条件,并经主管部门批准后,方可开工建设,组织施工。

项目开工时间是指建设项目设计文件中规定的任何一项永久性工程(无论生产性或非生产性)第一次正式破土开槽开始实施的日期;不需要开槽的工程,以建筑物组成的正式打桩作为正式开工;需要进行大量土、石方工程的,以开始进行土、石方工程作为正式开工。工程地质勘察、平整场地、旧有建筑物的拆除以及临时建筑、施工用临时道路和水、电等施工,不算正式开工。

业主要充分发挥建设管理的主导作用,积极创造良好的施工条件和外部环境;监理单位要充分行使合同赋予的权力,对施工进度、费用、质量、安全、环保等实施有效的监督管理,调解各方争议,确保工程施工顺利进行;承包人要严格按施工合同约定,精心地组织施工,合理使用施工资源,对施工工期、成本、质量、安全与环保等实行全面控制,以达到按合同要求全面完成施工任务的目的。

6. 竣工验收阶段

公路工程按合同约定的各项内容已完成,符合验收条件后,即可进行验收。

竣工验收是工程建设过程的最后一环,是全面考核基本建设成果、检验设计和工程质量的重要步骤,也是基本建设转入生产或使用的标志,是保证竣工工程顺利投入生产或交付使用的一个法定手续,对促进建设项目及时投产、发挥投资效益及总结建设经验具有重要作用。

所有公路工程在完工后、投入使用前都必须通过竣工验收。工程竣工验收前,业主要组织设计、监理、施工等单位进行交工验收。交工验收合格后,业主应按交通运输部规定的要求及时完成项目交工验收报告,并向交通运输主管部门备案。交通运输主管部门在15天内未对备案的项目交工报告提出异议,业主可开放交通进入试运营期。通车试运营两年后,符合竣工验收条件时,业主应按照项目管理权限及时向交通运输主管部门申请竣工验收。对于符合验收条件的,应自收到申请文件之日起三个月内组织竣工验收。竣工验收通过的工程,由业主按国家规定向公路管理机构、接管养护单位办理资产移交手续后,正式投入通车运营。

7. 后评价阶段

建设项目后评价是工程项目竣工投产、生产运营一段时间(一般两年)后,再对项目的立项决策、设计施工、竣工投产、生产运营等全过程进行系统评价的一种技术经济活动,是固定资产投资管理的一项重要内容,也是固定资产投资管理的最后一个环节。通过建设项目后评价以达到肯定成绩、总结经验、研究问题、吸取教训、提出建议、改进工作、不断提高项目决策水平和投资效果等目的。

项目后评价的主要内容包括:影响评价——对项目投产后对各方面的影响进行评价;经济效益评价——对项目投资、国民经济效益、财务效益、技术进步和规模效益、可行性研究深度等进行评价;过程评价——对项目的立项、设计施工、建设管理、竣工投产、生产运营等全过程进行评价;持续运营评价——对项目持续运营的预期效果进行评价。项目后评价一般按三个层次组织实施,即项目法人的自我评价、项目行业的评价、计划部门(或主要投资方)的评价。

三、坚持建设程序的意义

建设程序反映了工程建设的客观规律,对各建设行为主体和监督管理主体在每个阶段应当做什么、如何做、何时做、由谁做等一系列问题都给出明确规定。坚持建设程序有以下几个方面的重要意义。

1. 依法管理工程建设,保证正常建设秩序

公路工程作为国民经济和人民生活的基础设施,其建设投资大、工期长、内容复杂,是一个庞大的系统工程。在建设过程中,客观上存在具有一定内在联系的不同阶段和不同内容,必须按照一定的步骤进行。为了使工程建设有序进行,有必要将各个阶段的划分和工作的次序用法则或规章的形式加以规范,以便于人们遵守。实践证明,坚持了建设程序,工程建设就能顺利进行;反之,不按建设程序办事,工程建设就会受到极大的影响。因此,坚持建设程序,是依法管理工程建设的需要,是建立正常建设秩序的需要。

2. 科学决策,保证投资效果

建设程序明确规定,建设前期应当做好项目建议书和可行性研究工作。在这两个阶段,由具有相应资格的专业技术人员对项目的建设必要性、技术可行性、经济合理性和实施可能性及实施条件进行研究论证,并对投资收益进行分析,对项目技术方案进行比选、论证,提出技术上可行、经济上合理的可行性研究报告,为项目决策提供科学依据,而项目审批又从综合平衡方面进行把关。这样可最大限度地避免决策失误并力求决策优化,从而保证投资效果。

3. 顺利实施建设工程,保证工程质量

建设程序强调在科学决策的前提下先勘测、后设计、再施工的原则。根据真实、准确的勘测成果进行设计,根据审批的深度及内容合格的设计进行施工,在做好准备的前提下合理地组织施工活动,使整个工程建设活动能够有条不紊地进行,这是工程质量得以保证的基本前提。事实证明,坚持建设程序,就能顺利实施工程建设并保证工程质量。

4. 顺利开展工程建设监理

工程监理的基本目的是协助建设单位在计划的目标内把工程项目建成并投入使用。因此,坚持建设程序,按照建设程序规定的内容和步骤,有条不紊地协助建设单位开展好每个阶段的工作,对工程监理是非常重要的。

四、我国工程建设项目管理制度

按照《公路建设监督管理办法》的规定,我国公路建设项目应当实行项目法人责任制度、招标投标制度、工程监理制度和合同管理制度。这些制度相互关联、相互支持,共同构成了我国公路工程建设项目管理制度体系。在这套管理制度体系中,项目法人责任制为核心,招标投标制和工程监理制为服务体系,合同管理制为手段。

在建立和推行上述项目管理制度的同时,也逐步形成了以项目法人为主体的工程招标发包体系,以设计、施工和材料设备供应单位为主体的投标承包体系,以及以工程监理单位为主体的中介技术咨询服务体系的市场三元主体。这三元主体之间以经济为纽带,以合同为依据,相互监督,相互制约,彻底改变了计划经济时期以政府投资为主、以指令性投资计划为基础的管理模式,转而变为以企业投资为主、项目法人负责、政府宏观控制引导和以投资主体自主决策、自担风险为基础的市场调节资本配置模式。

1. 项目法人责任制

项目法人是建设项目的投资者及投资风险的承担者、贷款建设项目的负债者、项目建设与运行的决策者、项目投产或使用效益的受益者、建成项目资产的所有者。

实行项目法人责任制,是为了建立投资约束机制,规范建设单位的行为,建设工程应当按照政企分开的原则组建项目法人,实行项目法人责任制,即由项目法人对项目的策划、资金筹措、建设实施、生产经营、债务偿还和资产的保值增值,实行全过程负责的制度。

项目法人是工程建设投资行为的主体,要承担投资风险,并对投资效果全面负责,必然要委托高智能的监理单位为其提供技术咨询和管理服务。

实行项目法人责任制是推行工程建设管理体制改革的关键,是我国建设市场繁荣发展的基础,是全面实行工程招标投标制和工程监理制的必要条件。

2. 招标投标制

招标投标制是市场经济体制下买卖双方的一种主要竞争性交易方式。我国在工程建设领域推行招标投标制,目的是适应社会主义市场经济的需要,在建设领域引进竞争机制,形成公开、公正、公平的市场交易方式,择优选择承包单位,促使设计、施工、材料设备生产供应等企业不断提高技术和管理水平,以保证建设项目质量和工期等目标的实现,提高投资效益。

1999年8月30日,《中华人民共和国招标投标法》经第九届全国人民代表大会常务委员会第十一次会议通过。该法的颁布实施,对规范招标投标行为,保护国家利益、社会公共利益和招标投标活动当事人的合法权益,提高经济效益,保证项目质量具有重要的意义。

3. 工程监理制

工程监理制作为一种科学的管理制度,它是以专门从事工程建设管理服务的工程监理单位,受项目法人的委托,对工程建设实施的管理。实行工程监理制是我国工程建设领域中项目管理体制改革的重大举措之一。

实行工程监理制,可培养专业化、高水平的建设项目管理队伍,提高工程建设管理水平;强调建设市场各主体之间的合同关系及监督、制约与协调的机能,提高工程建设项目管理的科学性与公正性。在我国实行工程监理制度,是为了适应我国社会主义市场经济的发展,学习和借鉴国际工程项目管理先进经验与模式,建立具有中国特色的一种现代化建设项目管理制度。

工程监理制是与项目法人责任制、招标投标制相配套的一项建设管理的科学制度。它的推行,使我国的工程建设项目管理体制由传统的自筹、自建、自管的小生产管理模式,向社会化、专业化、现代化的管理模式转变。

4.合同管理制

为了使勘察、设计、施工、监理和材料设备供应单位切实履行各自的责任和义务,在工程建设中必须实行合同管理制。

合同是约束和规范合同双方行为的重要依据和手段。工程建设项目的勘察、设计、施工、监理以及与工程建设有关的重要设备、材料的采购,必须依法签订合同,明确双方的权利和义务。合同双方应按合同要求履行各自的义务,不得违约,否则应承担相应的违约责任。工程合同的科学性、公平性和法律效力,规范了合同双方的行为,使工程建设活动有章可循。

市场经济的确立和完善,为工程建设市场的形成和完善提供了有利条件,而合同管理制的实行,更加有利于建设市场的规范和发展。合同管理制是实行招标投标制和工程监理制的必然要求,也是我国建设行业与国际市场接轨的需要。

《交通运输部关于深化公路建设管理体制改革的若干意见》(交公路发〔2015〕54号)指出:要完善公路建设管理四项制度,创新项目建设管理模式,根据公路建设实际和投融资体制改革的要求,为提高项目管理专业化水平,各地可结合本地区实际情况和建设项目特点选用以下三种项目建设管理模式。

(1)自管模式。由项目建设管理法人统一负责项目的全部建设管理工作和监理工作。项目建设管理法人必须具备相应的管理能力和技术能力,并配备具有相应执业资格的专业人员,能够完成项目管理全部工作,包括现行《公路工程施工监理规范》(JTG G10)规定的相关工作,对项目质量、安全、环保、进度、投资等负总责。根据建设项目的规模和技术复杂程度,项目建设管理法人应依据自身监管能力从具有相应资质等级的监理单位聘请有相应资格的监理人员负责监理工作。

(2)改进的传统模式。由项目建设管理法人通过招标等方式,选择符合相应资质要求的监理单位对项目实行监理。按照监理制度改革的新要求,在监理合同中应明确项目建设管理法人与监理单位的职责界面,项目建设管理法人对项目建设管理负总责,监理单位受其委托,按照合同约定和授权依法履行相应的职责。

(3)代建模式。由出资人或项目建设管理法人通过招标等方式选择符合项目建设管理要求的代建单位承担项目建设管理工作。代建单位依据代建合同开展工作,履行合同规定的职权,承担相应的责任。鼓励代建单位统一负责项目建设管理工作和监理工作。

第三节 公路工程监理概述

一、工程监理的概念

"监理"一词是根据英文"Supervision"的含义得来的,一般直译为监督、监管之义。"监理"的含义可以表述为:一个执行机构或执行者,依据一定的准则,对某一行为的有关主体进行督察、监控或评价,同时采取组织、协调、疏导等措施,协助行为主体实现其行为目的。

工程监理是对工程建设有关活动的"监理",就是监理的执行者依据有关工程建设的法律法规和技术标准,综合运用法律、经济、技术等手段,对工程建设合同有关各方的行为及其职责权利,进行必要的协调与约束,对工程质量、安全、环保、进度、费用等实施有效的监督管理,避免建设行为的随意性和盲目性,使工程建设目标得以最优实现。工程监理不同于一般性的监督管理,而是一个以严密的制度构成为显著特征的综合管理行为。

按照交通运输部的有关规定,目前公路工程监理仅在施工阶段实施,因而公路工程监理实际上是公路工程施工监理。它是指监理机构及人员对公路工程施工质量、安全、环保、进度和费用等实施的监督管理及咨询服务活动。

二、工程监理的内涵

要实施工程监理,就应当有明确的执行者,即监理机构;有明确的行为准则,即监理的工作依据;有明确的监理对象,即被监理的行为和行为主体;有明确的监理目标;有行之有效的监理方法和手段;有明确的监理范围和工程规模。

1. 工程监理是针对项目建设实施的监督管理

工程监理是围绕着工程项目建设来展开的,离开了工程项目,就谈不上监理活动。监理单位代表业主的利益,依据法律法规、合同文件和科学技术,采用现代化方法和手段,对工程项目建设进行程序化管理。

2. 工程监理的行为主体是监理单位

监理单位是具有社会化、专业化特点的,专门从事工程监理技术服务活动的组织。监理单位受业主的委托,履行合同中规定的职权,对工程施工质量、安全、环保、进度、费用等方面实施监督和管理。因此,工程监理的行为主体只能是监理单位。

3. 工程监理的实施需要业主委托和授权

工程监理的实施需要业主委托和授权,这是由工程监理的特点所决定的,也是工程监理制度所规定的。监理单位实施的工程监理不是强制性的,而是基于业主的委托和授权,这种委托与政府对工程建设的强制性监督有本质区别。

4. 工程监理是有明确依据的工程建设行为

工程监理实施的依据主要有:国家和交通运输主管部门颁发的法律、法规、规章和有关政策;国家有关部门颁发的技术规范、技术标准;政府主管部门批准的工程项目建设文件;监理合同;施工合同;工程设计文件和图纸等。

5. 工程监理有明确的监理范围

国务院颁布的现行《建设工程质量管理条例》(国务院令第714号)和其他相关法规规定了必须实行工程监理的建设工程项目的具体范围和规模标准,明确要求必须实行工程监理的建设工程包括:国家重点建设工程;项目总投资额在3000万元以上的大中型公用事业工程;建筑面积在5万m^2以上的成片开发建设的住宅小区工程;利用外国政府或者国际组织贷款、援助资金的工程;项目总投资额在3000万元以上关系社会公共利益、公共安全的交通运输、水利建设等按国家规定必须实行监理的其他工程。

6. 工程监理在现阶段主要发生在施工阶段

鉴于目前工程监理工作在建设工程投资决策阶段和设计阶段尚未形成系统和成熟的经验，需要通过实践进一步研究探索。现阶段，公路工程监理主要发生在项目建设的施工阶段。

7. 工程监理是微观管理活动

政府从宏观上对工程建设进行管理，通过强制性的立法、执法来规范建设市场。工程监理属于微观层次，是针对一个具体的工程项目展开的，是紧紧围绕着工程建设项目的各项投资活动和生产活动进行的全过程、全方位的监督管理，注重具体工作的实际效益。

三、现阶段工程监理的特点

1. 工程监理的服务对象具有单一性

我国的工程监理制度规定，工程监理单位只接受业主的委托，即只为业主服务，代表业主对承包人的建设行为进行监督管理。监理单位不能接受承包人的委托，对业主进行监控。从这个意义上，可以认为我国的工程监理就是为业主服务的项目管理。

2. 工程监理属于强制推行的制度

我国的工程监理是作为对计划经济条件下所形成的工程建设管理体制改革的一项新制度提出的，是依靠行政手段和法律手段在全国推行的。因而，不仅在各级政府部门中设立了主管工程监理有关工作的专门机构，而且还制定了有关法律、法规、规章，明确提出国家推行工程监理制度，并且明确规定了必须实行工程监理的工程范围。这一强制推行的举措在较短时间内促进了工程监理在我国的发展。

3. 工程监理具有监督功能

我国的工程监理单位与业主是被委托与委托关系，虽然与承包人无任何经济关系，但根据业主授权，有权对承包人的履约行为进行监督，对承包人的施工过程和施工工序进行监督、检查和验收，对承包人的不当行为进行纠正或向有关主管部门反映。因此，工程监理具有监督功能。

4. 工程监理实行市场准入的双重控制

我国对工程监理的市场准入采取了单位资质和人员资格的双重控制，一方面要求专业监理工程师以上的监理人员要取得监理工程师资格证书；另一方面要求监理单位要具有相应的监理资质等级，并具有一定数量的经过注册的持证监理人员。应当说，这种市场准入的双重控制对于保证我国工程监理队伍的基本素质，规范我国工程监理市场起到了积极的作用。

四、与工程监理有关的行为主体及各方的关系

1. 与工程监理有关的行为主体

（1）业主。即建设单位、项目法人、发包人，它是指某个工程项目的投资者或资金筹集者，并在工程建设的前期及实施阶段对工程建设的费用、进度、质量等重大问题有决策权的组织。

业主一般就是建设项目的产权所有人,与工程建设项目有着密切的利害关系,在工程建设中拥有确定建设工程规模、标准、功能,以及选择施工、监理单位等重大问题的权力。

(2)承包人。也称为承包商、承建单位,包括施工单位和材料、设备供应单位,它是指通过投标或其他方式取得某项工程的施工权,材料、设备的制造及供应权,并和业主签订合同,承担工程施工质量、安全、环保、费用、进度责任的经济组织。

(3)监理单位。即监理人,它是指取得法人资格,并取得交通运输主管部门颁发的公路施工监理资质证书,受发包人委托,对合同履行和工程项目建设实行管理,依法从事工程监理业务的法人或其他组织。

2. 工程监理中行为主体间的相互关系

(1)业主与监理单位的关系。业主与监理单位应签订监理委托合同,二者通过监理合同确定委托与被委托关系。在工程项目建设过程中,二者应做到各负其责,独立工作,相互尊重,密切合作。业主不得随意干涉监理工作,否则为侵权违约;监理单位必须保持公正,不得和承包人有经济联系,更不得串通承包人侵犯业主利益,否则业主将用合同或法律手段,追究监理单位的经济和法律责任。

(2)业主与承包人的关系。业主与承包人应签订施工承包合同,二者是发包与承包的合同关系。业主将工程发包给承包人,承包人按合同约定完成工程,双方必须按合同履行所有的承诺,违约者要承担相应的违约责任。

(3)监理单位与承包人的关系。监理单位与承包人不签订任何合同,二者是监理与被监理的关系,这个关系在业主与承包人签订的施工承包合同中予以明确。

监理单位代表业主对承包人的建设行为进行监理,但同时也要维护承包人的合法权益;承包人应按施工承包合同的规定接受监理单位的监督和管理。若监理人员的行为不公正,承包人有权向有关部门申诉。

作为行使政府监督职能的各级质量监督机构,在整个工程建设活动中将对业主、承包人和监理单位实施有效的监督。四方之间的关系如图1-1所示。

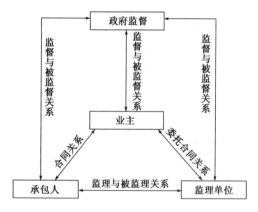

图1-1 工程建设中各方之间的关系

五、公路工程施工监理制度的管理模式

公路工程施工监理制度是我国在社会主义市场经济体制下公路建设项目组织管理方面采用的新模式,也是公路建设管理体制改革的重要内容,它将施工监理作为公路建设的一项科学管理制度确定下来,用科学的管理方法对公路建设项目施工进行监督和管理,形成了一套新的管理体系。

我国的公路工程施工监理制度,是以业主为主导、监理单位为核心、承包人为主力、合同为依据、经济为纽带,三方行为主体相互监督、相互制约的管理模式。公路工程施工监理不是单纯的技术管理,而是集技术、管理、经济、法律为一体的综合的管理行为,并以合同法律关系的形式确定了业主、监理单位、承包人在工程项目施工过程中的权利、义务和责任。

公路工程施工监理制度的核心,就是业主把公路施工活动中的各项管理工作交给监理工程师,树立其在项目管理和监督中的权威,对施工质量、安全、环保、进度、费用及合同其他事项等,用技术、经济和合同等手段实行全面监督管理,对工程财务支付有签认权和否决权,从而有效控制项目施工过程,保证合同的履行。

公路工程工程施工监理模式的实质,就是树立监理工程师在公路工程施工管理中的核心地位,运用业主委托所赋予的权力,对工程质量、施工安全、施工环境保护、工程进度、工程费用及合同其他事项实施全面监理,以使工程建设的目标最合理地实现。

施工监理模式与传统管理模式相比较,具有以下优点:

(1)工程建设参与各方的权利、义务和责任更为合理、明确,有利于建设各方克服随意性,增强合同意识,有利于规范各方的建设行为。

(2)突破了传统的小生产管理方式的局限,有利于积累经验,促进建设项目管理向专业化、社会化方式转变,大大提高了管理水平。

(3)突出了监理单位的监督管理和组织协调作用,有利于减少和解决施工合同双方的纠纷,促使工程建设活动顺畅进行。

(4)赋予监理工程师工程财务支付的签认权和否决权,利用经济手段控制工程施工活动,有利于确保工程质量、安全、环保、进度、费用等目标的实现,从而实现工程投资效益最大化。

(5)促使工程建设参与各方观念、职能、行为机制发生根本性的变化,在制度上建立起一种比较科学的约束机制,工程管理由单独依靠行政手段向依法依合同管理转变,从而保护了各方的合法利益。

六、施工监理阶段的划分

公路工程施工监理阶段划分为施工准备阶段监理、施工阶段监理、交工验收与缺陷责任期阶段监理三个阶段。监理合同签订之日至合同工程开工令确定的开工之日为施工准备阶段;合同工程开工之日至合同工程交工验收申请受理之日为施工阶段;合同工程交工验收申请受理之日至缺陷责任终止证书签发之日为交工验收与缺陷责任期阶段。公路机电工程监理应增加试运行期阶段。

第四节 公路工程质量保证体系

为加强公路建设市场管理,规范公路建设市场秩序,保证公路工程质量,促进公路建设市场健康发展,我国交通运输部颁布的《公路建设市场管理办法》(交通运输部令2015年第11号)中明确规定:公路工程实行政府监督、法人管理、社会监理、企业自检的质量保证体系。

根据《公路建设市场管理办法》的规定,交通运输主管部门及其所属的质量监督机构对工程质量负监督责任,项目法人对工程质量负管理责任,勘察设计单位对勘察设计质量负责,施工单位对施工质量负责,监理单位对工程质量负现场管理责任,试验检测单位对试验检测结果负责,其他从业单位和从业人员按照有关规定对其产品或者服务质量负相应责任。

一、政府监督

公路工程政府监督是指政府交通运输主管部门和其所属的质量监督机构依法对公路工程建设和工程建设从业单位及从业人员进行监督管理的活动。由于公路工程属于公益性的基础设施,公路建筑产品是社会公益产品,其质量与国民经济的发展、广大人民的根本利益有着直接关系。因此,政府对公路工程建设实行监督管理,是政府社会职能的具体体现和要求,也是政府职能部门强化对工程质量管理的具体体现。

政府监督是公路工程质量保证体系中极其重要的质量监督环节之一,在质量保证体系中,政府监督处于龙头主导地位,强化政府监督的作用,可以使质量保证体系有序而高效地运作。

1. 政府监督的性质

(1)强制性。政府的管理行为象征着国家机构的运转,而国家机构的管理职能是通过国家法律获得的。因此,政府机构实施的监督管理行为,对于被监督者来说,只能是强制性的、必须接受的。政府机构与工程的建设、设计、施工、监理等单位不是平等主体关系,而是监督与被监督的关系。政府监督的强制性体现在管辖范围内的所有建设工程,无论其投资主体如何,都必须无条件地接受政府监督机构的监督管理。

(2)执法性。政府监督主要依据国家法律、法规、方针、政策和国家及交通运输部颁布的技术规范、标准进行监督,并严格遵照法定的监督程序行使监督、检查、许可、纠正、强制执行等权力。监督人员每一个具体的监督行为都有充分的法律依据,带有明显的执法性。因此,政府监督是一种行政执法行为,显著区别于通常的行政领导和行政指挥等一般性的行政管理行为。

(3)全面性。政府监督是针对整个工程建设活动的,而不是对某一个工程项目,就管理空间来说,覆盖了全社会;就一个工程项目的建设过程来说,则贯穿于工程建设的全过程。

(4)宏观性。政府监督侧重于宏观的社会效益,其着眼点主要是保证工程建设行为的规范性,维护国家和社会公众的利益和工程建设各参与者的合法权益。对一项具体的工程建设来说,政府监督不同于监理工程师的直接、连续、不间断的监理。

2. 政府监督的依据

(1)国家有关公路工程建设的方针、政策、法律、法规和规章。

(2)政府批准的工程建设计划、规划、设计文件。

(3)国家和交通运输部等有关部委颁发的相关技术标准、规范和规程等。

3. 公路建设政府监督管理的职责

(1)监督国家有关公路建设工作方针、政策和法律、法规、规章、强制性技术标准的执行。

(2)监督公路建设项目建设程序的履行。

(3)监督公路建设市场秩序。

(4)监督公路工程质量和工程安全。

(5)监督公路建设资金的使用。

(6)指导、检查下级人民政府交通运输主管部门的监督管理工作。

(7)依法查处公路建设违法行为。

4.公路工程质量政府监督的职责

(1)监督检查从业单位是否具有依法取得的相应等级的资质证书,从业人员是否按照国家规定经考试合格,取得上岗资格。

(2)监督检查建设、勘察、设计单位,施工和监理单位质量保证体系的针对性、严密性和运行的有效性,以及各单位质量保证体系之间的协调性和一致性。

(3)监督检查勘察、设计文件是否符合国家规定的技术标准和规范要求,设计文件是否达到国家规定的编制要求。

(4)监督检查施工、监理,以及设备、材料供应单位,是否严格按照有关质量标准和技术规范进行施工、监理以及供应设备、材料。

(5)监督检查监理单位的质量管理和现场质量控制情况,对公路工程关键部位和隐蔽工程的旁站情况,对各施工工序的质量检查情况。

(6)监督检查试验检测设备是否合格,试验方法是否规范,试验数据是否准确,试验检测频率是否符合有关规定。

(7)监督检查材料采购、进场和使用等环节的质量情况,并公布抽查样品的质量检测结果,检查关键设备的性能情况。

(8)对公路工程质量情况进行抽检,分析主要质量指标的变化情况、评估总体质量状况和存在的主要问题,提出加强质量管理的政策措施和指导性意见,定期发布质量动态信息。

(9)对完工项目进行质量检测和质量鉴定。

5.公路工程质量政府监督的内容

(1)工程质量管理的法律、法规、规章、技术标准和规范的执行情况。

(2)从业单位的质量保证体系及其运转情况。

(3)勘察、设计质量情况,工程质量情况,使用的材料、设备质量情况。

(4)工程试验检测工作情况。

(5)工程质量资料的真实性、完整性、规范性、合法性情况。

(6)从业单位在工程实施过程中的质量行为。

二、法人管理

实行项目法人责任制,贯彻执行"谁投资、谁决策、谁承担风险"的市场经济下的基本原则。项目法人作为工程建设投资行为的主体,应当承担投资风险,承担公路建设相关责任和义务,承担建设项目质量、投资、工期等的管理责任。

法人管理是指项目法人通过招标择优选择监理单位、承包人,以合同的形式,明确建设各方的质量、安全、环保、进度、费用等职责,并通过对监理单位、承包人履约检查来对工程质量、安全、环保、进度、费用等进行管理和承担管理责任,确保质量等目标的实现。因此,项目法人在质量保证体系中处于主体地位,其主要职责为:

(1)筹措建设资金。

(2)编制项目实施计划和年度计划。
(3)依法选择勘察、施工、监理单位和设备、材料供应单位。
(4)向交通运输主管部门提交开工报告。
(5)按照合同约定,对工程质量、安全和环境保护、进度、投资进行监督管理,审查施工组织设计、重要施工工艺和标准试验,以及工程分包等事项,保证工程处于受控状态。
(6)接受交通运输主管部门和公路工程质量监督机构的监督检查,按时报送项目建设的有关信息资料。
(7)执行国家档案管理规定,建立健全建设项目的所有档案。
(8)及时组织交工验收,做好竣工验收的准备工作。
(9)组织项目后评价,提出项目后评价报告。
(10)按照有关技术标准和规范的要求,做好公路养护管理工作,负责收费管理,按期偿还贷款。

三、社会监理

社会监理是指具有相关资质的监理单位受项目业主的委托,依据监理合同和施工合同,全面监督、管理工程的实施,对工程质量、安全、环保、进度、费用及合同其他事项进行全面监理,同时做好信息管理工作和组织协调的专业化的管理活动,通常称为工程监理。

公路工程监理,是公路建设管理体制改革的重要内容,是强化质量管理、控制工程造价、提高投资效益及施工管理水平的有效方法。工程监理处于工程管理体制中的核心地位,将在政府监督的管理之下,依据合同、标准和规范,利用业主授予的权力,对工程实施不间断、全过程和全方位的监理,其工作的优劣无疑将对工程质量、安全、环保、进度、费用等有重大影响。

1. 工程监理的性质

(1)服务性。监理单位是技术密集型的高智能服务组织,它属于中介服务性质的单位,本身不是建设产品的直接生产者和经营者,它依靠其高技术、高智能和丰富的经验为业主提供智力服务。监理工程师通过对工程施工进行组织、协调、监督和控制,保证施工合同的顺利实施,达到业主的建设意图。监理工程师在合同的实施过程中,有权监督业主和承包人严格遵守国家有关建设标准和规范,贯彻国家的建设方针和政策,维护国家利益和公众利益。

监理工程师的工作是服务性的,为工程建设提供智力服务。监理单位不得承包工程,更不能参与工程承包的盈利分配,监理单位的劳动与相应的报酬是技术服务性的,是根据支付技术服务劳动量的大小取得相应的监理报酬。而且,这种服务性的活动是根据监理合同进行的,是受法律保护的。因此,工程监理是一种有偿的技术服务活动。

(2)科学性。科学性是监理单位区别于其他一般服务性组织的重要特征,也是其赖以生存的重要条件。工程监理是一种高智能的技术服务活动,要求监理单位在监理过程中应当遵循科学准则。监理工程师必须具有能发现并解决工程施工中所存在的技术与管理等方面问题的能力,能够提供高水平的专业服务,所以它必须具有科学性。而科学性又必须以监理人员的高素质为前提。

科学性主要表现在:工程监理单位应当由组织管理能力强、工程建设经验丰富的人员担任领导;应当有足够数量的、有丰富管理经验和应变能力的监理工程师组成的骨干队伍;要有一套健全的管理制度;要有现代化的管理手段;要掌握先进的管理理论、方法;要积累足够的技术、经济资料和数据;要有科学的工作态度和严谨的工作作风,要实事求是、创造性地开展工作。

(3)委托性。工程监理的实施需要业主的委托和授权。这是由工程监理的特点决定的,是市场经济的必然结果,也是工程监理制度的规定。工程监理的产生源于市场经济条件下业主的社会需求,始于业主的委托和授权。在国际上,工程监理发展成为一项制度正是基于这样的客观实际产生和发展的。为了适应我国的市场经济体制并与国际接轨,我国的工程监理是社会化、专业化的监理单位受业主的委托而开展的项目建设管理。这种方式决定了在工程监理中,业主与监理单位是委托与被委托的关系,是授权与被授权的关系;决定了他们是合同关系,是需求与供给关系,是一种委托与服务的关系。

这种委托与授权方式说明,在实施工程监理的过程中,监理工程师的权力主要是由作为工程项目管理主体的业主通过授权而转移过来的。监理单位只有与业主签订委托监理合同,明确了监理的范围、内容、权利、义务与责任等,才能在规定的范围内行使监理权,合法地开展监理活动。工程监理是一种委托性的,而不是强制性的。通过业主委托和授权方式来实施工程监理与政府对工程建设的强制性监督管理有本质上的区别。

(4)公正性。监理机构和监理工程师在工程监理过程中必须具备组织各方协作配合、调节各方利益、促使合同当事人各方圆满履行合同责任和义务、保障各方合法权益等方面的职能,这就要求其必须坚持公正性。监理单位和监理工程师应当排除各种干扰,以公正的态度对待参与工程建设的合同各方。当业主与承包人发生利益冲突时,监理工程师应当站在公正的立场上,以事实为依据,以有关的法律法规和双方所签订的工程建设合同为准绳,客观、公正、有效地解决和处理问题。公正性是对监理行业的必然要求,是社会公认的职业准则,也是监理单位和监理工程师的基本职业道德准则。

2. 工程监理的依据

按照《公路工程施工监理规范》(JTG G10—2016)的规定,监理机构应依据相关法律、法规、文件开展工作,工程监理的依据包括:

(1)国家和地方法律、法规。主要是指国家制定的与公路工程建设及工程监理有关的法律;国务院制定的有关行政法规;省级人大及常委会制定的有关地方性法规。

(2)国家和行业、地方有关标准、规范、规程。主要是指国家、交通运输部、其他相关部委、省级交通运输主管部门制定的与公路工程建设及工程监理有关的技术标准、技术规范、操作规程等。

(3)监理合同。指工程项目业主和工程监理单位之间签订的公路工程施工监理合同。

(4)施工合同。指工程项目业主和工程项目承包人之间签订的公路工程施工合同。

(5)工程前期有关文件。主要是指国家及政府交通运输主管部门批准的与工程建设有关的规划、计划、报告及其他工程建设前期文件,包括工程建设规划、可行性研究报告、年度建设计划、工程项目施工许可证等。

(6)工程设计文件和图纸。指经交通运输主管部门批准的工程设计文件和设计图纸,以及在施工过程中产生的经监理工程师审核、业主批准的补充或变更图纸。

(7)工程实施过程中有关的函件。主要是指在施工合同履行期间围绕工程实施,监理单位与业主及承包人之间所产生的会议纪要、函件和其他的文字记载以及经监理工程师批准的施工进度计划、施工方案等。

3. 工程监理的任务

施工阶段监理的任务是监理工程师利用业主授予的权力,从组织、技术、合同和经济的角度采取措施,对工程质量、施工安全、施工环境保护、工程进度、工程费用及合同其他事项实施全面监理,并高效有序地进行信息管理,及时进行组织协调,以使工程建设的目标最合理地实现。

(1)工程质量监理。质量是工程建设的关键,影响公路工程质量的因素很多,监理工程师应按照合同要求,对影响工程质量的各个因素从原材料、施工工艺到成品进行监理。任一环节出现疏忽,包括施工时施工监理人员自身的疏忽、大意或放松质量检查,都会给公路工程最终质量带来严重的损害,因而监理工程师必须对整个工程实行施工全过程的监理。

(2)施工安全监理。安全生产是保证施工质量、进度、费用等目标顺利实现的前提条件之一。监理工程师应依据国家有关法律法规,按照合同要求,贯彻落实国家安全生产的有关方针和政策,督促承包人按照工程建设安全生产法律法规和强制性标准组织施工,消除施工中的冒险性、盲目性和随意性,落实各项安全技术措施,有效杜绝各类安全隐患,杜绝、控制和减少各类伤亡事故,实现安全生产。

(3)施工环境保护监理。环境保护是我国一项基本国策,是可持续发展的需要。同时施工现场的环境状况对正常施工也会产生不利影响。为了将施工对环境造成的影响降低到最低程度,确保工程正常进行,监理工程师应根据国家环保法律法规,按照合同的要求,贯彻落实国家环保的有关政策,督促检查承包人按照有关环保法律法规和强制性标准组织施工,消除或控制施工中的环境影响因素,落实环保措施,杜绝、控制和减少施工对环境的污染,实现环保生产。

(4)工程进度监理。一个工程项目,一般在合同文件中对工期都做了明确的约定。承包人应根据合同约定的工期进行计划安排,制订切实可行的工程总进度计划,提交监理工程师审查批准。监理工程师应按照此计划对其进行监理。当出现导致工程延误的关键因素时,监理工程师应及时要求承包人采取加强计划管理和技术管理等措施并调整计划,如增加施工机械或人力,以保证在竣工期限内完成工程。

(5)工程费用监理。施工监理还应在质量符合标准、工期按照合同要求的基础上,对工程费用进行监理。工程费用包括合同文件中工程量清单内所列的,以及因承包人索赔或业主未履行义务而涉及的一切费用。监理工程师应尽可能合理地减少工程量清单中所列费用以外的附加支出,达到控制费用的最佳效果。

(6)合同其他事项管理。工程建设的目标反映在工程参与者之间签订的合同中,监理工程师应依照合同的约定,对工程质量、安全、环保、进度、费用实施有效管理和监控,并及时按工作程序处理各种合同管理问题,其主要内容包括工程变更、索赔、工程分包、工程暂停、工程复工、工程保险、违约处理、争议解决等。

(7)信息管理。工程实施过程中,会产生形式多样的反映工程项目实施状况及参与者之间往来关系的信息,这些信息是监理工程师处理问题进行决策的基础和依据。信息管理是工程监理的重要手段。只有及时、准确地掌握项目建设中的信息,严格、有序地管理各种文件、图纸、记录、指令、报告和有关技术资料,完善信息资料的接收、签发、归档和查询等制度,才能使信息及时、完整、准确和可靠地为工程监理提供工作依据,以便及时采取有效的措施,完成监理任务。

(8)组织协调。在工程项目实施过程中,存在着大量组织协调工作。业主和承包人之间由于各自的经济利益和对问题的不同理解,就会产生各种矛盾和冲突;在项目建设过程中,多部门、多单位以不同的方式为项目建设服务,他们难以避免地会发生各种冲突。因此,监理工程师及时、公正、合理地做好协调工作,维护各方的合法权益是项目顺利进行的重要保证。

四、企业自检

公路工程的建设要按照基本建设程序,分阶段地循序渐进。在各个不同的阶段又有更为细致和周密的工序和步骤,这些工序、步骤、阶段的逐步实施就逐渐形成了公路工程建设的最终费用、工期和质量。也就是说,公路工程的建设有一个过程,它的费用、工期、质量也就有一个相应的生成过程,常说"产品的质量是生产出来的,而不是检验出来的"就是这个意思。事后检验只能起到在某种程度上控制不合格的工程交付使用,但已无法挽回在工程建设中费用的浪费、工期的延误和出现质量事故带来的损失,有时还会给工程留下隐患,带来难以预料的严重后果。施工企业作为公路工程产品的直接生产者,和政府监督机构、监理单位不同,它要依照和业主签订的合同,完成工程建设的质量、施工安全、环境保护、进度和费用要求。因此,施工企业的人员素质、管理水平无疑将决定了该企业的工作质量,从而也就决定了工程质量。因此,在质量保证体系中,施工企业占有特别重要的地位。

如果施工企业的人员素质、管理水平低,不管政府监督多么有力,制定的有关法规多么健全,工程监理多么标准、规范,监理工程师的工作多么认真细致,都无法从根本上保证工程建设费用、进度和质量目标的实现。因此,实行施工企业自检是实现工程建设质量、施工安全、环境保护、进度和费用目标的必要条件,施工企业建立完善的自检系统是形成公路工程质量保证体系的前提条件。

1. 施工企业自检系统的建立

企业自检是指施工企业按照与业主签订的施工合同文件要求,为保证工程质量,通过建立内部质量自检系统,开展自身质量控制与质量管理的活动。

为了按照合同约定实现工程的目标,施工企业必须保证生产的公路工程产品达到标准,为此对产品实施自检是绝对不可缺少的质量保证环节。施工企业应根据工程的具体情况,按合同约定的要求,建立周密完善的自检系统。

完善的自检系统是指:施工企业在自检工作中应做到有组织、有领导;人员落实,上下成网;制度健全,职责分明;设备精良、结果准确。施工企业的自检系统包括:确定一名有资格的专职质量负责人,建立一个上下贯通的质量自检机构,配备相应称职的自检人员,配备足够的检验测试设备,建立健全各项规章制度。在质量控制中,应始终贯彻以施工企业自检为主及施工企业自检然后监理抽检的原则,形成自我约束、自我纠正的质量自检系统。

施工企业建立自身的自检系统包括以下几项内容:

（1）确定质量控制的目标。施工企业应根据施工合同中对工程质量的要求，确定质量自控的总目标，然后再将其分解，明确各职能部门及各施工班组质量自控分目标，从而形成质量自控的目标体系。

（2）建立质量控制的组织机构。施工企业应根据工程项目规模大小、结构特点、质量自控目标等建立质量控制的组织机构。各职能部门及各施工班组也应根据各自承担的质量自控目标建立相应的自控小组，从而建立起一个上下贯通的质量自检组织体系。

（3）配备称职的自检人员。施工企业应该根据工程规模的大小和工程结构等特点确定质量负责人，并配备相应数量、称职的自检人员，明确各自检人员的职责分工，施工的每一道工序都应由施工企业的自检人员按照监理工程师规定的程序提供自检报告和试验报表。

（4）配备能满足要求的试验测检设备。施工企业应配备与工程规模和结构特点相适应的试验设备。试验设备的类型、规格应符合合同文件中有关试验标准的规定，并应对一些关键性设备，如核子密度仪、压力机等进行核定。还应对某些试验设备的数量进行核实，分析其是否能满足合同文件所要求的试验项目，以及在施工高峰期试验设备能否满足工程检验的需要。

（5）采用标准、规范化的工作方法，建立健全标准、规范化的工作制度。施工企业自检时，应该根据国家和交通运输部颁布的有关标准，制订有关的工作制度，明确采用的工作方法和手段。国家和交通运输部颁布的有关标准、规范、规程、规定、办法等应作为企业自检的依据。

2. 全面质量管理

施工企业自检系统的建立和运转是和施工企业的整体质量管理水平有密切关系的，做好企业自检的关键问题是加强企业的全面质量管理。

全面质量管理是指企业全体成员及有关部门同心协力，综合运用管理技术、专业技术和科学方法，经济地开发、研制、生产和销售用户满意的产品的管理活动。全面质量管理的要点如下：

1）应当对工程质量和工作质量进行全面的管理

全面质量管理建立了全面、广义的质量概念，产品的质量就是其使用价值。产品的性能、寿命、可靠性、安全性、适用性、经济性等以及在建设、使用过程中及时、必要的服务都属于产品质量的范畴。工程质量的好坏是由人的工作质量决定的，要管好工程质量首先必须管好人的工作质量。因此，质量管理应对工程质量和工作质量进行全面的管理。

2）应当对工程施工的全过程进行质量管理

产品有产生和形成的过程，产品的质量也相应有产生和形成的过程，这个过程中的每一个阶段、每一个环节都会影响产品质量的好坏。质量管理应根据工程质量的形成规律，从源头抓起，全过程推进。即使是一条最简单的公路工程的施工，也是由很多的施工工序组成的，因此应对施工的全过程进行管理，围绕施工的全过程，建立一套全过程质量保证管理体系。

3）应当建立全体人员参与的质量管理机制

工程质量是在施工全过程中形成的，无论是企业的管理者还是施工的作业者，每个岗位都承担着相应的质量管理职责。工程质量涉及施工企业各部门、各环节的工作质量，要求通过工作质量来保证工程质量。施工企业的工作质量牵扯到全企业的各级领导和所有人员，施工企业中的每一个人都和工程质量有着直接或间接的关系。企业中的每一个人都应重视质量，从自己的工作中去发现与工程质量有关的因素和特点,主动加强协作配合,互相服务,保证施工过程中的工作质量,工程质量必然会得到控制和提高。

4)应当贯彻"预防为主"的质量管理原则

工程质量的形成有一个过程,影响工程质量的因素很多。工程质量的管理既包括对施工过程的管理,更包括对影响工程质量各种因素的控制。工程质量管理的重点应从施工后的检验移到施工前和施工中的控制和指导,贯彻"预防为主"的原则。工程质量随着客观条件而变化,是一个动态的概念,必须加强动态控制,把握住出现质量问题的因素,将其消灭在萌芽状态或形成过程之中。

5)应当树立和强化质量管理中的市场观念

公路是为国民经济和社会发展服务的,公路开通之后将交给社会使用,施工企业的建设产品最终要面向市场,经受市场的检验和取舍。施工企业必须树立牢固的市场观念,在公路生产建设过程中,提供高质量的建设产品和良好的服务,处处为用户着想。在施工过程中,上道工序要把下道工序当作自己的用户看待,要把自己工序的成果当作产品,使之符合下道工序的需要。树立"下道工序是用户"的观点,是质量管理尤为需要宣传、教育和提倡的,这是保证质量的根本所在。

6)应当严格按客观规律办事,用数据说话,提高质量管理的科学性

工程质量永远在波动,并且有随机分布的规律,质量的稳定只是相对的,起伏、波动、变化是绝对的。因此,对质量的分析、控制和管理,要采用数理统计的方法,要用数据判断、鉴别和决定取舍。这样才能用数理统计方法来判断工程质量的好坏程度以及是否达到标准,把数据中带规律性的问题用图表的形式表示出来,从"定性"的管理上升到"定量"的管理。

3. 全面质量管理的方法

全面质量管理的工作方法是按照"计划—执行—检查—处理"(PDCA)的管理循环周而复始地运转,它反映了质量保证体系活动所应遵循的科学程序。这个管理循环包括四个阶段,如图1-2 和图1-3 所示。

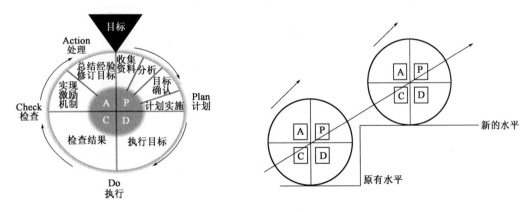

图1-2　PDCA 循环工作流程图　　　　图1-3　PDCA 循环示意图

第一个阶段是计划(Plan):就是制订质量目标、活动计划、管理措施方案。计划阶段主要包括下列工作内容:

(1)分析现状,找出存在的质量问题。
(2)分析产生质量问题的各种原因或影响因素。
(3)从各种原因中找出影响质量的主要原因。
(4)针对影响质量的主要原因,提出技术组织措施方案,制订实施计划,并具体落实到执行者、时间进度、地点、部门和完成方法等。

第二个阶段是执行(Do):就是将制订的计划和措施,具体组织实施和执行。

第三个阶段是检查(Check):就是把执行的结果与预定目标对比,检查计划执行情况是否达到预期效果,哪些方面做对了,哪些方面做错了,成功的经验是什么,失败的教训是什么,原因在哪里等。

第四个阶段是处理(Action):就是把成功的经验加以肯定,纳入标准、规程或形成制度,以便今后照办;对失败的教训也要吸取,以防止再发生;对查出的问题能够解决的,立即采取措施解决;一时不能解决的,作为遗留问题,转入下一个管理循环,作为下一阶段的计划目标。

4. 全面质量管理的特点

(1)四个阶段,缺一不可。这四个阶段不是完全割裂、截然分开的,而是紧密衔接、连成一体的,各阶段之间存在着一定的交叉,但对每一个具体循环而言,先后次序不可颠倒。

(2)循环转动,周而复始,连续不断。其中处理阶段是推动循环转动的关键,使管理系统化、科学化,进入新的水平。

(3)企业内部,各级都有,大环套小环,一环扣一环。例如,大中小环分别相当于公司、工程队、班组和个人。上一级循环是下一级循环的依据,下一级循环是上一级循环的组成部分和保证,大中小环同时转动,把企业各项工作有机地联系起来,纳入统一的管理体系,实现总的预定目标。

(4)在循环中提高,环转一圈,一定要完成预定的目标。遗留的问题作为二次循环的依据。每转一周就提高一步、前进一步,不停地转动,就能实现不断地提高,逐级上升。

PDCA管理循环的四个阶段,符合"实践—认识—再实践—再认识"的认识论规律,是体现科学认识论的一种具体管理手段和一套完整科学的工作程序。按照这套工作程序进行管理,有助于把管理工作做得卓有成效,更好地达到预期目标。

第二章 与公路工程监理相关的法律法规与标准规范

第一节 法律法规基本知识

一、法律的概念

法律(广义)——由国家制定或认可,体现统治阶级意志,以国家强制力保证实施的具有普遍约束力的行为规范的总和。广义法律形式包括了宪法、法律(狭义)、法规、规章等。

法律(狭义)——拥有立法权的国家机关依照立法程序制定和颁布的规范性文件,是法的主要的具体表现形式。在我国,只有全国人民代表大会及其常务委员会制定和颁布的规范性文件才称法律。

二、法律的基本特征

(1)法是调整人们行为的规范。
(2)法由国家制定或认可。
(3)法规定人们的权利、义务。
(4)法由国家强制力保证实施。

三、立法

立法是指法定的国家机关,依法创制、认可、修改和废止法律和其他规范性法律文件的活动。

根据立法机关的性质不同,可以分为国家立法机关立法、国家行政机关立法和授权立法(授权立法是指具有立法权的国家机关把自己制定某项或者某类法律的权力授予行政机关或者其他机关行使)。

我国现行的立法体制是一元多层次的立法体制,就是在以宪法为基础的统一的一元化的基础上,有中央和地方两个大的层次。在每一个层次的权力机关、行政机关内部还有不同层次的机关定制不同效力的法律、法规或规章。

四、我国的法律形式

根据我国宪法和有关法律规定,我国的法律形式分为宪法、法律(狭义)、行政法规、地方性法规、行政规章(包括部门规章和地方规章),另外还有民族自治条例和单行条例、特别行政区法律、国际条约。

1. 宪法

宪法是我国的根本大法,是国家总的章程,在我国法律体系中具有最高的法律地位和法律效力,是我国最主要的法律渊源。宪法由我国最高权力机构——全国人民代表大会制定并颁布。

2. 法律

这里的法律是指由全国人民代表大会及其常务委员会制定并颁布的、除宪法以外的规范性文件的统称,即狭义的法律。法律是法的主要形式之一。按照法律制定的机关和调整的对象与范围的不同,可分为基本法律和其他法律。

基本法律是由全国人民代表大会制定和修改的,规定和调整国家和社会生活中某一方面带有基本的和全面性的关系的法律,如《中华人民共和国刑法》《中华人民共和国民法通则》《中华人民共和国刑事诉讼法》《中华人民共和国选举法》等。

其他法律是由全国人民代表大会常务委员会制定或修改的,规定和调整除由基本法律调整以外的、涉及国家和社会生活某一方面的关系的法律。其调整范围较基本法律小,内容较具体。如《中华人民共和国文物保护法》《中华人民共和国商标法》《中华人民共和国产品质量法》等。监理工作中经常接触到的《中华人民共和国公路法》《中华人民共和国招标投标法》《中华人民共和国合同法》等均属于这一层次。

法律是依据宪法的原则制定的,其地位和效力仅次于宪法,高于其他国家机关制定的规范性文件。法律由国家主席签署主席令予以公布。

3. 行政法规

行政法规是国家最高行政机关——国务院制定的有关国家行政管理的规范性文件的总称,其地位和效力低于宪法和法律,高于地方性法规和行政规章。行政法规多采用条例、规定等名称,如《企业法人登记管理条例》(国务院令第1号)、《个人所得税法实施条例》(国务院令第142号)等。监理工作中经常接触到的《建设工程质量管理条例》(国务院令第714号)、《建设工程勘察设计管理条例》(国务院令第687号)、《建设工程安全生产管理条例》(国务院令第393号)就属于这一层次。行政法规由总理签署命令予以公布。

4. 地方性法规

地方性法规指省、自治区、直辖市以及省政府所在地的市和经国务院批准的较大的市的权力机关及其常设机关,在其法定的权限内制定的地方性法律规范性文件,如《江苏省工程建设管理条例》《江苏省公路条例》等。

5. 行政规章

行政规章分为部门规章和地方政府规章。

国务院各部、委员会、中国人民银行、审计署和具有行政管理职能的直属机构,可以根据法律和国务院的行政法规、决定、命令,在本部门的权限范围内,制定部门规章。部门规章由部门首长签署命令予以公布。《公路水运工程安全生产监督管理办法》(交通运输部令 2017 年第 25 号)和《公路水运工程监理企业资质管理规定》(交通运输部令 2019 年第 37 号)就属于部门规章。

省、自治区、直辖市和较大的市的人民政府,可以根据法律、行政法规和本省、自治区、直辖市的地方性法规,制定地方政府规章。地方政府规章由省长或者自治区主席或者市长签署命令予以公布。

第二节　公路工程监理相关法规及政策

一、与公路工程监理相关的法律法规

工程建设法规体系按其立法权限不同,分为 5 个层次,分别是:法律、行政法规、部门规章、地方性法规和地方规章。

公路工程监理的依据之一是法律法规,而我国公路工程监理又是一种强制执行的制度,与公路工程有关的法律法规赋予了监理质量及安全方面更多的社会责任。与监理相关的主要法律、行政法规、部门规章有:

(1)《中华人民共和国公路法》(中华人民共和国主席令第 19 号)。
(2)《中华人民共和国安全生产法》(中华人民共和国主席令第 13 号)。
(3)《中华人民共和国消防法》(中华人民共和国主席令第 6 号)。
(4)《中华人民共和国建筑法》(中华人民共和国主席令第 91 号)。
(5)《中华人民共和国环境保护法》(中华人民共和国主席令第 22 号)。
(6)《中华人民共和国大气污染防治法》(中华人民共和国主席令第 31 号)。
(7)《中华人民共和国合同法》(中华人民共和国主席令第 15 号)。
(8)《中华人民共和国招标投标法》(中华人民共和国主席令第 21 号)。
(9)《中华人民共和国特种设备安全法》(中华人民共和国主席令第 4 号)。
(10)《中华人民共和国刑法》(中华人民共和国主席令第 83 号)。
(11)《建设工程质量管理条例》(中华人民共和国国务院令第 687 号)。
(12)《建设工程安全生产管理条例》(中华人民共和国国务院令第 393 号)。
(13)《安全生产许可证条例》(中华人民共和国国务院令第 397 号)。
(14)《生产安全事故报告和调查处理条例》(中华人民共和国国务院令第 493 号)。
(15)《特种设备安全监察条例》(中华人民共和国国务院令第 549 号)。
(16)《中华人民共和国招标投标法实施条例》(中华人民共和国国务院令第 613 号)。
(17)《公路水运工程安全生产监督管理办法》(交通运输部令 2017 年第 25 号)。
(18)《公路水运工程监理企业资质管理规定》(交通运输部令 2019 年第 37 号)。

(19)《公路工程竣(交)工验收办法》(交通部令2004年第3号)。
(20)《公路工程设计变更管理办法》(交通部令2005年第5号)。
(21)《公路工程造价管理暂行办法》(交通运输部令2016年第67号)。
(22)《公路水运工程质量监督管理规定》(交通运输部令2017年第28号)。
(23)《公路建设市场管理办法》(交通运输部令2015年第11号)。
(24)《公路水运工程试验检测管理办法》(交通运输部令2019年第38号)。
(25)《公路工程建设项目招标投标管理办法》(交通运输部令2015年第24号)。
(26)《公路建设项目代建管理办法》(交通运输部令2015年第3号)。
(27)《公路工程设计施工总承包管理办法》(交通运输部令2015年第10号)。
(28)《危险性较大的分部分项工程安全管理规定》(住房和城乡建设部令第37号)。
(29)《注册监理工程师管理规定》(建设部令第147号)。
(30)《建设工程监理范围和规模标准规定》(建设部令第86号)。
(31)《城市建设档案管理规定》(建设部令第90号)。
(32)《建筑工程施工许可管理办法》(住房和城乡建设部令第42号)。
(33)《建筑起重机械安全监督管理规定》(建设部令第166号)。
(34)《工程建设项目招标范围和规模标准规定》(国家发展计划委员会令第3号)。
(35)《工程建设项目施工招标投标办法》(国家发展计划委员会等七部委局令第30号)。

二、与公路工程监理相关的政策

各级交通、建设行政主管部门或有关部门根据实际情况,发布政策性文件,加强对监理的监管,并对监理行为进行规范,与监理相关的主要政策性文件有:

(1)《公路工程标准施工招标文件》(2018年版)(交通运输部公告2017年第51号)。
(2)《公路工程标准施工监理招标文件》(2018年版)(交通运输部公告2018年第25号)。
(3)《公路工程竣(交)工验收办法实施细则》(交公路发〔2010〕65号)。
(4)《公路水运工程监理工程师登记管理办法》(交质监发〔2011〕572号)。
(5)《公路水运工程监理信用评价办法》(交质监发〔2012〕774号)。
(6)交通运输部办公厅关于印发《公路水运品质工程评价标准(试行)》的通知(交办安监〔2017〕199号)。
(7)交通运输部关于印发《公路水运工程平安工地建设管理办法》的通知(交安监发〔2018〕43号)。
(8)交通运输部办公厅关于印发《公路水路行业安全生产风险辨识评估管控基本规范(试行)》的通知(交办安监〔2018〕135号)。
(9)交通运输部办公厅关于印发《交通运输部基本建设项目竣工财务决算编审规定》的通知(交办财审〔2018〕126号)。
(10)交通运输部关于印发《公路水运工程试验检测信用评价办法》的通知(交安监〔2018〕78号)。
(11)交通运输部办公厅关于印发《品质工程攻关行动试点方案(2018—2020年)》的通知

(交办安监〔2018〕18号)。

(12)《关于进一步加强隧道工程质量和安全监管工作的若干意见》(交质监发〔2013〕549号)。

(13)《交通运输部关于加强公路水运工程质量和安全管理工作的若干意见》(交安监发〔2014〕233号)。

(14)《交通运输部关于发布高速公路路堑高边坡工程施工安全风险评估指南(试行)的通知》(交安监发〔2014〕266号)。

(15)《关于开展公路桥梁和隧道工程施工安全风险评估试行工作的通知》(交质监发〔2011〕217号)。

(16)《关于印发公路建设项目文件材料立卷归档管理办法的通知》(交办发〔2010〕382号)。

(17)《公路水运工程监理工程师登记管理办法》(交质监发〔2011〕572号)。

(18)交通运输部关于印发《公路工程施工分包管理办法》的通知(交公路发〔2011〕685号)。

(19)住房和城乡建设部办公厅《关于进一步加强危险性较大的分部分项工程安全管理的通知》(建办质〔2017〕39号)。

(20)关于印发《建设工程高大模板支撑系统施工安全监督管理导则》的通知(建质〔2009〕254号)。

(21)《关于进一步加强建筑工程使用钢筋质量管理工作》的通知(建质〔2011〕26号)。

(22)《关于加快应用高强钢筋的指导意见》(建标〔2012〕1号)。

(23)住房和城乡建设部关于印发《建筑工程施工转包违法分包等违法行为认定查处管理办法(试行)》的通知(建市〔2014〕118号)。

(24)住房和城乡建设部关于印发《建筑施工项目经理质量安全责任十项规定(试行)》的通知(建质〔2014〕123号)。

(25)住房和城乡建设部关于印发《建筑工程五方责任主体项目负责人质量终身责任追究暂行办法》的通知(建质〔2014〕124号)。

(26)住房和城乡建设部关于印发《建设单位项目负责人质量安全责任八项规定(试行)》等四个规定的通知(建市〔2015〕35号)。

(27)《关于进一步放开建设项目专业服务价格的通知》《关于落实建设工程安全生产监理责任的若干意见》《建筑工程项目总监理工程师质量安全责任六项规定(试行)》等。

(28)住房和城乡建设部办公厅《关于建设工程企业资质统一实行电子化申报和审批》的通知(建办部函〔2018〕493号)。

第三节 监理的法律责任及职业行为规范

一、监理的法律责任

随着我国监理制度的不断发展和完善,建设工程监理应该承担的法律责任以及如何承担法律责任的问题,已经成为监理行业比较关注的问题之一。对于监理单位和监理人员来说,在监理活动中有可能发生的违法行为包括行政违法、民事违法和刑事违法三个方面,与之相适应的公路工程监理的法律责任分为行政法律责任、民事法律责任和刑事法律责任三种。

1. 监理行政法律责任

监理行政法律责任,是指监理单位或监理工程师在行使监理职责时违反了行政法律规范,国家行政机关依法对监理单位或监理工程师违反有关法律、法规、规章的行为所应承担法律后果的追究。

行政法律责任必须由国家授权的行政机关负责追究,行政机关追究责任主体的行政法律责任必须按法律规定的行政处罚程序进行。行政处罚的一般程序为:

(1)调查取证。

(2)告知处罚事实、理由、依据和有关权利。

(3)听取陈述、申辩或者举行听证会。

(4)作出行政处罚决定。

(5)作出行政处罚决定书。

追究行政法律责任一般采用警告、责令改正、罚款、没收非法所得、责令停业整顿、降低资质等级、吊销资质证书、责令停止执业、吊销执业资格证书等方式。

项目总监理工程师质量安全违法违规行为行政处罚见表2-1。

项目总监理工程师质量安全违法违规行为行政处罚　　　　表2-1

序号	违法事实	处罚依据	处罚结果
1	项目总监未按规定取得注册执业资格的	《注册监理工程师管理规定》第二十九条	未经注册,擅自以注册监理工程师的名义从事工程监理及相关业务活动的,由县级以上地方人民政府建设主管部门给予警告,责令停止违法行为,处以3万元以下罚款;造成损失的,依法承担赔偿责任
2	项目总监违反规定受聘于两个及以上单位并执业的	《注册监理工程师管理规定》第三十一条	由县级以上地方人民政府建设主管部门给予警告,责令其改正,没有违法所得的,处以1万元以下罚款,有违法所得的,处以违法所得3倍以下且不超过3万元的罚款;造成损失的,依法承担赔偿责任;构成犯罪的,依法追究刑事责任
3	项目总监未按规定组织审查施工单位提交的施工组织设计中的安全技术措施或者专项施工方案的	《建设工程安全生产管理条例》第五十七条	责令限期改正;逾期未改正的,责令停业整顿,并处10万元以上30万元以下的罚款;情节严重的,降低资质等级,直至吊销资质证书;造成重大安全事故,构成犯罪的,对直接责任人员,依照刑法有关规定追究刑事责任;造成损失的,依法承担赔偿责任

续上表

序号	违法事实	处罚依据	处罚结果
4	项目总监未按规定组织项目监理机构人员采取旁站、巡视和平行检验等形式实施监理造成质量事故的	《建设工程质量管理条例》第七十二条	责令停止执业1年;造成重大质量事故的,吊销执业资格证书,5年以内不予注册;情节特别恶劣的,终身不予注册
5	项目总监将不合格的建筑材料、建筑构配件和设备按合格签字的	《建设工程质量管理条例》第六十七条、第七十三条	责令改正,处50万元以上100万元以下的罚款,降低资质等级或者吊销资质证书;有违法所得的,予以没收;造成损失的,承担连带赔偿责任。 给予单位罚款处罚的,对单位直接负责的主管人员和其他直接责任人员处单位罚款数额5%以上10%以下的罚款
6	项目总监发现施工单位未按照法律法规以及有关技术标准、设计文件和建设工程承包合同施工未要求施工单位整改,造成质量事故的	《建设工程质量管理条例》第七十二条	注册建筑师、注册结构工程师、监理工程师等注册执业人员因过错造成质量事故的,责令停止执业1年;造成重大质量事故的,吊销执业资格证书,5年以内不予注册;情节特别恶劣的,终身不予注册
7	项目总监发现存在安全事故隐患,未要求施工单位整改;情况严重的,未要求施工单位暂时停止施工,未及时报告建设单位;施工单位拒不整改或者不停止施工,未及时向有关主管部门报告的	《建设工程安全生产管理条例》第五十七条	责令限期改正,逾期未改正的,责令停业整顿,并处10万元以上30万元以下的罚款;情节严重的,降低资质等级,直至吊销资质证书;造成重大安全事故,构成犯罪的,对直接责任人员,依照刑法有关规定追究刑事责任;造成损失的,依法承担赔偿责任
		《建设工程安全生产管理条例》第五十八条	注册执业人员未执行法律、法规和工程建设强制性标准的,责令停止执业3个月以上1年以下;情节严重的,吊销执业资格证书,5年内不予注册;造成重大安全事故的,终身不予注册;构成犯罪的,依照刑法有关规定追究刑事责任
8	项目总监未按规定审查施工单位的竣工申请,未参加建设单位组织的工程竣工验收的	《注册监理工程师管理规定》第三十一条	由县级以上地方人民政府建设主管部门给予警告,责令其改正,没有违法所得的,处以1万元以下罚款,有违法所得的,处以违法所得3倍以下且不超过3万元的罚款;造成损失的,依法承担赔偿责任;构成犯罪的,依法追究刑事责任
9	项目总监将不合格工程按照合格签认的	《建设工程质量管理条例》第六十七条	责令改正,处50万元以上100万元以下的罚款,降低资质等级或者吊销资质证书;有违法所得的,予以没收;造成损失的,承担连带赔偿责任
		《建设工程质量管理条例》第七十三条	给予单位罚款处罚的,对单位直接负责的主管人员和其他直接责任人员处单位罚款数额5%以上10%以下的罚款

2. 监理民事法律责任

监理民事法律责任,是指监理单位或监理工程师在执业过程中,因违法执业或者因过错给业主或其他主体的合法权益造成损害而应承担的民事法律责任。

监理承担民事法律责任的形式主要有赔偿损失、支付违约金、赔礼道歉、停止侵害、消除影响、排除妨碍等。

《中华人民共和国民法通则》第一百零六条第二款规定:公民、法人由于过错侵害国家的、集体的财产,侵害他人财产、人身的,应当承担民事责任。因此,根据民法精神,如果监理单位或监理工程师在执业过程中因违法执业或因自身过错给业主、承包人等有关主体造成财产和人身损害,就应当承担民事赔偿责任。

确定监理民事赔偿责任,对于促进监理单位和监理工程师自觉遵守职业规范,提高监理服务质量,维护监理行业的社会声誉都具有重要意义。此外,建立监理民事赔偿制度,有利于加强政府对监理的管理及社会各界对监理的监督,减少监理工作中的失误,拓展监理业务,巩固推行建设监理制度的成果,促使我国的建设监理事业健康发展。

监理损害赔偿,其实质就是民事损害赔偿,因此适用民事损害赔偿的条件。监理承担民事赔偿的责任必须满足如下条件:

(1)监理必须实施了侵害当事人合法权益的行为。这种侵害行为,可以是作为,例如与承包商恶意串通,出卖业主利益等;也可以是不作为,也就是不履行法定义务或合同约定义务,例如对应该检查的部位不检查或不按规定的深度和标准进行检查,致使工程质量达不到合同约定的标准,给业主的利益造成损失。

(2)监理在主观上存在过错。所谓主观上存在过错,是指监理实施损害行为是由于其主观上的故意或过失。如果监理在主观上没有过错,即使在执业过程中给当事人造成经济损失,根据民法原理,也不应承担赔偿责任。

(3)监理的行为已经给当事人造成了经济或人身损害,而且监理的行为与当事人的经济或人身损害之间存在因果联系。这是监理承担民事赔偿责任的重要条件。如果监理违法执业或者工作中存在过错,但并未给当事人造成任何经济和人身上的损害,那么监理只应受到行政处罚或纪律处分,而不应承担赔偿责任。

(4)监理的行为必须具有违法性。如果监理单位或监理工程师的行为系正当执业,既不违反法律规定,又不违反监理职业规范,也不违反监理委托合同,亦不超越监理权限,即使业主受到经济损害,也不能由监理承担赔偿责任。

(5)监理的损害行为必须是发生在监理执业过程中。如果监理工程师给业主合法权益造成损害的行为不是发生在监理执业过程中,则不是监理执业过错行为,而是发生在监理执业以外的个人行为,应由造成损害的个人承担包括赔偿损失在内的民事责任及其他责任。但这种情形并不属于监理赔偿责任,也不属于《中华人民共和国建筑法》第六十九条调整的范围。

监理的民事法律责任,可通过双方当事人自行协商、有关部门调解、仲裁机关仲裁、对方当事人向法院提起民事诉讼等途径来实现。根据民法的有关规定,监理承担的民事法律责任主要是补偿性的,其方式以财产性经济补偿为主,非财产性补偿措施(如停止侵害、排除妨碍、赔礼道歉等)为辅。监理单位以其全部资产对其债务承担责任。

3.监理刑事法律责任

所谓刑事法律责任,是指行为人实施刑事法律禁止的行为所必须承担的法律后果。刑事责任是刑罚的前提,是法律责任中最严厉的一种。

监理刑事法律责任,是指监理单位或监理工程师在监理执业过程中触犯了刑律,构成犯罪,国家司法机关依法对监理单位的经营者或监理工程师违法犯罪行为所应承担刑事法律后果的追究。

关于监理刑事法律责任的主体,不仅仅指执业监理工程师,还应当包括监理单位的经营者。在实行改革开放建立市场经济的新形势下,为了适应打击严重经济犯罪的需要,随着我国刑事法律法规的增补和完善,国家已明确规定法人在特定条件下也可作为刑事犯罪的主体。监理单位是独立自主、自负盈亏,具有独立责任的法人组织,在监理执业活动中,以监理单位名义实施违法行为且情节严重构成犯罪的,或者因严重失职给国家、社会和公众造成重大损失的,法律规定除追究直接责任者的刑事责任外,还将追究监理单位经营者的刑事责任。与监理有关的刑事法律责任主要有工程重大责任事故罪和工程重大安全事故罪两种。

《中华人民共和国刑法》第一百三十四条 【重大责任事故罪;强令违章冒险作业罪】在生产、作业中违反有关安全管理的规定,因而发生重大伤亡事故或者造成其他严重后果的,处三年以下有期徒刑或者拘役;情节特别恶劣的,处三年以上七年以下有期徒刑。

强令他人违章冒险作业,因而发生重大伤亡事故或者造成其他严重后果的,处五年以下有期徒刑或者拘役;情节特别恶劣的,处五年以上有期徒刑。

《中华人民共和国刑法》第一百三十七条 【工程重大安全事故罪】建设单位、设计单位、施工单位、工程监理单位违反国家规定,降低工程质量标准,造成重大安全事故的,对直接责任人员,处五年以下有期徒刑或者拘役,并处罚金;后果特别严重的,处五年以上十年以下有期徒刑,并处罚金。

4.监理案例

1)模板支撑系统坍塌事故简介

2007年2月12日,某大学图书馆二期工程在施工过程中,发生一起模板支撑系统坍塌事故,造成7人死亡、7人重伤,直接经济损失32万余元。

2007年2月12日9时左右,施工项目部在没有取得监理单位同意的情况下,施工员开始安排混凝土班进行演讲厅舞台屋盖浇筑准备工作,10时许,混凝土班开始舞台屋盖混凝土的浇筑,浇筑方向是由东向西从2~27轴的楼梯间开始向2~4轴方向浇筑。15时左右,在混凝土浇筑过程中,模板支撑系统突然坍塌,坍塌高度约24m,坍塌面积约450m^2,11名混凝土工和混凝土公司的3名泵管操作工随坍塌的屋面跌至二层楼面。

2)原因分析

(1)直接原因:该工程演讲厅舞台屋盖高人模板支撑系统在搭设时,未设水平和横向剪刀撑,纵向剪刀撑的数量也严重不足,加上水平约束杆件的数量及设置方式都未达到规范规定的要求,致使模板支撑系统整体失稳。

(2)间接原因:①总包单位领导安全生产意识淡漠,对各项规章制度执行情况监督管理不力,对重点部位的施工技术管理不严,有法有规不依。②施工单位在该工程演讲厅舞台屋盖高大模板支撑系统搭设前,没有召开技术交底会对施工人员进行专项施工技术交底;搭设完成后没有组织验收;没有取得项目监理单位同意就进行混凝土浇筑,编制的《演讲厅舞台屋盖高支模专项施工方案》存在许多重大原则性错误,且未按规定要求进行复核、审查。

(3)监理单位在对《演讲厅舞台屋盖高支模专项施工方案》审查以及对演讲厅舞台屋盖高大模板支撑系统搭设和舞台屋盖混凝土浇筑施工的监理过程中严重失职,对于施工单位在高大模板支撑系统在搭设前没有召开技术交底会、没有经过验收以及没有取得监理方同意就擅自进行混凝土浇筑施工等问题失察。在每个施工工序完成后,监理方对施工方违规进行下一道工序的施工均没有予以制止,是造成这起事故的重要原因。

(4)政府有关监管部门对该工程建设的监督管理不到位,特别是对施工单位施工组织设计和专项施工方案编制、审批及实施情况以及监理单位审查施工组织设计中的安全技术措施或专项施工方案是否符合工程建设强制性标准情况的监督管理不到位。

3)处理决定

施工单位项目技术负责人、施工员和总监理工程师3人移交司法机关依法追究刑事责任;施工单位经理、项目经理、监理单位经理等6名责任人员分别受到罚款、撤职、吊销执业资格等行政处罚;施工单位受到暂扣安全生产许可证90天及罚款的行政处罚;监理单位受到罚款的行政处罚;责成有关责任部门向市建委作出深刻检查并给予系统内通报批评。

4)事故教训

(1)这起事故中高大模板支撑系统不设剪刀撑,水平约束杆件的设置方式和数量未达到规范要求的做法均属严重违规。

(2)施工过程中,一些必要的程序不可或缺,如果这起事故中,方案编制完成后进行了专家论证,搭设前进行了安全技术交底,搭设结束后组织了验收,上述工作若做到任何一点,就有可能避免事故的发生。

(3)对于施工现场一些错误的习惯性做法,必须严格制止,对于这起事故中的高大模板支撑系统搭设人员来说,也许采用同样的方式在其他项目有过类似的施工经验,所以产生了麻痹大意的思想,造成惨痛事故。所以对于危险性较大的分部分项工程施工,一定要严格按照相关规范、标准,一丝不苟地履行相关程序。

二、监理工程师的职业行为规范

监理工程师的职业行为规范是与其执业活动密不可分的,监理工程师的职业行为规范如下:

1. 监理工程师职业行为规范

根据《注册监理工程师管理规定》的要求,监理工程师职业道德行为规范概括如下:

(1)遵守法律、法规和有关管理规定。

(2)履行管理职责,执行工程技术标准、规范和规程。

(3)恪尽职守,保证执业活动成果的质量,并承担相应责任。

(4)接受继续教育和职业道德教育,努力提高执业水准。

(5)在本人执业活动所形成的工程文件上签字、加盖执业印章。

(6)妥善保管注册证书和执业印章。不得涂改、倒卖、出租、出借或者以其他形式非法转让注册证书或者执业印章。

(7)依法取得执业资格证书,并在规定的执业范围和聘用单位业务范围内从事执业活动。

(8)严格履行岗位职责。不得与委托方或被监理方串通、弄虚作假、降低工程质量;不得将不合格的建设工程、建筑材料、建筑构配件和设备按照合格签字。

2. FIDIC 道德准则

在国外,国际咨询工程师联合会(FIDIC,又称"菲迪克")于 1991 年在慕尼黑召开的全体成员大会上,讨论批准了 FIDIC 通用道德准则。FIDIC 通用道德准则分别从对社会和职业的责任、能力、正直性、公正性、对他人的公正 5 个问题计 14 个方面规定了工程师的道德行为准则。然而,在 FIDIC《土木工程施工合同条件》(1999 年第一版)中,(咨询)工程师的公正性要求不复存在,而只要求"公平"(Fair)。咨询工程师应该遵守的道德行为准则内容如下:

1)对社会和职业的责任

(1)接受对社会的职业责任。

(2)寻求与确认的发展原则相适应的解决办法。

(3)在任何时候,维护职业的尊严、名誉和荣誉。

2)能力

(1)保持其知识和技能与技术、法规、管理的发展相一致的水平,对于委托人要求的服务采用相应的技能,并尽心尽力。

(2)仅在有能力从事服务时方才进行。

3)正直性

在任何时候均为委托人的合法权益行使其职责,并且正直和忠诚地进行职业服务。

4)公平性

(1)处理施工过程中有关问题时应保持公平的态度。

(2)通知委托人在行使其委托权时可能引起的任何潜在的利益冲突。

(3)不接受可能导致判断不公的报酬。

5)对他人的公平

(1)加强"按照能力进行选择"的观念。

(2)不得故意或无意地做出损害他人名誉或事务的事情。

(3)不得直接或间接取代某一特定工作中已经任命的其他咨询工程师的位置。

(4)咨询工程师不得在委托人终止其先前任命的咨询工程师工作前取代该咨询工程师的工作。

(5)在被要求对其他咨询工程师的工作进行审查的情况下,要以适当的职业行为和礼节进行。

第四节　工程建设标准的基础知识

一、工程建设标准分级和分类

工程建设标准涉及工程建设领域的各个方面,数量多、内容综合性强,相互间有着非常强的协调和相关关系。科学、合理地对工程建设标准进行分类,对于了解和掌握工程建设标准的内在联系,研究工程建设标准的内在规律,确定工程建设标准间的相互依存和制约关系具有重要意义。工程建设标准从不同的角度可分为不同的类别。

1. 按等级(管理层次)分为五级

1) 国家标准

对需要在全国范围内统一的技术要求,应当制定国家标准。

2) 行业标准

对没有国家标准而又需要在全国某个行业范围内统一的技术要求,可以制定行业标准。

3) 地方标准

对没有国家标准和行业标准而又需要在省、自治区、直辖市范围内统一的工业产品的安全、卫生要求,可以制定地方标准。

4) 团体标准

国家鼓励学会、协会、商会、联合会、产业技术联盟等社会团体协调相关市场主体共同制定满足市场和创新需要的团体标准,由本团体成员约定采用或者按照本团体的规定供社会自愿采用。

制定团体标准,应当遵循开放、透明、公平的原则,保证各参与主体获取相关信息,反映各参与主体的共同需求,并应当组织对标准相关事项进行调查分析、实验、论证。

5) 企业标准

企业生产的产品没有国家标准和行业标准的,应当制定企业标准,作为组织生产的依据。已有国家标准或者行业标准的,国家鼓励企业制定严于国家标准或者行业标准的企业标准,在企业内部适用。

2. 按属性分为两类

1) 强制性标准

根据《中华人民共和国标准化法》,对保障人身健康和生命财产安全、国家安全、生态环境安全以及满足经济社会管理基本需要的技术要求,应当制定强制性国家标准。

强制性标准必须执行。

2) 推荐性标准

国家鼓励采用推荐性标准。

推荐性国家标准、行业标准、地方标准、团体标准、企业标准的技术要求不得低于强制性国家标准的相关技术要求。

国家鼓励社会团体、企业制定高于推荐性标准相关技术要求的团体标准、企业标准。

应当注意的是,对于推荐性标准,如果决定采用,写入合同,这时该推荐性标准就对签约各方具有了强制性,必须共同遵守。这种"强制性"是根据合同法产生的,并符合国际惯例。

二、工程建设标准间的关系

标准间的关系可以归纳为六个字:服从、分工、协调。

通常,下级标准必须遵守上级标准,且只能在上级标准允许的范围内作出规定。下级标准不得宽于上级标准,但可以严于上级标准。举例:假如国家标准规定某检测项的尺寸允许偏差为"±5mm",地方标准或企业标准就不得放宽为"±6mm",但是可以规定为"±4mm""±3mm"甚至更小,严于国家标准。

此外,标准之间应该明确分工,避免内容重复而造成管理不便,同时,对于互相衔接或相关的内容应该协调,以利贯彻执行。

三、工程建设标准用词

为了便于理解和执行标准,每本标准都对表示严格程度的用词作出了详细说明。工程建设标准通常的用词规则如下:

(1)表示很严格,非这样做不可的用词:正面词采用"必须";反面词采用"严禁"。

(2)表示严格,在正常情况下均应这样做的用词:正面词采用"应";反面词采用"不应"或"不得"。

(3)表示允许稍有选择,在条件许可时,首先应这样做的用词:正面词采用"宜";反面词采用"不宜"。

(4)表示有选择,在一定条件下可以这样做的,采用"可"。

学习标准规范,首先必须了解标准规范的用词规则。要仔细地阅读和理解标准规范附录中的用词说明,这是正确掌握标准规范的重要环节。然后在对具体标准规范条款的学习中,要注意标准规范采用的限定严格程度的用词,以便准确地理解标准规范具体条款所要求的原意和要求执行的严格程序,即把握好一个"度"。

四、工程建设标准强制性条文

1. 工程建设标准强制性条文由来

我国现行的工程建设标准体制是强制性和推荐性相结合的体制,这一体制是《中华人民共和国标准化法》所规定的。而世界上大多数国家对建设活动的技术控制,采取的是技术法规与技术标准相结合的管理体制。

从1988年《中华人民共和国标准化法》颁布以后,各级标准在批准时就明确了属性,即是强制性的,还是推荐性的。在随后的十年间,我国批准发布的工程建设国家标准、行业标准、地方标准中,强制性标准有2700多项,占整个标准数量的75%。相应标准中的条文就有15多万条。如果按照这样庞大的条文去监督、去处罚,一是工作量太大,执行不便;二是突出不了重点。为此对当时212项国家标准的严格程度用词进行统计,其中"必须"和"应"规定的条文占总条文的82%。由于其数量还是太多,建设部通过征求专家的意见并经过反复研究,采取从已经批准的国家、行业标准中将带有"必须"和"应"规定的条文里,对直接涉及人民生命财产安全、人身健康、环境保护和其他公众利益的条文进行摘录。

2. 工程建设标准强制性条文的实施

《工程建设标准强制性条文》是国家对于工程安全、环境保护、人体健康、节能、节地、节水、节材和社会公众利益等方面的最基本、最重要的要求,在工程建设活动中应严格执行。对于现行强制性标准中没有纳入《工程建设标准强制性条文》的技术内容,都属于非强制监督执行的内容,如果不执行这些技术内容,同样可以保证工程的质量和安全,国家是允许的。但是,如果因为没有执行技术规定而造成了工程质量和安全方面的隐患或事故,同样是要追究有关人员法律责任。通俗地讲,只要违反《工程建设标准强制性条文》,就要追究责任并实施处罚;违反强制性标准的其他规定(非强制性条文),只有造成了工程质量和安全方面的隐患或事故,才会追究有关人员的责任。

3. 强制性条文的修订

随着强制性条文的贯彻实施和工程建设标准化工作的深入开展,以及对强制性条文的深入研究和实践的检验,发现2000年版强制性条文(公路工程部分)还有一些不适应和不完善的地方,急需修订和完善。主要有两方面的情况:①近年来,国家对标准化工作十分重视,加大了标准的编制力度,两年期间建设部将建筑工程领域中的勘察、设计、施工质量验收规范进行了全面修订,相继颁布了一系列新修订的规范,规范更新率达到了42%,一些新的强制性条文需要纳入,原来已经确定的强制性条文也发生了变化,有些内容已经修改,需要及时调整;②在2000年版本的摘录过程中,由于没有现成的经验借鉴,一些摘录的条文还不尽合理,有些规定过细过杂,需要进行修订。

根据各方面的意见和反映,建设部决定对2000年版的强制性条文(公路工程部分)进行修订。这项修订工作采取了区别于一般标准制定的程序和做法,积极借鉴国际上技术法规的制定程序和模式。首先,成立了工程建设标准强制性条文(公路工程部分)咨询委员会,咨询委员会成员由包括6位院士在内的85位专家组成,覆盖了政府机关、科研单位、高等院校、设计、施工、监督、监理等各个领域。其次,明确了修订的原则,严格按照保证质量、安全、人体健康、环境保护和维护公共利益的原则,将整个公路工程的强制性条文作为1个体系来编制,并考虑向技术法规过度的可能性。咨询委员会在强制性条文修订过程中,广泛征求各方面的意见,进行反复研究和修改。他们将新标准中的强制性条文、保留标准的强制性条文以及近期将发布的强制性条文都进行编制整理,逐条审查,按照更科学、更严格的指导思想界定强制性条文。在体系框架和内容结构上,充分考虑其完整性和合理性,使得将来的技术法规能够在这个体系框架上逐步形成;在条文数量上既严格控制,又宽严适度,力争达到以较少的条文有效地控制质量和安全的目的。2002年4月17日,建设部以建标〔2002〕99号文发布2002年版《工程建设标准强制性条文》(公路工程部分),自2002年4月17日起施行。

4. 工程建设标准强制性条文的缺陷

(1)各《工程建设标准强制性条文》之间的内在逻辑关联性不强。

强制性标准中的所有条文都是围绕某一范围的特定目标提出的技术要求或技术途径,这些技术要求或技术途径都是成熟、可靠、切实可行的,各条文互相呼应,形成有机整体。而《工程建设标准强制性条文》从这些有机整体的强制性标准中摘录编撰,《工程建设标准强制性条文》间的内在逻辑联系不强,且它并不是对工程质量的全部要求。要使工程质量全面达到合格,仅仅执行《工程建设标准强制性条文》是不够的,必须在全面理解、掌握原强制性标准相关条文的基础上,准确把握工程建设领域的各个环节。

(2)现行《工程建设标准强制性条文》未能覆盖工程建设领域的各个环节。

目前,《工程建设标准强制性条文》摘自现行强制性标准。由于有一些推荐性标准所覆盖的领域、环节中可能也有直接涉及质量、安全、环保、人身健康、节能、节地、节水、节材和公众利益的技术要求,因此,要确保建设工程质量、安全,除必须严格执行强制性条文和强制性标准外,还应综合工程建设的具体情况积极采用国家推荐性标准。今后要加强合同管理,在合同中详细阐明必须执行的具体标准条款。

第三章 监理工程师与监理单位

第一节 监理工程师及其管理

一、监理工程师及其执业资格

1. 监理工程师的概念

监理工程师是指具有交通运输部核准的公路工程监理工程师或专业监理工程师资格、从事监理工作的人员。

2. 执业资格的取得

为加强公路工程监理工程师执业资格管理,自 2004 年起,交通部在考试试点工作的基础上,组织全国公路工程监理工程师执业资格考试,并将其纳入全国公路专业技术人员执业资格制度实施规划。公路专业技术人员只有参加全国公路工程监理工程师执业资格考试并考试合格,才能取得《监理工程师资格证书》。

实行监理工程师资格考试制度的意义在于:①有利于统一监理工程师的基本水准,保证监理工程师队伍的质量;②有利于促进申请监理工程师的人员熟练掌握监理的基本知识和方法;③通过考试确认监理工程师资格,是国际上的通行做法,这种符合国际惯例的方式,有助于与国际咨询业接轨,开拓国际工程建设监理市场。

二、各类监理人员在监理机构中的岗位职责

监理工程师按岗位职责和专业性质一般可分为总监理工程师、驻地监理工程师、专业监理工程师。总监理工程师是由监理单位法定代表人任命并书面授权,经项目业主同意,行使合同赋予监理单位的全部职责,负责项目工程全部监理工作的总负责人。总监理工程师对监理单位负责,管理监理机构的日常事务。驻地监理工程师是指经总监理工程师书面委托并授权,代表总监理工程师行使部分职权,负责该项目部分工程监理工作的驻地监理负责人。专业监理工程师是根据项目监理岗位职责分工,经总监理工程师或驻地监理工程师的授权,负责实施某一专业或某一方面监理工作的监理工程师。

经监理业务培训合格,取得交通运输主管部门颁发的监理业务培训证书,但尚未取得监理工程师资格证书而从事监理工作的人员统称为监理员。

1. 总监理工程师的职责

工程监理实行总监理工程师负责制。总监理工程师负责全面履行监理合同中所约定的监

理单位的职责。其主要职责应包括以下各项：

(1)主持编制监理计划。

(2)主持召开监理交底会、第一次工地会议。

(3)按合同要求建立中心试验室。

(4)审批施工组织设计及总体施工进度计划；审批重要工程材料及配合比。

(5)签发支付证书、合同工程开工令，单位或合同工程的暂停令、复工令。

(6)审核变更单价和总额以及延期和费用索赔。

(7)协助建设单位审查交工验收申请，评定工程质量。

(8)组织编写监理月报、编制监理竣工文件、编写监理工作报告。

总监理工程师不得将下列职责委托给副总监理工程师或专业监理工程师：

(1)主持编制监理计划，审批监理细则。

(2)主持召开监理交底会、第一次工地会议。

(3)审批施工组织设计、总体布置和总体进度计划。

(4)审批专项施工方案。

(5)签发工程开工令、合同段或单位工程的停工令/复工令。

(6)签发工程支付证书。

(7)审查工程分包、变更单价和总额以及工程延期和费用索赔。

2. 驻地监理工程师的职责

驻地监理工程师应按照总监理工程师所授予的职责权限开展监理工作，是执行监理工作的直接责任人，并对总监理工程师负责。其主要职责包括以下各项：

(1)主持编制监理细则。

(2)主持召开工地会议。

(3)按合同要求建立驻地试验室。

(4)审批一般工程原材料和混合料配合比、施工单位的机械设备、施工方案。

(5)审批施工单位测量基准点的复测、原地面线测量及施工放线成果。

(6)审批分项工程开工申请，签发分项或分部工程的暂停令、复工令。

(7)日常巡视、旁站、抽检，并做好记录。

(8)核算工程量清单，负责对已完工程进行计量。

(9)组织分部分项工程中间验收和质量评定，签发中间交工证书。

(10)审批月进度计划，编写合同段监理工作报告。

驻地监理工程师不得将下列职责委托给副总监理工程师：

(1)主持编制监理细则。

(2)审批分项、分部工程开工申请，签发分项、分部工程停工令及复工令。

(3)审批工程施工方案。

(4)签认支付证书。

(5)组织分部工程质量检验评定。

3. 专业监理工程师的职责

专业监理工程师应按总监理工程师或驻地监理工程师所授的职责权限开展监理工作，其主要职责包括以下各项：

(1)总监办专业监理工程师参与编制监理计划，驻地办专业监理工程师参与编写监理细则。

(2)审查施工单位提交的涉及本专业的报审文件，并向总监理工程师或驻地监理工程师报告。

(3)检查进场的工程材料、构配件的质量。

(4)分项工程验收。

(5)进行工程计量。

(6)承担相应的安全监理职责。

(7)处理发现的质量问题及安全隐患，发现较大问题应及时向总监理工程师或驻地监理工程师报告。

(8)填写巡视记录，参与编写监理日志和监理月报。

(9)指导、检查监理员工作，定期向总监理工程师或驻地监理工程师报告本专业的工作。

4. 监理员(含试验员)的职责

监理员(含试验员)按监理计划及监理细则中的规定，从事具体的事务性监理工作，其主要职责应包括以下各项：

(1)旁站监理。

(2)配合专业监理工程师做好巡视工作。

(3)常规的检查、量测工作。

(4)专业监理工程师授权的工序监察。

(5)发现施工作业中的问题，及时指出并向专业监理工程师报告。

当不设驻地办时，相应职责由总监办及总监承担。

三、监理工程师执业资格登记

监理工程师执业资格登记制度是交通运输主管部门对监理从业人员实行市场准入控制的有效手段。监理人员经登记，即表明获得了交通运输主管部门对其以监理工程师名义从业的行政许可，因而具有相应监理工作岗位的责任和权力。

经过监理工程师执业资格考试合格，并持有监理工程师执业资格证书，并不意味着已经取得监理工程师岗位资格。经过登记，取得监理工程师岗位资格，才能从事公路工程监理工作。仅取得监理工程师执业资格证书，没有经过登记的人员，则不具备相应监理工作岗位的责任和权力。登记是对监理人员的素质和岗位责任能力的全面考查。若不从事监理工作，或不具备岗位责任能力，登记主管机关可不予岗位登记。

在监理企业中从事监理工作的公路工程监理工程师均应进行登记，接受监督管理。监理工程师必须在一个监理企业进行登记，才能取得岗位资格，而且仅能在一个监理企业登记，而不能同时在两个或两个以上企业登记。未通过登记的监理工程师不得从事公路工程监理工作，但其资格证书继续有效。

监理企业负责本单位监理工程师登记申报工作。登记工作以电子信息管理为主要方式，依托交通运输部有关行业数据库进行。取得交通运输部公路工程监理工程师或专业监理工程师资格的人员,应按规定进行从业登记和业绩登记。

1. 从业登记

从业登记是指与监理企业建立合同关系的监理工程师,声明以监理工程师名义从事工程监理或相关业务活动的起始记录。

申请从业登记的监理工程师应正式受聘于一家监理企业,依法与企业签订劳动合同,企业为其正常缴纳基本养老保险、基本医疗保险和失业保险(离退休人员除外,属于企业内部人事调动或事业单位编制情形的,需提供相关证明)。

申请人通过虚假手段获得监理资格证书的,提供虚假登记资料的,违反规定同时受聘于两家以上企业的,信用评价周期内从业承诺履行状况很差(信用评价累计扣分大于等于24分)的,仍在刑事、行政处罚期内的,或在职的国家公职人员的,省级质监机构不得予以登记。

申请从业登记时需提交下列材料:

(1)监理工程师从业登记表;

(2)身份证件复印件(原件备查);

(3)监理资格证书和职称证复印件(原件备查);

(4)劳动合同复印件(原件备查)和缴纳保险情况证明(离退休人员除外,属于企业内部人事调动或事业单位编制情形的,需提供相关证明);

(5)其他需提交的资料。

监理工程师在原从业登记的监理企业注销登记后,方可变更登记至其他企业。对于已进行从业登记的监理工程师,其年龄达到65岁时自动退出从业登记人员数据库。

2. 业绩登记

业绩登记是指监理工程师在工程项目中代表监理企业以监理工程师名义从事监理工作的记录。

监理工程师在一个工程项目的业绩登记截止审核确认后,方可在下一工程项目上进行业绩登记。未进行业绩登记或业绩登记尚未截止的项目,不作为监理工程师个人的完整业绩。

第二节　监理工程师的素质要求及职业道德准则

一、监理工程师的素质要求

工程监理是一项技术性、政策性、经济性、社会性很强的综合监管工作,属于高层次的咨询工作。监理工程师应本着"公正、科学、廉洁、自律"的原则,按照监理合同及相关法律、法规的要求,严格、严密、科学、公正地进行监理服务。从事监理工作的监理工程师应具备以下素质。

1. 具有较高的理论水平和全面的知识结构

现代工程建设,工艺越来越先进,材料、设备越来越新颖,而且规模越来越大,结构越来越复杂,应用科技门类多,需要组织多专业、多工种人员,形成分工协作、共同工作的群体。在工程建设监理工作中，监理工程师不仅要担负一般的组织管理，而且要指导参加工程建设各方搞好工作。所以，监理工程师作为从事工程监理活动的骨干人员，只有具备较高的理论水平，分析和解决问题时才能从理论高度入手，才能起到权威作用。监理工程师的理论水平主要来自自身的理论修养。

监理工程师的知识结构包括四个方面，即经济、技术、管理、法律。经济主要是指技术经济知识。监理工程师应能进行技术方案的经济比较，应掌握可行性研究的方法、概预算的编制与审核等。技术主要是指路基、路面、桥梁结构、隧道、机电、试验检测等专业工程技术。管理主要是指项目管理，项目管理是一门学科，监理工程师要掌握现代化的方法和手段，如网络计划技术，费用、进度、质量的控制方法，计算机辅助管理技术等。法律主要是指与工程监理有关的法律、法规和各项规章等，如公路法、合同法、招标投标法、建设工程质量管理条例、建设工程安全生产管理条例、公路工程施工监理规范、公路工程施工监理招标投标管理办法等。

监理工程师应当具备的知识结构，是他们开展监理工作所必需的。对于监理工程师而言，他们应当做到"一专多能"。某位监理工程师，他可能是技术方面的专家，同时又懂得管理、经济和法律方面监理所需要的基本知识；或者他是管理方面的专家，同时应当懂得技术、经济和法律方面监理所需的知识；或者他是合同管理方面的专家，他还应当懂得技术、管理和经济方面的基本知识。总之，工程监理需要"通才"，监理工程师的知识结构应当具备综合性的特点。同时监理工程师还应当具有"专长"，应当对工程建设的某些方面具有特殊能力。只有这样，才符合工程监理对于人才的需要。对监理工程师的这种知识结构的要求，来自工程项目监督和管理的特殊性。在监理过程中，每解决一个工程问题，往往要打破各个专业界限，综合地应用各种专业知识。

2. 具有较高的专业技术水平

监理工程师要向业主提供工程项目的技术咨询服务，就应该能够发现和解决工程设计单位和承包人不能发现和不能解决的复杂问题。因此，监理工程师必须具有高于一般专业技术人员的专业技术知识。这就要求监理工程师除了有较高的专业技术水平外，还应在专业知识的深度与广度方面，达到能够解决和处理工程问题的程度。他们需要把建筑、结构、施工、材料、设备、工艺等方面的知识融于监理工作之中，去制订细则，发现问题，审批方案，作出决策，监督实施。

3. 具有丰富的工程建设实践经验

作为一名监理工程师，必须具有丰富的工程建设实践经验。工程监理是在工程项目实施的动态过程中开展的一项实践性很强的工作，监理工程师需要在动态过程中实施监理。从监理的主要工作来看，发现问题与解决问题贯穿于整个监理过程中。发现问题和解决问题的能力在很大程度上取决于监理工程师的经验和阅历。世界各国都很重视监理人员的工程建设实践经验，如英国咨询工程师协会规定入会的会员年龄必须在38岁以上，新加坡要求工程结构方面的监理工程师必须具有8年以上的工程设计经验。我国在考核监理工程师的资格中，对其从事工程建设实践的工作年限也作了相应的规定，即取得中级技术职称后还要有3年的工作实践，方可参加监理工程师的资格考试。

监理工程师既需要设计方面的经验,又需要施工方面的经验,因为这两方面构成了工程项目实施阶段的基本工作,是监理工程师进行监督管理的主要内容。监理工程师需要工程招标方面的经验,因为协助业主选择理想的承包人是基本需求,也是做好监理工作的先决条件。监理工程师需要积累工程项目环境经验,包括项目的自然环境经验和社会环境经验,这是因为工程项目的实现总是与环境息息相关的,环境既能对项目带来干扰,又能输入营养,了解环境、熟悉环境并对环境具有一定的适应性,是工程顺利实施的重要条件。概括起来,工程经验包括:从事工程建设的时间长短,经历过的工程种类多少,所涉及的工程专业范围大小,工程所在地区域范围,有无国外工程经验,项目外部环境经验,工程业绩,工作职务经历等。工程建设实践经验就是理论知识在工程建设中的成功应用。一般说来,一个人从事工程建设的时间越长,经验就越丰富;反之,经验则不足。当然,个人的工作年限不等于其工作经验,只有及时地、不断地把工作实践中的做法、体会以及失败的教训加以总结,使之条理化,才能升华成为经验。

4. 具有高尚的职业道德和良好的敬业精神

监理工程师应热爱祖国、热爱人民、热爱建设事业,有为监理事业贡献力量的强烈责任心;具有科学的工作态度、实事求是的工作作风;具有廉洁奉公、为人正直、办事公道的高尚情操;有不断学习、不断探索的进取心;能听取不同意见,有良好的包容性;具有吃苦耐劳、任劳任怨、一丝不苟的工作作风。

5. 具有较强的组织协调能力和良好的协作精神

监理工程师要实现项目监理目标,需要与各参与单位合作,要与不同地位和知识背景的人打交道,要把各方面的关系协调好,这一切都离不开组织协调和协作。监理工程师在项目建设中责任大、任务繁重,因而较强的组织协调能力和良好的协作精神就成了监理工程师的必备素质。监理工程师要避免组织失误,特别需要统筹全局,防止陷入事务圈子或把精力过分集中于某一专门性问题。较强的组织协调能力和良好的协作精神需要阅历的积累和实践的磨炼,而且这种能力的发挥需要以充分的授权为前提。监理工程师要力求把参加工程建设各方的活动组织成一个集体,要处理各种矛盾、纠纷,就要求具备较强的组织协调能力和良好的协作精神。为了确保工程项目标的实现,监理工程师应充分认识到,协调是手段,控制是目的,协作是条件,三者缺一不可。监理工程师必须对工程的进度、质量、安全、环保、费用和所有重大工程活动进行严格监督、科学控制。工地会议是监理工程师了解情况、协调矛盾、反馈信息、制订决策和下达指令的主要方式,也是监理工程师对工程进行监督管理和对内部人员进行有效管理的重要手段。如何高效率地召开会议、掌握会议组织与控制技巧,是监理工程师的基本功之一。

6. 具有健康的体魄和充沛的精力

监理工程师要求具有健康的体魄和充沛的精力,这是由监理工作现场性强、流动性大、工作条件差、任务繁忙所决定的。监理工作的地点是工程施工现场,一般情况下条件简陋、艰苦,许多施工作业是夜晚与白天连续施工,既有高空作业,又有地下作业,既要在炎热的烈日下施工,又要在寒冬季节施工。因此,作为一名监理工程师如没有良好的身体素质是难以胜任监理工作的。

由于监理工程师的工作千头万绪,且处于工程项目管理矛盾的焦点,因此,监理工程师除了要有良好的身体素质以外,还要具备良好的心理素质,在处理问题时能保持心态平和、轻松愉快、计划有序。这就要求监理工程师在处理事务的过程中,加强自身修养,有意识地陶冶自己,具有心怀坦荡、高风亮节的高尚情操和博大胸怀。要经常地自我反省,克服自私、嫉妒、怨恨、怨天尤人等人性的弱点,保持清醒的头脑,沉着冷静;同时也需要换位思考,分析利弊,动之以情,晓之以理。这样容易被人接受,也能做好有效的监督。

二、监理工程师的职业道德准则

为了确保公路工程监理事业的健康发展,监理工程师应遵守以下的职业道德准则:

(1)热爱本职工作,忠于职守,认真负责,具有对工程建设的高度责任感。

(2)坚持严格按照合同实施对工程项目的监理,既要保护业主的利益,又要公平合理地对待承包人。

(3)监理工程师本身要模范地遵守国家以及地方的各种法律、法规和规定,同时也要求承包人模范地遵守,并据以保护业主的正当权益。

(4)监理工程师不得接受业主所支付的监理酬金以外的报酬以及任何形式的回扣、提成、津贴或其他间接报酬。同时,也不得接受承包人的任何好处,以保持监理工程师的廉洁性。

(5)监理工程师要为业主严格保密。监理工程师了解和掌握的有关业主的情报资料,必须严格保密,不得泄露。

(6)当监理工程师认为自己正确的判断或决定被业主否决时,监理工程师应阐明自己的观点,并且要以书面的形式通知业主,说明可能给业主一方带来的不良后果。如认为业主的判断或决定不可行时,应书面向业主提出劝告。

(7)监理工程师当发现自己处理问题有错误时,应及时向业主承认错误,并同时提出改进意见。

(8)监理工程师对本监理机构的介绍应实事求是,不得向业主隐瞒本机构的人员现实情况、过去的业绩以及可能影响监理服务质量的因素。

(9)监理单位和监理工程师个人,不得经营或参与经营承包施工,也不得参与采购、营销设备和材料,也不得在政府部门、承包人和设备/材料供应单位任职或兼职。

(10)监理工程师不得以谎言欺骗业主和承包人,不得伤害、诽谤他人名誉借以提高自己的地位和信誉。

(11)监理工程师不得以个人名义接受委托,开展工程监理任务,工程监理任务只能由监理单位承担。

(12)为自己所监理的工程项目聘请外单位监理人员时,须征得业主的认可。

(13)接受职业继续教育,努力学习专业技术和监理知识,不断提高业务能力和监理水平。

第三节　监理工程师的职责、权力与法律地位

一、监理工程师的职责

在施工阶段,监理工程师主要职责可归纳为以下六个方面:工程质量监理方面的职责、施工安全监理方面的职责、施工环境保护监理方面的职责、工程进度监理方面的职责、工程费用

监理方面的职责、合同其他事项管理方面的职责。

1. 工程质量监理方面的职责

（1）对承包人提交的原始基准点、基准线和基准高程的复测结果进行审核和平行复测；检查承包人使用测量仪器是否按规定进行了校准；审查承包人提交的施工测量放线数据、图表及放线成果，并予以批复。

（2）在合同规定的期限内及时审批承包人提交的施工组织设计。

（3）审核承包人工地试验室的人员、设备和试验测试能力是否达到合同要求以及管理制度是否健全。

（4）检查承包人质量保证体系是否落实，重点检查项目负责人、技术负责人、工地试验室负责人的资格，检查质量自检人员的履约情况。

（5）在总体工程开工前审批承包人提交的分项、分部、单位工程分划，并报业主备案。

（6）审查承包人申报的原材料、混合料试验资料，对原材料应独立取样进行平行试验，对混合料应在承包人标准试验的基础上进行试验验证，必要时做标准试验，在合同约定的期限内予以批复。

（7）分项工程开工前，审查承包人提交的该分项工程的施工组织及人员（包括技术负责人、质量自检人员、试验检测人员及主要施工操作人员）配备是否符合合同要求并满足施工需要。

（8）审查承包人进场的施工机械设备是否满足合同约定的施工质量要求。

（9）审查承包人提交的分项、分部工程的施工方案及主要工艺，对技术复杂或采取新技术、新工艺、新材料、新设备的工程，应根据试验工程结果审批。

（10）审查承包人提交的分项、分部工程开工申请，在合同约定的时间内应对工程的开工条件进行审查，并批复开工申请。

（11）对承包人外购或定做用于永久工程的构、配件或设备进行验收，并应要求承包人提交产品合格证和自检报告；可采用常规仪器设备进行检测的，应按规定的频率进行抽检，合后方可准予使用。

（12）在施工过程中，按合同约定的抽检频率，对已批准使用的原材料、混合料和已完工的工程实体质量进行抽检。对于不符合合同要求的材料，有权拒绝使用；对于不符合合同质量要求的工程，有权要求承包人返工或采取其他补救措施，以达到合同约定的技术要求。

（13）在施工过程中对施工现场进行巡视，并重点对正在施工的分项、分部工程检查是否已批准开工，质量检测人员是否按规定到岗，现场使用的原材料或混合料、外购产品、施工机械设备及采用的施工方法与工艺是否与批准的一致，试验检测仪器、设备是否按规定进行了校准，是否按规定进行了施工自检和工序交接，施工质量措施是否落实到位，特种作业人员是否持证上岗等，并做好巡视检查记录。

（14）在施工过程中应对试验工程、重要隐蔽工程和完工后无法检测其质量或返工会造成较大损失的工程的工序、工艺或部位的施工全过程进行旁站。发现的问题应责令承包人立即改正；当可能危及工程质量时，应予以制止。旁站项目的工序完工后，应组织检查验收，验收合格的方可进行下道工序的施工，并应按规定的格式做好旁站记录。

（15）在施工过程中应对承包人的检验测试工作全面进行监理；有权使用承包人或自备的

测试仪器设备对工程质量进行检验,凭数据对工程质量进行监理。

(16)施工过程中当发生可由监理机构处理的质量缺陷、质量隐患时,应立即向承包人发出工程暂时停工指令,并要求立即书面报告质量问题发生的时间、部位、原因及已采取的措施和进一步处理方案;对处理方案进行审核后应报业主批准,对处理方案的实施进行监理并予以验收,处理合格、隐患消除的可发出复工指令。当发生不属于监理机构处理的质量事故时,应要求承包人按规定速报有关部门,同时应和承包人等一起保护事故现场,抢救人员和财产,防止事故扩大,积极配合调查。此外,要对加固、返工或重建的工程进行监理。

(17)按合同及有关标准规定要求对工程进行独立抽检,对承包人检评资料进行签认,对工程质量进行评定。

2.施工安全监理方面的职责

(1)审查承包人的安全保证体系和安全管理规章制度。

(2)审查承包人的施工组织设计和施工方案中的施工安全方案及安全技术措施。

(3)审查各类有关安全生产的文件。

(4)审查各分包单位的安全资质和有关证明文件。

(5)审查施工安全组织体系及安全管理人员的资格。

(6)审核新材料、新技术、新工艺、新结构的使用安全技术方案及安全措施。

(7)对承包人执行施工安全法律、法规和工程建设强制性标准的情况进行监督检查。

(8)对安全保证体系运转和安全技术措施落实情况进行检查。

(9)审核承包人提交的工序交接检查、分部分项工程安全检查报告。

(10)施工中发现不安全因素和安全事故隐患时,应指示承包人采取措施予以整改,如承包人未做整改,有权下令暂停施工;当发现存在重大安全隐患时,应立即下令承包人暂停施工,并及时报告业主,如有必要,应向有关主管部门报告。

(11)当发生施工安全事故时,应立即报告业主,并协助业主进行安全事故的调查处理工作。

(12)根据工程进度情况,对各工序、主要结构、关键部位的安全情况进行旁站、巡视,并做好记录。

(13)建立施工安全监理台账,按照法律法规和工程建设强制性标准实施监理,并对建设工程安全生产承担监理责任。

3.施工环境保护监理方面的职责

(1)审查承包人编制的施工环境保护方案和技术措施。

(2)审查承包人的环保管理组织体系及管理人员的资格。

(3)审查新材料、新工艺、新技术、新结构使用的环保措施。

(4)对承包人执行环境保护法律、法规的情况,以及环保体系运转情况和环保措施落实情况进行监督检查。

(5)审核承包人提交的工序交接及分部分项工程环保检查报告。

(6)监督承包人严格按批准的弃渣规划有序地堆放、处理和利用废渣,防止任意弃渣造成的环境污染。

(7)监督承包人严格执行有关规定,加强对噪声、粉尘、废气、废水、废油的控制,并按有关规定及合同约定进行处理。

（8）要求承包人保持施工区和生活区的环境卫生，及时清除垃圾和废弃物，并运至指定地点进行处理。进入现场的材料、设备应有序堆放。

（9）施工中出现违反有关环保规定或未按合同要求落实环保措施的情况，应书面指令承包人整改；情况严重时，应立即下令承包人暂停施工，并及时报告业主。

（10）根据施工安排及工程进度情况，对施工现场的环保情况进行巡视检查，并做好记录。

（11）若监理合同约定了环境监测事项，应依据合同进行相应的环境监测，以监测数据指导环保监理工作。对于监测结果超标的情况，应要求并监督承包人认真分析原因，有针对性地调整施工行为，甚至采取或调整必要的环境保护措施。

（12）工程完工后，应监督承包人按合同约定拆除施工临时设施，清理场地，做好环境恢复工作。

4．工程进度监理方面的职责

（1）审批承包人在开工前提交的总体施工进度计划、现金流动计划和总说明，以及在施工阶段提交的各种详细计划和变更计划。

（2）审批承包人根据总体施工进度计划编制的年度或月度计划。

（3）在收到承包人提交的合同工程开工申请后，应对合同工程的开工条件进行核查。具备条件的，应签发合同工程开工令，并报业主备案。

（4）在施工过程中监督进度计划的执行情况，检查工程实际进度，分析计划进度与实际进度偏差及产生原因；对每月的工程进度进行分析和评价，并做好进度记录。

（5）对总体工程进度起控制作用的分项工程的实际工程进度明显滞后于计划进度，且承包人未获得延期批准的，应签发监理指令，要求承包人采取措施加快工程进度；需要调整进度计划的，应要求承包人调整进度计划并审批调整后的工程进度计划。承包人获得延期批准时，应要求承包人根据延期批复调整工程进度计划，并审批调整后的工程进度计划。

（6）由于承包人原因造成工程进度延误，在收到监理指令后承包人未有明显改进，致使合同工程在合同工期内难以完成的，应及时向业主提交书面报告，并按合同约定处理。

（7）定期向业主报告工程进度情况，及时提交监理月报。

5．工程费用监理方面的职责

（1）在承包人提交了履约担保后，按合同约定的金额签发开工预付款付款证书，并报业主审批。

（2）依据合同约定的计量原则对工程量清单进行审核。审核无误后，及时对承包人提交的工程量清单复核结果予以签认。

（3）在承包人提交了计量申请后，应按合同约定及时地计量核实合同工程量清单规定的任何已完工程的数量；对复杂、有争议的需要现场确认的项目，应会同建设、设计、施工等单位现场计量；对于不符合合同约定的项目，有权拒绝计量。

（4）对承包人提交的工程支付申请进行审核，并报业主审批，出具由业主签发的支付证书；对于不符合合同要求的工程项目和施工活动，有权暂拒支付，直到上述项目和施工活动达到要求。

(5)应建立计量与支付台账,将计量与支付随时发生的变化登账记录,实行动态管理,当有较大差异时应报业主。

6.合同其他事项管理方面的职责

(1)主持召开第一次工地会议和施工阶段的工地例会及专题工地会议,并做好会议记录。

(2)按合同约定的变更范围,对工程或其任何部分的形式、质量、数量及任何工程施工程序做出变更的决定,按合同约定或合同双方协商的结果确定变更工程的单价和价格,经业主同意下达变更令。

(3)在承包人提出工程工期和(或)费用索赔申请后,应对工期和(或)费用索赔发生的原因、发展情况、结果测算等资料进行审核,并根据合同约定审定延期的时间或索赔的款项,经业主批准后发出通知。

(4)按合同约定审查承包人的任何分包人的资格,分包工程的类型、数量,审查合格后报业主批准。

(5)按合同约定,对合同执行期间由于国家或省(自治区、直辖市)颁布的法律、法规、法令等致使工程费用发生的增减和人工、材料或影响工程费用的其他事项价格的涨落而引起的工程费用的变化,应根据合同约定的价格调整方法及可调整的项目,计算确定新的合同价格或调价幅度,予以核定签认。

(6)根据合同约定,结合工程实际需要,批准或指令承包人实施计日工,并按合同已确定的单价和费率,审核应支付的计日工费用。

(7)施工过程中发生质量事故和其他必须暂停施工的紧急事件等情况时,应按合同约定,经业主同意后,签发工程暂停令,并指令承包人保护该部分或全部工程免遭损害,同时做好工期和(或)费用索赔的预防。

(8)由于承包人原因引起工程暂停需复工的,应要求承包人提出复工申请并签发复工指令;非承包人原因引起的工程暂停,在暂停原因消失后具备复工条件时,应及时签发复工指令。

(9)根据合同约定对承包人办理工程保险种类、数额、有效期、保险单及保险费收据等进行检查。

(10)在合同履行期间,应及时提示承包人和业主采取措施,防止违约事件发生;违约事件发生后,应调查分析,掌握情况,依据合同约定和有关证据评估损失,提出处理意见。

(11)在业主和承包人发生争议事件,且双方接受争议评审组做出的争议评审意见,监理工程师根据争议评审意见拟定执行协议;在对争议进行仲裁或诉讼时,应向仲裁机关或法院提供有关证据。

二、监理工程师的权力

为确保监理工程师完成其监理任务,实现监理目标,就必须按责权对等的原则,赋予监理工程师以相应的权力。

1.相关法律法规赋予监理工程师的主要权力

(1)使用监理工程师的名称。

(2)依法自主执行监理业务。

(3)依法签署工程监理及相关文件。
(4)法律、法规赋予的其他权利。

2. 相关合同条款赋予监理工程师的主要权力

根据《公路工程标准施工招标文件》(2018年版),经业主批准,监理工程师可以行使以下权力:

(1)同意分包本工程的非主体和非关键性工作。
(2)确定不利物质条件下的费用增加额。
(3)发布开工通知、暂停施工指示和复工通知。
(4)决定工期延长。
(5)审查批准技术规范和变更设计。
(6)发出变更指示。
(7)确定变更单价。
(8)决定暂列金额的使用。
(9)确定暂估价金额。
(10)确定索赔金额。

3. 业主授予的权力

根据相关法律法规及合同文件,为确保监理工程师顺利开展监理工作、完成监理任务,业主应对监理工程师合理授权,其概括为:

(1)技术上的核定权。
(2)组织协调的主持权。
(3)材料、设备和工程质量的确认权和否决权。
(4)进度与工期的确认权和否决权。
(5)施工安全和环境保护的确认权和否决权。
(6)工程款支付与结算的确认权和否决权等。

三、监理工程师的法律地位、法律责任

1. 监理工程师的法律地位

监理工程师的法律地位是由国家法律法规确定的,并建立在监理合同的基础上。这是因为:

(1)《中华人民共和国公路法》明确提出国家推行工程监理制度,《建设工程质量管理条例》赋予监理工程师多项签字权,并明确规定了监理工程师的多项职责,从而使监理工程师执业有了明确的法律依据,确立了监理工程师作为专业人士的法律地位。

(2)监理工程师是受业主委托从事监理工作,其权利和义务在监理合同中有具体约定。

2. 监理工程师的法律责任

监理工程师的法律责任与其法律地位密切相关,同样是建立在法律法规和监理合同的基础上。因而,监理工程师法律责任的表现行为主要有两方面:一是违反法律法规的行为;二是

违反合同约定的行为。

1)违反法律法规的行为

现行法律法规对监理工程师的法律责任专门作出了具体规定。例如：

(1)《中华人民共和国刑法》第一百三十七条规定：建设单位(业主)、设计单位、施工单位(承包人)、工程监理单位违反国家规定，降低工程质量标准，造成重大安全事故的，对直接责任人员处五年以下有期徒刑或者拘役并处罚金；后果特别严重的，处五年以上十年以下有期徒刑并处罚金。

(2)《建设工程质量管理条例》第三十六条规定：工程监理单位应当依照法律、法规以及有关技术标准、设计文件和建设工程承包合同，代表建设单位(业主)对施工质量实施监理并对施工质量承担监理责任。

(3)《建设工程安全生产管理条例》第五十七条规定：监理单位未依照法律、法规和工程建设强制性标准实施监理的，造成重大安全事故，构成犯罪的，对直接责任人，依照刑法有关规定追究刑事责任；造成损失的，依法承担补偿责任。

这些规定能够有效地规范、指导监理工程师的执业行为，提高监理工程师的法律责任意识，引导监理工程师公正守法地开展监理业务。

2)违反合同约定的行为

监理工程师一般主要受聘于工程监理单位，从事工程监理业务。工程监理单位是订立监理合同的当事人，是法定意义上的合同主体。但监理合同在具体履行时，是由监理工程师代表监理单位来实现的。因此，如果监理工程师出现工作过失，违反了合同的约定，其行为将被视为监理单位违约，由监理单位承担相应的违约责任。当然，监理单位在承担违约赔偿责任后，有权在监理单位内部向有相应过失行为的监理工程师追偿部分损失。所以，由监理工程师个人过失引发的合同违约行为，监理工程师应当与监理单位承担一定的连带责任。其连带责任的基础是监理单位与监理工程师签订的劳动合同、聘用协议或责任保证书，或监理单位法定代表人对监理工程师签发的授权委托书。一般来说，授权委托书应包含职权范围和相应责任条款。

四、监理工程师违规行为的处罚

监理工程师在执业过程中必须严格遵纪守法。交通运输行政主管部门对于监理工程师的违法违规行为，将追究其责任，并根据不同情节给予必要的行政处罚。监理工程师违规行为的处罚在相关的法律法规和部门规章中都有明确的规定。

(1)《建设工程质量管理条例》规定：监理工程师等注册执业人员因过错造成质量事故的，责令停止执业一年；造成重大质量事故的，吊销执业资格证书，五年以内不予注册；情节特别恶劣的，终身不予注册。

(2)《建设工程安全生产管理条例》规定：监理工程师等注册执业人员未执行法律、法规和工程建设强制性标准的，责令停止执业三个月以上一年以下；情节严重的，吊销执业资格证书，五年内不予注册；造成重大安全事故的，终身不予注册；构成犯罪的，依照刑法有关规定追究刑事责任。

(3)《公路建设监督管理办法》规定：监理工程师具有索贿、行贿、受贿行为，损害国家和单位合法权益的，依法给予行政处分，构成犯罪的依法追究刑事责任。

(4)《公路工程施工监理办法》规定:监理单位或监理人员营私舞弊,损害建设单位(业主)、施工单位(承包人)利益或因监理人员失职造成重大事故和经济损失的,除按法律规定承担法律责任外,其行政、资质主管机关可视情节轻重,分别给予扣减监理服务费、责令停业整顿、警告、降低资质等级、吊销监理资格证书的处罚。

第四节 监理单位资质等级与资质管理

一、监理单位

监理单位是指具有法人资格、并取得交通运输主管部门颁发的公路工程施工监理资质证书的企业。它是监理工程师的执业机构。自20世纪80年代开始实行监理制度以来,工程建设管理体制发生了很大的变化,监理企业由最初的附属机构转变成独立的公司法人。根据相关统计,目前全国共有公路工程甲、乙级监理企业近600家,我国公路工程社会监理力量日益强大、水平逐年提高,为提高公路工程建设管理水平,发挥了积极的作用。但公路工程监理企业分布也存在着显著的地区间不平衡,甲、乙级监理企业多集中于中东部经济发达地区,某些省份内的公路工程甲、乙级监理企业可达50余家;而西部经济欠发达地区甲、乙级监理企业相对较少,某些省份只有2~3家,某些省份甚至没有公路工程甲级监理企业。监理企业分布的不平衡,导致出现激烈竞争甚至不规范竞争或监理队伍不能满足实际工作的需要等一系列的问题。

二、监理单位的资质等级与资质管理

1. 监理单位的资质等级和从业范围

1)监理单位资质等级划分

公路工程监理单位的监理资质分为甲级、乙级、丙级3个等级和特殊独立大桥专项、特殊独立隧道专项、公路机电工程专项。

2)监理单位的从业范围

公路工程监理单位应当按照其获得的资质等级和业务范围开展监理业务,见表3-1;公路工程监理业务分级标准见表3-2、表3-3。

公路工程监理单位资质等级和业务范围　　　　表3-1

资质等级	从业范围	监理业务范围
公路工程专业甲级监理资质	全国范围	一、二、三类公路工程,桥梁工程,隧道工程
公路工程专业乙级监理资质	全国范围	二、三类公路工程,桥梁工程,隧道工程
公路工程专业丙级监理资质	省级行政区域	三类公路工程,桥梁工程,隧道工程
公路工程专业特殊独立大桥专项监理资质	全国范围	特殊独立大桥项目
公路工程专业特殊独立隧道专项监理资质	全国范围	特殊独立隧道项目
公路工程专业公路机电工程专项监理资质	全国范围	各等级公路、桥梁、隧道工程通信、监控、收费等机电工程项目

公路工程监理业务分级标准 表 3-2

序号	方面	一类	二类	三类
1	公路工程	高速公路	高速公路路基工程及一级公路	一级公路路基工程及二级以下各级公路
2	桥梁工程	特大桥	大桥、中桥	小桥、涵洞
3	隧道工程	特长隧道、长隧道	中隧道	短隧道

公路工程专项监理业务范围标准 表 3-3

序号	业务范围	内容
1	特殊独立大桥	主跨250m以上钢筋混凝土拱桥、单跨250m以上预应力混凝土连续结构、400m以上斜拉桥、800m以上悬索桥等结构复杂的独立特大桥项目
2	特殊独立隧道	大于3000m的独立特长隧道项目
3	公路机电工程	通信、监控、收费等机电工程

2. 监理单位的资质管理

交通运输部负责公路工程专业甲级、乙级监理资质和公路工程专业特殊独立大桥专项、特殊独立隧道专项、公路机电工程专项监理资质的行政许可工作。省级交通运输主管部门负责公路工程专业丙级监理资质的行政许可工作。

属于交通运输部受理的申请,申请人在向交通运输部提交申请材料的同时,应当向企业注册地的省、自治区、直辖市人民政府交通运输主管部门提交申请材料副本。有关省、自治区、直辖市人民政府交通运输主管部门自收到申请人的申请材料副本之日起十日内提出审查意见报交通运输部。交通运输部自收到申请人完整齐备的申请材料之日起二十日内作出行政许可决定。准予许可的,颁发相应的《工程监理资质证书》;不予许可的,应当书面通知申请人并说明理由。

省、自治区、直辖市人民政府交通运输主管部门受理的申请,申请人应当向企业注册地的省、自治区、直辖市人民政府交通运输主管部门提交本规定第九条规定的申请材料或信息。省、自治区、直辖市人民政府交通运输主管部门自收到完整齐备的申请材料之日起二十日内作出行政许可决定。准予许可的,颁发相应的《工程监理资质证书》,并在三十日内向交通运输部报备;不予许可的,应当书面通知申请人并说明理由。

申请人申请公路工程监理资质应当向许可机关提交下列申请材料或信息:

(1)《公路水运工程监理企业资质申请表》;

(2)企业统一社会信用代码;

(3)企业章程和制度;

(4)监理工程师和中级职称以上人员名单;

(5)企业、人员从业业绩清单;

(6)主要试验检测仪器和设备清单。

申请人应当按照规定,将人员、业绩、仪器设备等情况,录入全国或者省级交通运输公路、水运建设市场信用信息管理系统。

全国或者省级交通运输公路、水运建设市场信用信息管理系统应当向社会公开,接受社会监督。

申请人应当如实向许可机关提交有关材料和反映真实情况,并对其提交材料实质内容的真实性负责。

监理单位资质实行定期检验制度,每两年检验一次。申请定期检验的企业应当在其资质证书使用期满两年前三十日内向检验机构提出定期检验申请,并提交《公路水运工程监理企业资质检验表》和本检验期内的《项目监理评定书》。负责检验的许可机关或者质量监督机构应当自收到完整齐备的申请材料二十日内作出定期检验结论。对定期检验合格的监理企业,由原许可机关或者质量监督机构在其《工程监理资质证书》上签署意见并盖章。对定期检验不合格的监理企业,原许可机关或者质量监督机构应当责令其在六个月内进行整改。整改期满仍不能达到规定条件的,由原许可机关对其予以降低资质等级或者撤销对其的资质许可。

监理企业未按照规定的期限申请资质定期检验的,其资质证书失效。

有下列情形之一的,监理企业应当及时向许可机关交回资质证书,许可机关应当注销其监理资质:

(1)未按照规定期限申请资质延续的;
(2)企业依法终止的;
(3)资质被依法撤销、撤回或者资质证书依法被吊销的;
(4)法律、法规规定的应当注销资质的其他情形。

监理单位资质有效期为四年。监理企业资质实行复查制度,资质有效期满,拟继续从事监理业务的监理企业应向原资质许可机关提出资质复查申请。申请资质复查的企业,应在《工程监理资质证书》有效期满六十日前,向原资质许可机关提交下列复查材料:《公路水运工程监理企业资质复查表》、《企业法人营业执照》(复印件)、企业章程和制度、主要试验检测仪器设备和装备证明、近四年的项目监理评定书(复印件,相关内容及相应监理人员业绩应录入质监总站指定数据库)。

许可机关对提出延续资质申请企业的各项条件进行审查,自收到企业资质申请之日起二十日内作出是否准予延续许可的决定。对符合资质延续条件的企业,许可机关准予资质延续四年。监理企业在领取新的资质证书时,应当将原资质证书交回原许可机关。

监理企业遗失《工程监理资质证书》,应当在公开媒体和质量监督机构指定的网站上声明作废,并到原许可机关办理补证手续。监理企业的名称、地址、法定代表人等一般事项变更,应当在变更事项发生后十日内向原许可机关申请签注变更。监理企业发生合并、分立、重组、改制等重大事项变更,应当在变更事项发生后十日内向原许可机关申请变更,由原许可机关重新核定企业资质等级。

三、监理工作的原则与违规行为的处罚

1. 监理工作的原则

监理单位从事工程监理活动,应当遵循"公正、科学、诚信、自律"的基本准则。监理工作的基本原则要求:处理问题要公平,履约要诚信,监理的方法和手段要科学,从业人员要廉洁

自律。

1）公正

公正是指监理单位在监理活动中既要维护建设单位的权益，又不能损害施工单位的合法权益，并依据合同公平合理地处理建设单位与施工单位之间的矛盾和争议。监理单位要做到公正，必须做到以下几点：

(1) 要培养良好的职业道德，不接受可能导致判断不公的报酬，不为私利而违心地处理问题。

(2) 要坚持实事求是的原则，不偏袒任何一方。

(3) 要提高综合分析问题的能力，不为局部问题或表面现象而模糊自己的"视听"。

(4) 要不断提高自己的专业技术能力和合同意识，尤其是要尽快提高综合理解、熟练运用工程建设项目合同条款的能力，以便以合同为依据，恰当地协调，处理问题。

2）科学

实施工程监理前，要尽可能准确地预测出各种可能的问题，有针对性地拟定解决办法，制订出切实可行、行之有效的监理计划和监理细则，使各项监理活动都纳入计划管理轨道。只有借助于先进、科学的管理手段才能做好监理工作，如各种试验检测仪器设备、摄（录）像设备、计算机及互联网等。监理工作的科学方法主要体现在：监理人员在充分掌握有关监理对象及其外部环境实际情况的基础上，适时、妥当、高效地处理有关问题，解决问题要用事实说话、用书面文字说话、用数据说话，要开发、利用计算机软件和网络信息平台促进工程监理工作。

3）诚信

即诚实守信，是企业的一种无形资产，良好的信用能为企业带来巨大的效益。诚信原则的主要作用在于指导当事人以诚信的态度行使民事权利，承担民事义务，正确地从事民事活动。监理企业应树立良好的信用意识，使企业成为讲道德、讲信用的市场主体。

4）自律

即监理企业及其从业人员应当遵循"廉洁自律"的准则来实施监理活动，执行有关工程建设法律、法规、标准和制度，履行建设工程监理合同规定的义务，不受制于监理工程指定承包商及建筑构配件、设备、材料生产厂家和施工方法，不收受施工单位的任何礼金、有价证券等，不泄露所监理工程各方认为需要保密的事项，坚持自主地开展监理工作。

2. 监理单位违规行为的处罚

监理单位应在核定的资质等级许可的范围内依法开展监理业务，否则将受到处罚。

监理单位违规行为的处罚在相关的法律法规和部门规章中应有明确的规定。

1）《工程建设质量管理条例》规定

(1) 禁止工程监理单位超越本单位资质等级许可的范围或者以其他工程监理单位的名义承担工程监理业务；禁止工程监理单位允许其他单位或者个人以本单位的名义承担工程监理业务。

工程监理单位超越本单位资质等级承揽工程监理业务的，责令停止违法行为，并处合同约定的监理酬金1倍以上2倍以下的罚款。未取得资质证书承揽工程监理业务的，予以取缔，依照上述规定处以罚款；有违法所得的，予以没收。以欺骗手段取得资质证书承揽工程监理业务的,吊销资质证书,并依照上述规定处以罚款,有违法所得的,予以没收。

(2)工程监理单位允许其他单位或者个人以本单位名义承揽工程监理业务的,责令改正,没收违法所得,并处合同约定的监理酬金1倍以上2倍以下的罚款。

(3)工程监理单位不得转让工程监理业务。工程监理单位转让工程监理业务的,责令改正,没收违法所得,处合同约定的监理酬金25%以上50%以下的罚款;可以责令停业整顿,降低资质等级;情节严重的,吊销资质证书。

(4)工程监理单位有下列行为之一的,责令改正,处50万元以上100万元以下的罚款,降低资质等级或者吊销资质证书;有违法所得的,予以没收;造成损失的,承担连带赔偿责任。

①与建设单位或者施工单位串通,弄虚作假、降低工程质量的;
②将不合格的建设工程、建筑材料、建筑构配件和设备按照合格签字的。

(5)工程监理单位与被监理工程的施工承包单位以及建筑材料、建筑构配件和设备供应单位有隶属关系或者其他利害关系的,不得承担该项建设工程的监理业务。工程监理单位与被监理工程的施工承包单位以及建筑材料、建筑构配件和设备供应单位有隶属关系或者其他利害关系承担该项建设工程监理业务的,责令改正,处5万元以上10万元以下罚款,降低资质等级或者吊销资质证书;有违法所得的,予以没收。

(6)工程监理单位应当依照法律、法规以及有关技术标准、设计文件和建设工程承包合同,代表建设单位对施工质量实施监理,并对施工质量承担监理责任。对违反国家规定,降低工程质量标准,造成重大安全事故的,对直接责任人员处5年以下有期徒刑或者拘役,并处罚金;后果特别严重的,处5年以上10年以下有期徒刑,并处罚金。

2)《建设工程安全生产管理条例》规定

违反本条例的规定,工程监理单位有下列行为之一的,责令限期改正;逾期未改正的,责令停业整顿,并处10万元以上30万元以下的罚款;情节严重的,降低资质等级,直至吊销资质证书;造成重大安全事故,构成犯罪的,对直接责任人员,依照刑法有关规定追究刑事责任;造成损失的,依法承担赔偿责任。

(1)未对施工组织设计中的安全技术措施或者专项施工方案进行审查的;
(2)发现安全事故隐患未及时要求施工单位整改或者暂时停止施工的;
(3)施工单位拒不整改或者不停止施工,未及时向有关主管部门报告的;
(4)未依照法律、法规和工程建设强制性标准实施监理的。

第四章 工程监理组织

第一节 组 织 概 述

一、组织和组织结构

1. 组织的含义

组织是人们为了实现一定的目标、互相结合、指定职位、明确责任、分工合作、协调行动的人工系统及其运转过程。组织的四层含义：

(1)必须具有目标。

(2)必须有适当的分工与协作。

(3)有不同层次的权利和责任。

(4)要有序地运转。

2. 组织的作用

(1)能为组织内部所有的成员提供明确的指令,使每个成员都能按时、按质地完成自己的任务。

(2)能使每个成员了解自己在组织中的工作关系和他的隶属关系,有助于组织内部的分工与合作,使组织活动更具有秩序性和预见性。

(3)有助于及时总结组织活动的成功经验和失败教训,及时协调与改善组织结构,使组织成员的职责范围更加明确合理,以适应形势、环境的变化和发展,从而提高组织的竞争能力和综合效益。

(4)使每个成员不仅明确完成工作任务的职责和义务,而且了解自己的权力,并能正确地运用。

3. 组织结构

组织内部构成和各部分间所确立的较为稳定的相互关系和联系方式。

(1)组织结构与职权的关系:存在着一种直接的相互联系,职权是以下级服从上级的命令为基础的。

(2)组织结构与职责的关系:与组织中各部门的职责分配有着直接的关系。管理是以机构和人员职责的确定和分配为基础的,组织结果为职责的分配奠定了基础。

(3)组织结构与工作监督和业绩考核的关系:明确部门间的职责分工和上下级层次间的权力和责任。

二、组织设计

组织设计就是对组织活动和组织结构的设计过程,是管理者在系统中建立最有效相互关系的一种合理化的、有意识的过程。设计的结果是形成组织结构。

1. 组织构成因素

1)管理层次

管理层次指从组织的最高管理者到最基层的实际工作人员之间的等级层次的数量。可分为决策层、协调层、执行层和操作层。

2)管理跨度

管理跨度指一名上级管理人员所直接管理的下级人数。

3)管理部门

各部门的合理划分对发挥组织效应是十分重要的。

4)管理职能

组织设计确定各部门的职能,应使纵向的领导、检查、指挥灵活,达到指令传递快、信息反馈及时;使横向各部门间相互联系、协调一致,使各部门有职有责、尽职尽责。

2. 组织设计的原则

对组织活动和组织结构的设计过程,是一种把目标、任务、责任、权力和利益进行有效组合与协调的活动。

1)目的性原则

为了产生组织功能,确保系统总目标的实现。

2)管理跨度和分层统一的原则

管理跨度亦称管理幅度。适当的管理跨度,加上适当的层次划分和适当授权,是建立高效率组织的基本条件。

3)集权与分权相结合的原则

集权是指组织结构中把决策的权力集中在较高层次的管理部门。集权的主要优点是便于组织的集中统一管理,能够有效地系统安排各种资源,统一指挥各项活动,统一协调各部门之间的关系,有利于充分发挥高层管理者的聪明才智和工作能力。缺点是限制了下属管理者的主动性和创造性,降低了管理灵活性,增大了管理的难度,且难以培养出综合业务能力强的管理人才。

分权是将决策的权力分散到较低层次的各部门。分权的优点是能激发各级管理人员的积极性、主动性和创造性,对客观情况的变化能迅速作出反应,有利于各级管理人员发挥才干和早期成熟,并使最高管理层摆脱日常事务,集中精力于重大决策的研究。缺点是容易产生协调困难、各自为政、本位主义等现象。

授权是指上级把职权委托给下级的组织过程,授权是分权的一种重要形式,管理者应根据不同情况,以实现组织目标、提高工作效率为根本原则进行授权、收权和重新授权。其优点是可以减轻上级工作负担、发挥下属的专长、培养人才、改善关系、提高工作效率。

4)责、权、力、效、利相匹配的原则

职责要明确,权力要对应,能力要相当,效益要界定,利益要挂钩。

5)统一指挥原则

一个人只能接受一个指示命令,若需要接受两个以上命令时,则应对下达的指令形成统一意见,以防出现多头指挥,使下级无所适从。

6)稳定性与适应性相结合原则

所面临的管理对象和环境是变化的,不变是相对的,变化是绝对的。

7)经济与效率原则

必须将经济性和高效率放在重要地位。

第二节 工程监理组织

一、监理机构

1. 监理机构的概念

在项目现场设立的履行监理职责的组织,包括总监理工程师办公室(简称总监办)及驻地监理工程师办公室(简称驻地办)。

监理机构应依法按照约定的职责和权限,代表建设单位对公路工程施工质量、安全、环保、费用和进度等实施监理。

根据《公路工程施工监理规范》(JTG G10—2016)规定,公路工程项目监理应设立总监办,100km 以上的高速公路、一级公路可设驻地办。当不设驻地办时,总监办应同时履行驻地办职责;监理机构内部的组织和规模可根据工程特点和规模等因素确定;监理机构完成监理职责后可撤离现场。

2. 监理机构设立步骤

监理单位在组建项目监理机构时,一般按以下步骤进行。

1)确定工程监理目标

工程监理目标是项目监理机构设立的前提,应根据工程监理合同中对监理工作服务内容、服务期限、职责权限等的规定确定监理总目标,再明确划分为具体的分目标,形成项目管理目标体系。

2)确定工作内容

根据监理目标和监理合同中规定的监理任务,明确列出监理工作内容,并进行分类、归并及组合,这是一项重要的组织工作。对各项工作进行归并及组合应以便于监理目标控制为目的,并考虑监理项目的规模、性质、工期、工程复杂程度以及监理单位自身技术业务水平、监理人员数量和素质、组织管理水平等。

3)组织结构设计

(1)确定组织结构模式。

根据工程项目规模、性质、建设阶段等不同,可以选择不同的监理组织结构模式以适应监理工作的需要。结构模式的选择应有利于项目合同管理,有利于目标控制,有利于决策指挥,有利于信息沟通。

(2)合理确定管理层次与管理跨度。

监理组织结构中一般应有3个层次:

①决策层:由总监理工程师或其助手组成,应能根据工程项目的监理活动特点与内容进行科学化、程序化决策。

②中间控制层(协调层和执行层):是承上启下的管理层次,由驻地监理工程师和专业监理工程师组成,具体负责监理规划的落实、目标控制及合同实施管理。

③作业层(操作层):由监理员等组成,具体负责监理工作的操作。

项目监理机构中管理跨度的确定应考虑监理人员的素质、管理活动的复杂性和相似性、监理业务的标准化程度、各项规章制度的建立健全情况、建设工程的集中或分散情况等,按监理工作实际需要确定。

(3)监理机构部门划分。

项目监理机构中合理划分各职能部门,应依据监理机构目标、监理机构可利用的人力和物力资源以及合同结构情况,将费用监理、进度监理、质量监理、安全与环保监理、合同其他事项管理、组织协调等监理工作内容按不同的职能活动形成相应的管理部门。

(4)制订岗位职责与考核要求。

岗位职务及职责的确定,要有明确的目的性,不可因人设岗。根据责权一致的原则,应进行适当的授权,并明确相应的职责。监理人员岗位职责主要规定各类人员的工作职责和考核要求。在工作职责中又分为应完成的工作指标和基本责任。在考核要求中又可分为考核标准和完成时间,对监理人员的工作进行定期考核,包括考核内容、考核标准及考核时间、奖惩办法等。

(5)配备监理人员。

根据监理合同和监理工作的任务,按照合同约定配备各层次相应岗位的监理人员。配备监理人员除应考虑监理人员个人素质外,还应考虑总体的合理性与协调性。

4)制订工作流程

监理工作流程是根据监理工作制度对监理工作程序所做的规定,它是监理工作科学、有序、高效和规范化进行的基本保证。

二、监理机构组织模式

监理组织模式应根据工程项目的特点、工程项目承发包模式、建设单位委托的任务以及监理单位自身情况而确定。在工程监理实践中形成的监理组织模式一般分为:直线式模式、职能式模式、直线-职能式模式和矩阵式模式四种。

1. 直线式监理组织模式

这种组织模式的特点是项目监理机构中不设置专业职能部门,任何一个下级只接受上级的命令。各级部门主管人员对所属部门的问题负责,项目监理机构中不再另设职能部门。直线式监理组织结构如图4-1所示。

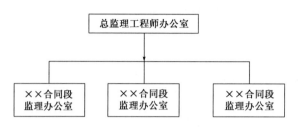

图 4-1　直线式监理组织结构示意图

2. 职能式监理组织模式

公路工程监理组织采用此种组织模式,可以充分发挥监理机构内各专业职能部门的作用。但在设置时,必须注意各专业职能部门的职责与权限划分,以避免各职能部门间职责不清,协调困难。职能式监理组织结构如图 4-2 所示。

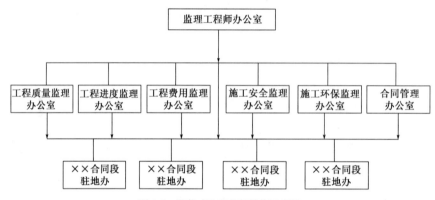

图 4-2　职能式监理组织结构示意图

3. 直线-职能式监理组织模式

公路工程监理组织采用此种组织模式,既可以发挥监理机构内各专业职能部门的作用,又可以发挥上级机构的领导、协调作用。我国世界银行贷款公路项目的监理组织普遍采用此种组织模式。直线-职能式监理组织结构如图 4-3 所示。

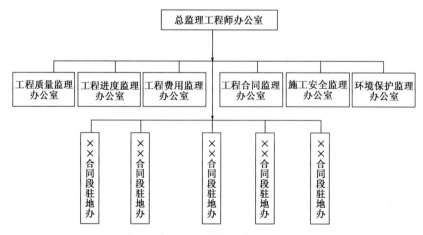

图 4-3　直线-职能式监理组织结构示意图

4.矩阵式监理组织模式

随着公路工程建设事业的发展,工程监理单位不断涌现、壮大。当监理单位承担一个大型项目或同时承担多个项目,对专业技术和管理人才需求量很大而单位人才资源又有一定限度,且复杂项目又要求多部门、多专业配合实施,对人才资源利用率要求很高时,最适合采用矩阵型组织模式。这种模式能充分适应工程项目监理人才要素在时间、方位、工序上投入的不均衡性这一特点,优化人力资源,进行动态控制,以保证或协调工程项目在不同阶段的监理要求。矩阵式监理组织结构如图4-4所示。

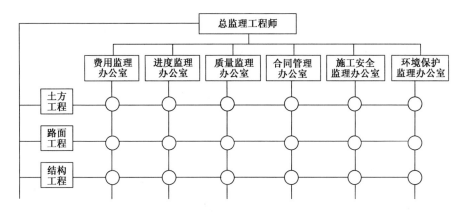

a)矩阵式监理组织结构示意图(1)

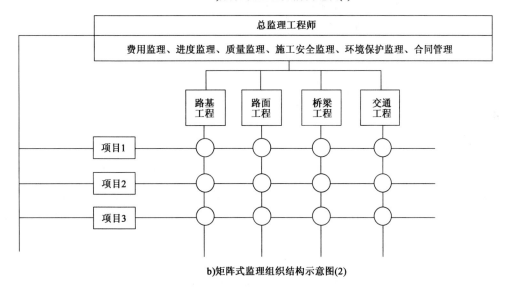

b)矩阵式监理组织结构示意图(2)

图4-4 两种矩阵式监理组织结构示意图

三、监理人员配备

项目监理机构中配备监理人员的数量和结构,应根据监理内容、合同工期、工程规模、工程技术复杂程度、工程环境等因素综合考虑,并应符合监理合同中对监理工作的要求,能体现项目监理机构的整体素质,保证对工程实施有效监理,满足监理目标控制的要求。

1. 监理人员的结构

项目监理机构应具有合理的人员结构,包括以下三方面的内容:

(1)合理的专业结构。项目监理机构应由与监理工程的性质及业主对工程监理的要求相适应的各专业人员组成,也就是各专业人员要配套。

(2)合理的技术职称结构。为了提高监理效率和经济性,项目监理机构应根据工程项目的特点和监理工作的需要,选择具有相应技术职称的各类监理人员。合理的技术职称结构应是高级职称、中级职称和初级职称,应有与监理工作要求相称的比例。

(3)合理的年龄结构。监理机构人员配备不但要用适应工程监理需要的专业结构,还要有合理的年龄结构,大量工程实践证明,要达到监理工作的优质服务,老、中、青人数合理的比例宜为1:2:1,既可发挥年长者丰富的工程建设管理经验,又可以锻炼和培养青年人的专业技术水平。

2. 监理人员的构成

我国工程项目监理机构实行总监理工程师负责制,监理机构应配备的监理人员通常包括总监理工程师、驻地监理工程师、专业监理工程师(以上统称为监理工程师),测量、试验人员和现场旁站人员等相关专业技术人员(以上统称为监理员)。

3. 监理人员的资格要求

总监理工程师应具有相应专业的高级技术职称、取得交通运输部监理工程师资格证书、具有五年以上的现场工程监理经历、担任过两项以上同类工程的总监或驻地监理工程师职务。

驻地监理工程师应具有相应专业的中级或高级技术职称、取得交通运输部监理工程师资格证书、具有同类工程三年以上监理经历。

专业监理工程师应具有相应专业的中级或高级技术职称、取得交通运输部专业监理工程师资格证书、具有同类工程三年以上监理经历。

监理员一般应具有相应专业的初级以上技术职称、经交通运输主管部门批准的监理业务培训并取得监理培训结业证书、具有一年以上的工程及相关专业实际工作经历。

4. 监理人员的数量

监理机构中监理人员的数量和结构,应根据监理内容、工程规模、合同工期、工程条件和施工阶段等因素,按保证对工程实施有效监理的原则确定。

根据《公路工程施工监理规范》(JTG G10—2016)规定,高速公路、一级公路工程一般每年每7500万元建安费宜配备交通运输部核准资格的监理工程师1名;独立大桥、特长隧道工程每年每3000万元建安费宜配备交通运输部核准资格的监理工程师1名。根据工程特点和实际需要,上述配置可在0.8~1.2的系数范围内调整。其他监理人员的数量可根据具体情况适当配置。

高速公路机电工程每50km、每系统(监控、收费、通信)配备交通运输部核准资格的监理工程师1名,根据工程情况,如系统复杂或隧道机电工程内容较多,可适当增加。

如遇重大工程变更等情况,人员配备应根据需要进行调整,并就工程内容的变化、人员的调整事宜签订补充合同。

总监办应配备 1 名总监理工程师和若干名专业监理工程师。驻地办应根据工程复杂程度配备 1~2 名驻地监理工程师和若干名专业监理工程师。

四、监理设施及设备

公路工程项目一般投资大、现场条件复杂、施工难度大、质量要求高、影响因素多,监理工作任务重、内容多、程序复杂。因此,为确保监理工作的顺利进行,监理机构必须配备足够数量和相应质量水平的监理设施和设备。各种监理设施和设备的规格和数量,应根据工程规模、工程种类、监理工作内容、监理人数及通行条件等实际情况,由监理工程师与业主共同商定,在监理合同文件中列出清单。监理设施和设备由监理单位配备,业主在监理费中支付设施和设备的折旧费、使用费和维护费等。监理设施和设备一般包括以下几方面:

1. 试验检测设备

监理工程师要坚持服务的客观性、科学性,要坚持用数据判断工程质量,以达到质量监控的效果。把好试验关,只有通过可靠的试验设备、严格的试验操作和符合规范要求的试验成果才能实现。为此,监理中心试验室、监理工地试验室配备齐全、准确、可靠的试验检测设备就十分重要。

监理试验检测设备一般包括土工、石灰、水泥及水泥混凝土、沥青指标及沥青混凝土配合比、路面基层材料、钢材及焊接等试验设备,以及路基、路面、构造物几何尺寸检测、路基路面检测、砌石工程常规试验检测等设备。

2. 测量仪器及设备

公路路线的平纵指标、大中桥隧、路基、路面等工程几何尺寸的控制是否符合标准,工程量的收方计量,都必须进行测量检查、验收。为此,配备各类精密的测量仪器和设备也是监理工作的重要保证之一。

3. 交通工具及通信设施

公路工程施工路线长、内容多、任务重、要求严、时间紧,为了有效地对工程实施监理,随时沟通各方信息,及时协调配合处理问题,应配置必要的监理用车和通信设施。

4. 照相、摄像器材

施工现场、施工过程、施工技术以及覆盖前的隐蔽工程和基础状况,都需要一定数量的工程照片或录像作为原始记录和档案保存下来。为此,可视项目情况配置适当的照相、摄像设备。一般照相设备是监理必须配置的。

5. 办公和生活设施等

为了提高监理工程师及其助手的工作效率和工作质量,应为他们提供良好的工作条件和生活环境,如办公室、生活住房及必需的办公及生活设施(计算机、复印机、文件柜、电视、电扇等)。

6. 气象设备

公路工程施工受气候条件影响较大,监理工程师要随时掌握和记录施工期间的气温及降雨信息,以便要求承包人采取相应的施工措施,避免不必要的损失。同时恶劣的气候条件也是造成承包人提出工程延期的主要因素之一。因此可视现场具体情况设立气象观测人员、配备适当的气象设备。

在有气象台站的地区,各施工合同段的气象资料应由业主、监理工程师与当地气象部门签订合同,由当地气象部门提供距离施工合同段最近的气象站(哨)的气象资料。

第五章 施工准备阶段监理

第一节 施工准备阶段监理工作内容

公路工程施工监理是分阶段实施的,其中的施工准备阶段是施工监理非常重要的工作阶段之一。做好施工准备阶段的监理工作,既是事先监理和主动监理的具体体现,又可以为施工阶段的监理工作奠定良好的基础。

监理合同签订之日至合同工程开工令确定的开工之日为施工准备阶段。

施工准备阶段监理的工作主要包括两个方面,即监理机构自身的准备工作和对施工单位开工前施工准备活动的监理工作。

一、监理准备

(1)监理企业应按照监理合同约定及时完成驻地建设,配备满足监理工作需要的办公、交通、通信、生活等设备、设施,并经建设单位验收合格。

(2)监理机构工地试验室应取得母体检测机构资质授权,按照监理合同配备试验检测仪器设备,及时完成监理机构试验室建设。母体检测机构应为取得相关主管部门颁发的与所监理工程相匹配的公路工程检测资质的企业。

(3)试验室负责人应取得母体检测机构委托授权。母体检测机构应对项目工地试验室进行检查和指导,每年应不少于两次。

(4)监理工程师应满足监理合同的规定,并按要求及时办理从业登记。在监理实施过程中,监理工程师的变更应按照监理合同和有关规定办理。

(5)建设单位应按照相关规定及时办理工程项目信息录入,监理企业应按照相关规定及时办理监理工程师业绩登记。监理机构应按规定填写工程质量责任登记表,如实登记监理人员。

(6)监理机构应组织监理人员熟悉相关的法律、法规、技术标准、合同文件,如发现合同文件中有不妥之处,应及时向建设单位提交书面报告。

(7)监理机构应监督施工单位对施工合同约定的施工条件进行调查,经核实后向建设单位递交书面报告。

(8)监理机构收到工程设计文件后,总监理工程师应主持编制监理计划,并经监理企业技术负责人审批后,在第一次工地会议前报送建设单位。在其实施过程中,应根据实际情况进行必要的补充、修改和完善,并经监理企业负责人批准后报建设单位。

(9)对专业性较强、危险性较大的分项工程,或采用新技术、新材料、新工艺及在特殊季节施工的分项、分部工程,应针对施工单位编制的专项技术方案编制监理细则。

监理细则应随工程进展、在相应工程开工前,依据监理计划、工程建设标准、设计文件、施工组织设计和施工方案,由驻地监理工程师主持编制,经总监理工程师批准后实施。在实施过程中,应根据实际情况对监理细则进行必要的补充、修改和完善,经总监理工程师批准后实施。

二、监理工作

在施工准备阶段,除监理单位应做好自身的各项准备工作以外,其他建设各方,尤其是施工单位各项开工前的施工准备工作情况如何,对于合同工程能否按时开工,工程开工后各项施工活动能否顺利开展,以及施工质量、安全、环保、进度、费用等目标控制都会产生重要影响。因此,对施工单位开工前各项施工准备活动进行监理,对于工程项目监理工作具有重要意义。监理单位对施工单位开工前施工准备活动的监理工作内容主要有以下几方面:

1. 审批施工组织设计

总监理工程师应在合同规定的期限内及时审批施工单位提交的施工组织设计,重点包括:

(1)施工组织设计的编审程序。
(2)质量、安全、环保、进度和费用等目标。
(3)技术、质量、安全和环保等保证体系。
(4)安全技术措施、专项施工方案和施工现场临时用电方案。
(5)桥梁和隧道施工安全风险评估的工程项目清单。
(6)施工人员、资金、主要材料和机械设备等资源供应计划。
(7)施工总平面布置、交通导改方案、事故应急救援预案。

技术复杂或采用新技术、新工艺或在特殊季节施工的分项、分部工程和危险性较大的分部工程,应要求施工单位编制专项施工方案,并由驻地监理工程师审核,总监理工程师批准后实施。

各施工合同的施工组织设计及总体进度计划首先应由驻地监理工程师和专业监理工程师审核并提出审核意见,然后由总监办专业监理工程师审核后由总监理工程师审核批准。

2. 审批工程划分

分项、分部、单位工程的划分是加强工程管理、统一口径的措施。总监理工程师应于总体工程开工前对施工单位提交的分项、分部、单位工程划分予以批复并报建设单位备案。经监理工程师批准的工程划分应作为参建各方在分项、分部工程开工的申请和批准,分项工程的质量控制、验收、评定和中间交工,以及分部、单位工程的质量评定和工程的计量支付等施工全过程管理的依据。

3. 检查保证体系

监理机构应对施工单位的工程质量责任等级表进行初审,监理工程师应检查施工单位质量保证体系、施工安全生产管理体系和施工环境保护管理体系这3个体系的建立、到位、落实情况,是否符合施工组织设计中的安排。重点检查项目经理、技术负责人、工地试验室负责人的资格及质量、安全、环保人员的履约情况。要求人员到位、设备到位、资金到位、规章制度到位和职责分工到位。

监理工程师对施工单位质量保证体系审查的重点是施工自检体系是否完善,包括自检人员是否有技术、经验,自检负责人是否专职,职责及要求是否明确等。

4. 审查工地试验室

工地试验室是施工单位控制工程质量的重要手段,也是检查、评价、验收工程质量的科学依据。监理工程师应审查施工单位工地试验室的人员、设备和试验室检测能力是否满足合同要求,管理制度是否健全。通过审查,确保施工单位工地试验室合格,使其充分发挥施工自检、质量保证作用。这是质量监理的基础条件之一,应认真审查。

5. 参加设计交底

监理工程师应参加设计交底,掌握本工程的设计意图、设计标准和要点;熟悉对材料与工艺的要求,施工中应特别注意的事项,以及对施工安全、环保工作的要求等;澄清有关问题,收集资料并记录。

在参加设计交底前,总监理工程师应要求各专业监理工程师认真熟悉合同图纸和设计文件。对发现的设计问题,应书面向建设单位提出意见和建议。

设计交底会一般由施工单位编写会议纪要,监理机构参加交底会的负责人应与其他与会代表一起对会议纪要签认。

6. 审批复测结果,验收地面线

监理工程师应对施工单位提交的原始基准点、基准线和基准高程的复测结果进行审核和平行复测。控制桩点是决定整个工程平面位置和高程的基准。为此,在施工单位进行复测后,监理机构应对全部控制桩点进行平行复测检查;当双方复测结果一致并满足规范要求时,监理工程师应在合同规定的期限内确认施工单位的复测结果并予以批复。

监理工程师应监督施工单位在原始地面线未被扰动前测定地面线,并对测定结果进行抽查测量。抽测点为随机方式或指定的有疑问之处,抽测频率应能判定施工单位测定结果是否真实可靠,抽测点位总数应包括所有有疑问之点,并不少于施工单位测定地面线测点的30%。监理工程师应对施工单位提交的土石方工程量计算资料进行审核。

7. 签发开工预付款支付证书

总监理工程师应在施工单位提交了开工履约担保后,按合同约定的金额签发开工预付款支付证书,报建设单位审批。

8. 召开监理交底会

为了做好事前控制,让承包人明确监理程序,总监理工程师应在合同工程开工前主持召开由施工单位项目经理、技术负责人及相关人员参加的监理交底会,介绍监理计划的主要相关内容。实践证明,召开监理交底会对于监理工作的顺利开展和监理目标的实现会起到事半功倍的效果。

监理交底会可以在开工前单独举行,也可以与第一次工地会议一起举行。监理交底会的内容可归纳如下:

(1)业主委托监理的范围和内容。监理单位的工作范围和内容由委托监理合同约定。目前在我国的公路监理行业中,多数以施工阶段监理为主,若要增加设计阶段和工程保修阶段的监理,在交底会上要进一步明确。监理的内容一般为工程质量、施工安全、施工环境保护、工程费用、工程进度的监理及合同其他事项管理,根据工程实际加以说明,并对委托监理合同中的专用条款和补充协议向承包人进行介绍。

(2)监理的工作依据。公路工程施工监理是一项有法可依,有章可循的建设监督管理行为。因此在项目开工前,必须将监理的工作依据向承包人介绍。监理的依据主要有:《中华人民共和国公路法》《建设工程质量管理条例》《公路工程施工监理规范》(JTG G10—2016)、国家有关公路建设的文件规定、省(自治区、直辖市)地方交通运输行政主管部门有关工程建设的标准规范、工程设计文件、监理合同及工程承包合同、其他法律、法规、规章、规定性文件。

(3)项目监理组织机构情况。根据《公路工程施工监理规范》(JTG G10—2016)的规定,将项目监理组织机构中的总监理工程师、驻地监理工程师、专业监理工程师的职责范围和权限作明确介绍,并对人员分工情况进行说明。特别注意的是,一个项目监理机构中的人员是一个整体,工作分工不同,工作重点不同,但是分工不分家,避免块分割,分工过细也会影响监理工作的开展。

(4)监理计划和监理细则的主要内容。围绕着监理控制目标,对每一目标的关键工序、重点部位、重要时段的控制内容和方法进行介绍,特别是对具有特殊使用功能,以及使用新材料、新技术、新工艺方面的监理方案进行详细的交底。

(5)监理工作制度。包括交代有关会审、申报、审批和报验等制度。包括:设计文件、图纸会审制度,施工组织设计(方案)审批制度,施工进度计划申报制度,工程开工报告审批制度,建筑材料、构配件、半成品报验制度,工程设计变更签认制度,分项(隐蔽)工程报验制度,监理例会制度,监理月报制度,工程款支付签审制度。

9. 召开第一次工地会议

总监理工程师应在合同工程正式开工前主持召开第一次工地会议。总监办应事先将会议议程及有关事项通知建设单位、施工单位及其他有关单位,并做好会议准备。建设单位、施工单位法定代表人或授权代表必须出席。各方在工程项目中担任主要职务的人员及分包单位负责人应参加会议。第一次工地会议应邀请质量监督部门参加。

第一次工地会议上,建设单位、施工单位、监理单位应介绍各自的人员、组织机构、职责范围及联系方式。通报、检查和落实各方的开工准备工作。

10. 签发合同工程开工令

监理工程师收到施工单位提交的合同工程开工申请后,应对合同工程的开工条件进行核查。具备开工条件的,由总监理工程师签发合同工程开工令,并报建设单位备案。

第二节 监理计划

一、监理计划的作用

监理计划是由总监主持编制,开展监理工作的指导性文件,也是结合所监理工程的具体实际情况编制的全面实施监理工作的总体工作方案,是对监理合同的细化和补充,因此,监理计划要注重指导性、实施性、全程性和全面性。

(1)指导项目监理机构全面开展监理工作。对项目监理机构全面开展监理工作进行指导,是监理计划的基本作用。工程项目实施监理是一个系统的过程,它需要制订计划、建立机构、配备监理人员,进行有效的领导并实施目标控制。因此,事先须对各项工作作出全面地、系统地、科学地组织和安排,即确定监理目标,制订监理计划,安排目标控制、合同管理、信息管理、组织协调等各项工作,并确定各项工作的方法和手段。

(2)监理计划是主管机构对监理单位实施监督管理的重要依据。工程监理主管机构对监理单位要实施监督、管理和指导,对其管理水平、人员素质、专业配套和监理业绩要进行核查和考评,以确认它的资质和资质等级,以使我国整个工程监理能够达到应有的水平。要做到这一点,除了进行一般性的资质管理工作之外,更为重要的是通过监理单位的实际监理工作来认定其水平。而监理单位的实际水平可从监理计划及其实施中充分地表现出来。因此,工程监理主管机构对监理单位进行考核时应当十分重视对监理计划的检查。它是工程监理主管机构监督、管理和指导监理单位开展工程监理活动的重要依据。

(3)监理计划是业主确认监理单位是否全面、认真履行监理合同的主要依据。监理单位如何履行工程监理合同?如何落实业主委托监理单位所承担的各项监理服务工作?作为监理的委托方,业主不但需要而且应当加以了解和确认,同时,业主有权监督监理单位执行监理合同。监理计划正是业主了解和确认这些问题的最好资料,是业主确认监理单位是否履行监理合同的主要说明性文件。监理计划应当能够全面而详细地为业主监督监理合同的履行提供依据。

(4)监理计划是监理单位重要的存档资料。项目监理计划的内容随着工程的进展而逐步调整、补充和完善,在一定程度上真实地反映了一个工程项目监理的全貌,是最好的监理过程记录。因此,它是每一家监理单位的重要存档资料。

监理计划的内容需要随着工程的进展逐步完善、调整和补充,监理计划的形成过程,真实地反映了一个工程项目监理的全貌。监理计划与监理方案的主要区别是:一方面,由于监理计划起着更具体地指导监理单位内部自身业务工作的功能性作用,它是在明确监理委托关系,在更详细占有关资料的基础上编制而成的,所以其包括的内容要比监理方案更有深度、更为具体、更翔实、更全面;另一方面,经业主同意的监理计划将成为监理单位实施监理的方案性文件,对监理单位更具有约束力和指导作用。

二、监理计划的编制和审批

1. 编制监理计划的要求

监理计划的编制应由项目总监理工程师主持,驻地监理工程师参加。总监理工程师主持编制整个工程项目的监理计划,所属各监理合同段的驻地监理工程师应根据总监理工程师的要求和需要,组织编制本监理合同段的监理计划。

在监理计划中,应结合所监理项目的特点和合同要求,体现总监理工程师的组织管理思想、工作思路和总体安排。监理计划的编写应符合下列基本要求:

(1)监理计划的内容应具有针对性、指导性。每个监理项目各有其特点,监理单位只有根据监理项目的特点和自身的具体情况编制监理计划,而不是照搬以往的或其他项目的内容,才能保证监理计划对将要开展的监理工作具有指导意义和实用价值。

(2)监理计划应具有科学性。在编制监理计划时,只有重视科学性,才能提高监理计划的质量,从而不断指导、促进监理业务水平的提高。

(3)监理计划应实事求是。坚持实事求是,是监理单位开展监理工作和市场业务经营中的原则。只有实事求是地编制监理计划,并在监理工作中认真落实,才能保证监理计划在监理机构内部管理中的严肃性和约束力,才能保证监理单位在项目监理中和监理市场中的良好信誉。

(4)监理计划应当遵循工程项目的运行规律。监理计划是针对一个具体的工程项目编制的,不同的工程项目具有不同的工程特点、建设条件和运行方式。这也决定了监理计划的内容必然要与工程项目运行的客观规律具有一致性,必须把握、遵循工程项目运行的规律。只有把握工程项目运行的客观规律,监理计划的运行才是有效的,才能实施对该项工程的有效监理。

(5)监理计划的编制时间应满足合同规定的期限要求。如合同中未明确规定,监理计划一般应在监理合同签订之日起一个月内及第一次工地会议和合同工程开工令下达之前编制完成。

2. 编制监理计划的依据

(1)国家颁布的有关工程建设的法律、法规和规章。
(2)工程所在地或所属行业颁发的有关工程建设的法规、规定和文件。
(3)国家和行业及地方颁发的有关工程建设的标准、规范、规程。
(4)政府批准的工程建设文件。
(5)工程项目设计文件和图纸。
(6)监理合同和施工合同。
(7)工程项目规模、特点和建设条件。

3. 监理计划的审批

监理计划在编制完成后需要进行审核并经批准。监理单位的技术主管部门是内部审核单位,其负责人应当签认;同时,还应按合同约定提交业主,由业主批准后执行。

在监理计划的实施过程中,根据实际情况变化需要进行补充、修改和完善时,须经总监理工程师审查批准并报业主备案。

三、监理计划的主要内容

监理计划应明确监理目标、依据、范围和内容,监理机构各部门及岗位职责,监理人员和设施的配备及进退场计划,监理方案,监理制度以及监理程序等,其主要内容要点如下:

1. 工程概况

主要包括工程基本情况、技术经济指标、施工要求和技术保证条件等,简明清晰概述工程全貌。

2. 监理工作的依据、范围、内容和目标

1)监理工作依据

监理工作的依据是:有关法律法规、技术标准,监理合同,施工合同、工程设计文件等。

2)监理工作范围

监理工作范围应按照监理合同的约定,代表建设单位对路基、路面、桥梁、隧道、交通工程及附属设施的施工质量、安全、环保、费用和进度等实施监理,也应包括合同其他事项和文件资料管理等监理咨询服务。

3)监理工作内容

监理工作内容应涵盖现行《公路工程施工监理规范》(JTG G10)规定的全部工作内容,属于法定责任、义务;监理合同约定的工作内容,属于合同责任与义务;其中还包括建设单位制定的与工程有关的各项管理办法,以及配合上级相关单位安排的工程监督、检查、跟踪审计和决算审计等与工程有关的工作。

4)监理工作目标

(1)监理工作总目标。

监理工作的总目标是使工程施工质量、安全、环保、费用和进度监理满足监理合同和现行《公路工程施工监理规范》(JTG G10)有关要求,工程建设满足《公路工程竣(交)工验收办法》有关要求,达到质量优、投资省、效益高的目的。

(2)工程质量目标。

使工程严格按施工合同、技术规范及经批准的设计文件施工,按照现行《工程建设强制性条文》(公路部分)、《公路工程质量检验评定标准 第一册 土建工程》(JTG F80/1)、《公路工程质量检验评定标准 第二册 机电工程》(JTG F80/2)的要求,应有按照《公路工程竣(交)工验收办法》(交通部令2004年第3号)分部工程、单位工程、合同段、建设项目逐级进行评定的评分具体目标;确保竣工总体工程质量达到的具体目标,如省级以上(含省级)优质标准,争创国优等。

(3)工程安全目标。

施工安全生产应贯彻"安全第一、预防为主、综合治理"的方针,严格贯彻执行《中华人民共和国安全生产法》、《建设工程安全生产管理条例》、现行《公路工程施工安全技术规范》(JTG F90)等,坚持"以人为本"的观念,在监理工作中始终把安全放在第一位。完善管理体系,坚持文明施工和综合治理,有效地控制各类安全隐患,应有施工安全事故控制指标(事故负伤率及各类安全生产事故发生率)、安全生产隐患治理目标、安全生产管理目标、文明施工管理目标。如实现重特大事故为"零"的安全监理目标。

(4)工程保通目标。

施工期间,按已批复的保通方案保证施工和通行安全;边施工边通车的项目,保证已有主线道路和被交叉道路畅通。

(5)工程环保目标。

严格控制建设期间的环境污染和生态破坏,保持生态环境和谐自然。对驻地、场站、便道设置和使用,三废的处置,取弃土场作业防止水土流失,保护文物,保护环境等有具体目标。

(6)工程费用目标。

依照合同文件,认真审查施工单位提交的资金使用计划,以工程量清单为总控,认真核实工程数量;及时审核施工单位计量申请,按合同约定进行计量,复核工程支付申请,签发支付证书;保证计量签证的各项工程质量合格、手续齐全、数量准确、符合安全环保要求。计量、支付项目做到不超、不重、不漏目标。严格审查设计变更的经济性、合理性,切实有效地控制工程投资,力争合同段投资不超过工程施工合同总价。

(7)工程进度目标。

根据监理合同和施工合同,在保证工程质量和安全的基础上,监督施工单位进度计划控制;检查工程总进度计划、年度和月度施工进度计划的执行情况,按月及时进行计划进度与实际进度的比较分析评价,进行动态控制,出现偏差时及时指令施工单位按《公路工程施工监理规范》(JTG G10—2016)规定进行调整,确保按照施工合同工期要求完成所有合同约定的各项内容。

(8)合同管理目标。

认真落实施工合同和监理合同,与建设单位、施工单位进行良好的工作联系与沟通,维护各方的合法利益,在合同审查、履约情况、合同延期、费用索赔、价格调整、合同争议等方面规范约束各方的行为,提高管理水平,严格按建设单位批准的权限和程序管理工程变更,达到合同管理目标。

(9)廉政目标。

通过加强廉政教育,完善廉政制度,强化廉政监管;实现无廉政建设问题,项目各方没有对监理的廉政投诉等目标。

3.监理机构组织形式、监理人员岗位职责、监理人员和设备配备及进退场计划

1)监理机构组织形式

监理机构的组织形式在满足监理合同和现行《公路工程施工监理规范》(JTG G10)的要求的情况下,应按分工合理、运行高效的原则进行建设。

2)监理人员岗位职责

监理人员岗位职责除《公路工程施工监理规范》(JTG G10—2016)的"3 基本规定"中包含的总监及总监办、驻地监理工程师及驻地办的职责外,还应制订组织机构中所有部门及各岗位人员的职责。

3)监理人员和设备配备及进退场计划

总监办、驻地办配备至少一名专职安全监理工程师。

监理人员在专业和年龄方面进行合理搭配,并由各层次、年龄段组成。针对项目特点重视监理人员的选配,主要监理人员应具有多年从事类似工程监理工作的实践经验和丰富的理论知识,具有良好的职业道德,懂业务,善管理。在专业技术方面,投入项目的监理人员的专业结构包括:路基、路面、桥梁、隧道、交通安全、机电、测量、试验、绿化环保、安全、合同管理等专业监理工程师,监理人员技术专业涉及面广,应具有施工、设计及试验检测等各方面宽广的专业知识,同时现代工程管理(包括工程质量、进度、投资、合同、信息、安全、环保等控制)的丰富经验。

项目监理服务期包括施工工期和缺陷责任期。在施工准备期、施工期、验收与缺陷责任期,严格根据建设单位和招标文件要求,安排监理人员和其他辅助人员有序地进、退场;以满足工程建设需要为原则合理配置监理设施,投入的办公设施、交通车辆、通信设备、试验检测仪器、生活设施设备及零星固定资产有序地进、退场;在施工过程中,根据各施工标段的施工面开展情况和专业的需要而不断进行调整和补充,以保证满足现场监理工作需要和监理工作连续衔接。

4. 监理工作制度、监理程序及工作用表

1) 监理工作制度

监理规章制度主要包括监理工作制度、监理驻地工作制度、设计文件图纸复查制度、隐蔽工程检查验收制度、原材料报验检查制度、巡视、旁站监理制度、设计变更审查制度、安全生产检查制度、工程质量安全事故报告和处理制度、文件管理制度、监理请示报告制度、会议及学习制度、档案资料管理制度、廉政建设制度等。

2) 监理程序

监理程序应对监理的每项工作内容、重点事项、方法步骤、流程框图、签认原则和资料管理进行详尽规定，在每项工作中应规定监理人员签字权限与时限。一般可分为工程开工管理程序、工程质量控制程序、施工安全检查程序、施工环境保护监理程序、工程费用控制程序、工程进度控制程序、合同及其他事项管理程序、文件与资料管理程序等。

3) 工作用表

监理工作用表除应符合《公路工程施工监理规范》(JTG G10—2016)附录 B、C、D 外，尚应符合《关于印发公路建设项目文件材料立卷归档管理办法的通知》(交办发〔2010〕382 号)，《交通运输部办公厅转发国家档案局、国家发展和改革委员会关于印发建设项目电子文件归档和电子档案管理暂行办法的通知》(交办档〔2016〕171 号)等的要求。监理工作用表一般采用各级质监机构在其行政区域内统一编制或认可的工程监理用表。

5. 监理工作方案

工程质量、安全、环保、费用和进度等监理工作方案，应明确巡视、旁站、抽检和验收等具体计划要求。如明确巡视的人员、在不同情况下巡视的频次、巡视的范围和重点等具体计划和要求。注重"五控两管一协调"之间的有机联系，既全面又重点突出。

工程质量、安全、环保、费用和进度监理工作方案主要包括组织机构、工作任务及职责、工作目标、工作目标的分解、工作计划、工作方法、工作基本程序、工作要点及说明、工作控制风险的措施、动态管理等。

监理旁站符合《公路工程施工监理规范》(JTG G10—2016)附录 A 监理旁站项目；试验检测项目/参数检测频率可参照《公路工程工地试验室标准化指南》附录三；试验检测项目/参数取样要求可参照《公路工程工地试验室标准化指南》附录四；标准(规范、规程)引用符合《公路工程工地试验室标准化指南》附录五等的要求。

6. 合同事项管理和信息管理工作方案

合同事项管理工作方案主要包括工作任务、工作目标、工作目标的分解、工作计划、工作方法、工作基本程序、工作要点及说明，工作控制风险的措施，合同执行的动态管理，工程变更、工程延期、工程分包、工程保险、索赔程序、合同争议的协调方法等。

信息管理工作方案包括工作任务、工作目标、工作目标的分解、工作计划、工作方法、工作基本程序与措施、工作要点及说明、信息流程图、信息分类表和动态管理等。

电子档案信息管理工作符合《国家档案局、国家发展和改革委员会关于印发〈建设项目电子文件归档和电子档案管理暂行办法〉的通知》(档发〔2016〕11 号)、《中华人民共和国电子签名法》《电子公文归档管理暂行办法》(国家档案局 2003 年第 6 号令)、《电子档案移交与接收办法》(档发〔2012〕7号)等要求。

7. 监理设施

监理机构完成监理工作必要的监理设施包括:生活设施、办公设施、交通车辆、通信设备、试验检测仪器、仪表、测量工具、办公用品等;监理机构需计划好完成建设工程项目监理工作任务所必要的监理设施的规格、型号、数量及配置时间。

第三节 监 理 细 则

一、监理细则的特点

监理细则是根据已经批准的监理计划进行编制的,并与监理批准的施工组织设计相呼应,监理细则应具有很强的针对性和可操作性。监理细则是按技术复杂、专业性较强、危险性较大的分部分项工程,以及采用新技术、新材料、新工艺或在特殊季节施工的分项、分部工程进行编制,根据施工单位的分项工程施工方案或专项施工方案,结合施工图、相关技术规范规程、施工环境、施工工艺等组织编写的作业文件,从监理的角度对分项工程实施有效控制,确保工程质量、进度、安全、环保等重要的作业文件之一,具有以下几个特点:

(1)监理细则的编制是监理程序的要求;
(2)是对施工单位施工方案和施工工艺的有效补充与完善;
(3)明确了监理控制的重点与难点;
(4)使监理工作具有针对性和目的性;
(5)使监理工作能够充分做到分工合作。

二、监理细则的编制与审批

1. 编制监理细则的要求

监理细则的编制应由驻地监理工程师主持,并按照施工进度要求,在相应工程开工前,由专业监理工程师编制,报总监理工程师办公室审核,经总监理工程师批准后实施。

监理细则应根据已批准的监理计划进行编制,并与监理工程师批准的施工组织设计相呼应。一般需编制监理细则的项目有:

(1)根据《公路工程质量检验评定标准 第一册 土建工程》(JTG F80/1—2017)附录A"单位、分部及分项工程的划分"中的分部工程、分项工程,监理工程师应结合所监工程的实际情况,选择施工单位已编报专项施工方案的主要分部分项工程,编制相应的监理细则。

(2)交通运输部《公路水运工程安全生产监督管理办法》(交通运输部令2017年第25号)第二十四条要求施工单位对应当编制专项施工方案的安全风险评估结论中风险等级较高的分部分项工程或者《公路工程施工安全技术规范》(JTG F90—2015)附录A表中"危险性较大的工程",监理应编制相应的监理细则。

(3)所监理工程中,对采用新技术、新材料、新工艺或在特殊季节施工的分部分项工程,监理应针对承包人编写的专项施工方案,编制相应的监理细则。

(4)在项目合同管理中,比较复杂、重要、业主要求高的合同事项(如工程变更、四方现场共同计量、工程质量缺陷的处理等),也应编制相应的监理细则。

二级公路以下,技术不太复杂的分部分项工程可不编写监理细则。

监理细则应结合工程项目的专业特点,明确监理的重点、难点、具体措施及方法步骤,做到详细、具体,具有可操作性。

2. 编制监理细则的依据

(1)监理合同及施工合同。
(2)监理计划。
(3)设计文件与图纸。
(4)工程建设相关的标准、规范、规程。
(5)施工单位提交并经监理工程师批准的施工组织设计和技术措施与施工方案。
(6)工程建设相关的原材料、半成品、构配件的使用技术说明,工程设备的安装、调试、检验等技术资料。

3. 监理细则的审批

监理细则编制完成后需进行审核并经批准。一般情况下,监理细则应报总监理工程师办公室审核,经总监理工程师批准后实施。

三、监理细则的主要内容

1. 工程内容和特点

技术复杂、专业性较强的分部分项工程的范围可参照《建设工程安全生产管理条例》(国务院令2017第25号)、《公路水运工程安全生产监督管理办法》(交通运输部令2017年第25号)、《危险性较大的分部分项工程安全管理办法》(建质〔2009〕87号)、《公路水运工程安全标准化指南》(交通运输部工程质量监督局组织编写)、《公路工程施工安全技术规范》(JTG F90—2015)附录A、《住房城乡建设部办公厅关于进一步加强危险性较大的分部分项工程安全管理的通知》(建办质〔2017〕39号)等。

2. 监理工作流程

监理工作流程(即监理程序)要行之有效地指导、规范工程的施工和监理活动,理顺时序,统一施工单位和监理工程师管理和监督检查的工作步骤。

3. 监理工作要点

监理工作要点要有针对性、可行性,一定体现专业性,突出重点,明确各控制点的要素及对控制点检查的方法;提出预控措施,进行动态控制,突出如何对工程的难点、重点进行控制,如何预防和处理施工中可能出现的异常情况。做好事前、事中、事后控制工作。

4. 监理工作方法和措施

监理工作方法和措施应突出程序控制、工序验收和检验评定,应明确检查核实、巡视、旁站、抽检、检测见证、监理日志、内业核查、签发指令文件的适用范围;对施工各阶段、各环节及各道工序进行严格、系统、全面的监管,达到监理工作的目标。

5. 巡视、旁站和抽检等计划

巡视、旁站、抽检和验收的重点包括影响主体结构安全和主要使用功能、完工后无法检测其质量或返工会造成较大损失的部位及其施工过程等。

第六章　工程质量、安全、环保监理

第一节　公路工程监理目标控制

一、公路工程施工监理的目标

公路工程监理的目标是,以合同为依据,采取技术、经济、组织、合同等措施,对工程质量、施工安全、施工环境保护、进度、费用实施有效的监理,从而确保最合理地实现工程项目总体目标,使之达到合同文件约定的要求。对一个工程项目而言,最重要的是质量、安全、环保、进度和费用,只有确定了相应的目标值,监理单位才能采取各种有效措施和手段,对工程项目进行有效的监督管理。在监理目标值确定之后,即可进一步确定计划,采取各种控制协调措施,力争实现监理目标值。

二、目标控制的基本原理

工程监理的中心工作是进行项目目标控制,监理工程师必须掌握有关目标控制的基本原理和方法。

1. 目标控制的概念、基本环节及任务

所谓控制,就是按照计划目标和组织系统,对系统各个部分进行跟踪检查,以保证协调地实现总体目标。控制是项目管理的基本职能之一,要实现工程项目的各项目标,就必须对工程项目实施有效的控制。项目控制是控制论与工程项目管理实践相结合的产物,具有很强的实用性。项目目标控制是一项系统工程。

控制的主要任务,是把计划执行情况与计划目标进行比较,找出差异,对比较的结果进行分析,排除和预防产生差异的原因,使总体目标得以实现。控制的流程如图 6-1 所示。

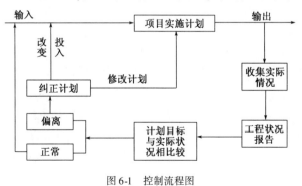

图 6-1　控制流程图

项目的目标控制是一个有限的循环过程，它可以划分为投入、转换、反馈、对比、纠正五个基本环节。对于每一个控制循环来说，如果缺少某一个环节或某一个环节出现问题，就会导致循环障碍，就会降低控制的有效性，从而不能发挥循环控制的整体作用。

为了进行有效的目标控制，还必须做好两项重要的前提工作：一是目标规划和计划。若没有目标，就无所谓控制；若没有计划，就无法实施控制。二是目标控制的组织。目标控制的活动和计划的实施都是由控制人员来实现的，而合理、有效的组织是目标控制的有效保障。

2. 控制的类型

由于控制的方式和方法不同，控制可分为多种类型。按照控制措施作用于控制对象的时间，控制可分为事前控制、事中控制和事后控制；按照纠正措施或控制信息的来源，控制可分为前馈控制和反馈控制；按照控制过程是否形成闭合回路，控制可分为开环控制和闭环控制；按照控制措施制订的出发点，控制可分为主动控制和被动控制。

下面介绍几种常见的控制方法。

1) 前馈控制与反馈控制

前馈控制是一种开环控制；反馈控制是一种闭环控制。两种控制形式的主要区别是有无信息反馈，如图6-2所示。

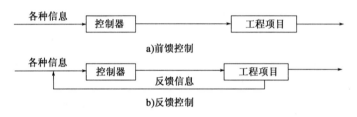

图6-2 前馈控制与反馈控制示意图

就工程项目而言，控制器是指工程项目的管理者。前馈控制对控制器的要求非常严格；而反馈控制可以利用信息流的闭合，调整控制强度，因而对控制器的要求相对较低。

对于一个工程项目而言，理论上讲，从公路工程项目的一次性特征考虑，在项目控制中均应采用前馈控制形式。但是，由于项目受本身的复杂性和人们预测能力的局限性等因素的影响，使反馈控制形式在监理工程师的控制活动中显得同样重要和可行。

公路工程项目实施中的反馈信息，由于受各种因素影响，将出现不稳定现象，即信息振荡现象，项目控制论中称负反馈现象。从工程项目控制理解，所谓负反馈就是反馈信息失真，管理者按此决策将影响工程质量、施工安全、环境保护、进度、费用等各项目标的实现。因此，在公路工程施工过程中，监理人员必须要对反馈信息进行分析处理，去伪存真，避免负反馈现象的发生。

2) 动态控制

动态控制是监理工程师对工程项目目标控制采用的基本方法，它贯穿于工程项目监理的全过程。工程项目的动态控制分为主动控制和被动控制两种类型，如图6-3所示。

主动控制，是在预先分析各种风险因素及其导致目标偏离的可能性和强度的基础上，拟定并采取各种有针对性的预防措施进行控制，从而减少乃至避免目标偏离，保证计划目标得以实现的控制方式。

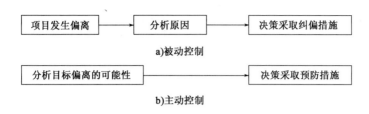

图 6-3　工程项目主动、被动控制示意图

主动控制是一种面向未来的控制,是事前控制、前馈控制和开环控制。它可以解决传统控制过程中存在的时滞影响,尽可能避免偏差成为现实的被动局面,最大可能降低偏差发生概率及其严重程度,从而使目标得到有效控制。

被动控制,是从计划的实际执行中发现目标产生偏差,通过对产生偏差原因进行分析,研究制订纠偏措施,及时纠正偏差的控制方式。

被动控制是一种面对现实的控制,是事中控制、事后控制、反馈控制和闭环控制。虽然目标偏离已成为客观事实,但是通过被动控制措施,仍然可能使工程实施恢复到计划状态,至少可以减少偏差的严重程度。由此可见,被动控制仍然是一种十分有效的、有意义的控制方式。

在工程项目实施过程中,如果仅仅采用被动控制方式,出现偏差是不可避免的,且偏差的累积效应会使偏差越来越大,从而难以实现项目预定的目标;如果仅仅采用主动控制方式,又是不现实的,或者说是不可能的。因此,根据工程实际,在工程监理实施过程中,主动控制与被动控制对于监理工程师而言缺一不可,它们都是实现项目目标所必须采用的控制方式。

工程项目的一次性特点,要求监理工程师具有较强的主动控制能力,而且工程合同和施工规范都给监理工程师实施主动控制提供了条件,在工程监理过程中应提倡和加强主动控制。但是公路工程项目是极为复杂的,涉及的因素多,跨越的范围广,很多情况是不可预见的,也是监理工程师无法防范的,此时,采用被动控制方式就是必需的,甚至是最佳的选择。有效的控制应当是将主动控制与被动控制紧密地结合起来,力求加大主动控制在控制过程中的比例,在重点做好主动控制的同时,进行定期、连续的被动控制。主动控制与被动控制的合理使用,是监理工程师做好工作的保证之一,只有如此,方能完成项目目标控制的任务。

主动控制与被动控制的关系如图 6-4 所示。

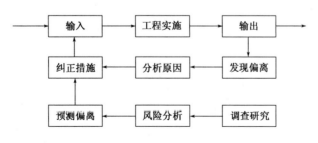

图 6-4　主动、被动控制关系示意图

目标的动态控制是一个有限的循环过程,应贯穿于工程项目实施阶段的全过程。动态控制的过程可分为三个基本步骤:确定目标、检查成效、纠正偏差。

动态控制应在监理计划指导下进行,其要点如下:

(1)控制是特定的主体为实现特定的目标而采取的一种行为。要实现最优化控制,必须首先满足两个条件:一是要有一个合格的控制主体;二是要有明确合理的系统目标。

(2)控制是按事先拟定的计划目标值进行的,没有计划目标就无法实施控制。控制活动就是检查实际发生的情况与计划目标值是否存在偏差,偏差是否在允许范围之内,是否应采取控制措施及采取何种措施以纠正偏差。

(3)控制的方法是检查、分析、监督、引导和纠正。

(4)控制是针对被控系统而言的,既要对被控系统进行全过程控制,又要对其所有要素进行全面控制。

(5)控制是动态的。图6-5是动态控制原理图。

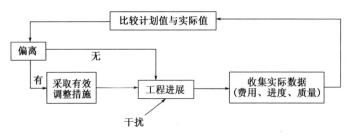

图6-5 动态控制原理

(6)提倡主动控制为主,辅之以被动控制的方法。

(7)对工程项目的控制应强调目的性、及时性、有效性。

(8)控制是一个大系统,控制系统包括组织、程序、手段、措施、目标和信息六个分系统,其中信息分系统贯穿于项目实施的全过程,如图6-6所示。

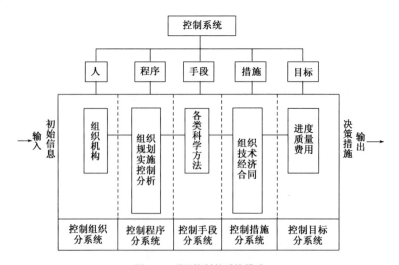

图6-6 项目控制的系统模式

第二节　工程质量监理

在公路工程建设过程中,工程质量是其中最重要、最关键的目标之一,其中的任何一个环节、任何一个部位出现问题,都会给工程的整体质量造成影响,带来严重的后果,直接影响到公路的使用效益,甚至需要返工重建造成巨大的经济损失。

一、工程质量的内涵与质量控制的概念

1. 工程质量的内涵

工程质量是指通过工程建设过程所形成的工程满足业主需要的,符合国家有关法律、法规、技术规范、标准、设计文件规定及合同约定的特性总和。工程质量的内涵包括工程项目的实体质量、功能和使用价值的质量以及工作质量三个方面。

(1)工程项目的实体质量是从产品形成过程和形成结果两方面反映的工程项目质量。即由各道工序的质量集合形成分项工程质量,由各分项工程质量形成各分部工程质量,再由各分部工程质量形成具有能完成独立功能主体的单位工程质量,最后各单位工程的质量集合为工程项目的实体质量。它们的关系如图6-7所示。

图6-7　工程项目质量关系图

(2)工程项目功能和价值的质量是通过建筑工程产品满足需要的能力来反映产品质量。一般包括:工程项目的适用性、可靠性、安全性、耐久性、经济性、美观性以及与环境的协调性。这几个方面彼此之间相互依存,都必须达到基本要求,缺一不可。

(3)工作质量是指参与工程的建设者,为保证工程项目的质量、达到产品质量标准、减少废品等所从事工作的水平和完善程度。工程项目的工作质量则是从工程项目质量因素中最重要、最活跃的要素——人的方面来反映产品质量的。

工程质量的好坏是公路工程形成过程的各方面、各环节工作质量的综合反映,而不是单纯靠质量检验检查出来的,要保证工程质量就要求有关部门和人员精心工作,对决定和影响工程质量的所有因素严加控制,即通过工作质量来保证和提高工程质量。

2. 工程项目质量控制的概念

国际标准(ISO)中对质量控制的定义是:质量管理的一部分,致力于满足质量要求。具体地讲,质量控制就是指为满足工程质量要求,通过采取一系列的作业技术和活动对产品形成过程中的每一个阶段和环节实施的控制。

质量控制贯穿于产品形成和体系运行的全过程,围绕产品形成全过程的每一个阶段,对影响其质量的人、机械设备、工程材料、方法和环境条件进行控制,并对质量活动的成果进行分阶段检查验收,以便及时发现问题,查明原因,采取相应的纠正措施,防止不合格产品的产生。要坚持预防为主与检验把关相结合的原则,达到合同约定的质量要求。

工程项目施工的质量控制按其控制的主体,可分为:项目法人的质量控制,承包人的质量控制和政府的质量控制。其中,项目法人的质量控制是通过委托社会监理以及对监理单位、承包人的监督管理来实现的;承包人的质量控制是通过本身的质量自检体系运行来实现的;政府的质量控制则是通过行政主管部门及各级质监机构的强制性监管来实现的。"政府监督、法人管理、社会监理、企业自检"就构成了公路工程项目的质量保证体系。

二、公路工程质量控制与工程质量监理的特点

1. 公路工程质量控制的特点

公路工程质量是指反映公路工程满足相关法规、标准规定或合同约定的要求的特性总和。公路工程产品和施工过程的特点主要表现在:产品位置的固定性和施工过程的流动性;产品类型的多样性和施工过程的一次性;产品形体的庞大性和施工过程的长期性;产品结构的复杂性和施工过程的风险性;产品用途的社会性和施工过程的协作性;产品使用的自然性和施工过程的露天性及影响因素的多样性。

公路工程质量控制的特点是由公路工程产品和工程施工过程的特点决定的,与一般的工业产品质量相比,公路工程质量更难以控制。

公路工程项目质量控制具有以下特点:

(1)影响质量的因素多。

凡与决策、设计、施工和竣工验收各环节有关的各种因素都将影响工程质量。如人、机械、设备、材料、测量器具、施工工艺、技术措施、管理制度、施工工期、工程造价和施工环境等,均直接和间接地影响工程质量。

(2)质量波动性大。

公路工程以露天作业为主,受气候和地质的影响较大,无稳定的生产设备和生产环境,具有产品固定、人员流动的生产特点,与有固定的自动线和流水线的一般工业产品相比,工程项目更容易产生质量波动。

(3)容易产生系统因素变异。

公路工程项目结构复杂、施工流动性强、施工环境变化大、质量要求比较高,因此,影响工程质量的偶然性因素和系统性因素比较多。例如,施工方法不当、不按操作规程操作、机械故障、材料有误、仪表失灵、设计计算错误等原因,都会产生系统因素的质量变异,造成工程质量事故。因此要防止出现系统性因素的变异。

(4)容易产生第二判断错误。

公路工程项目施工过程中,施工工序多、隐蔽工程多,由于各道工序需要交接,或隐蔽工程部位后续工序将覆盖前道工序的成果,若不及时进行工序交接间的检查并发现其存在的问题,就可能留下质量隐患,产生判断错误,将前道工序的不合格误认为合格,容易产生第二判断错误。

(5)竣工验收的局限性。

由于公路工程的位置固定和结构上的整体性特点,工程项目建成以后不能像一般工业产品那样依靠终检判断产品质量,或将其拆卸、解体来检查其内在的质量。工程项目的竣工验收

难以发现某些工程内在的、隐蔽的质量缺陷。因此,工程质量的控制应以预防为主。

(6)质量控制受投资、进度的制约。

公路工程质量控制受投资、进度的制约较大,在质量控制时需要处理好质量、投资和进度三者之间的关系,使其达到对立的统一。

(7)评价方法的特殊性。

公路工程项目质量是在承包人按合同约定的质量标准自行检查评定的基础上,由监理工程师组织进行检查验收并进行评定。这种评定方法体现了"验评分离、强化验收、完善手段、过程控制"的指导思想。

2. 工程质量监理的特点

工程监理制度是我国在基本建设领域必须实施的一项基本制度。对公路工程实行施工监理,是强化质量管理、控制工程造价、提高投资效益及施工管理水平的有效方法。工程质量监理与传统的质量管理相比,具有以下特点:

(1)监理工程师对工程质量的监理权受法律保护。

在承包人和业主签订的施工合同中详细、明确地约定了监理工程师在质量监理中的地位和权力,这就以合同形式赋予了监理工程师采取各种手段进行工程质量监理的权力,使质量管理变得有法可依和依法办事,减少质量管理中的扯皮现象。

(2)工程质量监理强调事先监理和主动监理。

质量监理的重点放在施工前的准备阶段和施工阶段,即对原材料、施工机械和施工技术方案等的检验和审查,以及对施工过程中各环节的质量监理,以便及早发现问题,防患于未然。这与工程结束后再进行检查验收的事后监督办法是完全不同的。

(3)工程质量监理是监理工程师对一项工程实施全过程、全方位和全天候的全面质量管理。

这与内部质量管理和质量监督部门的抽查是完全不一样的。这样能使工程质量形成过程中的关键环节和各种因素均处于受控状态,使工程的所有部分的质量得到有效、全面的监理。

(4)工程质量监理与工程计量支付挂钩,质量好坏直接关系到承包人的经济利益。

这是工程监理制度最显著的特点。按合同条款约定,未经监理工程师验收并签字认可的工程项目,一律不予支付费用。监理工程师有了这个权力,就能运用经济杠杆的作用有效地保证工程质量。

综上所述,工程监理制度管理模式清楚地表明,工程质量监理不是单一的技术管理,而是集技术、经济及法律于一体的一种综合性管理,是技术、经济与法律在公路工程质量上的统一体现。

三、公路工程施工阶段质量监理的程序与主要内容

1. 监理程序

监理程序是指监理工程师根据工程建设的客观规律,结合工程项目的实际情况制订的,用来指导、约束监理工程师工作,协调监理单位和承包人工作关系的规范性文件,监理程序拟订

的依据主要是合同条款和技术规范。监理程序对监理工程师、承包人及业主均具有约束力。

工程监理是一种高智能的技术服务工作，要求监理工程师在开展监理活动时必须遵循科学管理的准则，采用科学、规范的方法，才能对工程项目实施有效的监理，实现工程项目的各项目标。而制订监理程序，正是对监理活动科学性和规范性的有效保证。公路工程施工质量监理与单纯的工程质量验收不一样，不仅仅是最后的检验，而是对施工全过程的监理，这就要求监理工程师在监理工作过程中应该严格执行监理程序。

监理程序按监理工作的目标管理可分为：工程开工审批程序、进度监理工作程序、质量监理工作程序、计量与支付程序、合同事项管理工作程序、信息管理工作程序、合同段工程交工验收程序等。其中质量监理工作程序中，主要包括质量监理基本程序、质量缺陷与事故处理程序、监理试验工作程序等。

2．施工阶段质量监理的主要内容及程序

在开工前，监理工程师应向承包人提出适用所有工程项目质量监理的程序及说明，以供所有监理人员、承包人的自检人员和施工人员共同遵循，使质量监理工作程序化。

公路工程施工阶段质量监理的内容程序框图如图6-8所示。由图可知，施工阶段质量监理工作主要分为五个方面，在施工过程中，质量监理一般应按以下程序进行。

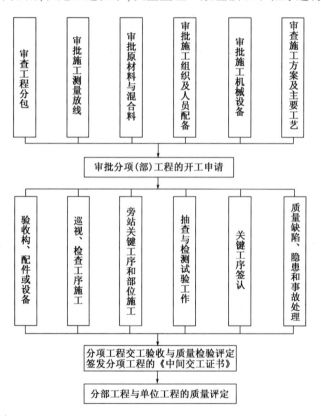

图6-8 施工阶段质量监理的内容程序框图

1）审查或审批分项（或分部）工程开工前的各项准备工作

分项（或分部）工程开工前，监理工程师必须审查或审批以下六项工作：

(1)审查工程分包。在施工中有工程分包时,监理工程师应按合同约定对工程分包进行审查,审查合格后报业主批准。监理工程师发现有非法分包、转包时,应指令承包人纠正并报告业主。

(2)审批施工测量放线。监理工程师应检查承包人使用的测量仪器是否按规定进行了校准,审查其提交的施工测量放线数据、图表及放线成果并予以批复。监理工程师应对从基准点引出的工程控制桩的重点桩位(如道路工程的路线平面控制点和各种结构物定位的轴线控制桩位等以及各高程控制点)复测不少于30%,经复测不符合规定时应要求其重新测试。

(3)审批工程原材料与混合料。监理工程师应审查承包人申报的原材料、混合料试验资料,对原材料应独立取样进行平行试验;对混合料可在承包人标准试验的基础上进行试验验证。监理工程师对承包人申请使用的配合比设计和标准试验结果进行复核性试验后,证明承包人所做的配合比设计不能满足合同要求时,应要求承包人重新进行配合比设计和试验,并指派监理试验检测人员旁站承包人的设计和试验过程。若结果仍无改进,可由监理试验室做平行的标准试验。在合同约定的期限内予以批复。监理工程师应对承包人申请使用的商品混凝土或商品混合料配合比进行审查,并进行试验验证。

(4)审批施工组织及人员配备。分项工程开工前,监理工程师应审查该分项工程的施工组织,包括项目负责人,技术负责人及质量、安全、环保等自检人员,试验检测人员及主要施工操作人员的配备是否符合合同要求并满足施工需要。

(5)审批施工机械设备。监理工程师应审查承包人进场的施工机械设备是否满足合同要求,重点审查机械设备是否满足施工质量、安全、环保、进度等要求。承包人使用合同约定外的施工机械,监理工程师应要求其提出使用申请,解释变动原因,对拟使用的机械作充分说明,如认为可行的应及时批准,否则应提出否决意见批复承包人。对承包人拟使用替代的施工机械,监理工程师在既无充分依据批准使用,又无充分理由拒绝使用时,可通过试验工程的结果来决定是否批准使用。

(6)审查施工方案及主要工艺。监理工程师应审查承包人提交的分项(或分部)工程的施工方案及主要工艺,对技术复杂或采用新技术、新工艺、新材料、新设备的工程,应根据试验工程结果进行审批,得到监理工程师批准的试验工程总结即为该分项(或分部)工程合格的施工方案和工艺。

2)审批分项(或分部)工程的开工申请

承包人应在分部工程开工前14天向监理工程师提交分部工程开工报审表,若承包人的开工准备、工作计划和质量控制方法是可接受的且已获得批准,则监理人书面同意后,分部工程才能开工。

监理工程师应要求承包人提交分项(或分部)工程的开工申请,在合同约定的时间内重点审查开工前准备工作的六个方面。如果这六个方面均符合要求,具备开工条件,可批准分项(或分部)工程开工,否则,不能批准其开工。监理工程师要求承包人提交的分项工程开工申请的内容应包括:分项工程的概况,施工方案及主要工艺,质量保证、安全技术和环境保护措施,进度计划,质量控制指标及试验检测项目、频率和方法,施工组织、管理人员及施工人员的配备,人员、材料、机械设备等进场情况,测量放线成果等。

对分项工程的开工申请的批准,不仅仅是对某一特定分项工程的批准,也包括在同一合同工程中所有相同单位工程、分部工程中相同分项工程的审批,但是分项工程开工条件有变化的应另行审批。这是因为施工阶段的质量控制是以分项工程的施工全过程为单位进行的,所以开工申请也应尽量以分项工程为主。但分部工程与分项工程内容相同时也可按分部工程报批。

3)对分项工程施工过程实施质量监理

施工阶段的质量监理主要是以分项工程的施工全过程为单位进行的,其工作内容主要包括以下几个方面:

(1)验收构、配件或设备。对承包人外购或定做的用于永久工程的构、配件或设备,监理工程师应要求承包人提交产品合格证和自检报告。可采用常规仪器设备进行检测的,监理工程师应按不低于承包人自检频率的20%进行抽检,合格后方可准予使用。

(2)巡视。巡视是指监理人员对施工现场定期或不定期进行的日常性巡视检查活动。监理人员应重点巡视:正在施工的分项工程是否已批准开工;质量检测、安全管理人员是否按规定到岗;特种作业人员是否持证上岗;现场使用的原材料或混合料、外购产品、施工机械设备及采用的施工方法与工艺是否与批准的一致;质量、安全及环保措施是否落实到位;试验检测仪器设备是否按规定进行了校准;是否按规定进行了施工自检和工序交接。

监理人员每天对每道工序的巡视应不少于一次,每次巡视后应将巡视的主要内容、现场施工概况、发现的问题、处理意见和处理结果等如实记录在巡视记录上。当天问题未及时处理的,应在处理完成之日及时补记。

(3)旁站。旁站是指监理人员在施工现场对某一具体的工序、工艺或部位施工全过程进行的现场监督活动。监理机构应依据现行《公路工程施工监理规范》(JTG G10)的规定及施工合同的约定,在编制监理计划时,确定本合同工程旁站的项目,制订旁站计划并认真实施。旁站监理人员应重点对旁站项目的工艺过程进行监督,对现行《公路工程施工监理规范》(JTG G10)规定的内容进行检查,对发现的问题应责令立即改正;当可能危及工程质量、施工安全或环境时,应予制止并及时向驻地监理工程师或总监理工程师报告。旁站监理人员应按规定的格式如实、准确、详细地做好旁站记录。

旁站项目完工后,监理工程师应对旁站的工序进行检查验收,验收合格的方可进行下道工序。旁站的工序完工后,未经承包人自检合格和监理工程师验收认可的,不得转入下道工序施工。

(4)抽检。抽检是指监理机构按规定的项目和频率对工程材料或工程实体质量进行的平行或随机检验活动。监理工程师应按规定对施工过程中使用的主要原材料及各种混合料进行抽检,抽检频率应不低于承包人自检频率的20%,其余材料应不低于10%;对已完工程实体质量的抽检频率应不低于承包人自检频率的20%。

(5)关键工序签认。关键工序是指在分项工程中与现行《公路工程质量检验评定标准 第一册 土建工程》(JTG F80/1)中涉及结构安全和使用功能的关键实测项目相关的施工工序。对工程完工后无法再进行检验的关键工序,在承包人自检合格后,监理工程师应进行检查验收,合格后予以签认,并留存相应的图像资料。未经监理工程师签认不得进行下道工序施工。

(6)质量事故处理。施工过程中发生了可由监理机构处理的质量缺陷、质量隐患时,监理工程师应立即向施工单位发出工程暂时停工指令,并要求其立即书面报告质量缺陷、质量隐患的发生时间、部位、原因及已采取的措施和进一步处理方案;监理工程师应对处理方案进行审核后报业主批准,并对处理方案的实施进行监理并予以验收,处理合格、隐患消除的可发出复工指令。

当发生了不属于监理机构处理的质量事故时,监理工程师应立即发出暂时停工指令,要求施工单位按规定速报有关部门。监理机构应和施工等单位一起保护事故现场,抢救人员和财产,防止事故扩大,积极配合调查。监理工程师应积极配合有关部门进行质量事故调查,客观地提供相应证据。对加固、返工或重建的工程,除特殊规定外,应视同正常施工工程进行监理。

总监办应建立专门台账,记录质量事故发生、处理和返工验收的过程和结果。

4)分项工程中间交工验收

监理工程师在收到分项工程中间交工申请后,应检查各道工序的施工自检记录、交接单及监理工程师签认的重要工序的交验单;检查分项工程的质量自检和质量等级评定资料;检查质量保证资料的完整性。

监理驻地办应按合同约定对交工的分项工程进行质量评定,符合要求时签发《中间交工证书》。

5)质量评定

监理工程师应在合同工程交工之前随着施工的进展,按《公路工程质量检验评定标准 第一册 土建工程》(JTG F80/1—2017)中分部工程和单位工程质量评定的规定,陆续完成对已完工的各分部工程与单位工程的质量等级评定,为合同工程的交工验收做准备。

为了保证工程质量,监理工程师在工程施工监理过程中应做到四不准:人力、材料、机械设备准备不足不准开工;未经检查认可的材料不准使用;施工工艺未经批准,施工中不准采用;关键工序未经验收,不准进行后道工序。

四、公路工程施工质量监理的主要方法

监理工程师和监理人员在进行质量监理时,采用的监理方法主要包括:

1)旁站

旁站是指监理人员在施工现场对某一具体的工序、工艺或部位施工全过程进行的监理。旁站是监理人员的一种主要的现场质量监理方法。

2)巡视

巡视是指监理人员对施工现场定期或不定期进行的日常性巡视检查活动。监理工程师在公路工程的施工中,利用相对较短的时间,对工程施工现场的整体情况及某些相对次要的工序和工程部位进行巡查、检视,发现质量隐患及影响质量的不利因素,及时采取措施加以排除。

3)测量

测量是监理工程师对施工各部位的平面位置、高程、几何尺寸等进行检查和控制的重要手段,是对工程质量进行控制、检查和验收的重要方法之一,也是某些重要的质量数据的主要

来源。

在整个施工监理过程中,监理工程师都离不开测量。监理工程师在施工准备阶段应对重要的控制桩位进行控制测量;分项(分部)工程开工前要对施工放样测量进行检查复测,测量不合格的不准开工;施工过程中要及时进行测量控制,检查各工序施工部位的几何尺寸和位置是否符合设计文件和技术规范要求;中间交工验收时,要对验收部位各项几何尺寸进行测量,不符合要求的要进行整修或返工。

4) 试验与抽检

试验是监理工程师确认各种材料和工程部位质量的主要依据。工程监理以数据为准,用数据说话。公路工程施工过程中的每道工序,包括材料的性能、各种混合料的配合比、成品的强度等都要有试验数据,没有试验数据的工程一律不予验收。监理工程师应随时派出试验监理人员,对承包人按合同要求进行的各项试验的抽样自检频率、抽样方法和试验过程等进行检查。

在承包人按合同约定的频率抽样试验的基础上,监理工程师应按合同约定的抽检频率独立进行抽样试验。监理工程师应重点对施工过程中使用的主要原材料(如水泥、沥青、石灰、粉煤灰、碎石等)及各种混合料进行抽检,抽检频率应不低于承包人自检频率的20%,其余材料应不低于10%;对已完工程实体质量的抽检频率应不低于承包人自检频率的20%。

5) 指令文件

指令文件是指监理工程师对承包人发出指示和要求的书面文件,用以向承包人提出或指出施工中存在的问题,提请承包人注意,以达到控制质量之目的,或要求和指示承包人应做什么或如何做等。它是监理人员对工程施工过程实施质量监理不可缺少的手段。

例如施工准备完成后,经监理工程师确认并下达开工令后,承包人才能施工,施工中出现异常情况,经监理指出后,承包人仍未采取措施加以改正时,监理工程师为了保证质量,可以下达暂停施工的指令,要求承包人停止施工,直到问题得到解决为止等。施工过程中,监理工程师发出的各种指令都要有文字记载,并作为主要技术资料存档,使各项事情处理有根有据。

6) 随机抽查

抽查是指工程项目的高层监理机构为了支付已完工程的费用,对工程质量进行复核的一种方式。通常情况下,工程项目总监办为保证重点工程和关键工程的质量,根据对各种报表、申请等分析结果,决定抽查密度。这种随机的抽查形式,也是工程施工质量得以保证的措施之一。

7) 检查核实

监理工程师在工程项目施工的全过程中,需要经常对承包人的施工准备情况、所报送的各类报表、试验结果和质量数据进行检查核算或现场核实,并根据检查核实的结果要求承包人完善准备工作,重新进行计算或者试验,甚至返工处理。

8) 关键工序控制

工程项目的施工过程,就是完成一道一道工序的过程,所以施工过程的质量监理主要就是工序的质量控制,而工序的质量控制又表现为施工现场的质量控制,这也是施工阶段质量监理的重点。因此,关键工序控制是监理工程师对施工质量进行有效监理的重要手段之一,必须按"质量监理程序"和前述的质量监理的"四不准"原则进行严格控制,以确保工程质量达到合同要求。

9)计量与支付控制

所谓计量与支付控制,是指在向承包人支付各项工程款时,必须由监理工程师该工程进行计量并签发支付证书后,业主才能向承包人支付工程款,否则不能支付。这是监理合同赋予监理工程师的一项权力,监理工程师可以利用这一权力进行质量监理,即只有施工质量达到规定的标准和要求时,监理工程师才进行计量并签发支付证书,否则可拒绝计量并拒签支付证书。监理工程师有了这个权力,就能运用经济的手段对工程质量进行监理。

五、工程质量事故的处理

1. 工程质量事故的含义及其分类

1)工程质量事故的含义

根据《交通运输部办公厅关于印发公路水运建设工程质量事故等级划分和报告制度的通知》(交办安监〔2016〕146号)的规定,所谓工程质量事故,是指公路水运建设工程项目在缺陷责任期结束前,由于施工或勘察设计等原因使工程不满足技术标准及设计要求,并造成结构损毁或一定直接经济损失的事故。

2)公路工程质量事故的分类及其分级标准

根据直接经济损失或工程结构损毁情况(自然灾害所致除外),公路水运建设工程质量事故分为特别重大质量事故、重大质量事故、较大质量事故和一般质量事故四个等级;直接经济损失在一般质量事故以下的为质量问题。

(1)特别重大质量事故,是指造成直接经济损失1亿元以上的事故。

(2)重大质量事故,是指造成直接经济损失5000万元以上、1亿元以下,或者特大桥主体结构垮塌、特长隧道结构坍塌,或者大型水运工程主体结构垮塌、报废的事故。

(3)较大质量事故,是指造成直接经济损失1000万元以上、5000万元以下,或者高速公路项目中桥或大桥主体结构垮塌、中隧道或长隧道结构坍塌、路基(行车道宽度)整体滑移,或者中型水运工程主体结构垮塌、报废的事故。

(4)一般质量事故,是指造成直接经济损失100万元以上、1000万元以下,或者除高速公路以外的公路项目中桥或大桥主体结构垮塌、中隧道或长隧道结构坍塌,或者小型水运工程主体结构垮塌、报废的事故。

上述所称的"以上"包括本数,"以下"不包括本数。

2. 工程质量事故的处理

1)质量事故处理的原则

(1)质量事故的调查处理实行统一领导、分级负责的原则。

国务院交通运输主管部门归口管理全国公路工程质量事故,省级交通运输主管部门归口管理本辖区内的公路工程质量事故。

重大质量事故由国务院交通运输主管部门会同省级交通运输主管部门负责调查处理;一般质量事故由省级交通运输主管部门负责调查处理;质量问题原则上由建设单位或企业负责调查处理。

(2)质量事故发生后,应坚持"四不放过"的原则。

质量事故发生后,应坚持"四不放过"的原则,即事故原因不清不放过;事故责任者和群众没有受到教育不放过;没有防范措施不放过,相关责任人没有受到处理不放过。

(3)质量事故实行举报制度和报告制度。

任何单位和个人对公路工程的质量事故、质量缺陷和影响工程质量的行为有权向交通运输主管部门进行举报、控告和投诉,县级以上地方人民政府交通运输主管部门及其所属的质量监督机构应根据举报、控告和投诉的线索认真查处。

质量事故发生后,事故发生单位必须以最快的方式,将事故的简要情况同时向建设单位、监理单位、质量监督机构报告。在质量监督机构初步确定质量事故的类别性质后,再按下述要求进行报告:

工程项目交工验收前,施工单位为工程质量事故报告的责任单位;自通过交工验收至缺陷责任期结束,由负责项目交工验收管理的交通运输主管部门明确项目建设单位或管养单位作为工程质量事故报告的责任单位。

质量问题发生后,问题发生单位应在2天内书面上报建设单位、监理单位和质量监督机构。

质量事故发生后,现场有关人员应立即向事故报告责任单位负责人报告。事故报告责任单位应在接报2小时内,核实、汇总并向负责项目监管的交通运输主管部门及其工程质量监督机构报告。接收事故报告的单位和人员及其联系电话应在应急预案或有关制度中予以明确。

重大及以上质量事故,省级交通运输主管部门应在接报2小时内进一步核实,并按工程质量事故快报统一报交通运输部应急办转部工程质量监督管理部门;出现新的经济损失、工程损毁扩大等情况的应及时续报。省级交通运输主管部门应在事故情况稳定后的10日内汇总、核查事故数据,形成质量事故情况报告,报交通运输部工程质量监督管理部门。

对特别重大质量事故,交通运输部将按《公路突发事件应急预案》,由交通运输部应急办会同部工程质量监督管理部门及时向国务院应急办报告。

工程质量事故发生后,事故发生单位和相关单位应按照应急预案规定及时响应,采取有效措施防止事故扩大。同时,应妥善保护事故现场及相关证据,任何单位和个人不得破坏事故现场。因抢救人员、防止事故扩大及疏导交通等原因需要移动事故现场物件的,应做出标识,保留影像资料。

质量事故书面报告一般应包括以下内容:

工程项目名称,事故发生的时间、地点,建设、设计、监理等单位的名称;事故发生的简要经过、造成工程损失状况、伤亡人数和直接经济损失的初步估计;事故发生原因的初步判断;事故发生后采取的措施及事故控制情况;事故报告单位。

质量事故发生后事故发生单位隐瞒不报、谎报、故意拖延报告期限的,故意破坏现场的,阻碍调查工作正常进行的,拒绝提供与事故有关情况、资料的,提供伪证的,由上级主管部门按有关规定给予行政处分。构成犯罪的,由司法机关依法追究刑事责任。

2) 质量缺陷的现场处理

由于各种因素的干扰,在施工过程中,质量缺陷的出现是难免的。但是,质量缺陷是可以尽可能减少的。因此,在各项工程的施工过程中或完工以后,现场监理人员如发现工程项目存在技术规范所不容许的、可由项目监理机构处理的质量缺陷时,应根据质量缺陷的性质和严重程度,按如下方式处理:

(1) 当因施工而引起的质量缺陷处于萌芽状态时,监理工程师应及时制止,并要求承包人立即更换不合格的材料、设备;或撤换不称职的施工人员;或要求立即改变不正确的施工方法及操作工艺。

(2) 当因施工而引起的质量缺陷已出现时,监理工程师应立即向承包人发出暂停施工的指令,并要求其立即书面报告质量缺陷的发生时间、部位、原因及已采取的措施和进一步处理方案。监理工程师应对承包人提出的缺陷处理方案进行审核后报业主批准。承包人实施处理方案并对质量缺陷进行了正确的补救处理、采取了能足以保证施工质量的有效措施后,监理工程师应对处理方案的实施进行监理并予以验收,验收合格的可发出复工指令。

(3) 当质量缺陷发生在某道工序或分项工程完工以后,而且质量缺陷的存在将对下道工序或分项工程质量产生影响时,监理工程师应在对质量缺陷产生的原因及责任作出判断并确定了补救方案后,再进行质量缺陷的处理或下道工序或分项工程的施工。

(4) 在交工使用后的缺陷责任期内发现施工质量缺陷时,监理工程师应及时指令承包人进行修补、加固或返工处理。

对因施工原因而产生的质量缺陷的修补与加固,应先由承包人提出修补方案及方法,经监理工程师批准后方可进行;对因设计原因而产生的质量缺陷,应通过业主提出处理方案及方法,由承包人进行修补。修补措施及方法要保证质量控制指标和验收标准,并应是技术规范允许的或是行业公认的良好工程技术。如果已完工程的缺陷并不构成对工程安全的危害,并且能满足设计和使用要求时,征得业主同意后,可不进行加固或变更处理。如工程缺陷属于承包人的责任,应通过业主与承包人的协商,降低对此项工程的支付费用。

3) 质量事故的处理程序

施工过程中,当发生不属于项目监理机构处理的一般质量事故或重大质量事故时,可按以下程序处理:

(1) 监理工程师应立即向承包人发出工程暂时停工指令,要求停止质量事故部位和与其有关联部位及下道工序的施工,并要求采取必要的措施,保护事故现场,抢救人员和财产,防止事故扩大,做好相应记录。

(2) 监理工程师要求承包人尽快提出质量事故报告并按规定上报有关部门。

(3) 监理工程师应积极配合质量事故调查组进行质量事故调查,客观地提供相应证据。

(4) 监理工程师接到质量事故调查组提出的质量事故技术处理意见后,审核签认有关单位提出的质量事故技术处理方案。

(5) 监理工程师指示承包人按照批准的工程质量事故处理方案对事故进行处理。

(6) 监理工程师对承包人实施质量事故处理方案或对加固、返工、重建的工程进行监理,并进行检查验收。经检验合格后,监理工程师发出复工指令。

第三节 施工安全监理

一、施工安全监理的概念

交通建设工程安全监理是指工程监理单位受建设单位(或业主)的委托,依据国家有关的法律、法规和工程建设强制性标准及合同文件,对交通建设工程安全生产实施的监督检查。

交通建设工程安全监理是交通建设工程监理的重要组成部分,也是交通建设工程安全生产管理的重要保障。

二、施工安全监理的依据与作用

1. 施工安全监理的依据

交通建设工程安全监理的依据包括:有关安全生产、劳动保护、环境保护、消防等的法律法规和标准规范,交通建设工程批准文件和设计文件,交通建设工程委托监理合同和有关的交通建设工程合同等。

2. 施工安全监理的作用

工程监理制在我国建设领域已推行了 30 多年,在交通建设工程中发挥了重要作用,也取得了显著的成效。安全监理的作用主要表现在以下几个方面:

1) 有利于防止或减少生产安全事故,保障人民群众生命和财产安全

我国建设工程规模逐步加大,建设领域安全事故起数和伤亡人数一直居高不下,个别地区施工现场安全生产情况仍然十分严峻,给广大人民群众的生命和财产带来巨大损失。实施建设工程安全监理,监理工程师是既懂工程技术、经济、法律,又懂安全管理的专业人士,有能力及时发现建设工程实施过程中出现的安全隐患,并要求施工单位及时整改、消除,从而有利于防止和减少生产安全事故的发生,也就保障了广大人民群众的生命和财产安全,保障了国家公共利益,从而维护了社会安定稳定。

2) 有利于实现工程投资效益最大化

实施建设工程安全监理,由监理工程师进行施工现场安全生产的监督管理,防止和减少生产安全事故的发生,既保证了建设工程质量,也保证了施工顺利开展,从而保证了公路工程整体进度计划的实现,有利于投资的正常回收,实现投资效益的最大化。

3) 有利于规范工程建设参与各方主体的安全生产行为

在公路工程安全监理实施过程中,监理工程师采用事前、事中和事后控制相结合的方式,对公路工程安全生产的全过程进行动态监督管理,可以有效地规范各施工单位的安全生产行为,最大限度地避免不当生产行为的发生。即使出现不当生产行为,也可以及时加以制止,最大限度地减少其不良后果。此外,由于建设单位不了解公路工程安全生产等有关的法律法规、管理程序等,也可能发生不当生产行为。为此,监理工程师可以向建设单位提出适当的建议,从而也有利于规范建设单位的安全生产行为。

4）有利于提高公路工程安全生产管理水平

实施公路工程安全监理，通过对公路工程安全生产实施"三重"监控，即施工单位自身的安全控制、政府的安全生产监督管理、工程监理单位的安全监理。一方面，有利于防止和避免安全事故，另一方面，政府通过改进市场监管方式，充分发挥市场机制，通过工程监理单位、安全中介服务公司等的介入，对施工现场安全生产进行监督管理，改变以往政府被动的安全检查方式，共同形成安全生产监管合力，从而提高我国公路工程安全生产管理水平。

5）有利于公路工程安全生产保证机制的形成

实施公路工程安全监理，有利于公路工程安全生产保证机制的形成，即施工企业负责、监理中介服务、政府市场监管，从而保证我国建设领域的安全生产。

三、施工安全监理的工作内容

监理工程师的安全管理工作是消除安全事故因素的外部力量。工程的安全事故与工程施工生产密切相关，为了真正能够预防工程安全事故，必须消除施工生产过程中人的不安全行为和物的不安全状态。然而监理工程师的管理活动属于外部管理，是安全生产过程中的外部原因，外部原因必须通过施工单位这一内因方能发挥作用。监理工程师的安全管理必须通过施工管理人员卓有成效的工作，才能成为有效的措施。

监理单位应按照法律、法规和工程建设强制性标准及监理委托合同实施监理，对所监理工程的施工安全生产进行监督检查。

四、施工安全监理的工作范围

《建设工程安全生产管理条例》规定了监理单位安全生产管理的业务范围如下：
(1)审查施工单位施工组织设计中的安全技术措施或专项施工方案。
(2)在实施监理过程中，发现存在安全事故隐患的，应当要求施工单位整改。
(3)情况严重时，应当要求施工单位暂时停止施工，并及时报告建设单位。
(4)施工单位拒不整改或者不停止施工的，应当及时向有关主管部门报告。
(5)应当按照法律、法规和工程建设强制性标准实施监理。

五、工程监理单位的施工安全责任

安全监理是工程建设监理的重要组成部分，也是建设工程安全管理的重要保障。安全监理的实施，是提高施工现场安全管理的有效方法，也是建设工程项目管理体制改革中加强安全管理、控制重大伤亡事故的一种新模式。工程监理单位的安全责任包括：
(1)工程监理单位应当审查施工组织设计中的安全技术措施或者专项施工方案是否符合工程建设强制性标准。
(2)工程监理单位在实施监理过程中，发现存在安全事故隐患的，应当要求施工单位整改；情况严重的，应当要求施工单位暂时停止施工，并及时报告建设单位。施工单位拒不整改或者不停止施工的，工程监理单位应当及时向有关主管部门报告。
(3)工程监理单位和监理工程师应当按照法律、法规和工程建设强制性标准实施监理，并对建设工程安全生产承担监理责任。

第四节 施工环境保护监理

一、施工环境保护监理的概念与任务

施工环境保护监理,是指具有相应资质的监理单位受建设单位的委托,依法承担其建设项目施工期间的环境监督管理工作,代表业主对承包人在施工活动中污染防治和生态保护与恢复等情况进行监督管理,确保各项环保措施落实的专业化服务活动。

施工环境保护监理的任务一般可分为环境达标监理和环保工程监理两类。其中,环境达标监理的主要任务是对工程建设过程中,污染环境、破坏生态的行为进行监督管理,防止或减少施工过程污染物排放和生态破坏,实现污染物达标排放或符合生态保护要求,如噪声、废气、污水、固废等污染物排放达标,水土流失、生态恢复、自然保护区、水源区和风景名胜区保护等符合要求。环保工程监理的主要任务是对工程的环保配套设施进行施工监理,落实项目环境影响评价文件中的环保设施要求,确保"三同时"的实施,如临时用地复垦、水土保持、景观绿化等生态工程、路桥面雨水径流收集、服务区污水处理、声屏障、消烟除尘设施等。

二、施工环境保护监理的依据

根据交通部下发的《关于开展交通工程环境监理工作的通知》(交环发〔2004〕314号)和《关于在公路水运工程建设监理中增加施工安全监理和施工环保监理内容的通知》(交质监发〔2007〕158号),明确了施工环境保护监理工作已成为公路水运工程监理工作内容的重要组成部分,纳入工程监理管理体系,因此环境保护监理的强制性由施工监理的有关规定来保障。环境保护监理的依据主要如下。

1. 国家有关的法律、法规

《中华人民共和国宪法》已经明确了每个公民的环保义务,如第九条第二款"保护自然资源的合理利用,保护珍贵的动物和植物,禁止任何组织或者个人用任何手段侵占或者破坏自然资源"。其他的国家有关法律、法规还包括《中华人民共和国环境保护法》《中华人民共和国水土保持法》《中华人民共和国水污染防治法》《中华人民共和国环境噪声污染防治法》《中华人民共和国环境影响评价法》等,都有环境保护的明确条款。

2. 国家有关的办法、规定

在国家有关环保法律法规的基础上,交通部先后制定了《交通行业环境保护管理规定》《交通建设项目环境保护管理办法》《交通部环境监测工作条例实施细则》《关于开展交通工程环境监理工作的通知》《关于在公路水运工程建设监理中增加施工安全监理和施工环保监理内容的通知》等。

3. 地方性法规、文件

迄今为止有十几个省(自治区、直辖市)颁布了地方环境保护法规,对国家环境保护法律法规进行了补充和完善,具有较强的针对性和可操作性,同样是施工环境保护监理的依据。

4. 国家环境标准

国家环境标准中的环境质量标准和污染物排放等标准为强制性标准,详见本书的有关章节。

5. 公路工程标准规范

现行《公路工程施工监理规范》(JTG G10),以及现行《公路路基施工技术规范》(JTG 3610)、《公路环境保护设计规范》(JTG B04)、《公路建设项目环境影响评价规范》(JTG B03)等都编制了专门条款规定了环境保护工作内容。

6. 环境影响评价和水土保持报告及批复、环境行动计划等

建设项目的环境影响评价和水土保持报告及批复,是施工环境保护监理工作最重要的依据之一。此外,《地质灾害危险性评估报告》《地震安全性评价报告》等也是环境保护监理工作的重要依据。

7. 工程设计文件

公路建设的设计阶段,往往已经考虑了一些重大的环境保护问题,并在设计文件中有所反映,例如水土保持措施、绿化等,可以作为环境保护监理工作的依据。

8. 监理合同、施工合同以及有关补充协议

建设单位委托开展施工过程环境保护监理的合同,以及有关的补充协议,都明确约定了环境保护监理单位的权力、责任和义务,是监理工作的直接依据。

9. 施工过程的会议纪要、文件

在施工过程中,根据实际情况形成的有关环保问题的会议纪要、有关文件,可以作为环境保护监理的依据。

三、施工环境保护一般规定

(1)承包人应切实执行技术规范中有关环境保护方面的条款和规定。

①对于来自施工机械和运输车辆的施工噪声,为保护施工人员的健康,应遵守《中华人民共和国环境噪声污染防治法》并依据《工业企业噪声卫生标准》合理安排工作人员轮流操作筑路机械,减少接触高噪声的时间,或间歇安排高噪声的工作。对距噪声源较近的施工人员,除采取使用防护耳塞或头盔等有效措施外,还应当缩短其劳动时间。同时,要注意对机械的经常性保养,尽量使其噪声降低到最低水平。为保护施工现场附近居民的夜间休息,对居民区150m以内的施工现场,施工时间应加以控制。

②对于公路施工中粉尘污染的主要污染源——灰土拌和、施工车辆和筑路机械运行及运输产生的扬尘,应采取有效措施减轻其对施工现场的大气污染,保护人民健康,如:

——拌和设备应有较好的密封,或有防尘设备。

——施工通道、沥青混凝土拌和站及灰土拌和站应经常进行洒水降尘。

——路面施工应注意保持水分,以免扬尘。

——隧道出渣和桥梁钻孔灌注桩施工时排出的泥浆应进行妥善处理,严禁向河流或农田排放。

③采取可靠措施保证原有交通的正常通行,维持沿线村镇的居民饮水、农田灌溉、生产生活用电及通信等管线的正常使用。

(2)在整个施工过程中对承包人采取的环境保护措施,发包人和监理人有权监督,并向承包人提出整改要求。如果由于承包人未能对其负责的上述事项采取各种必要的措施而导致或发生与此有关的人身伤亡、罚款、索赔、损失补偿、诉讼费用及其他一切责任应由承包人负责。

(3)在施工期间,承包人应随时保持现场整洁,施工设备和材料、工程设备应整齐妥善存放和储存,废料与垃圾及不再需要的临时设施应及时从现场清除、拆除并运走。

(4)在施工期间,承包人应严格遵守《关于在公路建设中实行最严格的耕地保护制度的若干意见》的相关规定,规范用地、科学用地、合理用地和节约用地。承包人应合理利用所占耕地地表的耕作层,用于重新造地;合理设置取土坑和弃土场,取土坑和弃土场的施工防护应符合要求,防止水土流失。承包人应严格控制临时占地数量,施工便道、各种料场、预制场要根据工程进度统筹考虑,尽可能设置在公路用地范围内或利用荒坡、废弃地解决,不得占用农田。施工过程中应采取有效措施防止污染农田,项目完工后承包人应将临时占地自费恢复到临时占地使用前的状况。

(5)承包人应严格按照国家有关法规要求,做好施工过程中的生态保护和水土保持工作。施工中要尽可能减少对原地面的扰动,减少对地面草木的破坏,需要爆破作业的,应按规定进行控爆设计。雨季填筑路基应随挖、随运、随填、随压,要完善施工中的临时排水系统,加强施工便道的管理。取(弃)土场必须先挡后弃,严禁在指定的取(弃)土场以外的地方乱挖乱弃。

四、公路施工期对环境的影响因素

环境保护已列入我国的基本国策之中。环境保护涉及范围广,根据可持续发展的理论,项目地区环境因素包括:自然环境、生态环境、社会环境和人民生活环境。公路施工期对环境的影响因素主要有以下几点。

(1)对生态环境的主要影响因素:水土流失、植被破坏。

(2)对声环境的主要影响因素:夜间施工机械噪声。

(3)对水环境的主要影响因素:挖泥、取砂、材料冲洗引起水质混浊;施工机械的含油污水及油料泄漏造成油污染;施工人员的生活污水、垃圾直接排入水体;沥青、油料、化学品等因保管不善造成进入水体。

(4)对大气环境的主要影响因素:灰土拌和、扬尘、沥青烟、废气。

(5)对社会经济的主要影响因素:临时占地及施工作业对周边农田的损坏,对沿线河道、人工渠道的施工干扰;加重了地区道路的负荷。

公路施工监理过程中,应着重检查、控制施工对生态环境、水环境、大气环境的影响。

五、施工环境保护监理的工作内容

1.施工准备阶段的环境保护监理工作

(1)参加设计交底,熟悉环评报告和设计文件,了解工程建设项目的具体环保目标。

(2)审查施工单位的施工组织设计和开工报告,对环保实施方案提出审查意见。

(3)审查施工单位的临时用地方案是否符合环保要求,临时用地的恢复计划是否可行。

(4)审查施工单位的环保管理体系是否责任明确、切实有效。

(5)参加第一次工地会议,对工程建设项目的环保目标和环保措施提出要求。

2.施工阶段的环境保护监理工作

(1)对工地进行巡视或旁站。

(2)向施工单位发出环保工作指令。

(3)检查环境保护措施和成果。

(4)协助环保部门和建设单位处理突发环保事件。

(5)建立、保管环境保护监理资料档案。

(6)参加工地例会。

3.交、竣工阶段及缺陷责任期的环境保护监理工作

(1)参加交工检查,确认现场清理工作、临时用地的恢复和取(弃)土场是否达到环保要求。

(2)评估环保任务或环保目标的完成情况,对尚存的主要环境问题提出继续监测或处理的方案和建议。

(3)定期检查施工单位对环保遗留问题整改计划的实施,并根据工程具体情况,建议施工单位对整改计划进行调整。

(4)检查已实施的环保达标工程和环保工程,对交工验收后发生的环保问题或工程质量缺陷及时进行调查和记录,并指示施工单位进行环境恢复或工程修复。

(5)检查施工单位的环保资料是否满足竣工环保验收的要求。

(6)整理施工环境保护监理竣工资料。

(7)参与竣工环境保护验收和水土保持验收。

4.环境监测

施工期间的环境监测工作由建设单位委托有资质的环境监测单位开展,即外部监督监测。监理工程师应协助建设单位落实施工过程的环境监测计划。

5.其他环保措施的监理

根据不同项目的实际情况,环评和水保文件会提出有针对性的环保措施,甚至会有比较特殊的措施。对于环境影响评价报告提出的已经批准的措施,应协助建设单位有效地实施。

六、监理工程师对环保的监理方法和措施

监理工程师应对施工全过程进行严格把关,有效地控制施工对环境的影响。

1.施工准备阶段

(1)严格审批施工组织设计。施工组织设计对工程顺利进行有重要意义,监理工程师应认真审核,提出改进意见,环境保护措施不充分的不允许开工。

(2)检查承包人的环保人员及质检人员是否已进行了环保教育。特别是环保管理体系是否健全有效,环保人员是否已到位,环保应急预案是否合理可行。

(3)检查、督促承包人的各项开工准备工作,如临时用地征地情况、临时排水设施等等,各项检查合格后方允许承包人开工。

(4)对全线设计的取(弃)土场进行实地踏勘,做到心中有数,提出切实有效的控制措施;对变更的取(弃)土场,除了实地调研外,在承包人上报征地报告时,要求其提出环保措施,监理工程师认为方案可行后,方可批准征地。

2. 施工阶段

(1)规范承包人操作、合理指导施工。监理工程师只有坚守岗位,认真负责地履行职责,才能督促承包人严格执行工程承包合同中有关环境保护的条款和国家环境保护的有关法律法规,才能规范管理。

(2)加强对承包人的监督管理,以便在施工过程中,能保护施工现场周围的环境,防止对自然环境造成不应有的破坏,防止和减轻粉尘、噪声等对周围环境的污染和危害。如发现施工中出现违反有关环保规定的情况,监理工程师应要求承包人整改;情况严重的,应签发《工程暂停令》要求承包人暂时停工,并及时报告业主。

(3)施工中发现文物时,监理工程师应要求承包人依法保护现场,并报告有关部门和业主,以免文物的丢失和破坏。

(4)监理工程师应要求承包人依法取得砍伐许可后,方可按照许可的面积、株数、树种进行砍伐。

(5)经常检查承包人环境保护工作的进度和质量,及时纠偏,对达不到合同要求或不符合规范要求的项目不予计量。

3. 交工验收与缺陷责任期阶段

(1)督促承包人整理有关环境保护的合同条件和技术档案资料。

(2)督促承包人完善有关项目的环境保护工作。

公路建设在我国正在快速发展,而修建公路对生态环境的影响和破坏应引起高度重视。将公路的绿化、美化和被破坏的土地复垦等保护生态环境的措施始终贯穿于公路建设的设计、施工过程中,将对环境的影响和破坏降低到最小限度,建设符合可持续发展战略而且线形优美的绿色通道,具有十分重要的意义。

第七章　工程进度监理

第一节　进度监理概述

一、公路工程施工进度控制的概念

公路工程施工进度控制是指对工程项目施工阶段的工作内容、工作程序、持续时间和衔接关系，根据施工进度总目标及资源优化配置的原则，在既定的工期内，编制出最优的施工进度计划并付诸实施。然后在施工进度计划的实施过程中经常检查实际施工进度是否按计划要求进行，并将其与施工计划进度相比较，若出现偏差，便分析产生的原因和对工期的影响程度，采取补救措施或调整、修改原计划后再付诸实施，如此循环，直到公路工程竣工验收交付使用。公路工程施工进度控制的最终目的是确保工程项目按预定的时间动用或提前交付使用，公路工程施工进度控制应以实际施工合同约定的交工日期为最终目标。

公路工程施工进度控制的总目标是确保工程施工的既定目标工期的实现，或者在保证施工质量和不因此而增加施工实际成本的条件下，适当缩短施工工期。应对公路工程施工进度控制的总目标进行层层分解，形成实时进度控制、相互制约的目标体系。目标分解可按单项工程分解为交工分目标，按承包的专业或按施工阶段分解为完工分目标，按年、季、月计划分解为时间分目标。

公路工程施工进度控制应建立以项目经理为首的进度控制体系，各子目标负责人、计划人员、调度人员、作业队长和班组长都是该体系的成员。各承担施工任务者和生产管理者都应承担进度控制任务，对进度控制负责。

由于在工程建设过程中存在着许多影响进度的因素，这些因素往往来自不同的部门和不同的时期，它们对工程进度有着复杂的影响。因此，进度控制人员必须事先对影响工程进度的各种因素进行调查分析，预测它们对工程进度的影响程度，确定合理的进度控制目标，编制可行的施工进度计划，使工程建设工作始终按计划进行。

但是，不管进度计划的周密程度如何，其毕竟是人的主观设想，在其实施过程中，必然会因为新情况的产生、各种干扰因素和风险因素的作用而发生变化，使人难以执行原定的进度计划。为此，进度控制人员必须掌握动态控制原理，在计划执行过程中不断检查实际施工进展情况，并将实际状况与计划安排进行对比，从中得出偏离计划的信息。然后在分析偏差及其产生原因的基础上，通过采取组织、技术、经济等措施，维持原计划，使之能正常实施。如果采取措施后不能维持原计划，则需要对原计划进行调整或修正，再按新的进度计划实施。这样在进度计划的执行过程中不断地检查和调整，以保证公路工程施工进度得到有效控制。

二、影响进度计划的主要原因

影响公路工程施工进度的因素很多,《公路工程标准施工招标文件》(2018年版)可分为承包人的原因、业主的原因、监理工程师的原因和其他特殊原因。

1. 承包人的原因

在工程施工过程中,承包人未能按施工合同的要求组织施工,或由于自身的过错、疏忽及失误等原因,导致施工进度受到影响,例如:

(1)承包人在合同规定的时间内,未按时向监理工程师提交符合监理工程师要求的施工进度计划。

(2)工程施工过程中,由于各种原因使得工程进度不符合工程施工进度时,承包人未按监理的要求,在规定的时间提交修订的工程施工进度计划,使后续工作无章可循。

(3)承包人技术力量以及设备、材料的变化,工程承包合同以及施工工艺等不熟悉,造成承包人违约而引起的停工或缓慢施工,也是影响工程施工进度的原因之一。

(4)承包人的质检系统不完善和质量意识不强,将对工程施工进度造成严重影响。

2. 业主的原因

在履行合同过程中,由于业主的下列原因造成工期延误的,承包人有权要求业主延长工期和(或)增加费用,并支付合理利润。

(1)增加合同工作内容、改变合同中任何一项工作的质量要求或其他特性以及未按合同约定及时支付预付款、进度款。

(2)业主提供图纸延误或延迟提供材料、工程设备以及变更交货地点。

(3)因业主原因导致的暂停施工或其他原因造成工期延误。

3. 监理工程师的原因

在施工过程中,监理工程师的失职、判断或指令错误以及未按程序办事等也会影响工程施工进度。

4. 其他特殊原因

在施工过程中,除承包人、业主、监理工程师以外,也会存在影响施工进度的其他特殊原因,例如:

(1)额外或附加工程的工程量增加,如土石方数量增加、土石比例发生较大变化、涵洞改为桥梁等。

(2)工程施工中,承包人碰到异常恶劣的气候条件,即30年以上一遇的罕见气候现象(包括温度变化、降水、降雪、风等)以及项目合同专用条款具体约定的其他情况。

(3)工程施工中,发生了合同条款约定的不可抗力事件,如:地震、海啸、火山爆发、泥石流、暴雨(雪)、台风、龙卷风、水灾等自然灾害;战争、骚乱、暴动;核反应、辐射或放射性污染;空中飞行物体坠落或非业主、承包人责任造成的爆炸、火灾;瘟疫;项目和专用合同条款约定的其他情形。

三、工程进度监理的任务和作用

公路工程施工过程中,以控制工程进度为目的的施工进度监理是公路工程施工监理的一个重要环节。公路工程施工过程中,承包人应编制符合客观实际、贯穿合同条件及技术规范的施工进度计划,并在计划执行过程中,通过计划进度与实际进度的比较,定期、经常检查和调整进度计划。监理工程师的主要任务是审批承包人编制的施工进度计划,并对已批准的进度计划的执行情况进行监督,从全局出发,掌握影响施工进度计划所有条件的变化情况,对进度计划的执行进行监理。与此同时,业主则应根据合同要求及时提供施工场地和图纸,并尽可能地改善施工环境,为工程顺利进行创造条件。只有通过这三方面的互相配合,才能确保工程进度目标的实现。

公路工程施工过程中,工程进度监理不仅仅是时间计划的管理和控制问题,同时还需要考虑劳动力、材料、机械设备等所必需的资源能否最有效、合理、经济地配置和使用,使工程在预定的工期完成,并争取早日使工程投入使用而获得最佳投资效益等问题。因此,进度监理的作用就是在考虑了工程施工管理三大因素(工期、施工质量和经济性)的同时,通过贯彻施工全过程的计划、组织、协调、检查与调整等手段,努力实现施工过程中的各个阶段目标,从而确保总的工期目标的实现。

因此,工程进度监理的主要环节是:施工进度计划的审批;施工进度计划的执行检查;审核修改后的进度计划。

四、工程进度监理的主要工作内容

1. 工程施工进度计划的编制

工程施工进度计划是表示施工项目中各个单位工程或分项工程的施工顺序、开竣工时间以及相互衔接关系的计划,它是施工项目实施阶段进行进度控制的行为标准,也是监理工程师实施进度监理的基础条件。《公路工程标准施工招标文件》(2018年版)规定在承包人中标后,应按照合同约定的总工期编制工程进度计划表,并在规定的期限内送交监理工程师审核,经监理工程师审查、承包人修订后,得以批准,便可据此执行。

工程进度计划可根据项目实施的不同阶段,分别编制合同进度计划及年、月进度计划;对于某些起控制作用的关键工程项目还应单独编制工程进度计划。为了便于管理,进度计划的编制应满足以下基本原则和要求。

1)编制原则

工程进度计划必须真实、可靠并符合实际;清楚、明确并便于管理;表达施工中的全部活动及其联系;反映施工组织及施工方法;充分使用人力和设备;预料可能的施工阻碍及变化;贯穿合同条件及技术规范。

2)编制的主要依据

工程进度计划编制的主要依据有:施工合同中约定的合同工期、开工日期及竣工日期;投标书中确认的工程进度计划及施工方案;主要材料和设备的采购合同及供应计划;工程现场的特殊环境及气候条件;施工人员的技术素质及设备能力;已建成的同类工程的实际进度及经济指标等。

3）工程进度计划的基本内容与要求

（1）合同进度计划的内容一般应包括：工程项目的合同工期；完成各单位工程及各施工所需要的工期、最早开工和最迟结束的时间；各单位工程及各施工阶段需要完成的工程量及现金流动估算；各单位工程及各施工阶段所需要配备的人力和机械数量；各单位工程或分部工程的施工方案和施工方法等。

合同进度计划应按照关键线路网络图和主要工作横道图两种形式分别编绘，并应包括每月预计完成的工作量和相应进度。

（2）年度进度计划的内容包括：本年度完成的单位工程及施工阶段的工程项目内容、工程数量及投资指标；施工队伍和主要施工设备的数量及调配顺序；不同季节及气温条件下各项工作的时间安排；在总体进度计划下对各分项工程进行局部调整或修改的详细说明等。

（3）月（季）度进度计划的内容包括：本月（季）计划完成的分项工程内容及顺序安排；完成本月（季）及各分项工程的工程数量及投资额；完成各分项工程的施工队伍及人力和主要设备的配额；在年度计划下对各单位工程或分项工程进行局部调整或修改的详细说明等。

（4）关键工程进度计划的内容一般包括：具体施工方案和施工方法；合同进度计划及各道工序的控制日期；现金流动估算；各施工阶段的人力和设备的配额及运转安排；施工准备及结束清场的时间安排；对总体进度计划及其相关工程的控制、依赖关系和说明等。

（5）年度、月（季）度进度计划可采用横道图、进度曲线及有关形象进度图表示。合同进度计划和月进度计划中应绘制资金流量 S 曲线图。

在工程施工过程中，如果工程的实际进度不符合已批准的进度计划时，承包人应根据监理工程师的要求提出一份修改过的进度计划，标明为保证工程按期竣工而对原计划所作的修改。

2．进度计划的审批

监理工程师在接到承包人提交的工程施工进度计划后，应对进度计划进行认真审核。审核计划的目的是检查承包人所制订的工程进度计划是否合理，是否适合工程项目的实际条件和施工现场情况，避免以不切实际的工程施工进度计划来指导施工。因此，监理工程师在对承包人提交的施工进度计划进行审批时，应重点核实承包人实施计划的能力以及施工时间安排的合理性等方面，并在合同约定或满足施工需要的合理时间内审查完毕。

1）进度计划的提交

在施工合同签订后 28 天内，承包人应向监理工程师提交以下文件：

（1）一份格式符合要求的详细的工程合同进度计划及必要的各项关键工程的进度计划。

（2）两份格式符合要求的详细的月（季）度合同用款计划。

（3）一份有关施工方案和施工方法的总说明（通过施工组织设计提出）。

承包人应在每年 11 月底前，根据已同意的合同进度计划或其修订的计划，向监理工程师提交两份格式和内容符合监理工程师要求的下一年度施工计划。该计划应包括本年度预计完成的和下一年度预计完成的分项工程数量和工作量，以及为实施此计划将采取的措施。承包人在合理的时间内提交月（季）度进度计划及现金流动估算；分项（或分部）程进度计划等。这些文件将成为阶段性进度计划的组成。

2）进度计划的审查步骤

监理工程师应组织有关监理工程人员对承包人提交的各项进度计划进行审查,在14天内对承包人提交的施工进度计划及施工方案说明予以批复或提出修改意见,审查工作应按以下程序进行：

(1)阅读文件,列出问题,进行调查了解。

(2)提出问题,与承包人进行讨论或澄清。

(3)对有问题的部分进行分析,向承包人提出修改意见。

(4)审查批准承包人修改后的进度计划。

3）进度计划的审查内容

(1)工期和时间安排的合理性：施工总工期的安排应符合合同工期;各施工阶段或单位工程(包括分部、分项工程)的施工顺序、时间安排和材料、设备的进场计划相协调;易受气候影响的工程应安排在适宜的时间,并应采取有效的预防和保护措施;对动员、清场、假日及天气影响的时间,应有充分的考虑并留有余地。

(2)施工准备的可靠性：所需主要材料和设备的运送日期已有保证;主要骨干人员及施工队伍的进场日期已经落实;施工测量、材料检查及标准试验的工作已经安排;驻地建设、进场道路及供电、供水等已经解决或已有可靠的解决方案。

(3)计划目标与施工能力的适应性：各阶段或单位工程计划完成的工程量及投资额应与承包人的设备和人力实际状况相适应;各项施工方案和施工方法应与承包人的施工经验和技术相适应;关键线路上的施工力量安排应与非关键线路上的施工力量安排适应。

当监理工程师通过调查了解、分析评价后,如确认承包人为完成工程而提供的工程进度计划是合理的,而且是切实可行的,能满足施工要求,应在合理的时间同意承包人提出的施工进度计划。

3. 进度计划的检查

进度计划的检查是计划执行信息的主要来源,是施工进度调整和分析的依据,也是进度控制的关键步骤。进度计划检查的方法主要是对比法,即将实际进度与计划进度进行对比,从而发现偏差,以便调整或修改计划。

为了全面了解进度计划的执行情况,监理工程师必须做好以下三方面的工作：

1）定期检查进度报表资料

施工单位应每日按单位工程、分项工程或工点对实际进度进行记录,填写进度报表并提交监理工程师。监理工程师应予以审查,以作为掌握工程进度和进行进度监理的依据。每日进度检查记录应包括以下基本内容：当日实际完成及累计完成的工程量;实际参加施工的人力、机械数量及生产效率;施工停滞的人力、机械数量及其原因;承包人的主要技术及管理人员到达现场的情况;当日发生的影响工程进度的特殊事件或原因;当日天气情况等。

2）及时编制工程进度表

现场监理工程师应按规定对进度计划的实际执行情况进场检查,及时编制工程进度统计表,以便对进度进行分析和评价,并作为要求施工单位加快工程进度、调整进度计划或采取其他合同措施的依据。工程进度表应包括以下主要内容：工程进度概况或总说明,应以记事方式对计划进度执行情况提出分析;编制出工程进度累计曲线和完成投资额的进度累计曲线;显示关键路线(或主要工程项目)上一些施工活动及进展情况的工程图片;反映承包人的现金流动、工程变更、价格调整、索赔、工程支付及其他财务支出情况的财务状况;影响工程进度或造成延误的其他特殊事项、因素及解决措施。

3)定期召开工地会议

通过召开工地会议及时了解实际进度情况。监理工程师应定期将实际进度与计划进度进行比较,以便及时发现偏差,采取措施纠正偏差。

工程实施期间,如果实际进度(尤其是关键线路上的实际进度)与计划进度基本相符时,监理工程师不应干预承包人对进度计划的执行,但应及时掌握并控制影响和妨碍工程进展的不利因素,促进工程按计划进行。

4. 进度计划的调整

承包人应在实际进度发生滞后的当月 25 日前,提交合同进度计划修订申请报告,并附有关措施和相关资料,监理工程师应在收到修订合同进度计划后 14 天内批复。

1)分析产生进度偏差的原因

为了调整进度,监理工程师应进行调查,分析产生偏差的原因。

2)分析偏差对后续工作和总工期的影响

在查明原因之后,要分析偏差对后续工作和总工期的影响,从而确定是否应当调整。

3)确定影响后续工作和总工期的限制条件

在分析了偏差对后续工作和总工期的影响后,需要采取一定的调整措施时,应首先确定进度调整的范围。主要指关键节点、后续工作的限制条件以及总工期允许变化的范围。

4)采取措施调整原进度计划

应以后续工作和总工期的限制条件为依据对原进度计划进行调整,以保证实现要求的进度目标。

5)实施调整后的进度计划

在后续的施工过程中,应严格执行调整后的进度计划。

6)加快工程进度

在施工单位没有取得合理延期的情况下,监理工程师认为实际工程进度过慢,将不能按照进度计划预定的工期完成工程时,应要求施工单位采取加快的措施,以确保进度计划中的阶段目标或总体目标的实现。施工单位提出和采取的加快工程进度的措施必须经过监理工程师批准,施工单位无权要求为采取这些步骤支付任何费用。

第二节 施工进度与施工组织

一、施工过程与施工组织

1. 施工过程

施工过程就是施工产出产品的过程,也是劳动力利用劳动工具作用于劳动对象,按照预定的目标完成社会所需的公路工程产品的过程。施工过程由一系列相联系的施工活动组成,为了合理地组织施工生产,必须了解施工过程的内容。

施工过程的基本内容包括劳动过程和自然过程,公路工程在野外施工生产,是劳动过程和自然过程的结合。因此,公路工程施工组织不仅要考虑劳动生产过程,还要考虑自然因素对施工产生的影响。

根据施工过程所需的劳动资料及其对产品所起的作用,将公路工程施工过程划分为施工准备过程、施工生产过程、辅助工程及临时工程施工过程、服务施工过程。

2. 施工过程中的层次划分

单位、分部及分项工程施工中,按施工工艺的特点和施工组织的要求,可将施工过程进一步分解为操作过程、工序、动作与操作等层次。

1) 动作与操作

动作是指工人在劳动时一次完成的最基本的生产活动。若干个相互关联的动作就组成操作。如"钢筋除锈"这一操作,由拿起钢筋、插入沙盘、来回拖拉、取出钢筋等有关的动作组成。动作和操作并不能完成产品,在技术上也不能独立存在,但它们是制定定额的重要原始资料。

2) 工序

工序是指在劳动组织上不可分,施工技术上相同的施工过程,它由若干个操作组成。如"水泥混凝土路面面层"就有安装模板、安置钢筋、混凝土摊铺、切缝、养生等工序组成。其中"混凝土摊铺"这一工序就由拌和混凝土、运输混凝土、摊铺、振捣、抹平等操作组成。施工组织往往以工序为对象。

3) 操作过程

操作过程是由几个在技术上相互关联的工序组成,可以相对地独立完成某一种细部工程,上述"混凝土面层"就是一例。对整个路面工程而言,包括路槽、路肩、垫层、基层、面层等操作过程。

3. 施工组织研究对象及其任务

公路工程施工组织与其他建筑工程施工组织一样,涉及劳动力、材料、施工机具设备、资金,以及施工方法、政策法规、公共关系等诸多方面的问题。因此,施工组织的主要研究对象包括:施工过程中的时间问题,即施工进度计划编制;空间问题,即组织管理机构及场地布置;资源问题,即劳动力、材料、机具设备等的供应;经济问题,即工程造价、工程成本控制及资金合理利用等。

公路工程施工组织的基本任务是:密切结合我国现行经济政策,充分考虑公路工程施工特点,运用科学的方法和手段组织施工,合理地安排施工过程中劳动力、材料、机具设备、资金、进度、工期等要素,以提高施工单位的经济效益为中心,使施工工期短、占用资金少、生产效率高、工程质量好,保证按合同工期完成项目施工,实现有计划、有组织、有秩序地进行项目施工管理,达到项目施工的整体效益最佳。

4. 公路施工过程的组织原则

影响施工过程组织的因素很多,如施工性质、施工类型、机械设备条件、施工规模大小、自然条件等,因而施工过程组织变化因素多,困难较大。尽管如此,还是应当尽力合理组织施工过程,其原则可归纳如下。

1) 连续性原则

施工过程的连续性是指施工过程各阶段、各工序的进行,在时间上是紧密衔接的,不发生各种不合理的中断。如在施工中,施工的对象——土路基、构造物等始终处于被加工,或在进行检验,或处于自然过程中。保持和提高施工过程的连续性,具有很大的经济意义,它可以缩短建设周期,节约流动资金,避免不必要的等待及窝工,从而提高劳动生产率。施工过程的连续性,同生产技术水平有关,采用先进的科学技术,提高机械化、自动化水平,就比较容易实现连续性。同时它还同施工组织工作的水平有关,施工组织得好,采用先进的施工组织形式,就能提高连续性,相反地,就会影响施工过程的连续性。

2) 协调性原则

施工过程的协调性,是指施工各阶段、各工序之间在施工能力上要保持一定的比例关系,各施工环节的劳动力、生产效率、设备数量等都必须互相协调,不发生脱节和比例失调的现象。具有协调性的施工组织,可以充分地利用整个施工过程中的人力和设备,避免在各个施工阶段和工序之间出现停顿和等待,所以可缩短施工周期。施工过程的协调性在很大程度上取决于施工组织设计的正确性。在施工过程中,由于各方面因素的影响,会使施工过程各个环节之间的实际施工能力的比例发生变化,因此,施工组织工作必须根据变化了的情况,采取措施及时调整各种比例关系,保证施工过程的协调性。

3) 均衡性原则

施工过程的均衡性是指施工中的各个环节都应按照施工计划的要求,在一定时间内完成相等或相等递增数量的工作量,使各工段的负荷保持相对稳定,不发生时紧时松、前松后紧等现象。均衡施工能充分利用机械设备和工时,避免由于突击赶工所造成的损失,因而有利于保证施工质量和劳动力、机械设备的调配。

4) 经济性原则

施工过程的经济性是指施工过程组织除应满足技术要求外,还必须讲求经济效益,要用尽可能小的劳动消耗取得尽可能大的施工生产成果。施工组织的根本在于尽可能降低工程造价,而又不影响工程的进度和质量,所以连续性、协调性和均衡性这三项原则最终要以是否经济可靠来作为衡量的标准。

上述四个方面是合理组织施工过程中相互制约、互为条件的,在进行施工组织时,必须保证全面符合上述四个方面的要求,不可有所偏废。

二、施工组织方法及其特点

1. 公路工程施工生产类型

公路工程施工生产类型既可按产品特点和工艺特点划分,也可按产品生产的重复性划分。前者可分为建筑性施工生产与加工装配性施工生产,建筑性施工生产也叫固定性施工生产,加工装配性施工生产又称为流动性施工生产;后者可分为大量生产、成批生产及单件生产。

公路工程呈线性分布,工作面狭长,具有固定性和分散性双重特点。公路沿线路基工程的工程量分布极不均匀,既有集中性的高路堤、深路堑、大型挡土墙等,又有分散性的沿线土石方等;路面工程为线性分布;大中桥、通道、立体交叉及隧道工程则属于集中性工程;小桥涵工程数量较多,有集中性特点,也有沿线分布特点。因此,公路工程施工生产基本属于建筑性施工生产,也同时存在着结构物的加工装配性施工生产;主要是单件生产,少量的为成批生产。所以公路工程可以采用不同的施工组织方法。

2. 施工组织的基本方法

公路工程施工过程中的组织方法很多,其基本方法可归纳为顺序作业法、平行作业法和流水作业法三种。

1) 顺序作业法

顺序作业就是按固定的程序组织施工。有客观要求的工艺流程和施工顺序必须按先后次序进行顺序作业,也有人为施工组织安排的各工程项目之间的顺序作业。后者才是施工组织的顺序作业法,即若干个工程项目由一个作业班按照一定的顺序,依次完成全部工程项目的作业。例如,某路段有4座同类型的桥梁基础工程,由一个施工班组依次完成第一、第二、第三、第四座桥梁基础工程,此时的施工组织安排就是顺序作业法。其工期可用下列公式计算:

(1) 假设每一道工序的持续时间为 t_i,某工程项目有 n 道工序,则该工程项目的施工期限 t 由式(7-1)计算。

$$t = t_1 + t_2 + \cdots + t_n = \sum_{i=1}^{n} t_i \tag{7-1}$$

(2) 设施工段的数目为 m,则完成全部施工任务的总工期 T 等于各工程项目施工期限之和,用式(7-2)计算。

$$T = \sum_{i=1}^{n_1} t_{i,1} + \sum_{i=1}^{n_2} t_{i,2} + \cdots + \sum_{i=1}^{n_m} t_{i,m} = \sum_{j=1}^{m} \sum_{i=1}^{n} t_{i,j} \tag{7-2}$$

式中:$t_{i,j}$——第 j 项工程的第 i 道工序施工持续时间。

顺序作业法的优点是每天投入施工的班组只有一个,现场的劳动力较少,机具、设备使用不很集中,材料供应单一,施工现场管理简单,便于组织和安排。当工程的规模较小,施工工作面又有限时,此方法较为合适。

顺序作业法的缺点是整个工期长,专业队施工不连续,造成窝工现象,大部分施工段上的工作面空闲,不能充分利用工作面。显然,顺序施工法用于工序相同的多个工程段的施工作业安排是不合适的。

2) 平行作业法

当有若干个工程项目,或者将工程项目划分几个施工段或几个作业点时,建立若干个施工班组,分别同时按工艺顺序施工的作业方法。平行施工一般应用于工期要求较紧、各种资源供应有保障的情况。其工期的计算可按下列公式进行:

(1) 假设每一道工序的持续时间为 t_i,某工程项目有 n 道工序,则该工程项目的施工期限 t 由式(7-3)计算。

$$t = t_1 + t_2 + \cdots + t_n = \sum_{i=1}^{n} t_i \tag{7-3}$$

(2)设施工段数目为 m，则完成全部施工任务的总工期 T，就是施工时间最长的施工项目的施工期限 t，即 $T = \max\{t\}$。

平行作业法与顺序作业法比较，虽然整个工期缩短，工作面也得到充分利用，但是劳动力、施工机具是顺序作业法的 m 倍，而且专业队施工也是不连续的。

3）流水作业法

当有若干个工程项目或将工程项目划分几个施工段时，将它们按不同的工作内容划分为若干道工序或施工过程，依据工序或施工过程数建立专业班组，由各专业班组依照施工顺序完成各个施工段上的施工过程，即相同的工序顺序进行，不同的工序平行进行的作业方法称为流水作业法。例如，上述 4 座桥梁基础工程都可分解为基槽开挖、混凝土垫层、砌砖基础、基槽回填土等 4 道工序，分别建立 4 个专业班组，依次在各座桥梁基础上完成各自的工序则为流水作业施工组织。

【例 7-1】 某路段需要完成同一类型的 4 座桥梁基础工程，每座桥梁基础工程的施工过程可分解为基槽开挖、混凝土垫层、砌砖基础、基槽回填土等 4 道工序。为了简化起见，例题中的比较范围仅限于施工工期和劳动力用量之间的关系，并假定 4 座桥梁基础工程上每道工序所需的持续时间固定不变，且均为 5 天，由此绘制的顺序作业法、平行作业法及流水作业法的施工进度横道图和劳动力需要量调配图，如图 7-1 所示。

由图 7-1 可以看出，顺序作业是 4 座桥梁基础按先后顺序进行施工，第Ⅱ座桥梁基础的施工，必须待第Ⅰ座桥梁基础全部完工后才能进行，同理依次进行第Ⅲ、第Ⅳ座桥梁基础施工。各座桥梁基础的施工期限均为 20 天，所以 4 座桥梁基础的总工期为 80 天；投入施工中的劳动力用量最多时为 12 人，最少时只有 3 人。

平行作业法是将 4 座桥梁基础看作 4 个独立的项目，配以 4 组相等的劳动力同时开工。此时施工总工期不因施工对象数目的多少而变化，只取决于某座桥梁基础的施工期限（若各座桥梁基础施工期限不等时，应取施工期限最长的桥梁基础作为平行作业的总工期）。本例中平行作业总工期为 20 天，但所需的劳动力却按施工对象的倍数增加，最多时为 48 人，最少时为 12 人。

流水作业法与上述两种方法不同，它将各座桥梁基础的全部施工过程，按相同的性质划分为基槽开挖、混凝土垫层、砌砖基础、基槽回填土 4 道独立的工序，分别建立 4 个专业施工班组，依次在每座桥梁基础上执行同一工序的施工，即相同的工序顺序作业，不同工序平行作业。如本例中基槽挖土专业施工班组由 6 人组成，首先在第Ⅰ座桥梁基础上施工，再依次进行第Ⅱ、Ⅲ、Ⅳ座桥梁基础顺序施工；混凝土垫层专业班组由 5 人组成，他们开工必须在挖基坑专业班组在第Ⅰ座桥梁基础上完成后进行，然后也依次完成相同工序砌基础，但此时第Ⅰ座桥梁基础的混凝土垫层与第Ⅱ座桥梁基础基槽挖土两道不同的工序在同一时间内平行作业。本例中流水作业施工总工期为 35 天。劳动力需要量随着各专业班组的先后投入施工逐渐增加，当全部施工班组都投入后，就开始保持稳定，直到第一施工班组退出施工时才开始减少，最后全部施工班组退出施工现场。所以投入施工的劳动力最多时为 26 人，最少时则只有 3 人。

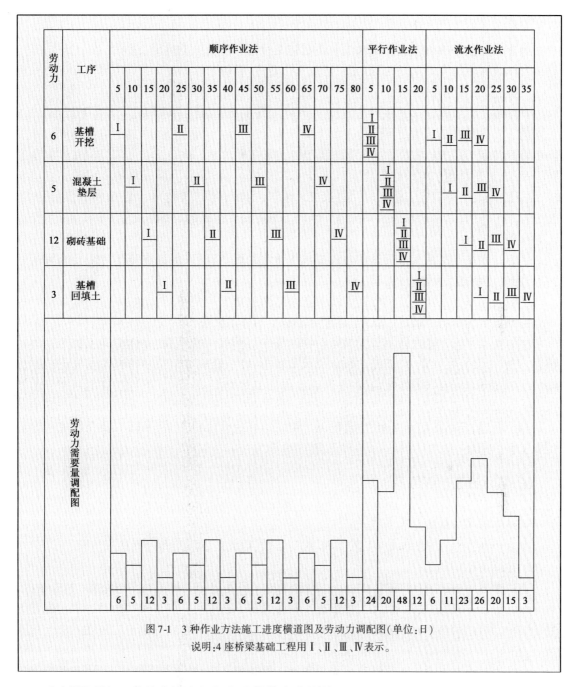

图 7-1 3 种作业方法施工进度横道图及劳动力调配图(单位:日)

说明:4 座桥梁基础工程用Ⅰ、Ⅱ、Ⅲ、Ⅳ表示。

由例题可见,3 种基本施工组织方法的特点分别是:

(1)顺序作业法的特点为:工期长、专业队施工不连续、大部分施工段上的工作面空闲。

(2)平行作业法的特点为:工期短、工作面利用合理,但资源用量集中。

(3)流水作业是顺序作业和平行作业相结合的一种搭接的施工方法,保留前两种方法的优点,克服了它们的缺点,其特点为:工期适中、工作面充分利用,专业队施工连续、资源用量均衡。在进行多施工段的施工组织中,其优点是显而易见的。

3. 施工组织其他方法

顺序作业法、平行作业法、流水作业法在施工过程中可以单独运用，也可以根据具体条件，将3种作业方法综合运用，从而形成平行流水作业法、平行顺序作业法以及立体交叉平行作业法等其他施工组织方法。

平行施工组织通常有3种情况，一是指不同工序的施工班组在不同施工段上平行作业；二是指同一工序的施工班组在不同施工段上平行作业；三是指不同工序的施工班组在同一施工段上平行作业。图7-1中的平行作业法属于以上第一种情况。桥梁工程上部结构在预制施工时，各台座上平行预制梁板构件作业则属于第二种情况；有时为了适应路基工程施工进度要求，常常组织几个路基施工组同时并进或交叉施工，也属于第二种情况。第三种情况则是为了充分利用工作面，而出现的搭接平行施工情况。平行施工组织的3种情况，均可采用流水作业法进行施工组织。

平行流水作业法具有平行作业法和流水作业法的优点，可以保证在施工期限要求紧的条件下，实现均衡施工，因此在工程实际中广泛运用。

平行顺序作业法实质是用增加资源供应来达到缩短工期的目的，使顺序作业法和平行作业法的缺点更加突出，所以仅适用于必须突击赶工的施工情况。

立体交叉平行作业法适用于大型结构物的施工。例如大桥工程、立体交叉工程等工序数很多，工程量大且特别集中，而施工作业平面又较小，按一般施工组织安排施工需要很长的工期。为了充分利用有限的作业面，在平行流水作业的基础上，采用上、下、左、右全面施工的方法，从而达到缩短工期的目的。

综上所述，公路工程施工中，主要的施工组织方法是流水作业法，下面简要介绍流水作业的施工组织原理。

三、流水施工组织原理

1. 流水作业参数的确定与计算

流水作业参数有空间参数、工艺参数、时间参数，以此表达空间和时间展开情况。

1) 空间参数的确定

空间参数有施工段(m)和工作面(A)两种。施工段的划分一种是自然形成的，如几座桥、几个构件等；另一种是人为划分的，如路面工程分为若干施工段。施工段的数目过多会使资源过于集中，数目划分过少会拖延工期。一般要求施工段数目大于或等于工序数(或专业队数)，以利于同一时间能进入工作面流水作业。

工作面大小要求紧前工序结束后能为紧后工序提供工作面，且应满足施工技术规范和安全操作规程的要求。

2) 工艺参数的确定

工艺参数包括工序数(n)和流水能力(v)。工序数的划分应与工程项目及施工组织分工相适应，对简单的施工过程，工序可划分得少些，对技术复杂的施工过程，工序可划分得多些。工序划分应使各道工序的持续时间相差不会太大，以保证专业队分工比较合理。

单位时间完成的工程数量称为流水能力。流水能力等于专业队的工人数或机械台数与产量定额的乘积。

3)时间参数的计算

时间参数分为流水节拍(t_i)和流水步距(K)。流水节拍是指某道工序在施工段上完成工序操作的持续时间。其计算方法如下:

(1)根据施工单位投入的劳动力或机械数量计算,其计算公式为式(7-4)。

$$t_i = \frac{Q_i}{S_i R_i} = \frac{P_i}{R_i} \tag{7-4}$$

式中:Q_i——某施工段上第 i 道工序的工程量;

S_i——该工序施工操作中每工日或每台班产量;

R_i——施工班组人数或施工机械台数;

P_i——该工序所需的劳动量(工日数或台班数)。

式(7-4)计算结果应取整天数或0.5天的整数倍,以利于施工作业安排。

(2)根据合同分解的阶段工期要求确定,其计算公式为式(7-5)。

$$t_i = \frac{T_e - \sum t_g}{m + n - 1} \tag{7-5}$$

式中:T_e——流水施工项目的合同分解工期;

$\sum t_g$——工序间停顿时间之和;

m——施工段数;

n——工序数。

(3)根据有关定额和施工经验或实际的劳动生产率确定。

4)流水步距的计算

流水步距是指相邻专业队相继投入同一施工段开始操作的时间间隔。流水步距的大小直接关系到施工中的连续性。流水步距 K 是对一个工程项目而言,所以有多个流水步距,它和工序数 n 存在这样的关系:流水步距 = 工序数 – 1。

确定流水步距的根本目的,是保证施工专业队进入流水线后,能连续不断地依次完成所有施工段的工程量,直到退出流水线为止,并使相邻专业队时间搭接紧凑、严密,施工组织合理,工期短。确定流水步距的要求为:

(1)始终保持两相邻施工工序的先后工艺顺序;

(2)保证各专业队连续、均衡有序的施工,而工作面则允许有一定的空闲;

(3)保证专业队连续施工的同时,还要使工程的工期最短,必须使前后两工序在施工时间上保持最大搭接,以此确定最小流水步距。

其计算方法可按"累计数列错位相减取大差法"进行,即采用相邻两施工工序在每个施工段的持续时间(即流水节拍)累加数列错位相减,取最大值作为流水步距的方法。具体计算步骤为:首先将相邻两道工序的流水节拍分别累计得到两个数列;然后将后一工序的累计数列向后错一位与前一工序累计数列对齐相减得到第三个数列;最后从第三个数列中取最大的正值即为流水步距。

2. 流水作业分类及工期计算

流水作业按其参数的特性可分为有节拍流水作业和无节拍流水作业两大类。前者指相同的工序在各个施工段的流水节拍相等,但是不同工序的流水节拍相互之间不完全相等;后者不仅不同工序的流水节拍不完全相等,而且相同工序的流水节拍也不完全相等。

1) 无节拍流水作业工期计算

相同工序在各个施工段上的流水节拍不完全相等,各工序之间的流水节拍也不完全相等,也不成一定的比例关系。这种流水作业方法比较切合公路工程施工实际情况。其施工工期计算公式为式(7-6)。

$$T = \sum K + T_n + \sum t_g \tag{7-6}$$

式中:T——全等节拍流水施工的工期;

T_n——末道工序完成各个施工段上流水节拍之和。

【例7-2】 某工程项目划分为4个施工段(Ⅰ、Ⅱ、Ⅲ、Ⅳ)和3道施工工序(A、B、C),各工序在各个施工段上的流水节拍如表7-1所示,试组织流水作业。

各工序在施工段上的流水节拍 表7-1

施工工序	施工段上的流水节拍(工序持续时间)(日)			
	Ⅰ	Ⅱ	Ⅲ	Ⅳ
A	3	4	4	5
B	3	3	2	2
C	2	2	3	3

【解】 由上表知,$m=4$,$n=3$;流水步距 K_{AB}、K_{BC} 按"累计数列错位相减取大差法"计算,即 K_{AB} 为:

$$\begin{array}{r} 3,\ 7,\ 11,\ 16 \\ -)\quad 3,\ 6,\ 8,\ 10 \\ \hline 3,\ 4,\ 5,\ 8,\ -10 \end{array}$$

$K_{AB} = 8$ 日,

$$\begin{array}{r} 3,\ 6,\ 8,\ 10 \\ -)\quad 2,\ 4,\ 7,\ 10 \\ \hline 3,\ 4,\ 4,\ 3,\ -10 \end{array}$$

$K_{BC} = 4$ 日,

$$\begin{aligned} 工期\ T &= \sum K + T_n + \sum t_g \\ &= (8+4) + (2+2+3+3) + 0 \\ &= 22(日) \end{aligned}$$

由 $T=22$日、$K_{AB}=8$日、$K_{BC}=4$日,以及各道工序在各个施工段上的持续时间,可绘出流水施工进度横道图,如图7-2所示。

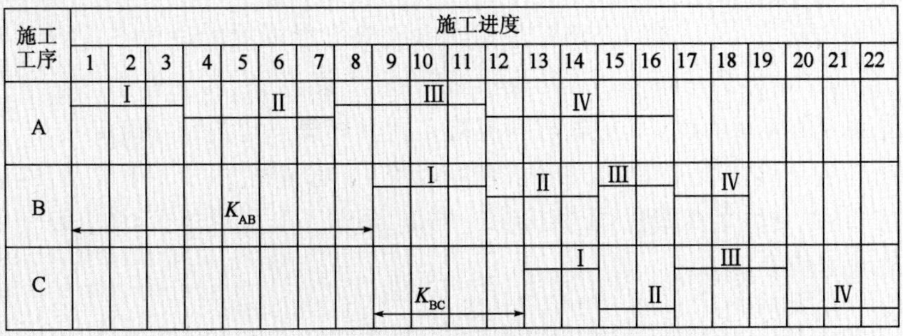

图7-2 某工程项目流水施工进度横道图(单位:日)

2)有节拍流水作业工期计算

有节拍流水可分为稳定流水、分别流水和成倍节拍流水。各种作业的特点及工期计算方法如下:

(1)稳定流水也称为全等节拍流水,是指各道工序的流水节拍在各个施工段上完全相等,且工序之间的流水节拍也完全相等。其特点为:$t_i = K_{i,i+1}$ = 常数。其工期计算公式为式(7-7)。

$$T = \sum K + T_n + \sum t_g = (n-1)t_i + mt_i + \sum t_g = (m+n-1)t_i + \sum t_g \tag{7-7}$$

(2)分别流水是指各道工序本身的流水节拍在各个施工段上相等,不同工序之间的流水节拍相互不完全相等,其特点是:$t_i \neq t_{i+1}$,流水步距 $K_{i,i+1}$ 是一个变数。其施工工期 T 的计算公式见式(7-8)~式(7-10)。

$$T = \sum K + T_n + \sum t_g = \sum K + \sum t_g + mt_n \tag{7-8}$$

其中:当 $t_i \leq t_{i+1}$ 时,

$$K_{i,i+1} = t_i + t_g \tag{7-9}$$

当 $t_i > t_{i+1}$ 时,

$$K_{i,i+1} = mt_i - (m-1)t_{i+1} + t_g \tag{7-10}$$

式中:t_n——末道工序的流水节拍。

(3)成倍节拍流水作业是指工序本身的流水节拍在各个施工段上完全相等,工序之间的流水节拍相互成倍数关系,显然它是分别流水作业的特例,其施工工期的计算步骤为:计算各道工序流水节拍的最大公约数 K,也称为公共流水步距;求各道工序所需的专业队数 $b_i(b_i = t_i/K)$;把专业队总数 $\sum b_i$ 看成工序数 n,即 $n = \sum b_i$,并将 K 看成流水步距;按全等节拍流水计算工期。工期 T 的计算公式见式(7-11)。

$$T = (m + \sum b_i - 1)K + \sum t_g \tag{7-11}$$

3. 流水施工组织原则

1) 流水作业的原理

流水作业的实质是:同时容纳公路工程不同专业队伍在不同的位置上进行平行施工生产或顺序施工,且施工过程具有鲜明的连续性、均衡性和节奏性,它与工业生产流水作业的根本差别在于产品固定不动,劳动力和建筑材料及施工机具则按一定的顺序流动。

流水作业的效益具体表现在施工连续、进度加快、工期缩短,由于专业化程度提高,不仅保证质量,而且提高了劳动生产率;由于资源供应均衡,降低了工程成本,因此公路工程施工组织应尽可能采用流水作业法。

2) 流水施工组织原则

(1) 根据工程项目对象划分施工段。
(2) 划分工序并编工艺流程,且按工艺原则建立专业班组。
(3) 各专业班组依次、连续进入各个施工段,完成同类工种的作业。
(4) 计算或确定流水作业参数。
(5) 相邻施工段及相邻工序尽可能衔接紧密。

【例7-3】 某路段有4座相同性质的通道工程,其施工过程均可分解为 A(挖基坑)、B(砌基础)、C(浇筑墙身)、D(安装盖板)4道工序,各道工序在各座通道上的持续时间(流水节拍)见表7-2,试按一、二、三、四自然顺序和四、二、一、三顺序施工时,分别组织流水作业,计算其总工期。

各道工序在各通道上的持续时间　　　　　表7-2

工序 n	施工段 m			
	一	二	三	四
	流水节拍 t			
A	3	4	3	2
B	5	6	4	5
C	6	5	4	6
D	3	2	2	3

【解】 (1) 按一、二、三、四自然顺序组织流水作业时:

K_{AB}:

```
    3,  7, 10, 12
-)     5, 11, 15, 20
    ─────────────────
    3,  2, -1, -3, -20
```

$K_{AB}=3$日,

K_{BC}:

$$\begin{array}{r}5,\ 11,\ 15,\ 20,\\-)\quad 6,\ 11,\ 15,\ 21\\\hline 5,\ 5,\ 4,\ 5,\ -21\end{array}$$

$K_{BC}=5$日,

K_{CD}:

$$\begin{array}{r}6,\ 11,\ 15,\ 21\\-)\quad 3,\ 5,\ 7,\ 10\\\hline 6,\ 7,\ 10,\ 14,\ -10\end{array}$$

$K_{CD}=14$日,

$$T=(K_{AB}+K_{BC}+K_{CD})+T_n+\sum t_g$$
$$=(3+5+14)+(3+2+2+3)+0$$
$$=32(日)$$

(2) 按四、二、一、三顺序组织流水作业时,应按其顺序重新列于表7-3。

调整后的各道工序在通道上的持续时间　　　　表7-3

工序 n	施工段 m			
	四	二	一	三
	流水节拍 t			
A	2	4	3	3
B	5	6	5	4
C	6	5	6	4
D	3	2	3	2

此时 K_{AB}:

$$\begin{array}{r}2,\ 6,\ 9,\ 12\\-)\quad 5,\ 11,\ 16,\ 20\\\hline 2,\ 1,\ -2,\ -4,\ -20\end{array}$$

$K_{AB}=2$日,同理 $K_{BC}=5$日,$K_{CD}=13$日,

$T=(2+5+13)+(3+2+3+2)=30(日)$

其流水施工进度横道图略。

由上述示例可以看出,施工段的组织次序不同,其施工进度的总工期可能不同,在无特殊顺序要求的条件下,应以总工期最短作为组织施工段顺序的依据。

四、施工计划管理

1. 施工计划管理的含义与要求

公路工程的施工生产是劳动过程和自然过程的结合,施工中受自然条件的影响很大,使其施工组织、施工程序及施工工艺因实施条件的变化而相应地调整与改变。因此公路工程施工计划管理非常复杂,任何计划不周全或草率从事的施工计划,均会给项目施工管理带来困难,所以应予以足够的重视。

施工计划管理是通过计划把施工单位项目施工管理的各项工作组织起来,以施工生产活动为主体,制订各项专业性计划,并对其进行平衡、协调、监督与控制。

施工计划管理的具体做法:首先编制一个完整的项目施工管理计划,使施工单位的各项施工管理都纳入计划,并进行综合平衡与协调;其次在施工计划执行过程中,加强检查、监督与控制,尽量保证计划实施中按原计划进行;最后调整计划,计划实施过程中因具体情况的改变,必须对原计划进行必要的调整,以适应变化后的情况。

公路工程施工计划管理具有下列特点:

(1)计划的被动性。施工任务来源于工程招标市场,施工单位每年有多少任务、性质和规模的大小均很难确定,在投标过程中编制施工计划时间紧且会陷入被动。要想改变被动局面,必须做好招标工程任务的跟踪,做好事先研究和信息资料的搜集工作,从而提高施工计划的编制质量。

(2)计划的多变性。公路工程项目的多样性、结构工程的复杂性及施工条件的差异性,造成施工中不可预见的因素较多;工程施工现场的分散使劳动力、材料及施工机具设备处于流动供应状态;同时受建设单位、监理及其他有关单位的影响等,均带来施工计划的变化,这种多变性要求编制施工计划时,要留有一定的调整余地。

(3)计划的不均衡性。公路工程结构特点及不同工程部位的施工性质,以及不同季节的影响,都会造成施工计划的不均衡性。为此要求编制施工计划时力求均衡,取得较好的经济效益。

针对上述特点,对施工计划管理提出以下要求:

(1)科学地预测工程招标市场,确定合理的计划管理目标。

(2)承包签约的项目以合同工期为目标,倒排或正排施工计划。

(3)施工计划管理时既要保证重点工程,又要协调兼顾一般项目。

(4)施工方案、施工工艺及施工顺序均应合理安排。

(5)力求各项工程的施工计划均衡、紧密配合,还应留一定的调整余地,以适应施工中实际情况的变化。

(6)项目施工管理中的各项工作在计划编制上要紧密衔接。

2. 施工计划管理的任务与作用

施工计划管理的主要任务:努力完成工程任务招揽计划;确保项目施工按合同工期要求交工及竣工验收;合理地利用有限的人力、物力和财力,最大限度地挖掘施工中的潜力;施工计划安排要结合工程任务的多少和工程规模的大小及工地现场分布情况进行统筹计划,使其发挥最大的经济效益;施工计划安排应适当,既不能太紧、又不能太松,计划太紧造成无法完成,计划太松则不能发挥施工效率。

施工计划管理的作用具体表现在:

(1)通过计划向各级施工组织机构下达任务,明确各自的奋斗目标,调动全体职工的积极性。

(2)为材料、劳资、设备等专业部门编制材料供应计划、劳动力需要量计划、施工机具设备用量计划等提供可靠性数据。

(3)项目施工准备工作根据施工计划进行,保证项目正常开工。

(4)项目施工实施过程中各专业部门按施工计划运作,确保项目工期按时完成。

(5)可以促使各职能部门开展劳动竞赛,挖掘施工潜力,提高项目施工管理水平。

3.施工计划管理的工作程序

公路工程的施工计划管理是项目施工管理的中心环节,其他一切施工现场管理工作,都应围绕施工计划管理开展。

施工计划管理的工作程序:施工计划的编制、计划的执行检查、计划的调整等循环进行。

1)编制施工计划

编制施工计划的基础是施工定额,根据我国现行的施工监理规范,施工进度计划的内容包括总体进度计划、年度进度计划、月(季)度进度计划及关键工程进度计划等。同时要求施工单位编制进度计划,监理工程师审批进度计划。进度计划一般用横道图、斜条图及进度曲线等方式表达;对于高等级公路及大型工程项目,还应采用网络图表示。

2)计划执行检查

施工单位实施计划时必须对照原计划进行检查,驻地监理工程师对进度计划实施予以合理的监控,尽量保证实施进度符合原计划安排。在工程实施期间,如果实际进度与计划进度基本相符时,监理工程师不应干预施工单位对进度计划的执行,但应及时掌握影响和妨碍工程进展的不利因素,促进工程按计划进行。

3)计划的调整

监理工程师发现工程现场的组织安排、施工顺序或人力和设备与计划进度上的方案有较大不一致时,应要求施工单位对原工程进度计划及现金流动计划予以调整,调整后的工程进度计划应符合工程现场实际情况,并应保证满足合同工期的要求。

大型工程项目施工进度计划编制及其监控,必须运用网络计划技术且借助计算机完成,用计算机辅助工程进度监理。

第三节 进度监理基本方法

一、横道图法

1.横道图法基本介绍

横道图又叫条状图、甘特图,是美国人甘特(Gantt)在20世纪20年代提出的。由于其形象、直观,且易于编制和理解,因而长期以来被广泛应用于建设工程进度控制之中。

用横道图表示的建设工程进度计划,一般包括两个基本部分,即左侧的工作名称及工作的持续时间等基本数据部分和右侧的横道线部分。图 7-3 所示即为用横道图表示的某桥梁工程施工进度计划。该计划明确表示出各项工作的划分、工作的开始时间和完成时间、工作的持续时间、工作之间的相互搭接关系,以及整个工程项目的开工时间、完工时间和总工期。

序号	工作名称	持续时间(天)	进度(天)									
			5	10	15	20	25	30	35	40	45	50	55
1	施工准备	5											
2	预制梁	20											
3	运输梁	2											
4	东侧桥台基础	10											
5	东侧桥台	8											
6	东桥台后填土	5											
7	西侧桥台基础	25											
8	西侧桥台	8											
9	西桥台后填土	5											
10	架梁	7											
11	与路基连接	5											

图 7-3　某桥梁工程施工进度横道计划

2. 横道图的特点

横道图编制施工进度计划的优点:简单、形象、明了、直观、易懂,且便于检查和计算资源用量。但也存在下列缺点:

(1)不能明确反映出各项工作之间错综复杂的相互关系,因而在计划执行过程中,当某些工作的进度由于某种原因提前或拖延时,不便于分析其对其他工作及总工期的影响程度,不利于建设工程进度的动态控制。

(2)不能明确反映出影响工期的关键工作和关键线路,也就无法反映出整个工程项目的关键所在,因而不便于进度控制人员抓住主要矛盾。

(3)不能反映出工作所具有的机动时间,看不到计划的潜力所在,无法进行最合理的组织和指挥。

(4)不能反映工程费用与工期之间的关系,因而不便于缩短工期和降低工程成本的优化处理。

由于横道计划存在上述不足,给建设工程进度控制工作带来很大的不便,即使进度控制人员在编制计划时已充分考虑了各方面的问题,在横道图上也不能全面地反映出来,特别是当工程项目规模大、工艺关系复杂时,横道图就很难充分暴露矛盾。而且在横道计划的执行过程中,对其进行调整也是十分烦琐和费时的。由此可见,利用横道计划控制建设工程进度有较大的局限性。

二、工程进度曲线法

工程进度曲线是建立在横道图的基础上的。进度曲线是以工期为横轴,以完成的累计工程量或工程费用的百分比为纵轴的图表化曲线,如图7-4所示。通过工程进度曲线,能够进行工程计划进度和实际进度的对比,有效实行工程项目全局性的进度管理。当实际进度曲线与计划进度曲线出现偏离时,说明工程的进度有了延误或者超前,这样就可通过调整施工进度,使工程能够按照计划来完成。

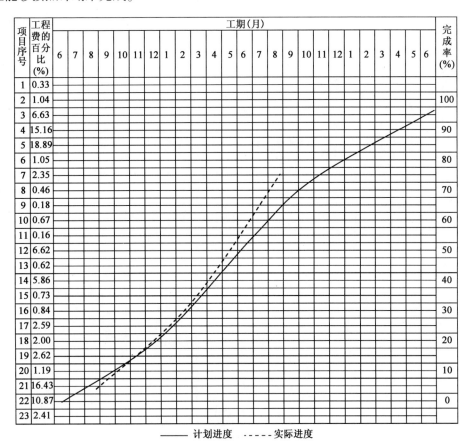

图 7-4 工程进度曲线

1. 工程进度曲线的形状特点

假设工程进度曲线用函数 $C = f(T)$ 表示,则 $V = dC/dT$ 表示工程在点 T 处的施工速度,也就是该点处曲线的切线方向即为曲线的斜率。

如果工程项目施工中投入相同数量的劳动力和施工机械,每天保持完成相等的工作量,则工程按相同的施工速度进行,工程进度曲线就是一条直线[图7-5a)]。这种情况在项目实际施工中很少出现。

一般情况下,项目施工初期应进行临时工程建设或做各项施工准备工作,劳动力和施工机械的投入逐渐增多,每天完成的工作量也逐渐增加,所以施工速度逐渐加快,即工程进度曲线的斜率逐渐增大,此阶段的曲线呈凹形;在项目施工稳定期间,施工机械和劳动力投入最大且保持不变时,若不出现意外作业时间损失,且施工效率正常,则每天完成的工作量大致相等,这时施工速度近似为常数,工程进度曲线的斜率几乎不变,故该阶段的曲线接近为直线;项目施工后期,主体工程项目已完成,剩下修理加工及清理现场等收尾工作,劳动力和施工机械逐渐退场,每天完成的工作量逐步减少,此时施工速度也逐步减小,即工程进度曲线的斜率逐步减小,此阶段的曲线则为凸形[图7-5b)]。

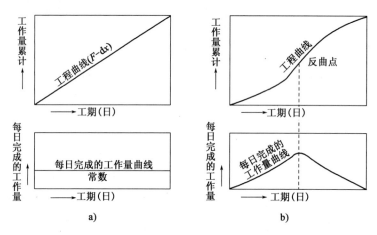

图 7-5　工程进度曲线

由此可见,一般工程进度曲线大体上呈 S 形(图7-6),所以该曲线又称为 S 曲线。

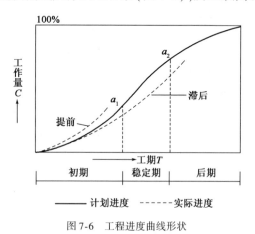

图 7-6　工程进度曲线形状

2. S 曲线在公路工程施工监理中的作用

由于 S 曲线是工程进度曲线也是现金流动曲线,所以它在公路工程施工进度及费用监理中均可应用,其作用如下:

(1)审批施工进度计划时,可用S曲线判断施工单位编制的施工进度计划是否合理。

合理的施工进度计划,其工程进度曲线的形状大致呈S形,劳动力、材料和施工机具设备供应及工程费用使用分配符合一般规律。反之,工程初期曲线不是凹形、施工稳定期间曲线完全不是直线、工程后期曲线不呈凸形等均说明施工中资源调配违背了一般规律。上述任何一种不合理情况都应要求施工单位重新修订施工进度计划。

(2)监控施工进度计划实施阶段,进度控制可方便地利用S曲线评价实际进度情况属于正常、提前或滞后。

当实际进度按计划进度正常施工时,其实际进度与计划进度曲线相吻合,此时说明实际进度正常。实际中,如果实际进度比计划进度提前,则实际进度曲线用虚线表示应在S曲线上方,此时实际施工速度比计划施工速度快,照此施工下去工期就会提前。监理工程师据此可作出两种决策:一是工程成本消耗较合理时,按实际进度施工不变,提前完成任务;二是工程成本消耗较高时,应适当放慢施工速度,使实际进度按计划进度进行,确保按计划工期完成任务。如果实际进度比计划进度滞后,则虚线表示的实际进度在S曲线的下方,这时实际施工速度比计划施工速度慢,照此下去工期就会拖延,此时监理工程师的一般决策是增加资源供应,加快施工速度,使实际进度赶上计划进度,保证计划工期的按时完成。

(3)S曲线可作为工程费用监理中工程计量及费用支付的依据。

S曲线是工程进度与累计完成的工程量或工作量(费用)的百分比图表化曲线,也是工程项目实施中进度与现金流动关系曲线。项目实施期间实际完成了多少工程量或工作量(工程费用),在实际进度曲线上一目了然,据此可方便地进行中期工程量的计量与支付。

3. 进度管理曲线

在项目施工进度计划实施过程中,实际工程进度曲线将因施工条件及管理条件而变化,所以实际进度曲线往往与计划进度曲线不一致。如果二者的偏差太大时,将使工程陷入难以恢复的状态,因此应使实际进度始终处在一个安全的区域内,这样才能确保工程项目按时交工,为此用进度管理曲线规定这个安全区的范围。

进度管理曲线是工程进度曲线规定的允许界限线,它指出了施工进度允许偏差范围所应满足的进度曲线变动区域。虽然组织突击赶工也可以按期交工,但这样做将会影响工程质量和经济效益,而进度管理曲线指出的安全区,不是组织突击赶工,而是在保证工期、质量和经济性的条件下,在施工进度曲线规定的允许变动范围内。

美国加利福尼亚州公路分局对典型的45项工程绘制了进度曲线,根据对工程所经过的时间和完成工作量之间关系的调查研究结果,编制了作为公路工程的进度管理曲线,如图7-7所示。此进度管理曲线研究了每当时间经过10%时完成工作量的变化范围。因为图形呈香蕉形状,所以被称为香蕉曲线。

从图7-7可以看出,根据香蕉曲线,当时间经过了30%时,工程进度的容许安全区域为16%~35%。如果实际进度曲线此时低于16%,则表明工程进度处于危机状态,需要采用补救措施。进度管理曲线一般作为进度曲线的一种核对方法来使用,所以并不一定要求它有严密的准确性。

在绘制工程进度曲线及管理曲线时,应注意下列问题:

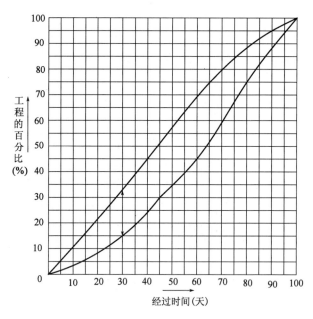

图 7-7 公路工程进度管理曲线

(1)首先应根据横道式工程进度图来绘制计划进度曲线,此曲线应位于进度管理曲线的允许界限以内。假如进度曲线偏离了允许界限,则一般来说此工程项目的进度计划安排的不够合理,此时需要将横道式工程进度计划图中的主体工程向左右移动进行调整。

(2)当计划进度曲线在进度管理曲线的允许界限内时,合理地调整工程初期和后期的进度,尽量使 S 曲线的中期,即正常工程进展阶段与允许界限的直线段相吻合。

(3)由计划进度曲线的终点所引出的曲线切线,表示工程进度危险的下限,所以应在这个界限内维持施工。假如实际进度曲线接近界限时,则需要立即采取补救措施。

(4)实际进度曲线超出香蕉曲线及其他管理曲线的下限时,表示工程拖延相当严重,此时不可避免地要进行突击赶工,因此,应研究突击赶工时控制投资和保证质量的措施。

使用工程进度曲线和进度管理曲线,能够把工程进度的偏差控制在适当的范围内来进行计划和管理,可将它们作为判断工程全局进度情况的工具。但由于它们是建立在横道图的基础之上,因而仍不能弥补横道图所具有的缺点。

三、斜条图法

斜条图法又称为垂直图法或垂直坐标表示法。斜条图以纵坐标表示施工期限,横坐标表示里程或工程位置,而各分项工程或施工工序的施工进度则相应地以不同形式的斜条线表示。图 7-8 为某 80km 路段综合施工的工程进度斜条图。

由图 7-8 可以看出,斜条图与横道图相似,它是横道图的另一种表示方法。在斜条图中各分项工程或施工工序的相互关系、施工紧凑程度及施工速度都十分清楚,工程的分布情况和施工日期清晰可见。从图中还可以直接找出任意时间各施工队伍所在的施工位置和应完成的工程数量。它与横道图相比,减少了横道图的不足,但它作为一种进度监理工具,仍然存在以下缺点:不能反映各项目或工作(工序)之间错综复杂的关系;不能确定工作的机动时间及其关键工作;不能使用计算机进行定量分析;计划的编制及修改的工作量较大;不能进行计划方案的比较及优选等。因此,斜条图法仅是编制道路、隧道等线形工程施工进度计划的一种较好形式。

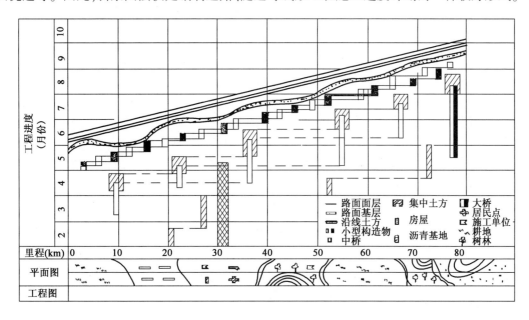

图7-8　某80km路段综合施工的工程进度斜条图

四、网络计划图法

建设工程进度计划用网络图来表示,可以使建设工程进度得到有效控制。国内外实践证明,网络计划技术是用于控制建设工程进度的最有效工具。无论是建设工程设计阶段的进度控制,还是施工阶段的进度控制,均可使用网络计划技术。作为监理工程师,必须掌握和应用网络计划技术。

1. 网络计划技术

网络计划技术是20世纪50年代国外陆续出现的一些计划管理的新方法。由于这些方法将计划的工作关系均建立在网络模型上,把计划的编制、协调、优化和控制有机结合起来,所以称之为网络计划技术。

网络计划图以加注工作持续时间的箭线和节点组成的网状流程图来表示施工进度计划。其基本原理:首先根据工作间的相互关系及其工作先后顺序流程绘制工程项目施工进度计划网络图;其次通过计算找出计划中的关键工作及关键线路;最后通过不断调整、改善网络计划,选择最优的方案付诸实施。在网络计划实施过程中进行有效监督与控制,确保工程项目按合同条件顺利完成。

2. 网络计划方法

网络计划技术有许多方法,主要有关键线路法(CPM)、计划评审方法(PERT)、流水作业网络计划、搭接网络计划(CNT)、图例评审法等。

CPM 和 PERT 虽然名称不同,但其主要原理和方法是一致的。前者为民用部门研制,偏重于成本控制,且工作持续时间一般是确定的,所以也称为肯定型网络计划;后者为军事部门所创,偏重于时间控制,且工作持续时间往往具有某种不确定性,所以也称为非肯定型网络计划。

流水作业网络计划是我国土建人员在 20 世纪 70 年代末研制的一种新型网络计划技术,它综合运用流水施工和网络计划的特点,为流水施工网络计划提供了简便有效的方法。

搭接网络计划能够反映工作间的各种搭接关系,可大大简化网络图的形成和计算工作,特别适用于高等级公路及大型工程项目的施工进度计划安排。

图例评审法也称为随机网络计划,是一种广义的随机网络分析方法,主要用于编制项目施工进度计划中的排队、存储及可靠度分析等诸多统筹问题。

3. 网络计划的应用及其特点

我国从 20 世纪 60 年代开始运用网络计划技术,著名数学家华罗庚教授结合我国实际情况,在吸收国外网络计划技术理论的基础上,将其统一命名为统筹法。网络计划技术在我国已广泛应用于国民经济各个领域的计划管理中,而应用最多的还是工程项目的施工组织与管理,并取得了巨大的经济效益。根据国内统计资料,工程项目的计划与管理应用网络计划技术,可平均缩短工期 20%,节约费用 10% 左右。

综上所述,网络计划方法具有以下特点:

(1)能够充分反映各项工作之间相互制约、相互依赖的关系。

(2)可以区分关键工作和非关键工作,并能找关键线路,且反映出各项工作的机动时间,因而可以更好地调配和使用工、料、机等各种资源。

(3)它是一个定义明确的数学模型,计算方便,且便于用计算机计算。

(4)能够进行计划的优选比较,从而选择最佳方案。

(5)它不仅可用于控制项目施工进度,还可用于控制工程费用,如一定费用下工期最短及一定工期内费用最低等的网络计划优化。

(6)计划复杂,特别是大型且复杂的工程进度网络计划更是如此。

4. 网络图的分类

(1)按箭线和节点表达的含义不同,可分为双代号网络图和单代号网络图。前者每项工作均由一根箭线和两个节点表示,其中箭线代表工作,节点表示工作间的逻辑关系;后者每项工作由一个节点组成,以节点代表工作,箭线表示工作间的逻辑关系。

(2)在双代号网络图中,按箭线长短与工作持续时间的关系分为一般双代号网络图(简称为双代号网络图)和时间坐标网络图(简称为时标网络图)。双代号网络图中工作持续时间长短与箭线长短无关;时标网络图中箭线的长短和所在的位置表示工作的持续时间和进程。

(3)按计划目标的多少,可分为单目标网络图和多目标网络图。网络图中只有一个计划目标的称为单目标网络图;有两个以上计划目标的称为多目标网络图。

(4)按工程项目的组成及其应用范围,有分项工程网络图、分部工程网络图、单位工程网络图、单项工程网络图及工程项目总体网络图等。

5.网络计划在工程进度监理中的作用

采用网络计划方法可加强工程项目的施工管理,使其取得好、快、省的全面效果。它在工程进度监理中可给监理工程师提供下列可靠信息:

(1)合理赶工及其工期与成本的关系信息。
(2)各项工作有无机动时间及机动时间极限数据信息。
(3)劳动力、材料、施工机具设备等资源利用信息。
(4)哪些工作提前或拖延,预测对总工期的影响等信息。

第四节 网络计划技术

在建设工程进度控制工作中,较多地采用确定型网络计划。确定型网络计划的基本原理:首先,利用网络图的形式表达一项工程计划方案中各项工作之间的相互关系和先后顺序关系;其次,通过计算找出影响工期的关键线路和关键工作;接着,通过不断调整网络计划,寻找最优方案并付诸实施;最后,在计划实施过程中采取有效措施对其进行控制,以合理使用资源,高效、优质、低耗地完成预定任务。由此可见,网络计划技术不仅是一种科学的计划方法,同时也是一种科学的动态控制方法。下面我们简要介绍网络计划技术内容。

一、基本概念

1.网络图和工作

网络图由箭线和节点组成,用来表示工作流程的有向、有序网状图形。一个网络图表示一项计划任务。网络图中的工作是计划任务按需要粗细程度划分而成的、消耗时间或同时也消耗资源的一个子项目或子任务。工作可以是单位工程,也可以是分部工程、分项工程,一个施工过程也可以作为一项工作。一般情况下,完成一项工作既需要消耗时间,也需要消耗劳动力、原材料、施工机具等资源。但也有一些工作只消耗时间而不消耗资源,如混凝土浇筑后的养护过程和墙面抹灰后的干燥过程等。

网络图有双代号网络图和单代号网络图两种。双代号网络图又称箭线式网络图,它是以箭线及其两端节点的编号表示工作,同时,节点表示工作的开始或结束以及工作之间的连接状态。单代号网络图又称节点式网络图,它是以节点及其编号表示工作,箭线表示工作之间的逻辑关系。网络图中工作的表示方法如图7-9和图7-10所示。

网络图中的节点都必须有编号,其编号严禁重复,并应使每一条箭线上箭尾节点编号小于箭头节点编号。

在双代号网络图中,一项工作必须有唯一的一条箭线和相对应的一对不重复出现的箭尾、箭头节点编号。因此,一项工作的名称可以用其箭尾和箭头节点编号来表示。而在单代号网络图中,一项工作必须有唯一的一个节点及相应的一个代号,该工作的名称可以用其节点编号来表示。

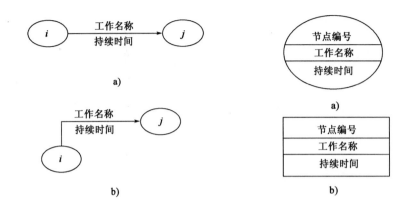

图7-9 双代号网络图中工作的表示方法　　图7-10 单代号网络图中工作的表示方法

在双代号网络图中,有时存在虚箭线,虚箭线不代表实际工作,称为虚工作。虚工作既不消耗时间,也不消耗资源。虚工作主要用来表示相邻两项工作之间的逻辑关系。但有时为了避免两项同时开始、同时进行的工作具有相同的开始节点和完成节点,也需要用虚工作加以区分。

2. 工艺关系和组织关系

工艺关系和组织关系是工作之间先后顺序关系-逻辑关系的组成部分。

1) 工艺关系

生产性工作之间由工艺过程决定的、非生产性工作之间由工作程序决定的先后顺序关系称为工艺关系。如图7-11所示,支模1→扎筋1→混凝土1为工艺关系。

图7-11 某混凝土工程双代号网络计划

2) 组织关系

工作之间由于组织安排需要或资源(劳动力、原材料、施工机具等)调配需要而规定的先后顺序关系称为组织关系。如图7-11所示,支模1→支模2、扎筋1→扎筋2等为组织关系。

3. 紧前工作、紧后工作和平行工作

1) 紧前工作

在网络图中,相对于某工作而言,紧排在该工作之前的工作称为该工作的紧前工作。在双代号网络图中,工作与其紧前工作之间可能有虚工作存在。如图7-11所示,支模1是支模2在组织关系上的紧前工作;扎筋1和扎筋2之间虽然存在虚工作,但扎筋1仍然是扎筋2在组织关系上的紧前工作。支模1则是扎筋1在工艺关系上的紧前工作。

2）紧后工作

在网络图中，相对于某工作而言，紧排在该工作之后的工作称为该工作的紧后工作。在双代号网络图中，工作与其紧后工作之间也可能有虚工作存在。如图7-11所示，扎筋2是扎筋1在组织关系上的紧后工作；混凝土1是扎筋1在工艺关系上的紧后工作。

3）平行工作

在网络图中，相对于某工作而言，可以与该工作同时进行的工作即为该工作的平行工作。如图7-11所示，扎筋1与支模2互为平行工作。紧前工作、紧后工作及平行工作是工作之间逻辑关系的具体表现，只要能根据工作之间的工艺关系和组织关系明确其紧前或紧后关系，即可据此绘出网络图。它是正确绘制网络图的前提条件。

4. 先行工作和后续工作

1）先行工作

相对于某工作而言，从网络图的第一个节点（起点节点）开始，顺箭头方向经过一系列箭线与节点到达该工作为止的各条通路上的所有工作，都称为该工作的先行工作。如图7-11所示，支模1、扎筋1、混凝土1、支模2、扎筋2均为混凝土2的先行工作。

2）后续工作

相对于某工作而言，从该工作之后开始，顺箭头方向经过一系列箭线与节点到网络图最后一个节点（终点节点）的各条通路上的所有工作，都称为该工作的后续工作。如图7-11所示，扎筋1的后续工作有混凝土1、扎筋2和混凝土2。

在建设工程进度控制中，后续工作是一个非常重要的概念。因为在工程网络计划的实施过程中，如果发现某项工作进度出现拖延，则受到影响的工作必然是该工作的后续工作。

5. 线路、关键线路和关键工作

1）线路

网络图中从起点节点开始，沿箭头方向顺序通过一系列箭线与节点，最后到达终点节点的通路称为线路。线路既可依次用该线路上的节点编号来表示，也可依次用该线路上的工作名称来表示。如图7-11所示，该网络图中有三条线路，这三条线路既可表示为：①→②→③→⑤→⑥、①→②→③→④→⑤→⑥和①→②→④→⑤→⑥，也可表示为：支模1→扎筋1→混凝土1→混凝土2、支模1→扎筋1→扎筋2→混凝土2和支模1→支模2→扎筋2→混凝土2。

2）关键线路和关键工作

在关键线路法（CPM）中，线路上所有工作的持续时间总和称为该线路的总持续时间。总持续时间最长的线路称为关键线路，关键线路的长度就是网络计划的总工期。如图7-11所示，线路①→②→④→⑤→⑥或支模1→支模2→扎筋2→混凝土2为关键线路。

在网络计划中，关键线路可能不止一条。而且在网络计划执行过程中，关键线路还会发生转移。

关键线路上的工作称为关键工作。在网络计划执行过程中，关键工作的实际进度提前或拖后，均会对总工期产生影响。因此，关键工作的实际进度是建设工程进度控制工作中的重点。

二、双代号网络计划时间参数的计算

所谓网络计划,是指在网络图上加注时间参数而编制的进度计划。网络计划时间参数的计算应在各项工作的持续时间确定之后进行。由于用来表示网络计划的种类较多,考虑简便和常用,这里择取双代号网络图作为研究对象。

同时,双代号网络计划时间参数的计算方法又有多种,如按工作计算法、节点计算法和标号法等,在此只介绍按节点计算法。虽然计算方法不同,但最终的计算结果和由此得出的结论都是相同的,对进行建设工程的进度控制能发挥同样的作用。

1. 网络计划时间参数的概念

1)工作持续时间和工期

(1)工作持续时间。是指一项工作从开始到完成的时间。在双代号网络计划中,工作(i,j)的持续时间用$D_{(i,j)}$表示。

(2)工期。泛指完成一项任务所需要的时间。在网络计划中,工期一般有以下三种:

①计算工期。计算工期是指根据网络计划时间参数而得到的工期,用T_c表示。

②要求工期。要求工期是任务委托人所提出的指令性工期,用T_r表示。

③计划工期。计划工期是指根据要求工期和计算工期所确定的作为实施目标的工期,用T_p表示。

当已规定了要求工期时,计划工期不应超过要求工期,见式(7-12):

$$T_p \leqslant T_r \tag{7-12}$$

当未规定要求工期时,可令计划工期等于计算工期,见式(7-13):

$$T_p = T_c \tag{7-13}$$

2)工作的6个时间参数

除工作持续时间外,网络计划中工作的6个时间参数是最早开始时间、最早完成时间、最迟完成时间、最迟开始时间、总时差和自由时差。

(1)最早开始时间。工作的最早开始时间是指在其他所有紧前工作全部完成后,本工作有可能开始的最早时刻。

(2)最早完成时间。工作的最早完成时间是指在其所有紧前工作全部完成后,本工作有可能完成的最早时刻。工作的最早完成时间等于本工作最早开始时间与其持续时间之和。

在双代号网络计划中,工作(i,j)的最早开始时间和最早完成时间分别用$ES_{(i,j)}$和$EF_{(i,j)}$表示。

(3)最迟完成时间。工作的最迟完成时间是指在不影响整个任务按期完成的前提下,本工作必须完成的最迟时刻。

(4)最迟开始时间。工作的最迟开始时间是指在不影响整个任务按期完成的前提下,本工作必须开始的最迟时刻。工作的最迟开始时间等于本工作的最迟完成时间与其持续时间之差。

在双代号网络计划中,工作(i,j)的最迟完成时间和最迟开始时间分别用$LF_{(i,j)}$和$LS_{(i,j)}$表示。

(5)总时差。工作的总时差是指在不影响总工期的前提下,本工作可以利用的机动时间。但是在网络计划的执行过程中,如果利用某项工作的总时差,则有可能使该工作后续工作的总时差减小。在双代号网络计划中,工作(i,j)的总时差用$TF_{(i,j)}$表示。

(6)自由时差。工作的自由时差是指在不影响其紧后工作最早开始时间的前提下,本工作可以利用的机动时间。在网络计划的执行过程中,工作的自由时差是该工作可以自由使用的时间。在双代号网络计划中,工作(i,j)的自由时差用$FF_{(i,j)}$表示。

从总时差和自由时差的定义可知,对于同一项工作而言,自由时差不会超过总时差。当工作的总时差为零时,其自由时差必然为零。

3)节点最早时间和最迟时间

(1)节点最早时间。节点最早时间是指在双代号网络计划中,以该节点为开始节点的各项工作的最早开始时间。节点i的最早时间用$ET_{(i)}$表示。

(2)节点最迟时间。节点最迟时间是指在双代号网络计划中,以该节点为完成节点的各项工作的最迟完成时间。节点j的最迟时间用$LT_{(j)}$表示。

2. 双代号网络计划时间参数的计算(按节点计算法)

双代号网络计划的时间参数既可以按工作计算,也可以按节点计算。下面以简例介绍按节点计算的方法。

所谓按节点计算法,就是先计算网络计划中各个节点的最早时间和最迟时间,然后再据此计算各项工作的时间参数和网络计划的计算工期。

下面以图7-12为例,说明按节点计算法计算时间参数的过程。计算结果如图7-12所示。

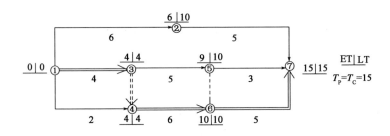

图7-12 双代号网络计划(按节点计算法)

1)计算节点的最早时间和最迟时间

(1)计算节点的最早时间。

节点的最早时间计算应从网络计划的起点节点开始,顺着箭线方向依次进行。其计算步骤如下:

①网络计划起点节点,如未规定最早时间时,其值等于0。例如在图7-12中,起点节点①的最早时间为0,即:

$$ET_{(1)} = 0$$

②其他节点的最早时间应按式(7-14)进行计算。

$$ET_{(j)} = \max\{ET_{(i)} + D_{(i,j)}\} \qquad (7-14)$$

式中：$ET_{(j)}$——工作(i,j)的完成节点j的最早时间；

$ET_{(i)}$——工作(i,j)的开始节点i的最早时间；

$D_{(i,j)}$——工作(i,j)的持续时间。

最早时间口诀为"最早看紧前，多个取最大，紧前未知可顺推"。例如在图7-12中，节点③和节点④的最早时间分别为：

$$ET_{(3)} = ET_{(1)} + D_{(1,3)} = 0 + 4 = 4$$

$$ET_{(4)} = \max\{ET_{(1)} + D_{(1,4)}, ET_3 + D_{(3,4)}\} = \max\{0+2, 4+0\} = 4$$

③网络计划的计算工期等于网络计划终点节点的最早时间，见式(7-15)：

$$T_c = ET_{(n)} \tag{7-15}$$

式中：T_c——网络计划的计算工期；

$ET_{(n)}$——网络计划终点节点n的最早时间。

例如在图7-12中，其计算工期为：

$$T_c = ET_{(7)} = 15$$

(2) 确定网络计划的计划工期。

网络计划的计划工期应按式(7-12)或式(7-13)确定。在图7-12中，假设未规定要求工期，则其计划工期就等于计算工期，见式(7-16)：

$$T_p = T_c = 15 \tag{7-16}$$

计划工期应标注在终点节点的右上方，如图7-12所示。

(3) 计算节点的最迟时间。

节点最迟时间的计算应从网络计划的终点节点开始，逆着箭线方向依次进行。其计算步骤如下：

①网络计划终点节点的最迟时间等于网络计划的计划工期，见式(7-17)：

$$LT_{(n)} = T_p \tag{7-17}$$

式中：$LT_{(n)}$——网络计划终点节点n的最迟时间；

T_p——网络计划的计划工期。

例如在图7-12中，终点节点⑦的最迟时间为：$LT_{(7)} = T_p = 15$

②其他节点的最迟时间应按式(7-18)进行计算。

$$LT_{(i)} = \min\{LT_{(j)} - D_{(i,j)}\} \tag{7-18}$$

式中：$LT_{(i)}$——工作(i,j)的开始节点i的最迟时间；

$LT_{(j)}$——工作(i,j)的完成节点j的最迟时间；

$D_{(i,j)}$——工作(i,j)的持续时间。

例如在图7-12中，节点⑥和节点⑤的最迟时间分别为：

$$LT_{(6)} = LT_{(7)} - D_{(6,7)} = 15 - 5 = 10$$

$$LT_{(5)} = \min\{LT_{(6)} - D_{(5,6)}, LT_{(7)} - D_{(5,7)}\} = \min\{10-0, 15-37\} = 10$$

2) 根据节点的最早时间和最迟时间判定工作的6个时间参数

(1) 工作的最早开始时间等于该工作开始节点的最早时间，见式(7-19)：

$$ES_{(i,j)} = ET_{(i)} \tag{7-19}$$

例如在图7-12中，工作(1,2)和工作(2,7)的最早开始时间分别为：

$$ES_{(1,2)} = ET_{(1)} = 0$$
$$ES_{(2,7)} = ET_{(2)} = 6$$

（2）工作的最早完成时间等于该工作开始节点的最早时间与其持续时间之和，见式（7-20）：

$$EF_{(i,j)} = ET_{(i)} + D_{(i,j)} \tag{7-20}$$

例如在图 7-12 中，工作（1,2）和工作（2,7）的最早完成时间分别为：

$$EF_{(1,2)} = ET_{(1)} + D_{(1,2)} = 0 + 6 = 6$$
$$EF_{(2,7)} = ET_2 + D_{(2,7)} = 6 + 5 = 11$$

（3）工作的最迟完成时间等于该工作完成节点的最迟时间，见式（7-21）：

$$LF_{(i,j)} = LT_{(j)} \tag{7-21}$$

例如在图 7-12 中，工作（1,2）和工作（2,7）的最迟完成时间分别为：

$$LF_{(1,2)} = LT_{(2)} = 10$$
$$LF_{(2,7)} = LT_{(7)} = 15$$

（4）工作的最迟开始时间等于该工作完成节点的最迟时间与其持续时间之差，见式（7-22）：

$$LS_{(i,j)} = LT_{(j)} - D_{(i,j)} \tag{7-22}$$

例如在图 7-12 中，工作（1,2）和工作（2,7）的最迟开始时间分别为：

$$LS_{(1,2)} = LT_{(2)} - D_{(1,2)} = 10 - 6 = 4$$
$$LS_{(2,7)} = LT_{(7)} - D_{(2,7)} = 15 - 5 = 10$$

（5）工作的总时差可根据式（7-21）、式（7-22）和式（7-23）得到。

$$TF_{(i,j)} = LF_{(i,j)} - EF_{(i,j)} = LT_{(j)} - [ET_{(i)} + D_{(i,j)}] = LT_{(j)} - ET_{(i)} - D_{(i,j)} \tag{7-23}$$

由式（7-23）可知，工作的总时差等于该工作完成节点的最迟时间减去该工作开始节点的最早时间所得差值再减其持续时间。例如在图 7-12 中，工作（1,2）和工作（3,5）的总时差分别为：

$$TF_{(1,2)} = LT_{(2)} - ET_{(1)} - D_{(1,2)} = 10 - 0 - 6 = 4$$
$$TF_{(3,5)} = LT_{(5)} - ET_{(3)} - D_{(3,5)} = 10 - 4 - 5 = 1$$

（6）工作的自由时差可根据式（7-21）和式（7-18）得到式（7-24）。

$$FF_{(i,j)} = \min\{ES_{(j,k)} - ES_{(i,j)} - D_{(i,j)}\} = \min\{ES_{(j,k)}\} - ES_{(i,j)} - D_{(i,j)} = \min\{ET_{(j)}\} - ET_{(i)} - D_{(i,j)} \tag{7-24}$$

由式（7-24）可知，工作的自由时差等于该工作完成节点的最早时间减去该工作开始节点的最早时间所得差值再减去其持续时间。例如在图 7-12 中，工作（1,2）和（3,5）的自由时差分别为：

$$FF_{(1,2)} = ET_{(2)} - ET_{(1)} - D_{(1,2)} = 6 - 0 - 6 = 0$$
$$FF_{(3,5)} = ET_{(5)} - ET_{(3)} - D_{(3,5)} = 9 - 4 - 5 = 0$$

特别需要注意，如果本工作与其各紧后工作之间存在虚工作时，其中的 $ET_{(j)}$ 应为本工作紧后工作开始节点的最早时间，而不是本工作完成节点的最早时间。

3) 确定关键线路和关键工作

在双代号网络计划中,关键线路上的节点称为关键节点。关键工作两端的节点必为关键节点,但两端为关键节点的工作不一定是关键工作。关键节点的最迟时间与最早时间的差值最小。特别地,当网络计划工期等于计算工期时,关键节点的最早时间与最迟时间必然相等。例如在图 7-12 中,节点①、③、④、⑥、⑦就是关键节点。关键节点必然处在关键线路上,但由关键节点组成的线路不一定是关键线路。例如在图 7-12 中,由关键节点①、④、⑥、⑦组成的线路就不是关键线路。

当利用关键节点判别关键线路和关键工作时,还要满足式(7-25)和式(7-26):

$$\mathrm{ET}_{(i)} + D_{(i,j)} = \mathrm{ET}_{(j)} \qquad (7\text{-}25)$$

或

$$\mathrm{LT}_{(i)} + D_{(i,j)} = \mathrm{LT}_{(j)} \qquad (7\text{-}26)$$

式中:$\mathrm{ET}_{(i)}$——工作(i,j)的开始节点(关键节点)(i)的最早时间;

$D_{(i,j)}$——工作(i,j)的持续时间;

$\mathrm{ET}_{(j)}$——工作(i,j)的完成节点(关键节点)(j)的最早时间;

$\mathrm{LT}_{(i)}$——工作(i,j)的开始节点(关键节点)(i)的最迟时间;

$\mathrm{LT}_{(j)}$——工作(i,j)的完成节点(关键节点)(j)的最迟时间。

如果两个关键节点之间的工作符合上述判别式,则该工作必然为关键工作,它应在关键线路上,否则,该工作就不是关键工作,关键线路也就不会从此处通过。例如在图 7-12 中,工作(1,3)、虚工作(3,4)、工作(4,6)和工作(6,7)均符合上述判别式,故线路①→③→④→⑥→⑦为关键线路。

4) 关键节点的特性

在双代号网络计划中,当计划工期等于计算工期时,关键节点具有以下一些特性,掌握好这些特性,有助于确定工作的时间参数。

(1) 开始节点和完成节点均为关键节点的工作,不一定是关键工作。例如在图 7-12 所示网络计划中,节点①和节点④为关键节点,但工作(1,4)为非关键工作。由于其两端为关键节点,机动时间不可能为其他工作所利用,故其总时差和自由时差均为 2。

(2) 以关键节点为完成节点的工作,其总时差和自由时差必然相等。例如在图 7-12 所示网络计划中,工作(1,4)的总时差和自由时差均为 2;工作(2,7)的总时差和自由时差均为 4;工作(5,7)的总时差和自由时差均为 3。

(3) 当两个关键节点间有多项工作,且工作间的非关键节点无其他内向箭线和外向箭线时,则两个关键节点间各项工作的总时差均相等。在这些工作中,除以关键节点为完成的节点的工作自由时差等于总时差外,其余工作的自由时差均为 0。例如在图 7-12 所示网络计划中,工作(1,2)和工作(2,7)的总时差均为 4。工作(2,7)的自由时差等于总时差,而工作(1,2)的自由时差为 0。

(4) 当两个关键节点间有多项工作,且工作的非关键节点有外向箭线而无其他内向箭线时,则两个关键节点间各项工作的总时差不一定相等。在这些工作中,除以关键节点为完成节点的工作自由时差等于总时差外,其余工作的自由时差均为 0。例如在图 7-12 所示网络计划中,工作(3,5)和工作(5,7)的总时差分别为 1 和 3。工作(5,7)的自由时差等于总时差,而工作(3,5)的自由时差为0。

【例7-4】 计算图7-13所示的网络计划各节点的最早时间和最迟时间,计算总工期并找出其关键线路。

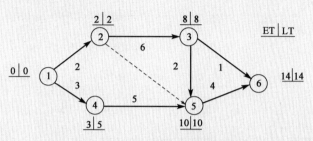

图7-13 双代号网络图计算示例

【解】 各节点的最早时间和最迟时间计算并标注如图7-13所示。

总工期为 $2+6+2+4=14$ 周。

关键线路,找持续时间最长的一条线路①→②→③→⑤→⑥,用双线标注。

注意:②节点和⑤节点为关键节点,但工作(2,5)不是关键工作,虽然虚工作也有可能是关键工作。

三、双代号时标网络计划中时间参数的判定

双代号时标网络计划(简称时标网络计划)必须以水平时间坐标为尺度表示工作时间。时标的时间单位应根据需要在编制网络计划之前确定,可以是小时、天、周、月或季度等。

在时标网络计划中,以实箭线的水平投影长度表示该工作的持续时间;以虚箭线表示虚工作,由于虚工作的持续时间为0,故虚箭线只能垂直画;以波形线表示工作与其紧后工作之间的时间间隔(以终点节点为完成节点的工作除外),当计划工期等于计算工期时,这些工作箭线中波形线的水平投影长度表示其自由时差。

绘图方法如下:

(1)计算网络计划各节点和工作时间参数。

(2)按节点的最早时间或工作的最早时间确定各节点在时间坐标上的位置。

(3)从各节点出发,用水平实线绘制各工作的作业时间,其长度应严格等于作业时间。

(4)用水平波形线将作业实线与该工作的末尾节点连接,这段波形线即为该工作的自由时差。

(5)不占用时间的虚工作,绘成垂直线;占用时间的虚工作绘成水平波形线,即为该虚工作的自由时差。

(6)无波形线的线路即为关键线路,绘成粗实线或双线。

时标网络计划既具有网络计划的优点,又具有横道计划直观易懂的优点,它将网络计划的时间参数直观地表达出来。对应于图7-14所示的双代号网络计划的时标网络计划,如图7-15所示。

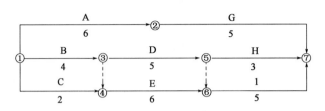

图 7-14 双代号网络计划

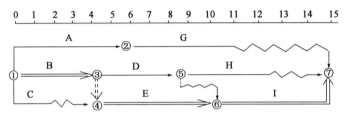

图 7-15 时标网络计划

1. 关键线路的判定

时标网络计划中的关键线路可从网络计划的终点节点开始,逆着箭线方向进行判定。凡自始至终不出现波形线的线路即为关键线路。因为不出现波形线,就说明在这条线路上相邻两项工作之间的时间间隔全部为零,也就是在计算工期等于计划工期的前提下,这些工作的总时差和自由时差全部为零。例如在图 7-15 所示的时标网络计划中,线路①→③→④→⑥→⑦即为关键线路。

2. 计算工期的判定

网络计划的计算工期应等于终点节点所对应的时标值与起点节点所对应的时标值之差。例如,图 7-15 所示的时标网络计划的计算工期为:

$$T_c = 15 - 0 = 15$$

3. 相邻两项工作之间时间间隔的判定

除以终点节点为完成节点的工作外,工作箭线中波形线的水平投影长度表示工作与其紧后工作之间的时间间隔。例如在图 7-15 所示的时标网络计划中,工作 C 与工作 E 之间的时间间隔为 2,工作 D 和工作 I 之间的时间间隔为 1,其他工作之间的时间间隔均为 0。

4. 工作总时差的判定

工作总时差的判定应该从网络计划的终点节点开始,逆着箭线方向依次进行。

(1)以终点节点为完成节点的工作,其总时差应等于计划工期与本工作最早完成时间之差,见式(7-27):

$$\text{TF}_{(i,n)} = T_p - \text{EF}_{(i,n)} \tag{7-27}$$

式中:$\text{TF}_{(i,n)}$——以网络计划终点节点 n 为完成节点的工作总时差;

T_p——网络计划的计划工期;

$\text{EF}_{(i,n)}$——以网络计划终点节点 n 为完成节点的工作的最早完成时间。

例如在图 7-15 所示的时标网络计划中,假设计划工期为 15,则工作 G、工作 H 和工作 I 的总时差分别为：
$$TF_{(2,7)} = T_p - EF_{(2,7)} = 15 - 11 = 4$$
$$TF_{(5,7)} = T_p - EF_{(5,7)} = 15 - 12 = 3$$
$$TF_{(6,7)} = T_p - EF_{(6,7)} = 15 - 15 = 0$$

（2）其他工作的总时差等于其紧后工作的总时差加本工作与该紧后工作之间的时间间隔所得之和的最小值，见式(7-28)：

$$TF_{(i,j)} = \min\{TF_{(j,k)} + LAG_{(i,j),(j,k)}\} \tag{7-28}$$

式中：$TF_{(i,j)}$——工作(i,j)的总时差；

$TF_{(j,k)}$——工作(i,j)的紧后工作(j,k)（非虚工作）的总时差；

$LAG_{(i,j),(j,k)}$——工作(i,j)与其紧后工作(j,k)（非虚工作）之间的时间间隔。

例如在图 7-15 所示的时标网络计划中，工作 A、工作 C 和工作 D 的总时差分别为：

$$TF_{(1,2)} = TF_{(2,7)} + LAG_{(1,2),(2,7)} = 4 + 0 = 4$$
$$TF_{(1,4)} = TF_{(4,6)} + LAG_{(1,4),(4,6)} = 0 + 2 = 2$$
$$TF_{(3,5)} = \min\{TF_{(5,7)} + LAG_{(3,5),(5,7)}, TF_{(6,7)} + LAG_{(3,5),(6,7)}\} = \min\{3+0, 0+1\} = 1$$

5. 工作自由时差的判定

（1）以终点节点为完成节点的工作，其自由时差应等于计划工期与本工作最早完成时间之差，见式(7-29)：

$$FF_{(i,n)} = T_p - EF_{(i,n)} \tag{7-29}$$

式中：$FF_{(i,n)}$——以网络计划终点节点n为完成节点的工作的总时差；

T_p——网络计划的计划工期；

$EF_{(i,n)}$——以网络计划终点节点n为完成节点的工作的最早完成时间。

例如在图 7-15 所示的时标网络计划中，工作 G、工作 H 和工作 I 的自由时差分别为：

$$FF_{(2,7)} = T_p - EF_{(2,7)} = 15 - 11 = 4$$
$$FF_{(5,7)} = T_p - EF_{(5,7)} = 15 - 12 = 3$$
$$FF_{(6,7)} = T_p - EF_{(6,7)} = 15 - 15 = 0$$

事实上，以终点节点为完成节点的工作，其自由时差与总时差必然相等。

（2）其他工作的自由时差就是该工作箭线中波形线的水平投影长度。但当工作之后只紧接虚工作时，则该工作箭线上一定不存在波形线，而其紧接的虚箭线中波形线水平投影长度的最短者为该工作的自由时差。

例如在图 7-15 所示的时标网络计划中，工作 A、工作 B、工作 D 和工作 E 的自由时差均为 0，而工作 C 的自由时差为 2。

【例7-5】 计算如图 7-16 所示的双代号网络计划中各节点的最早时间、最迟时间，找出该网络计划中的关键线路，并计算工作 D 的总时差。

【解】 经计算，各节点的最早时间和最迟时间、该网络计划的关键线路如图 7-16 所示。其关键线路为：①→③→④→⑤→⑦→⑧。

工作 D 的总时差计算：$TF_{(2,7)} = LT_{(7)} - ET_{(2)} - D_{(2,7)} = 11 - 1 - 2 = 8(d)$

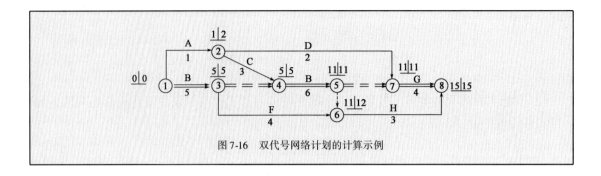

图 7-16 双代号网络计划的计算示例

四、前锋线比较法

前锋线比较法是通过绘制某检查时刻工程项目实际进度前锋线,进行工程实际进度与计划进度比较的方法,主要适用于时标网络计划。

所谓前锋线,是指在原时标网络计划上,从检查时刻的时标点出发,用点划线依此将各项工作实际进展位置点连接而成的折线。前锋线比较法就是通过实际进度前锋线与原进度计划中各工作箭线交点的位置来判断工作实际进度与计划进度的偏差,进而判定该偏差对后续工作及总工期影响程度的一种方法。

1. 前锋线比较法的适用范围

既适用于工作实际进度与计划进度之间的局部比较,又可用来分析和预测工程项目整体进度状况。

2. 前锋线比较法的步骤

1)绘制时标网络计划图

工程项目实际进度前锋线在时标网络计划图上标示,为清楚起见,可在时标网络计划图的上方和下方各设一时间坐标。

2)绘制实际进度前锋线

一般从时标网络计划图上方时间坐标的检查日期开始绘制,依次连接相邻工作的实际进展位置点,最后与时标网络计划图下方坐标的检查日期相连接。

工作实际进展位置点的标定方法有两种:

(1)按该工作已完成任务量比例进行标定:假设工程项目中各项工作均为匀速进展,根据实际进度检查该时刻工作已完成任务量占其计划完成总任务量的比例,在工作箭线上从左至右按相同的比例标定其实际进展位置点。

(2)按尚需作业时间进行标定:当某些工作的持续时间难以按实物工程量来计算而只能凭经验估算时,可以先估算出检查时刻到该工作全部完成尚需作业的时间,然后在该工作箭线上从右向左逆向标定其实际进展位置点。

3)进行实际进度与计划进度的比较

前锋线可以直观地反映出检查日期有关工作实际进度与计划进度之间的关系。对某项工作来说,其实际进度与计划进度之间的关系可能存在以下三种情况:

(1)工作实际进展位置点落在检查日期左侧,表明该工作实际进度拖后,拖后的时间为二

者之差;

(2)工作实际进展位置点与检查日期重合,表明该工作实际与计划进度一致;

(3)工作实际进展位置点落在检查日期的右侧,表明该工作实际进度超前,超前的时间为二者之差。

4)预测进度偏差对后续工作及总工期的影响

通过实际进度与计划进度的比较确定进度偏差后,还可根据工作的自由时差和总时差预测该进度偏差对后续工作及项目总工期的影响。

【例7-6】 某工程项目时标网络计划如图7-17所示。该计划执行到第6周末检查实际进度时,发现工作A和B已经全部完成,工作D、E分别完成计划任务量的20%和50%,工作C尚需3周完成,试用前锋线法进行实际进度与计划进度的比较。

【解】 根据第6周末实际进度的检查结果绘制前锋线,如图7-17中的点划线所示。通过比较可以看出:

(1)工作D实际进度拖后2周,将使其后续工作F的最早开始时间推迟2周,并使总工期延长1周;

(2)工作E实际进度拖后1周,既不影响总工期,也不影响其后续工作的正常进行;

(3)工作C实际进度拖后2周,将使其后续工作G、H、J的最早开始时间推迟2周。由于工作G、J开始时间的推迟,从而使总工期延长2周。

综上所述,如果不采取措施加快进度,该工程项目的总工期将延长2周。

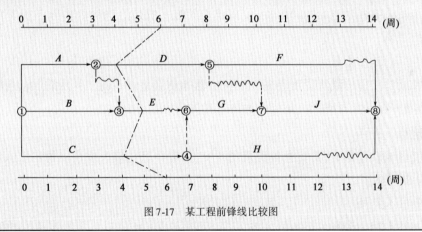

图7-17 某工程前锋线比较图

第八章 工程费用监理

第一节 工程费用监理概述

一、工程费用的特点

工程费用一般指修建工程项目所投入的建设资金,它是工程建设项目在施工过程中形成的工程价值的货币表现形式,可分为预算工程费用和实际工程费用。它具有以下特点:

1. 预先定价

工程费用必须在实际支付和使用之前预先定价,这是由工程建设的内在规律所决定的。虽然工程费用是在建设过程中的花费,但是在花费之前要进行一系列的预测工作,对工程费用进行估算,形成预算工程费用,并以合同价的形式来反映工程费用的预测值。但由于实际情况存在差异性及人们预测能力的局限性,使完成工程施工所最终消耗的实际工程费用不一定恰好就是合同价格。

2. 以工程成本为基础

工程费用是工程价值的货币表现。工程价值的衡量是以完成工程所需的社会标准成本为基础,而非以承包人为完成施工生产的实际成本为基础。

3. 由监理人签认

工程项目建设过程中,要发生各种费用开支,只有经过监理人按合同约定签认的工程价款才能构成工程费用。

4. 由承包人使用

承包人是实施工程施工行为的主体,各工程项目必须经过施工才能完成由图纸到实物形式的转化,从而形成工程价值。因此,工程中所消耗的工程费用是由承包人来实施使用的。

5. 由业主支付

业主是工程项目的投资者或资金筹集者,在承包人完成了既定施工任务,并经监理人确认其价值后,应在合同约定的时间内支付工程费用。

工程费用监理的目的就是在监理计划的指导下,通过对工程费用目标的动态控制,使其能够最优地实现。由于公路工程项目的各种复杂因素,通常采用单价合同形式的费用支付方式,公路工程施工过程中费用监理的关键环节是工程计量与支付。

监理人作为工程费用监理的主体,处于工程计量与支付环节的关键位置。监理人除了加强对合同中工程量清单所列工程费用的计量与支付的管理外,还应对合同中所约定的其他支付项目(工程变更、价格调整、索赔等)加强监督与管理,尽量减少工程施工过程中各种不合理的项目费用支付。

二、工程费用监理的要点

在公路工程施工中,工程费用除了反映业主和承包人的直接经济关系外,工程费用的支付还反映了工程的进度和质量。因为承包人的工程质量不合格,监理人不签字认证验收,就无法进行工程计量、支付的报批程序,业主就不付款;如果由于承包人的原因造成工程延误,工程未能在合同约定的时间内完成,经监理人检查证明,业主可按合同约定,对承包人处以拖期违约罚金等。因此,工程费用的支付是对工程质量、进度的最终评价。工程施工过程中的费用监理主要是对工程计量与支付的监督与管理,其监理要点如下:

(1)全面熟悉合同文件,特别是熟悉有关监理人在计量与支付方面的职责权限条款,这是做好计量支付工作的前提。工程量清单、技术规范、招标文件及附件等均从不同角度对工程计量支付做出规定,忽视任何一点都可能造成支付工作的失误。

(2)根据合同条款,制订工程计量与支付程序,使工程费用监理科学化、规范化。

(3)在工程施工过程中,监理人必须对所有已完成的工程细目进行计量和记录,以便检查承包人每月提交的月度结账单。监理人还必须对涉及付款的工程事项在施工中发生的一切问题进行详细记录,这对解决支付纠纷至关重要。

(4)工程计量是支付的基础,施工过程中由于地质情况变化或工程变更等可能会使实际工程量与原来的工程量出入较大,所以,施工现场的工程计量就很有必要。工程计量的结果,均须承包人和监理人双方签字,若有争议由监理人最后决定。

(5)工程费用的支付是对工程实施控制的核心手段,也是工程费用监理的最后一个环节。通过计量与支付的有效控制来保证工程施工合同的全面履行,监理人必须严格按费用支付程序实施各种费用的支付管理。

(6)监理人必须熟悉工程的所有支付项目,除各项清单支付项目(包括计日工、暂定金额)外,还有开工预付款、材料预付款、工程变更费用、价格调整、质量保证金、拖期损失偿金(违约罚金)、提前竣工奖金、迟付款利息等合同支付项目,缺陷责任期费用的支付以及缺陷责任期终止后的最后支付等也应熟悉。

三、工程费用监理的内容

在整个施工过程管理中,工程费用监理的范围已远超出只对工程费用实施管理的范围,成为对工程项目质量、进度等目标实施全面管理的重要手段和措施。下面就工程计量和费用支付两个方面介绍监理人如何对工程费用实施控制。

1. 工程的计量

合同文件中工程量清单所列的工程数量,是在图纸和规范的基础上估算的工程量,不能作为支付的凭据。这就使工程量的准确计量成为监理人负责的一项关键性工作。

1)工程计量原则

工程计量必须按合同文件所约定的方法、范围、内容、计量单位进行;必须按监理人同意的计量方法计量;不符合合同文件要求的工程不得计量。

2)工程计量依据

工程计量的主要依据有:工程量清单及说明、合同图纸、工程变更令及修订的工程量清单、合同条件、技术规范、有关计量的补充协议、索赔时间/金额审批表等。

3)工程计量方法

(1)实地测量计算法。

此方法是采用符合规定的测量仪器,对已完工程按合同有关约定进行实地量测并计算的一种工程计量方法。如路基土石方计量就采用该计量方法。

(2)图纸计算法。

此种方法是根据施工图纸进行工程计量的一种计量方法。如对钢筋、工程结构物等,通常可采用此法计算工程量。

(3)记录法。

此种方法是根据实际施工记录、监理记录来计算工程数量的一种计量方法。如计日工、场地清理等计量。

承包人对已完成的工程进行计量,向监理人提交进度付款申请单、已完成工程量报表和有关计量资料。监理人对承包人提交的工程量报表进行复核,以确定实际完成的工程量。对数量有异议的,可要求承包人进行共同复核和抽样复测。承包人应协助监理人进行复核并按监理人要求提供补充计量资料。承包人未按监理人要求参加复核,监理人复核或修正的工程量视为承包人实际完成的工程量。监理人认为有必要时,可通知承包人共同进行联合测量、计量,承包人应遵照执行。承包人完成工程量清单中每个子目的工程量后,监理人应要求承包人派员共同对每个子目的历次计量报表进行汇总,以核实最终结算工程量。监理人可要求承包人提供补充计量资料,以确定最后一次进度付款的准确工程量。承包人未按监理人要求派员参加的,监理人最终核实的工程量视为承包人完成该子目的准确工程量。监理人应在收到承包人提交的工程量报表后的7天内进行复核,监理人未在约定时间内复核的,承包人提交的工程量报表中的工程量视为承包人实际完成的工程量,据此计算工程价款。

4)工程计量的类型

(1)施工单位计量、监理人复核;

(2)监理人与施工单位共同联合计量;

(3)监理人单独计量。

5)工程计量的条件

工程计量一方面是准确地测定和计算已完工程的数量,另一方面也是对已完工程进行综合评价。因此,对进行计量的工程,必须满足以下条件:

(1)计量的项目应符合合同要求。合同约定以下三类项目应计量:

①工程量清单中的项目;

②合同中约定应计量的项目;

③经监理人批准的工程变更项目。

(2) 计量的项目质量必须合格。质量合格是计量的最基本条件,质量不合格的项目不得计量。

(3) 计量的项目必须符合安全和环保要求。计量的项目必须无安全和环保问题,或安全和环保隐患已消除。

(4) 计量的项目验收手续必须齐全。验收手续包括:

① 批准的开工申请报告;

② 施工单位的自检资料;

③ 监理人的检查验收资料;

④ 中间交工证书。

6) 工程计量程序与文件

(1) 施工单位提出计量申请,并提交各种计量所需资料;

(2) 监理人审查施工单位准备的计量申请及有关资料;

(3) 监理人向施工单位发出计量通知;

(4) 施工单位与监理人到现场共同进行计量,双方对现场计量结果进行复核修正后,共同签字确认;

(5) 施工单位提交工程量报表;

(6) 监理人对工程量报表进行复核。

工程计量过程中的主要文件有:中间支付计量表、工程分项开工申请批复单、检验申请批复表及有关的自检资料、工程质量检验表及有关的质量评定意见、工程变更令、中间交工证书。

2. 工程费用的支付

1) 工程费用支付的原则

(1) 支付必须以工程计量为基础;

(2) 支付必须以技术规范和报价单为依据;

(3) 支付必须符合合同条款;

(4) 任何工程款项的支付必须经监理人审批;

(5) 支付不解除承包人合同内应尽的责任和义务;

(6) 支付必须及时;

(7) 支付必须严格按规定的程序进行。

2) 工程费用支付的基本程序

首先,由承包人提出支付申请,即由承包人提交付款申请单以及相应的支持性证明材料。其次,监理人审查应支付给承包人的金额及相应的支持性证明材料。最后,由监理人向承包人出具由业主签认的支付证书。监理人有权扣发承包人未能按照合同要求履行任何工作或义务的相应金额。

3) 常见工程款项的支付

(1) 工程进度款的支付

承包人应在每个付款周期末,按监理人批准的格式和专用合同条款约定的份数,向监理人提交进度付款申请单,并附相应的支持性证明文件。监理人在收到承包人进度付款申请单以及相应支持性证明文件后的 14 天内完成核查,提出业主到期应支付给承包人的金额以及相应支持性材料,经业主审查同意后,由监理人向承包人出具经业主签认的进度付款证书。业主应在监理人收到进度付款申请单且承包人提交了合格的增值税专用发票后的28天内,将进度应付款支付给承包人。业主不按期支付的,按项目专用合同条款的约定支付逾期付款违约金。如果承包人应得结算价款经扣留和扣回后的款额小于项目专用合同条款约定的进度付款证书的最低金额,则该付款周期监理工程师可不核证支付。

为确保施工过程中农民工工资实时、足额发放到位,承包人应按照项目专用合同条款约定的时间和金额缴存农民工工资保证金。农民工工资保证金可采用银行保函或现金、支票形式。采用银行保函时,出具保函的银行须具有相应担保能力,且按照业主批准的格式出具,所需费用由承包人承担。农民工工资保证金的扣留条件、返还时间按照项目专用合同条款的约定执行。

(2)开工预付款的支付和扣回

开工预付款是业主提供给承包人用于支付施工初期各种费用的无息款额。开工预付款的金额在项目专用合同条款数据表中约定。在承包人签订了合同协议书且承包人承诺的主要设备进场后,监理人应在当期进度付款证书中向承包人支付开工预付款。承包人无须向业主提交预付款保函,承包人提交的履约保证金对预付款的正常使用承担保证责任。

开工预付款在进度付款证书的累计金额未达到签约合同价的30%之前不予扣回,在达到签约合同价30%之后,开始按工程进度以固定比例(即每完成签约合同价的1%,扣回开工预付款的2%)分期从各月的进度付款证书中扣回,全部金额在进度付款证书的累计金额达到签约合同价的80%时扣完。

(3)材料预付款的支付和扣回

材料、设备预付款是业主提供给承包人用于购买永久工程组成部分材料、设备的一笔款额。材料、设备预付款按项目专用合同条款数据表中所列主要材料、设备单据费用(进口的材料、设备为到岸价,国内采购的为出厂价或销售价,地方材料为堆场价)的百分比支付。其预付条件为:材料、设备符合规范要求并经监理人认可;承包人已出具材料、设备费用凭证或支付单据;材料、设备已在现场交货,且存储良好,监理人认为材料、设备的存储方法符合要求。监理人应将此项金额作为材料、设备预付款计入下一次的进度付款证书中。在预计交工前3个月,将不再支付材料、设备预付款。

当材料、设备已用于或安装在永久工程之中时,材料、设备预付款应从进度付款证书中扣回,扣回期不超过3个月。已经支付材料、设备预付款的材料、设备的所有权应属于业主。

(4)缺陷责任期费用的支付

工程缺陷责任期内,如果发现任何工程缺陷或工程质量不合格,监理人应查明原因和责任,根据责任确定费用的支付。如果责任属承包人,则一切费用由承包人承担,并应按监理人的指示进行修补。若承包人没有执行监理人的指示,业主有权安排其他人修补缺陷,监理人应确定费用并签发给业主,业主可在支付承包人的款项中扣除。

如果责任不属承包人,监理人按合同要求应与承包人协商并报业主批准后确定费用,通知并抄送业主。若意见不一致,监理人有权决定,并将结论通知承包人且向业主呈交一份副本。

(5)质量保证金的支付

交工验收证书签发后14天内,承包人应向业主缴纳质量保证金。质量保证金可采用银行保函或现金、支票形式,金额应符合项目专用合同条款数据表的规定。采用银行保函时,出具保函的银行须具有相应担保能力,且按照业主批准的格式出具,所需费用由承包人承担。质量保证金采用现金、支票形式提交的,业主应在项目专用合同条款数据表中明确是否计付利息以及利息的计算方式。

在合同约定的缺陷责任期满且质量监督机构已按规定对工程质量检测鉴定合格,承包人向业主申请到期应返还承包人剩余的质量保证金金额,业主应在14天内会同承包人按照合同约定的内容核实承包人是否完成缺陷责任。如无异议,业主应当在核实后将剩余保证金返还承包人。

从各种款额的支付中可以看出,每笔费用的支付必须有监理人的证明和签认,而费用的支付又涉及业主和承包人的利益。这就要求监理人必须严格按合同约定,公正、准确地进行工程计量与支付,以体现公平交易的原则。

第二节 工程计量

一、工程计量的基本规定和要求

1. 工程计量的概念和内涵

工程计量是按照技术规范所规定的方法对承包人符合要求的已完工程的实际数量所进行的测量、计算、核查和确认的过程。计量是监理人的基本职责和基本权力,也是费用监理的基本环节。没有准确和合理的计量,就会破坏工程承包合同中的经济关系,影响承包合同的正常履行。

工程计量的任务是确认实际工程数量的多少。工程量有预估工程量和实际工程量之分,工程量清单的工程量仅是估算工程量,是承包人投标报价的依据,不能作为承包人应予完成的工程之实际和确切的工程量。这是因为工程量清单中的数量是在制订招标文件时,在图纸和技术规范的基础上估算出来的,与实际工程量相比存在或多或少的误差甚至计算错误。它只能作为投标报价的基础,而不能作为结算的依据。实际工程量的多少只有通过计量才能揭示和确定。按实际完成的工程量付款可以减少工程量的估计误差给双方带来的风险,增强工程费用结算结果的公平性与合理性,这正是单价合同的优点之一。

《公路工程标准施工招标文件》(2018年版)明确规定:工程的计量应以净值为准,除非项目专用合同条款另有约定。工程量清单中各个子目的具体计量方法按本合同文件工程量清单计量规则中的规定执行。无论通常和当地的习惯如何(除非合同中另有约定),工程计量必须以净值为准。

计量必须准确、真实、合法和及时。准确指计量结果是正确地按照规定的计量方法和工程量计算原则而得出的,方法正确、结果准确无误,使已完工程的实际数量得到了确认,没有漏计和错计。真实指被计量的工程内容真实可靠,没有虚假的部分,即被计量的工程中没有质量不符合要求的,也没有重复计量,隐蔽工程的数量没有弄虚作假,工程量中没有虚报成分。合法指计量是按规定的程序合法地进行的,因为计量结果是支付的直接基础和依据,直接关系到业主和承包人双方的经济利益,监理组织机构会制订严格的计量管理程序和指定专人按分级管理的原则进行分工负责,明确谁负责现场计量、谁复核、谁审查、谁审定等各项工作。只有通过了程序严格审查产生的计量结果才是合法的。及时指计量必须按合同约定的时间进行,不得无故推延,否则会干扰承包人的正常施工,影响承包人的施工组织计划与工程进度。

工程计量不解除合同中规定的承包人应尽的义务和责任。监理人对工程的计量是确认承包人完成的工程量,仅是支付的依据,并不表示业主和监理人接收了该工程,也不表示承包人对已经被计量的工程完全履行了合同义务,解除了承包人被计量工程的维修及缺陷修复责任。《公路工程标准施工招标文件》(2018年版)明确规定:合同约定应由承包人承担的义务和责任,不因监理人对承包人提交文件的审查或批准,对工程、材料和设备的检查和检验,以及为实施监理做出的指示等职务行为而减轻或解除。

2. 工程计量的原则

工程计量不仅直接涉及业主与承包人双方的经济利益,而且是监理人的重要权力和监理手段,在工程计量中遵守有关基本原则,是做好监理工作的有效保障。

1) 合同原则

监理人在进行工程计量时,必须全面理解合同条件、技术规范、设计图纸和工程量清单等合同文件的各组成部分。如技术规范的每一章节都有计量方法的规定,详细说明了各工程细目的内容及要求,对哪些内容不单独计量和支付,其价值如何分摊,都做了具体规定。工程量清单中的单价是承包人按招标文件的要求和合同条件的规定填报的,是支付的单价依据。因此监理人必须严格遵守合同中的有关规定来进行计量,使每一项工程的计量都符合合同要求。

2) 公正性原则

监理人在工程计量环节中拥有广泛的权力,承包人与业主的货币收支是否合理,取决于监理人签认的工程量是否准确和真实。只有监理人保持公正的立场并恪守公正的原则,才能使他在计量与支付工作中正确地使用权力,准确地计量,实事求是地处理好业主与承包人之间的有关纠纷,合理地确定工程费用。如果监理人不公正,就无法正确地作出正确的判断。特别是当施工过程中发生工程变更、工程索赔和各种特殊风险时,就更要求监理人公正而独立地作出判断和估价。因此,监理人在工程计量中,必须认真负责,以实事求是的精神和客观公正的态度做好每一项工作,确保业主与承包人之间的交易公平。唯有公正,才能分清业主和承包人各自的权利和责任,才能准确地协调好双方之间的利益关系,才能保证工程计量的准确、真实和合法。

3) 时效性原则

工程计量具有严格的时间要求,时效性极强。计量不及时,会影响承包人的施工进度;支付不及时,也会影响承包人的施工进度,并可能直接产生合同纠纷。《公路工程标准施工招标文件》(2018年版)对计量与支付规定了严格的时间限制,同时也规定了计量与支付复核的时间限制。因此,监理人一定要按时进行计量和支付。

4) 程序性原则

为了保证工程计量准确、真实和合法,合同条款和各项目的监理组织都规定了严格的程序。这些程序规定了各项工程细目和各项工程费用进行计量与支付的条件、办法以及计算、复核、审批的环节,是从合同上、组织上和技术上对计量与支付加以严格管理,以确保准确和公正。因此,工程计量必须遵守严格的程序,通过按程序办事来提高数据的准确性、真实性和合法性,以保证工程计量准确、合理。

3. 工程计量的作用

工程计量一方面是施工合同中的关键内容,是经济利益关系的集中体现,在施工活动中有着极为重要的作用;另一方面也是监理工作的关键和核心,为确保监理人的核心地位提供手段。

(1) 调节合同中的经济利益关系,促使合同的全面履行。

工程计量是施工合同的重要内容,是合同中各类经济关系的全面反映,同时,还揭示了施工活动的经济本质。通过工程计量这个经济杠杆,调节合同双方利益,制约承包人严格遵守合同,准确地按设计图纸和技术规范进行施工;促使业主履行其合同义务,及时向承包人支付,确保施工活动中资金运动与物质运动平衡进行,使施工合同得到全面的履行。

(2) 确保监理人的核心地位。

工程建设项目管理中,在业主与承包人之间引入监理人,由他对工程的质量、进度、费用、安全、环境等进行全面控制。通过计量与支付来确保监理人的核心地位,对工程施工进行全面而有效的控制,对业主和承包人的合同行为进行有效调控。计量与支付为监理人开展监理工作提供了最基本的手段。

监理人掌握了计量与支付权,就抓住了主要矛盾,掌握了控制施工活动和调控承包人施工行为最有效的基本手段,就等于抓住了指挥棒。如果承包人的施工工艺不符合规范要求,监理人可要求其自费改正;如果所用材料不合格,监理人可以对材料拒收;如果工程质量不合要求,监理人将不予计量和支付,并要求承包人返工使其达到要求;如果承包人不执行有关指令,则将受到罚款或驱逐。计量支付权使监理人可以有效地从经济上制约承包人,严格按合同要求办,确保工程的质量目标。同样,如果承包人进度过慢,监理人将让他支付逾期竣工违约金和延误罚款,如果进度严重落后,监理人还可以提议驱逐承包人,这就有效地保证了监理人对工期的控制。

总之,计量与支付工作是控制工程造价的核心环节,是进行质量控制的主要手段,是进度控制和施工过程控制的基础,是保证业主和承包人合法权益的重要途径。

4. 工程计量的条件

工程计量一方面是准确地测定和计算已完工程的数量,另一方面也是对已完工程进行综合评价,因此,对进行计量的工程,必须满足以下条件:

1) 计量的项目应符合合同要求

合同约定计量的项目包括以下三个方面:

(1) 清单中的工程细目。

清单中的工程细目全部需要进行计量,合同文件约定,没有填写单价与金额的项目,其费用已包括在清单的其他单价或款项中,因此对于清单中没有填写单价与金额的项目,仍需进行计量,以确认承包人是否按合同条件完成了该项工程。

(2) 合同文件中约定的项目。

除清单中的工程细目外,在合同文件中通常还约定了一些包干项目,对于这些项目也必须根据合同文件约定进行计量。

(3) 工程变更项目。

工程变更中一般附有工程变更清单,工程变更清单与工程量清单具有相同的性质,因此对于工程变更清单项目也必须按合同有关要求进行计量。

上述合同约定以外的项目,例如承包人为完成上述项目而进行的一些辅助工程,监理人没有进行计量的义务。因为这些辅助工程的费用已包括在上述项目的单价中。

2) 质量必须达到合同规范标准的要求

一项工程的全过程监理分为质量监理和工程费用监理两个阶段。承包人所完成的工程细目的质量必须经监理人检查并达到合同规范的标准后,才能由监理人签发中间交工证书,并在此基础上进行计量。工程质量没有达到合同规范标准的任何工程或工序,一律不得进行计量。

3) 验收手续必须齐全

对一项工程或一道工序的验收应有以下资料和手续:

(1) 监理人批准的开工申请单;

(2) 承包人自检的各种资料和试验数据,同时各种试验的频率要符合合同约定;

(3) 监理人检验的各种试验数据;

(4) 中间交工证书。

总之,上述验收手续和资料齐全后才能进行计量。

二、监理人在计量工作中的职责与权限

要做好任何一项工作,首先必须明确职责,其次必须确定权限。有责无权或有权无责,必然无法达到目标。在公路工程施工监理活动中,必须明确作为监理活动主体的监理人的职责与权限,只有这样,才能确保监理工作达到预定的目标。

根据合同文件的约定,监理人在工程费用监理中的职责与权限主要体现在工程计量与工程费用支付两个方面。为了真正做好费用监理工作,必须明确监理人在工程计量和工程费用支付中的职责并赋予其相应的权力,若监理人对工程计量不负责任或无权过问,实际完成的工程量就无法准确掌握,工程价值就无从确定。同样,若他对工程费用支付不负责任或无权过问,就无法保证工程费用支付符合合同要求,无法利用经济杠杆协调业主和承包人在施工活动中的关系,从而不仅不能完成和搞好工程费用监理,而且还直接影响监理人对工程进度和工程质量进行监理,最终导致无法对承包合同实现监理。总之,明确规定监理人在工程计量和工程费用支付中的职责和权限,是进行工程费用监理的基本条件和前提。

1. 计量的职责

计量的根本职责就是按照合同文件的有关约定,按时准确测定已完工程的实际工程量。由于公路工程施工中一般采用单价合同,工程量的多少直接关系到某次付款的金额,涉及业主和承包人双方之间的直接经济利益,而工程量清单中的工程量只是一种估算的工程量,所以完成某一工程细目的实际工程量必须由监理人按照清单前言和技术规范中有关计量规定来确定。因此,计量既是监理人的一项基本职责,也是费用监理最重要的一个方面。

2. 计量的权力

合同条件中明确约定计量工作由监理人负责。在监理人独自计量、承包人独自计量以及监理人与承包人联合计量这三种方式中，无论采用哪一种计量方式，最终确认工程量的权力归监理人。因此监理人的计量权力实际上是对计量结果的确认权。具体来说，监理人有权拒绝对质量不合格部分的计量，同样他有权审查和核实承包人的计量记录，删除那些不合理的部分。所谓不合理是指虽然质量合格，但没有按规范指定的计量规则和计量方法计量，或者有多计、冒计部分，或者大多数工程合格，但其中混有不合格的部分等。总之，要按技术规范、工程量清单前言及合同条件中关于计量的规定来判定是否合理。

3. 权力的限制

尽管合同文件中没有直接给出有关权力限制的内容，但这一思想已隐含其中。由于监理人拥有工程量的确认权，因而，承包人会想方设法让监理人尽可能多批工程量，最终达到多获得工程进度款的目的。为了防止监理人与承包人串通，合同文件中对监理人总的工作原则做出了明确规定（例如他不得损害业主的利益，必须公正独立地进行工作，认真地行使职权），这就是对这种权力的一种约束和限制。同时，还可由政府机关按有关法律和条例对监理人的工作加以监督，《公路工程标准施工招标文件》(2018 年版)赋予监理人计量权力的同时，也对这种权力的应用给予了一定的约束。

三、计量的程序与管理

1. 计量程序

对于签发中间交工证书的工程项目，首先由监理人通知承包人计量的时间，并做好有关的计量准备工作。采用监理人与承包人共同计量的方式，一般由监理人与承包人委派的计量支付负责人组成一个计量小组，小组人员按通知的时间到现场进行计量，然后将计量的记录（中间计量表）及有关资料报监理人核对确认，经监理人确认的中间计量表，作为中期支付的依据。

2. 计量的分工

在一个驻地监理机构中，一般配有项目工程师如道路工程师、材料工程师、结构工程师、测量工程师、合同工程师、计量支付工程师等，计量工程师专门负责计量与支付。为了控制本合同段的工程费用，他不仅应认真尽职地搞好计量支付，承担起本合同段的计量与支付职责；而且应将不同细目的计量支付控制目标明确，在工程费用预算和本段工程费用分析的基础上，找出计量支付的重点，并责任到人，将本段支付额较好地控制在合同价款的范围内。他们应该同驻地的所有监理人员一道，互相协作，共同搞好工作。

3. 计量的管理

除了职责分工明确，目标具体落实外，监理人还应加强对计量的管理工作。计量工作既重要，又需要大量资料和表格，工作很烦琐，因此，监理人必须建立起行之有效的管理办法，建立计量与支付档案，不断改进管理工作。

1)落实计量职责

为使计量的责任分明，监理机构中一般设有专门负责计量的工作班子。在组织计量工作时，采用按专业分工，分别进行计量，做到计量职责分明。具体工程内容的计量应落实到人，以免重复计量和漏计。如果职责不明，势必造成计量混乱，从而给承包人以可乘之机。因此，一定要注意计量工作由谁负责，并且为了保证计量的准确性，还必须有负责检查、复核的人员以及最终签认的人员，使计量工作按规定的程序进行。

通过对计量工作的分工，使工程计量责任到人，并通过对计量的复核、审定等程序和制订计量人员的岗位责任制，对计量工作进行有效管理。

2)做好计量记录

计量记录与档案是计量管理中的一个重要内容，对于公路工程这样大型的复杂项目，要进行多次计量，将形成一系列的计量资料，只有在完善计量记录的基础上加强对计量的档案管理，才能使项目的计量工作顺利完成。

为了便于合同管理，正确评价工程和查询监理计量工作，必须加强工程计量(中间计量)档案管理。

计量应根据合同的要求做好记录。符合要求的记录应能说明哪些已经计量，哪些尚未计量，哪些已经签发支付证书，哪些尚未签发证书。计量时监理人还应完成以下工作：

(1)应有一套图纸(最好挂在墙上)，用彩笔将所进行的工程的位置在图纸上标示出来，并在适当的位置作详细补充说明，如工程的开始、结束时间及几何尺寸等数据，这将有助于做好计量记录。

(2)应有一套档案。包括计量证书的号码及所计量的数量。所有计量证书必须是承包人和监理人共同签署的，只有这样才能作为支付的凭证。

(3)记录工程量清单中所列出的分类细目的数量与计量后数量的差异及双方同意的任何进度支付证书应付的款额。

(4)对计日工应记录在有号码的计量证书上，并由承包人代表及监理人代表共同签名。

计日工应详细记录如下内容：记录已指令进行的这项计日工的估计数量和付款额已获同意，记录计日工已完成的数量及付款金额；如果计日工的时间超过一个月，应在暂时计量单上记账，并在计量证书上另立系列号码，这些记录应与累计账册一同归档；记录已同意的计日工单价、付款的金额、付款报表号码。

(5)工程变更应记录已下达的变更指令依据，已同意的单价和价格调整，增加费用的计量证书应另编系列号码分开存档。

(6)对于现场存放的材料应每月计量记录一次，其计量表中应记录已发到现场的材料的种类和数量及这些材料的发票面值；已计量的数量应记录每一次报表中的预付金额及扣回金额，材料计量证书应另编系列号码，并应与发票及所有材料的累计账册一同归档。

3)计量分析

为了搞好计量的管理工作，除落实职责和加强记录与档案的管理外，还应加强计量分析，一方面及时发现计量工作中的问题，另一方面及时掌握工程进度，为进度监理和费用支付提供基础。

为了便于计量的分析与管理，对计量的表格应统一，使其标准化和规范化。监理人应设计好表格让承包人和具体从事计量的人员按此表填写,便于采用计算机辅助计量和进行计量分析。

计量分析时一方面应对照原工程量清单和设计图纸进行分析,将实际工程量与原设计的工程量进行对比,发现偏差并分析偏差的原因。另一方面以计量的工程量为依据,计算出实际进度,将实际进度与批准的进度比较,发现进度偏差,并找出原因从而采取措施改进。

计量分析也应对计量的方法是否恰当,计量的结果是否准确以及是否有质量不合格的工程等进行分析,通过分析找出是否有多计、错计的部分。

除以上所述三项基本内容外,计量管理还包括计量争端的协调与处理,因为计量是费用支付的直接基础,也是对承包人工作的一种基本评价,因此,在计量工作中难免发生争端与分歧,监理人必须协调各方,尽快解决争端。

计量是一项综合性极强的工作,必须在质量管理的基础上进行综合管理,涉及内容多,处理复杂,并且承包人在申请时要申报大量的报表和资料。应推行表格和报表的标准化管理,争取用计算机来处理报表,以提高计量支付工作的准确性和工作效率,使监理人从资料整理工作中解脱出来,更好地搞好计量支付工作。

四、工程计量的基本内容

1. 工程计量的类型

工程计量一般有三种组织类型,即监理人单独计量、承包人单独计量和监理人与承包人联合计量。这三种计量各有特点,但无论如何,计量必须符合合同的要求,其结果必须由监理人确认。

1) 监理人独立计量

监理人独立计量时,可以由监理人完全控制被计量的工程部位,质量不合格的工程肯定不会被计量,也很少出现多计的情况,能够确保记录结果的准确性。但监理人的工作量较大,且容易引起承包人的异议而延误计量工作时间。

2) 承包人独立计量

这种方式可以减轻监理人的工作,让监理人有时间进行计量分析和计量管理,但由于承包人是自行计量,往往会出现多计和冒计的问题,有时计量细节和计量方法,甚至算术计算都可能出现差错,并且一些质量不合格的工程也可能被计量。这就要求监理人一定要认真细致地审查计量结果,定期派人对承包人的计量工作进行检查,对计量结果的准确性和计量方法及计算规则进行严格审查。

3) 联合计量

这种方式有利于消除双方的疑虑,当场解决分歧,减少争议,又能较好地保证计量结果的公正性和准确性,简化程序,节约时间。因此公路工程合同中,较多地采用联合计量,即承包人和监理人共同进行计量工作。

2. 工程计量的依据

1) 质量合格证书

计量的基本条件和前提是质量合格,质量不合格部分不予计量。因此,计量工程师进行计量时,一定要同质量工程师配合,只有通过了质量监理,由质量监理人签发了质量合格证书的工程内容,才能进行计量。

2）清单前言和技术规范

因为清单前言和技术规范中的"计量支付"规定了清单中每一项工程的计量方法,同时还规定了按此计量方法确定的单价,即包括的工作内容和范围。例如关于路面面层的计量,计量条款中规定:路面面层的计量单位为 m^2,该项目应按图纸上所示的该层顶面的平面面积计量并包括图 8-1 所示该层断面内所有的材料及工作。

图 8-1,中 A 为面层顶面宽度,B 为底面宽度。根据上述的规定,计量面层的数量时,只能以顶面宽 A 进行计算,以底面宽或以 $A+B$ 的平均值计量都是不允许的。因为投标时,承包人根据规定,应当把该层断面内所有的材料及工作发生的费用,都包括在以顶面面积所确定的单价内。

3）设计图纸

工程量清单的数量是该工程的估算工程量,但是被计量的工程数量,并不一定是承包人实际施工的数量,因为计量的几何尺寸应当以设计图纸为准。图 8-2 所示为就地灌注桩施工实测图。根据计量规定:对就地灌注桩的支付计量,应根据图纸所示由监理人确定的从设计基础表面到下方桩端间的长度考虑。因此,图中实际施工的灌注桩的长度虽然为 L_1+L_2,但是被计量支付的长度为 L_1。

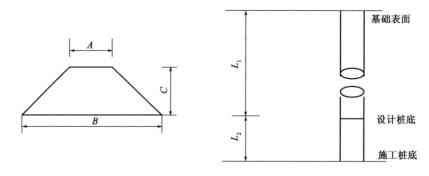

图 8-1 路面面层计量　　图 8-2 就地灌注桩施工实测图

4）测量数据

与计算有关的测量数据有原始地面线高程的测量数据、土石分界线的测量数据、基础高程的测量数据、竣工测量数据等。测量数据的准确性严重影响计量结果的准确性。

3.计量的内容、时间、方式

1）计量内容

理论上,所有工程事项均应加以计量,以便获得完整的记录;实际上,只是对所有需要支付的细目加以计量,这是计量工作范围的最低要求。这些细目由技术规范中每一节计量与支付条款及工程量清单的前言明确规定了计量方法与付款内容,除了对已完成的工程细目进行计量和记录外,监理人最好对那些涉及付款的工程细目在施工中发生的一切问题进行详尽的记录,以便发生索赔时有据可查。

因此,计量工作的范围有最高与最低要求,具体达到什么样的要求,由具体工程项目的内容及施工情况而定。

2) 计量时间

《公路工程标准施工招标文件》(2018年版)规定:除专用合同条款另有约定外,单价子目已完成工程量按月计量,总价子目的计量周期按批准的支付分解报告确定。

每月进行计量是以便掌握工程进度情况及核定月进度款(即期中支付证书),为此,监理人一般须填制"中间计量单"。

对于隐蔽工程,则须在工程覆盖之前进行计量。否则,在覆盖后再进行计量将使工作更复杂和更困难。

3) 计量单位与计量精度

计量单位分两类,一类是物理计量单位,另一类是自然计量单位。物理计量单位以公制计量,自然计量单位通常采用十进位自然数计算。

对于物理计量单位,长度常用米、延米、千米(公里),面积常用平方米、千平方米、公顷;体积常用立方米、千立方米;质量常用克、千克、吨;时间单位常用日、周、月、年等;自然计量单位常用个、片、座、株等。

对于精度,为方便起见,浮点数需四舍五入至小数点后恰当的位数。应对不同的细目分别作出统一规定。

虽然这是一个简单问题,但实际工作中,常常出现计量名称、符号及取位错误和不规范。同时,还应该注意的是:各细目的计量单位必须与工程量清单中所用单位一致。

4) 计量方式

计量方式一般有如下三种:

(1) 实地测量与实地勘查。如土方工程,一般对横断面宽度、挖方的边长等需实地测量和勘查,又如场地清理也需按野外实地测得的数据,根据计算规则进行计算。

(2) 室内按图纸计算。对于钢筋混凝土结构物以及多数永久工程,一般可按图纸计算工程量。

(3) 根据现场记录。如计日工必须按现场记录来计算。

一般工程量的计算由承包人负责,工程量审核由监理人负责。通常,一个工程项目的计量往往是三种方式综合运用。不论采用何种方式,其结果都需经监理人和承包人双方同意,共同签字,有争议时,协商解决,协商解决不了仍由监理人决定。

5) 计量规则

《公路工程标准施工招标文件》(2018年版)规定了单价子目的计量和总价子目的计量两类计量规则。

(1) 单价子目的计量规则。

①已标价工程量清单中的单价子目工程量为估算工程量。结算工程量是承包人实际完成的,并按合同约定的计量方法进行计量的工程量。

②承包人对已完成的工程进行计量,向监理人提交进度付款申请单、已完成工程量报表和有关计量资料。

③监理人对承包人提交的工程量报表进行复核,以确定实际完成的工程量。对数量有异

议的,可要求承包人按施工测量约定进行共同复核和抽样复测。承包人应协助监理人进行复核并按监理人要求提供补充计量资料。承包人未按监理人要求参加复核,监理人复核或修正的工程量视为承包人实际完成的工程量。

④监理人认为有必要时,可通知承包人共同进行联合测量、计量,承包人应遵照执行。

⑤承包人完成工程量清单中每个子目的工程量后,监理人应要求承包人派员共同对每个子目的历次计量报表进行汇总,以核实最终结算工程量。监理人可要求承包人提供补充计量资料,以确定最后一次进度付款的准确工程量。承包人未按监理人要求派员参加的,监理人最终核实的工程量视为承包人完成该子目的准确工程量。

⑥监理人应在收到承包人提交的工程量报表的7天内进行复核,监理人未在约定时间内复核的,承包人提交的工程量报表中的工程量视为承包人实际完成的工程量,据此计算工程价款。

⑦承包人未在已标价工程量清单中填入单价或总额价的工程子目,将被认为其已包含在本合同的其他子目的单价和总额价中,业主将不另行支付。

(2)总价子目的计量规则。

一个项目的工程量清单中要求承包人以"总额"方式报价的子目,各子目的支付原则和支付进度按项目专用合同条款的约定执行。

第三节 工程费用支付

一、费用支付的基本规定与要求

1. 费用支付原则

工程费用支付的目标是组织和协调好业主与承包人之间的收支行为,使双方发生的每一笔工程费用都符合合同的约定,并做到公平合理。监理人在工程费用支付中责任重大,必须站在公正的立场上,客观、准确地评价承包人的施工活动,仔细、正确地计算各项工程费用,并及时签发付款证书。为了真正做好这一工作,监理人必须遵循以下几个基本原则:

1)支付必须以工程计量为基础

对于单价合同,没有准确的计量就不可能有准确的支付,质量合格是工程计量的前提,而计量则是支付的基础,所以工程费用支付就必须在质量监理和准确计量的基础上进行。因此,在进行工程费用支付时,应当对这两个环节的工作进行严格检查和认真分析,以确保费用支付准确可靠。

2)支付必须以合同为依据

合同文件中,技术规范、工程量清单以及合同条件是办理支付的重要合同依据。

(1)技术规范。

技术规范的每一章每一节都有支付的有关规定,它详细说明了各工程子目的工作内容以及支付要求,如哪些内容不单独计量和支付,其价值摊入到哪一子目中,都做出了具体规定;同时,技术规范还对每一工程项目的支付子目进行了划分。因此,技术规范既是承包人报价时的指导文件和依据,也是监理人支付工程费用的指导文件和依据,进行工程费用支付时,必须认真细致地阅读和理解。

(2)合同价。

工程量清单经承包人填报价格后就生成报价单,业主和承包人在合同签订前进行合同谈判,在报价单的基础形成合同价,承包人与业主以合同价签订工程承包合同。合同价是工程费用支付时确定各支付子目单价的依据,合同履行中,合同价里的单价不能变动,除非发生工程变更。

对于费用已摊入到其他工程子目单价中的工程内容,报价单中如没有填写单价,则其单价按零单价处理,相应的支付额为零。但承包人必须完成技术规范和图纸所规定的全部工作内容并达到合同约定的要求;对于有单价的工程子目,则以此单价支付工程费用,但应该注意其单价的包容程度,单价的包容程度一方面是指单价的价值构成,另一方面是指单价所包含的工作内容,例如,路基挖方与填方的单价中除了路基的压实和成形等主要费用外,还包含了人工挖土质台阶、修正边坡、路基整型和临时排水的内容,因此,在支付路基挖方和填方的工程费用时,必须等路基达到设计规定的要求才能支付。又如浇注水下钻孔灌注桩基础时,需要搭设施工便桥或租用船只,但搭设便桥和租用船只的费用包括在钻孔灌注桩的单价中,不能另外单独支付。

(3)合同条款。

合同条款是办理支付的另一重要合同依据,该文件不仅规定了支付的程序和期限,而且对清单外的支付内容做了较为详细的规定。例如价格调整、工程变更和施工索赔等支付内容在工程量清单中并未明确,而是通过合同条款来约定的,并且合同条款中也只给出了一些原则性的规定。因此,监理人必须将合同条款规定的原则与工程实施中的日常记录结合起来,才能做好这方面的支付工作。

3)支付必须遵循严格的程序

由于费用支付工作非常重要,且又需要大量的资料和表格,工作十分繁杂,所以一方面必须加强对支付工作的管理,另一方面支付必须严格遵循规定的程序。

4)支付必须及时、准确

及时支付工程费用是合同的基本要求,在《公路工程标准施工招标文件》(2018年版)通用合同条款中规定了相应的支付期限。另外,根据合同的精神及现行《公路工程施工监理规范》(JTG G10)的规定,支付必须做到准确无误,以确保业主、承包人任何一方的合法权益不受到丝毫损害。

2.有关支付的几项基本规定

1)支付期限

总的原则是按合同约定的时间支付。《公路工程标准施工招标文件》(2018年版)通用合同条款第17.3.3款规定:

(1)监理人在收到承包人进度付款申请单以及相应的支持性证明文件后的14天内完成核查,提出业主到期应支付给承包人的金额以及相应的支持性材料,经业主审查同意后,由监理人向承包人出具经业主签认的进度付款证书。监理人有权扣发承包人未能按照合同要求履行任何工作或义务的相应金额。

(2)业主应在监理人收到进度付款申请单且承包人提交了合格的增值税专用发票后的28天内,将进度应付款支付给承包人。业主不按期支付的,按专用合同条款的约定支付逾期付款违约金。

(3)监理人出具进度付款证书,不应视为监理人已同意、批准或接受了承包人完成的该部分工作。

(4)进度付款涉及政府投资资金的,按照国库集中支付等国家相关规定和专用合同条款的约定办理。

《公路工程标准施工招标文件》(2018年版)通用合同条款第17.6.2款规定:

监理人收到承包人提交的最终结清申请单后的14天内,提出业主应支付给承包人的价款,送业主审核并抄送承包人。业主应在监理人出具最终结清证书且承包人提交了合格的增值税专用发票后的14天内,将应支付款支付给承包人。业主不按期支付的,按专用合同条款的约定支付逾期付款违约金。

监理人未在约定时间内核查,又未提出具体意见的,视为承包人提交的最终结清申请已经监理人核查同意;业主未在约定时间内审核又未提出具体意见的,监理人提出应支付给承包人的价款视为已经业主同意。

2)支付的最低限额

公路招标项目在项目专用合同条款中约定每月支付的最低限额。公路工程项目一般规定每月支付金额不低于签约合同价的2%,若没有达到则暂缓支付,这有利于监理人进行进度控制。

3)支付范围

监理人对所有到期并符合合同要求的工作内容都应计价支付。

4)支付方法

根据各种工程费用的特点和支付要求分项、分类计算,汇总后扣减承包人对发包人的支付。

清单中的内容,应按各工程子目的支付项目分项计算;各类附加支付则应分类计算,汇总各分项和各类金额。承包人对业主的支付主要是两种:开工预付款、材料、设备预付款。它们均应按规定比例扣减。

5)支付货币

对于国际招标工程,工程费用中人民币与外汇的比例应按投标函附录中规定的百分比确定。需要说明的是,投标函附录对工程费用支付有较大的参考价值,它不仅规定了外汇需求量,而且还有支付计划表,价格调整指数表等,这些资料直接关系到费用支付。因此,监理人进行费用支付时,应参照投标函附录中的有关内容。

6)支付依据

支付依据必须准确可靠,进行工程费用支付时,需要大量的凭证和依据,这些依据直接确定了支付费用的数额。监理人在支付时,必须取得和分析这些数据,并对其可靠性进行评价判断。所支付的工程费用必须能够被这些凭证确切地说明,这些依据或凭证一方面必须在数量上准确,另一方面必须在程序上完备。

二、监理人在费用支付中的职责与权限

工程费用支付就是承包人向监理人提出付款申请,监理人审核后开出付款证书送交业主,业主在规定时间内向承包人付款的过程。

工程费用支付既是工程费用监理的最后一道程序,也是监理人进行合同管理的最后一个环节,因此,它就成为最终落实业主与承包人经济利益的关键工作。由于《公路工程标准施工招标文件》(2018年版)合同条件下的工程支付与一般工程支付相比,在支付的范围、条件和方式等方面都存在很大差别,所以,为了有效地做好整个监理工作和圆满地完成费用监理任务,必须根据合同条件的规定明确监理人在工程费用支付中的职责与权限。

1. 工程费用支付的职责

监理人在工程费用支付中的职责就是定期审核承包人的各种付款申请,为业主提供付款凭证,从而保证业主对承包人的支付公平合理。具体来说,他的主要职责就是审核和开具付款证书。一方面,他必须按时处理承包人的付款申请,以便承包人能够及时获得各种应收的款额;另一方面,他必须根据合同文件的要求和原则进行审核,向业主证明承包人在每一阶段所完成各项工作的实际价值,为业主所支付的每一笔资金应严格把关。总之,监理人只有站在公正的立场才能确保业主和承包人双方的利益。

2. 工程费用支付的权力

《公路工程标准施工招标文件》(2018年版)合同条件涉及监理人在工程费用支付方面权限的内容很多,相关条款对每一支付项目都赋予了监理人相应的权力,现简要归纳如下:

(1)审查、签发中期支付证书,合同得到正常履行的最终支付证书以及合同中止后任何款项的支付证书。

(2)对不符合技术规范和合同条件要求的工程子目和施工活动,有权暂时拒绝支付,待上述子目和活动达到要求后才予以支付。

(3)具有对合同价格进行调整的权力。在合同执行期间,由于下述两种情况可能导致工程费用发生变化(增加或减少),一是后续法律、法令、法规和条例的使用,二是资源价格的升降。无论出现哪一种情形,监理人都必须与业主和承包人协商,以确定新的合同价格。

(4)具有确认工程变更和索赔所产生费用的权力。这主要是指确认工程变更的单价和索赔细目的单价与费率的权力。

(5)其他有关支付方面的权力。例如下令使用计日工、动用暂列金额以及有关质量保证金、提前交工奖金支付等方面的权力。

三、费用支付种类

在工程费用监理中,监理人处理的费用支付种类很多,而不同种类的支付有不同的规定程序和办法,因此,监理人必须全面了解支付的分类。

1. 按时间分类

按时间分类,工程费用支付可分为前期支付、期中支付、交工支付以及最终支付。

2. 按支付内容分类

按支付内容可分为工程量清单内的付款和工程量清单外的付款，即所谓的清单支付和合同支付。

工程量清单内的支付就是监理人首先按照合同条款、技术规范和工程量清单的有关规定进行计量，确认已完成的实际工程量，然后根据已确认的工程数量和合同价，计算和支付工程量清单中各项工程费用，因此简称为清单支付。工程量清单之外的支付，就是监理人按照合同条款的规定，根据日常记录、现场实证资料和工程实际进展情况，计算和支付工程量清单以外的各项费用，故简称为"合同支付"。

3. 按工程内容分类

按工程内容可分为路基土石方工程、路面工程、桥梁工程、隧道工程、排水工程、防护工程等支付内容。

4. 按合同执行情况分类

根据合同执行情况分为正常支付和合同解除支付两类。正常支付指业主与承包人双方共同努力使整个合同得以顺利履行而产生的支付结果。合同解除支付是指由于工程遇到战争、骚乱等不可抗力、承包人违约以及业主违约等三方面原因导致合同无法继续履行而出现的支付结果。无论何种原因导致合同解除，监理人都应按照合同条件、技术规范等有关文件的规定处理好各项费用的支付。

四、费用支付项目

费用支付项目按内容不同可分为清单支付项目及合同支付项目两大类，具体内容见图8-3。

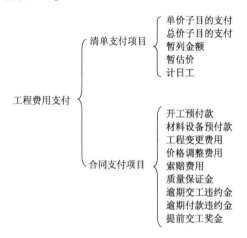

图8-3 费用支付项目

1. 清单支付项目

清单支付是按合同条件和技术规范，通过监理人的质量检查、计量，确认已完成的工程量，然后按确认的工程数量与报价单中的单价，结算和支付工程量清单中的各项工程费用。清单支付在工程费用支付中所占比重很大，包括单价子目支付、总价子目支付、暂列金额、暂估价和计日工五类。

1) 单价子目支付

工程量清单中的绝大部分工程内容是以单价子目计量支付的，其费用约占工程总费用的85%，其支付条件和费用计算方法应满足下列要求：

（1）支付条件是完成了技术规范和设计图纸所规定的工作内容，且质量合格，计量结果准确无误，并附相应的符合合同要求的支持性证明文件。

(2)单价子目支付一般按期(月)支付。每期(月)付款是根据承包人每期(月)实际完成符合质量要求并经监理人计量确认的工程数量乘以相应的单价计算确定。即：

$$单价子目支付 = \sum_{1}^{n} 本月实际完成的合格工程数量 \times 相应单价 \qquad (8-1)$$

如果某一项目是一次完成的,则十分简单;如果是分多次完成的,则应在计量单上列出设计数量、上期累计完成数量和本期完成数量并附上计算公式和简图。

2)总价支付项目

工程量清单中多数开办项目如承包人的驻地建设、临时工程等,都属于总价支付项目。这些项目的特点是总额包干,因此,在合同有关文件中被称为总价支付子目。为做好这些项目的支付工作,根据《公路工程标准施工招标文件》(2018年版)通用合同条款17.1.5项的规定:总价子目的计量和支付应以总价为基础,承包人实际完成的工程量,是进行工程目标管理和控制进度支付的依据。承包人在合同约定的每个计量周期内,对已完成的工程进行计量,并向监理人提交进度付款申请单、专用合同条款约定的合同总价支付分解表所表示的阶段性或分项计量的支持性资料,以及所达到工程形象目标或分阶段需完成的工程量和有关计量资料。总价子目的工程量是承包人用于结算的最终工程量。

3)暂列金额

暂列金额是指已标价工程量清单中所列的暂列金额,用于在签订协议书时尚未确定或不可预见变更的施工及其所需材料、工程设备、服务等的金额,包括以计日工方式支付的金额。

暂列金额下的项目具有如下特点:

(1)发生项目的不确定性。暂列金额所对应的支付项目并不确定。它们是某些新增的附属工程、零星工程等变更工程,也可能是提供货物、材料、设备或劳务等工作,还有可能是因不可预见因素引起的一些意外事件的费用(如索赔、价格调整等发生的费用)。

(2)发生金额的不确定性。暂列金额中的项目到底需要多少金额事先并不确定。因此,工程量清单中的相应金额是"暂列"的,有时与实际情况有较大差距。如计日工清单中的数量完全是假定的,实践中具体会发生多少事先根本不知道,因此,可能与实际情况有较大差距。

暂列金额只能按照监理人的指示使用,并对合同价格进行相应调整。暂列金额应由监理人报发包人批准后指令全部或部分的使用,或者根本不予动用。

对于经发包人批准的每一笔暂列金额,监理人有权向承包人发出实施工程或提供材料、工程设备或服务的指令。这些指令应由承包人完成,监理人应根据合同条款约定的变更估价原则和规定,对合同价格进行相应调整。

当监理人提出要求时,承包人应提供有关暂列金额支出的所有报价单、发票、凭证、账单或收据,除非该工作是根据已标价工程量清单列明的单价或总额价进行的估价。

4)暂估价

暂估价指发包人在工程量清单中给定的用于支付必然发生但暂时不能确定价格的材料、设备以及专业工程的金额。

在工程招标阶段已经确定的材料、工程设备或工程项目,但又无法在当时确定准确价格,而可能影响招标效果时,发包人在工程量清单中给定一个暂估价。因此,暂估价是用于支付必然发生但暂时不能确定价格的材料、设备以及专业工程的金额。

暂估价在工程实施过程中,对于不同类型的材料与专业工程采用不同的计价方法。

业主在工程量清单中给定暂估价的材料、工程设备和专业工程属于依法必须招标的范围并达到规定规模标准的,由业主和承包人以招标的方式选择供应商或分包人。业主和承包人的权利义务关系在专用合同条款中约定。中标金额与工程量清单中所列的暂估价的金额差以及相应的税金等其他费用列入合同价格。

业主在工程量清单中给定暂估价的材料和工程设备不属于依法必须招标的范围或未达到规定规模标准的,应由承包人按提供的材料和工程设备的约定提供。经监理人确认的材料、工程设备的价格与工程量清单中所列的暂估价的金额差,以及相应的税金等其他费用列入合同价格。

业主在工程量清单中给定暂估价的专业工程不属于依法必须招标的范围或未达到规定规模标准的,由监理人按照变更的估价原则的约定进行估价,但专用合同条款另有约定的除外。经估价的专业工程与工程量清单中所列的暂估价的金额差以及相应的税金等其他费用列入合同价格。

5)计日工

计日工指对零星工作采取的一种计价方式,按合同中的计日工子目及其单价计价付款。合同中通常含有计日工明细表,表中列有不同劳务、材料、施工设备的估计数量,计日工单价由承包人报价,然后将汇总的计日工价合计在投标总价中。工程实施中,按监理人的指令进行。

根据《公路工程标准施工招标文件》(2018年版)通用合同条款,业主认为有必要时,由监理人通知承包人以计日工方式实施变更的零星工作。其价款按列入已标价工程量清单中的计日工计价子目及其单价进行计算。

采用计日工计价的任何一项变更工作,应从暂列金额中支付,承包人应在变更的实施过程中,每天提交下列报表和有关凭证报送监理人审批:

(1)工作名称、内容和数量;

(2)投入该工作的所有人员的姓名、工种、级别和耗用工时;

(3)投入该工作的材料类别和数量;

(4)投入该工作的施工设备型号、台数和耗用台时;

(5)监理人要求递交的其他资料和凭证。

计日工由承包人汇总后,按合同的约定列入进度付款申请单,由监理人复核并经业主同意后列入进度付款。

2.合同支付项目

合同支付项目是指那些没有包括在工程量清单以内,但根据合同条款约定应该支付的费用项目。虽然合同支付在工程费用支付中所占比重不大,但其灵活性比清单支付大得多,比较难以把握和控制,是监理人在支付工作中的重点和难点。合同支付项目包括开工预付款、材预付款、质量保证金、工程变更费用、价格调整费用、索赔费用、逾期交工违约金、提前交工奖金和逾期付款违约金(迟付款利息)等费用项目。

1)开工预付款

相关介绍见本章第一节。开工预付款的扣回的特点是按完成的工程量的一定百分率扣款。扣回时间开始于期中支付证书中工程量清单累计支付金额超过合同价值30%的当月,但止于支付金额达合同价值80%的当月。在此期间,按期中支付证书当期完成的工程款占合同价值50%的比例,予以扣回。扣回的货币种类和比例与付款时的货币种类和比例相一致。

计算公式为:

$$G = M \times \frac{B}{合同价 \times 50\%} \quad (8-2)$$

式中:G——期中支付证书扣回预付款数额(元);

M——在规定工程支付金额范围内期中支付证书当期完成的工程量清单金额(元);

B——已付开工预付款(元)。

【例8-1】 某工程合同价为3000万元,开工预付款在投标函附录中规定的额度为10%,5月份完成400万元的工程内容,且到第5个月时累计支付工程金额为1200万元,试计算该月应扣回开工预付款的金额。

【解】 $3000 \times 30\% = 900$(万元)

5月份累计支付1200万已超过合同价的30%,即已超过 $1200 - 900 = 300$ 万元,则300万元应按合同约定扣回开工预付款。

本月应扣回开工预付款:

$G = 300 \times 3000 \times 10\% / 3000 \times 50\% = 60$(万元)

即5月份应扣回开工预付款60万元。

2)材料、设备预付款

相关介绍见本章第一节。对于材料预付款的扣回,工作实践中常采用下列两种方法。

(1)定期扣回法。

方法之一是对本月到场材料设备支付预付款的同时,扣回上月已支付的预付款。因此,当合同文件约定材料预付款按所购材料、设备支付单据开列费用的75%支付时,本月实际预付款金额为:

本月实际预付款金额 = 本月末现场材料设备价值的75% − 上月末现场材料设备价值的75%

【例8-2】 某工程施工工期为8个月,经监理人每月对现场材料的盘点,每月现场材料价值如表8-1所示。合同中规定材料预付款的支付额度为材料、设备价值的75%,试计算每月材料预付款的支付金额。

每月现场材料价值盘点统计表   表8-1

月 份	材料价值(元)	材料价值的75%(元)	备 注
1	5000000	3750000	开工的第一个月
2	4000000	3000000	
3	5000000	3750000	
4	2000000	1500000	
5			工程结束

【解】 现将计算出每月材料预付款的支付金额列于表8-2中,表8-2中本月支付金额为负数时为扣回金额,例如第2个月扣回材料预付款为750000元,这是因为上月已支付3750000元,而本月现场材料价值的75%只有3000000元,因此,扣回750000元实际是上个月的材料预付款全部扣回后又支付本月现场材料价值75%的付款。这样逐月进行支付与扣回,当工程结束时,可将材料预付款全部扣回。

材料支付款统计表(一次扣回)   表8-2

月 份	本月末现场材料价值的75%(元)	上月末现场材料价值的75%(元)	本月支付金额(元)
1	3750000		3750000
2	3000000	3750000	−50000
3	3750000	3000000	750000
4	1500000	3750000	−2250000
5		1500000	−1500000

这种方法计算简单,操作方便。采用定期扣回法时,还可以采用按3个月平均扣回的方法。上例的预付款可按表8-3的形式扣款。

材料支付款统计表(平均3个月扣回)   表8-3

月 份	本月末现场材料价值的75%(元)	上月末现场材料价值的75%(元)	本月支付金额(元)
1	3750000		3750000
2	3000000	1250000	1750000
3	3750000	2250000	1500000
4	1500000	3500000	−2000000
5		2750000	−2750000
6		1750000	−1750000
7		500000	−500000

(2)最后扣回法。

这种方法较定期扣回法更合理、更科学。使用该方法时,预付款的起扣时间是当未完工程所需主要材料、设备的价值与备料款数额相当时开始起扣。即:

未施工工程主要材料、设备的价值 = 材料预付款数额 (8-3)

未施工工程主要材料、设备的价值 = 未施工工程价值 × 主要材料、设备价值所占的比重

(8-4)

由上述两式可得出：

$$未施工工程的价值 = \frac{材料预付款}{主要材料、设备价值所占的比重} \tag{8-5}$$

则：

$$\begin{aligned}开始扣回材料预付款时的\\ 工程价值（起扣点价值）\end{aligned} = 单项工程总值 - 未施工工程价值$$

$$= 单项工程总值 - 材料预付款/主要材料、设备价值所占的比重 \tag{8-6}$$

第一次应扣回材料预付款 = （累计完成工程量 - 起扣点价值）× 主要材料、设备价值所占的比重 (8-7)

以后各次应扣回材料预付款 = 每次结算的已完工程价值 × 主要材料、设备价值所占的比重 (8-8)

【例8-3】 某沥青混凝土路面工程总额为1200万元，沥青材料预付款额度为总额价的25%，假定沥青材料占总额价的62.5%，此单项工程上半年各月实际完成施工产值如表8-4所示，问如何扣回材料预付款？

各月实际完成施工产值　　　　表8-4

2月	3月	4月	5月
200万元	280万元	360万元	360万元

【解】 ①材料预付款：1200 × 25% = 300（万元）
②计算起扣点：1200 - 300/62.5% = 1200 - 480 = 720（万元）
③4月份应扣回材料预付款 = (200 + 280 + 360 - 720) × 62.5% = 75（万元）
④5月份应扣回材料预付款 = 360 × 62.5% = 225（万元）
尽管上述第二种方法从开工预付款满足承包人资金周转需要出发，要更为科学合理一些，但是使用时要注意合同的具体约定是否允许。

为了做好材料、设备预付款的支付工作，监理人在签收材料、设备预付款支付证明时，必须注意如下几点：

①单项材料预付款价格不应该超过清单报价。这可确保材料预付款的支付能紧密结合工程量清单来进行，例如钢筋、混凝土、桥梁支座以及护栏等在清单中都有明确的报价，支付时不得突破此报价。

②累计支付材料、设备预付款的材料、设备数量，不应超过工程所需的实际总量，否则，属于不合理支付。

③材料、设备预付款所涉及的材料、设备品种应与工程计划进度相匹配，例如当混凝土等构造物工程基本完工时，不应有大量的混凝土材料在施工现场，也不应对混凝土材料再支付预付款。

3) 工程变更费用

工程变更是指在工程实践中，对某些工作内容做出修改或追加或取消某一工作内容。由于勘测、设计、试验与实际的差异，在合同执行过程中，工程变更是不可避免的，为了更加合理地完成工程，工程变更也是很有必要的。当工程发生变更时，监理人应根据合同文件和工程实际情况对工程变更费用进行合理的估价。

工程变更费用的支付依据是工程变更令和工程变更清单，支付方式采用列入《期中支付证书》的形式进行，支付货币与其他支付项目相同，即按承包人投标时所提出的货币种类和比例进行付款。

鉴于变更项目的复杂性和特殊性，监理人应对变更项目的审批制订严格的管理程序，并且应特别注意的是，变更的权力在总监理工程师，一般不得进行委托。有些合同还在专用条款中对监理人进行工程变更的权力做了某种限制，要求变更超过一定限度后，必须由发包人授权。

4）价格调整费用

工程建设的周期往往比较长，在这样一个比较长的建设周期中，无论是业主还是承包人都必须考虑到与工程有关的各种价格变化。为了避免双方的风险损失，降低投标报价及合理确定工程造价，《公路工程标准施工招标文件》（2018年版）通用合同条款第16条对价格调整做出了专门的规定，应按规定进行调整。

价格调整涉及两个方面：①物价波动引起的价格调整；②法律变化引起的价格调整。将这两方面费用计算出来后，在《期中支付证书》中支付即可。

5）索赔费用

索赔是在施工合同履行过程中，当事人一方因非自己的过失，而是由于对方没有按照合同约定正确地履行合同，应由对方承担的风险责任出现时，造成当事人一方损害，当事人一方通过一定的合法程序向对方提出经济或时间补偿的一种要求。因此，索赔是双向的，既可以是承包人向业主的索赔，也可以是业主向承包人的索赔。

索赔费用是指监理人根据合同条款规定的索赔处理程序所确定的赔偿费用。就监理人处理的所有支付项目而言，索赔费用是最复杂的支付项目之一。在进行索赔费用支付时，监理人必须谨慎处理，否则会因为对索赔费用的支付管理不善，而导致对整个工程费用的失控。

因为导致索赔的原因多种多样，所以其费用的计算和确定原则就各不相同。因此，为了客观、公正地处理好索赔费用支付，监理人不仅要对合同条款和技术规范十分熟悉，而且还要有深刻的理解，并能结合实际情况正确运用。

在处理索赔费用时，监理人应对承包人提供的索赔证据和细节账目等有关资料进行审查核实，在与业主和承包人协商后，确定承包人有权得到的全部或部分的索赔款额。最后，承包人向业主的索赔金额，经监理人确认后，以《期中支付证书》的形式进行支付，支付货币与其他支付项目相同。

如果是业主向承包人的索赔，监理人按合同条款商定或确定业主从承包人处得到赔付的金额。承包人应付给业主的金额可从拟支付给承包人的合同价款中扣除，或由承包人以其他方式支付给业主。

6）质量保证金

相关介绍见本章第一节。

7）逾期交工违约金

逾期交工违约金是指承包人未能按合同完成工程施工，或在监理人批准的延期内完成工程的施工给予业主的补偿。

《公路工程标准施工招标文件》(2018年版)通用合同条款第11.5款规定:由于承包人原因,未能按合同进度计划完成工作,或监理人认为承包人施工进度不能满足合同工期要求的,承包人应采取措施加快进度,并承担加快进度所增加的费用。由于承包人原因造成工期延误,承包人应支付逾期交工违约金。逾期交工违约金的计算方法在项目专用合同条款中约定。时间自预定的交工日期起到工程接收证书中写明的实际交工日期止(扣除已批准的延长工期),按天计算。逾期交工违约金累计金额最高不超过项目专用合同条款数据表中写明的限额(一般为合同价的10%)。

业主可以从应付或到期应付给承包人的任何款项中或采用其他方法扣除此违约金。承包人支付逾期交工违约金,不免除承包人完成工程及修补缺陷的义务。

如果在合同约定的工程完工之前,已对合同工程内按时完工的单位工程签发了工程接收证书,则合同工程的逾期交工违约金,应按已签发工程接收证书的单位工程的价值占合同工程价值的比例予以减少,但本规定不应影响逾期交工违约金的规定限额。

8)逾期付款违约金

这是合同赋予承包人的权利,即承包人有权在合同约定的时间期限内从业主处得到支付。如果业主不按合同约定时间付款,则应支付承包人迟付款额的利息。

《公路工程标准施工招标文件》(2018年版)通用合同条款第17.3.3款规定:业主应在监理人收到进度付款申请单且承包人提交了合格的增值税专用发票后的28天内,将进度应付款支付给承包人。业主不按期支付的,按项目专用条款数据表中约定的利率向承包人支付逾期付款违约金。违约金计算基数为业主的全部未付款额,时间从应付而未付该款额之日算起(不计复利)。

逾期付款违约金(迟付款利息)的计算公式(采用单利法):

$$迟付款利息 = P \cdot n \cdot r \tag{8-9}$$

式中:P——迟付的人民币或外币数额;

r——日利率;

n——迟付款天数,指业主的实际付款时间超过规定的期中支付或最终支付的截止日期的天数。

> 【例8-4】 某工程第4期期中支付证书,支付金额为5600000元,监理人提交支付证书的日期为5月10日(且承包人提交了合格的增值税专用发票),而业主到8月10日才支付该证书的付款,如果合同条件规定期中支付证书应在45天内支付,且$r = 0.033\%$,那么这笔款项的逾期付款违约金为多少?
>
> 【解】 迟付款天数:$n = 91 - 45 = 46$(天)
>
> 逾期付款违约金(采用单利法)为:
>
> $5600000 \times 46 \times 0.00033 = 85008$(元)

9)提前交工奖

为了调动承包人的积极性,使其合理地加快工程进度,从而提前完成工程施工,使业主提前受益,在合同条款中设立了与逾期违约金相对应的一个支付项目,即提前交工奖金。

业主要求承包人提前交工,或承包人提出提前交工的建议能够给业主带来效益的,应由监理人与承包人共同协商采取加快工程进度的措施和修订合同进度计划。业主应承担承包人由此增加的费用,并向承包人支付专用合同条款约定的相应奖金。

业主不得随意要求承包人提前交工,承包人也不得随意提出提前交工的建议。如遇特殊情况,确需将工期提前的,业主和承包人必须采取有效措施,确保工程质量。

如果承包人提前交工,业主支付奖金的计算方法在项目专用合同条款数据表中约定,时间自交工验收证书中写明的实际交工日期起至预定的交工日期止,按天计算。但奖金最高限额不超过项目专用合同条款数据表中写明的限额。

总之,监理人在工程费用监理中需要处理的支付项目就是本节所述的两大类共计14项。为了做好整个项目的费用支付工作,监理人应对每一个支付项目认真审查,精确计算,并按规定的程序进行支付。

五、期中费用支付程序

期中支付是合同在履行过程中每月所发生的付款申请、审查和支付工作。《公路工程标准施工招标文件》(2018年版)通用合同条款规定的期中支付程序见图8-4。

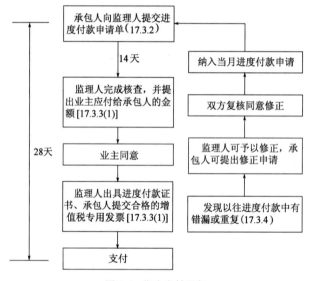

图8-4 期中支付程序

1. 承包人递交付款申请

承包人应在每个付款周期末,按监理人批准的格式和专用合同条款约定的份数,向监理人提交进度付款申请单(一般为月结账单),并附相应的支持性证明文件。除专用合同条款另有约定外,付款申请单应包括下列内容:

(1) 自开工截至本期末止已完成的工程价款。

(2) 自开工截至上期末止已完成的工程价款。

(3) 本期完成的(应结算的)工程价款,即(1)和(2)。

(4) 本期完成的应结算的计日工价款。

(5)本期应支付的暂列金额价款。
(6)本期应支付的材料设备预付款。
(7)根据合同约定本期应结算的其他款项。
(8)价格调整及法规变更引起的费用。
(9)本应扣留的保证金、材料设备预付款及开工预付款。
(10)根据合同约定,本期应扣除的其他款项。

2. 监理人审查

监理人在收到承包人进度付款申请单以及相应的支持性证明文件后的14天内完成核查,提出业主到期应支付给承包人的金额以及相应的支持性材料,经业主审查同意后,由监理人向承包人出具经业主签认的进度付款证书。监理人有权扣发承包人未能按照合同要求履行任何工作或义务的相应金额。

监理人审查的主要工作有:

(1)对承包人完成的工程价款,应审查各工程子目完成的工程量是否质量合格(有质量验收单或中间交工证书),是否有相应的计量证书,所采用的单价是否与清单中的单价相符,计算结果是否准确无误。

(2)对计日工付款申请,应审查计日工是否有监理人的书面指示,计日工数量是否有监理人的签字和认可,计日工单价是否与清单中的单价相符,计日工金额是否计算无误。

(3)对材料和设备预付款付款申请,应审查是否为合同约定应给予预付款的主要材料和设备,到场材料和设备是否有监理人的现场计量和确认,是否提交了材料和设备的付款发票或费用凭证,支付百分比是否与投标函附录的规定相符,金额是否计算无误。

(4)对变更工程付款申请,应审查是否有监理人的书面变更指令,所完成的变更工程量是否已通过质量验收,所采用的单价是否符合通用合同条款第15条的规定,是否有相应的计量证书,计算结果是否准确无误。

(5)对价格调整付款申请,应审查调价方法是否符合合同约定,所调查的人工与材料价格指数是否准确,调整金额的计算结果是否正确无误。

(6)在审查其他款项的付款申请过程中,对逾期付款违约金(延迟付款利息),应审查其计算方法和计算结果是否正确;对费用索赔,应审查是否有相应的索赔审批证书。

以上是审查期中支付申请中应重点审查的主要内容。要求期中支付申请书做到:

①申请的格式和内容应满足合同要求;
②各项资料、证明文件手续齐全;
③所有款项计算与汇总无误。

审查中若发现各项资料、证明文件不齐全,则要求承包人补充;若发现所列出的数量不正确或者任何一个工程项目的质量不符合要求,则调整承包人的月报表;如各方面出入较大、计算有重大错误,则可以拒绝签发付款证书,退回给承包人重做或累计至下期付款申请中重新审查签证。

在审查完应付款项后,对应扣回的各种款项特别是开工预付款、材料和设备预付款以及质量保证金等应认真计算并及时从月结账单中扣回或扣留。

3. 期中支付证书的签发

（1）监理人审核并修正承包人的支付申请后，计算付款净金额。计算付款净金额时，应将需扣回的预付款从承包人月报表中应得的金额中扣除。

（2）将付款净金额与合同中约定的支付最低限额比较。如果该付款周期应结算的价款经扣留和扣回后的款额少于项目专用合同条款数据表中列明的进度付款证书的最低金额，则该付款周期监理人可不核证支付，上述款额将按付款周期结转，直至累计应支付的款额达到项目专用合同条款数据表中列明的进度付款证书的最低金额为止。若净金额大于最低限额，监理人应向业主签发期中支付证书，副本抄送承包人。

（3）除了特殊项外（如计日工、暂列金额和费用索赔等），监理人签发的《期中支付证书》中的支付数量应基本正确；对工程变更、费用索赔等支付项目，如一时难以确定，监理人可先确定一笔临时付款金额。

（4）监理人在签发《期中支付证书》时应做好分级审查工作，做到不重不漏，准确无误。

4. 业主付款

依据《公路工程标准施工招标文件》（2018年版）通用合同条款第17.3.3款的有关规定，业主应在监理人收到进度付款申请单且承包人提交了合格的增值税专用发票后的28天内，将进度应付款支付给承包人。业主不按期支付的，按项目专用条款数据表中约定的利率向承包人支付逾期付款违约金。承包人可向业主发出通知，要求业主采取有效措施纠正违约行为。业主收到承包人通知后的28天内仍不履行付款义务，承包人有权暂停施工，并通知监理人，业主应承担由此增加的费用和（或）工期延误，并支付承包人合理利润。暂停施工28天后，业主仍不纠正违约行为的，承包人可向业主发出解除合同通知。

六、交工费用支付程序

《公路工程标准施工招标文件》（2018年版）通用合同条款规定的交工支付程序见图8-5。

1. 承包人的交工支付申请

交工支付又称交工结算。根据《公路工程标准施工招标文件》（2018年版）通用合同条款第17.5.1款规定：工程接收证书颁发后，承包人应按专用合同条款约定的份数和期限向监理人提交交工付款申请单，并提供相关证明材料。除专用合同条款另有约定外，交工付款申请单应包括下列内容：①交工结算合同总价；②发包人已支付承包人的工程价款；③应支付的交工付款金额。

承包人向监理人提交交工付款申请单（包括相关证明材料）的份数在项目专用合同条款数据表中约定，期限为交工验收证书签发后42天内。

通常情况下，交工支付的付款内容和付款范围比期中支付更广泛。一方面，在所完成的工程价款中，合同中的全部工程子目都已发生，都需要办理结算；另一方面，有些工程变更、费用索赔等支付项目在期中支付中并未完全解决，需要全面清理；再者，有些交工支付中独有的支付项目需要专门处理，如逾期交工违约金（拖期损失偿金）的扣留、提前交工奖金的支付等。

2. 交工支付申请的审定与支付

监理人在收到承包人提交的交工付款申请单后的14天内完成核查，提出业主到期应支付给承包人的价款送业主审核并抄送承包人。业主应在收到后14天内审核完毕,由监理人向承包人出具经业主签认的交工付款证书。监理人未在约定时间内核查,又未提出具体意见的,视为承包人提交的交工付款申请单已经监理人核查同意;业主未在约定时间内审核又未提出具体意见的,监理人提出业主到期应支付给承包人的价款视为已经发包人同意。业主应在监理人出具交工付款证书且承包人提交了合格的增值税专用发票后的14天内,将应支付款支付给承包人。业主不按期支付的,按合同条款的约定,将逾期付款违约金支付给承包人。

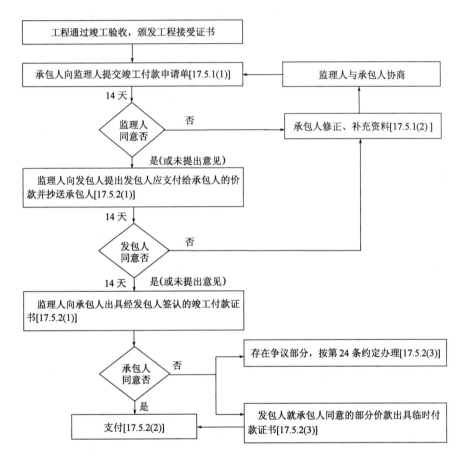

图 8-5　交工支付程序

注:通用合同条款中"竣工"等同公路工程的"交工"

监理人对交工付款申请单有异议的,有权要求承包人进行修正和提供补充资料。经监理人和承包人协商后,由承包人向监理人提交修正后的交工付款申请单。承包人对业主签认的交工付款证书有异议的,业主可出具交工付款申请单中承包人已同意部分的临时付款证书。存在争议的部分,按合同约定办理。

交工支付的审查要求与期中支付的审查要求相同,但其难度更大,也更复杂。如遗留下来的工程变更、费用索赔的处理,需要监理人在事后进一步查实索赔(或变更)原因和核实索赔(或变更)金额,这本身就是一项难度很大的工作;又如,要确定拖期损失赔偿金的扣留或提前交工奖金,首先需要根据合同约定工期以及合理延期,运用网络计划技术确定项目是提前完工还是推迟完工。

另外,交工支付的准确性要求更高。期中支付不准确,可通过下一期期中支付纠正,而交工支付一旦出错,可能是无法挽回的。因此,对交工支付的审查,更应做到深入细致,一丝不苟,准确无误。

七、最终费用支付程序

《公路工程标准施工招标文件》(2018年版)通用合同条款规定的最终支付程序见图8-6。

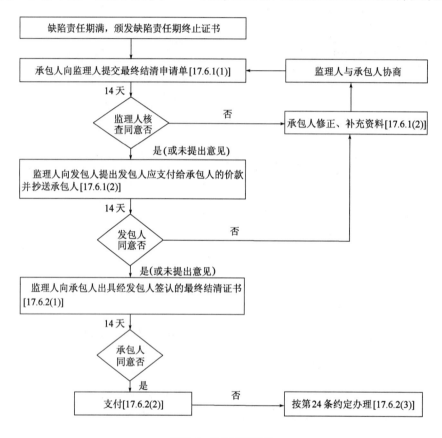

图8-6 最终支付程序

1. 最终支付申请

根据《公路工程标准施工招标文件》(2018年版)通用合同条款第17.6.1款的规定:

(1)缺陷责任终止证书签发后,承包人可按专用合同条款约定的份数和期限向监理人提交最终结清申请单,并提供相关证明材料。

承包人向监理人提交最终结清申请单(包括相关证明材料)的份数在项目专用合同条款数据表中约定;期限:缺陷责任终止证书签发后28天内。

(2)业主对最终结清申请单内容有异议的,有权要求承包人进行修正和提供补充资料,由承包人向监理人提交修正后的最终结清申请单。

2. 最终支付申请的审核与签证

监理人收到承包人提交的最终结清申请单后的 14 天内,提出业主应支付给承包人的价款送业主审核并抄送承包人。业主应在收到后 14 天内审核完毕,由监理人向承包人出具经业主签认的最终结清证书。监理人未在约定时间内核查,又未提出具体意见的,视为承包人提交的最终结清申请已经监理人核查同意;业主未在约定时间内审核又未提出具体意见的,监理人提出应支付给承包人的价款视为已经业主同意。

如果监理人不同意或者不核证最终结清申请单的任何一部分,承包人应按监理人要求提交进一步的资料,并对最终结清申请单做出他们之间协商同意的修改,然后由承包人编制,并向监理人提交双方同意的最终结清单。

在提交最终结清申请单时,承包人应给业主一份书面清账书,并抄送监理人,确认最后结账单中的总金额代表了根据合同约定应付给承包人的全部款项的最后结算。

3. 业主付款

业主应在监理人出具最终结清证书且承包人提交了合格的增值税专用发票后的 14 天内,将应支付款支付给承包人。业主不按期支付的,按合同条款的约定,将逾期付款违约金支付给承包人。

承包人对业主签认的最终结清证书有异议的,按合同条款的约定办理。

【例 8-5】 某工程项目业主与承包人签订了工程施工承包合同。合同中估算工程量为 $5300 m^3$,原价 240 元/m^3。合同工期为 6 个月,有关支付条款如下:

①开工前,发包人向承包人支付签约合同价 20% 的预付款;
②当累计实际完成工程量超过(或低于)估算工程量的 10% 时,价格应予调整,调价系数为 0.9(或 1.1);
③每月签发付款证书最低金额为 25 万元;
④预付款从承包人获得累计工程款超过签约合同价的 30% 以后的下一个月起至第 5 个月均匀扣除;

施工单位每月实际完成并经签认认可的工程量如表 8-5 所示。

承包人完成的工程量统计表　　　　　表 8-5

项目	单位	1月	2月	3月	4月	5月	6月
完成工程量	m^3	800	1000	1200	1200	1200	500
累计完成工程量	m^3	800	1800	3000	4200	5400	5900

问:①签约合同总价是多少?
②预付工程款是多少?预付工程款从哪个月起扣留?每月扣预付工程款是多少?
③每月工程量价款是多少?应签证的工程款为多少?应签发的付款凭证金额是多少?

【解】 ①签约合同总价为 127.2 万元,即 $5300 \times 240 = 1272000$(元)$= 127.20$(万元)
②预付工程款为 25.44 万元,即 $127.2 \times 20\% = 25.44$(万元)
第一、二期累计工程款:$1800 \times 240 = 432000$(元)$= 43.2$(万元)$> 127.2 \times 30\% = 28.62$(万元)

根据合同约定,累计工程款超过签约合同价的 30% 以后的下一个月起至第 5 个月均匀扣除,可知预付工程款从第 3 个月开始扣留。

　　每月应扣预付工程款:$25.44/3 = 8.48$(万元)

　　③第 1 个月工程款:$800 \times 240 = 192000$(元) $= 19.20$(万元)

　　本月应签证的工程款:19.20(万元) < 25(万元)(本月不予付款)

　　第 2 个月工程款:$1000 \times 240 = 240000$(元) $= 24.00$(万元)

　　本月应签发的工程款:$24.00 + 19.20 = 43.20$(万元)

　　第 3 个月工程款:$1200 \times 240 = 2880000$(元) $= 28.80$(万元)

　　本月应扣预付款:8.48(万元)

　　本月应签证的工程款:$28.80 - 8.48 = 20.32$(万元) < 25(万元)(本月不予付款)

　　第 4 个月工程款:$1200 \times 240 = 2880000$(元) $= 28.80$(万元)

　　本月应扣预付款:8.48(万元)

　　本月应签证的工程款:$28.80 - 8.48 = 20.32$(万元)

　　本月应签发的工程款:$20.32 + 30.32 = 40.64$(万元)

　　第 5 个月累计完成 $5400 m^3$ 比原估算的工程量超过 $100 m^3$,但未超过估算 10%,仍按原价估算工程价款:$1200 \times 240 = 2880000$(元) $= 28.80$(万元)

　　本月应扣预付款:8.48(万元)

　　本月应签证的工程款:$28.80 - 8.48 = 20.32$(万元) < 25(万元)(本月不予付款)

　　第 6 个月累计完成 $5900 m^3$ 比原估算的工程量超过 $600 m^3$,已超过估算 10%,对超过部分应调整单价。应调整单价的工程量:$5900 - 5300 \times (1 + 10\%) = 70(m^3)$

　　本月完成的工程价款:

　　$70 \times 240 \times 0.9 + (500 - 70) \times 240 = 118320$(元) $= 11.832$(万元)

　　本月应签发的工程款:$11.832 + 20.32 = 32.152$(万元)

第九章 合同事项管理

公路工程施工监理的关键是熟悉合同和掌握合同,同时利用合同对工程施工过程的工程质量、施工安全、施工环境保护、工程费用、工程进度及合同事项实施的监督和管理。

合同事项管理的主要内容包括:工程分包,人员、设备检查,停/复工,工程变更、工程延期、费用索赔、价格调整和计时工、违约处理、争端处理、施工合同解除等。理解和熟悉合同的主要内容,对监理工程师、业主、承包人都十分重要。下面结合我国公路工程施工监理实践,对合同事项管理的主要内容做概括性介绍。

第一节 菲迪克(FIDIC)合同条件简介

随着我国加入世界贸易组织,适应国际惯例、参与国际市场竞争是我国建筑业非常重要的任务。FIDIC 施工合同条件,作为工程承包业的国际惯例,具有成熟、规范、严格和公正等特点。学习 FIDIC 条款,不仅能使我们熟悉国际惯例、便于进行国际竞争,还能提高我们的施工管理水平。

一、FIDIC 合同条件的特点

FIDIC 组织下设 5 个专业委员会:业主与咨询工程师关系委员会(CCRC)、合同委员会(CC)、风险管理委员会(RMC)、质量管理委员会(QMC)和环境委员会(ENVC)。FIDIC 的专业委员会编制了许多规范性文件,形成了一个系列合同条件,目前作为惯例已成为国际工程界公认的标准化合同并实行的有:

(1)FIDIC《土木工程施工合同条件》(由于封面为红色,又称"红皮书")。
(2)FIDIC《电气与机械工程合同条件》(由于封面为黄色,又称"黄皮书")。
(3)FIDIC《业主/咨询工程师标准服务协议》(由于封面为白色,又称"白皮书")。
(4)FIDIC《设计 建造和交钥匙工程合同条件》(由于封面为橘色,又称"橘皮书")。
(5)FIDIC《土木工程分包合同条件》。
1999 年 9 月,FIDIC 出版了新版的文件,共有四种,统称为 1999 年第一版。
(1)《施工合同条件》(又称"新红皮书")。
(2)《工程设备与设计 建造合同条件》(又称"新黄皮书")。
(3)《EPC 交钥匙合同条件》(又称"银皮书")。
(4)《合同简短格式》(又称"绿皮书")。
这些合同文件不仅被 FIDIC 成员国广泛采用,而且世界银行、亚洲开发银行、非洲开发银行等金融机构也要求在其贷款建设的土木工程项目实施过程中使用以该文本为基础编制的合同条件。这些合同条件的文本不仅适用于国际工程,而且稍加修改后同样适用于国内工程,我国有关部委编制的适用于大型工程施工的标准化范本都以 FIDIC 编制的合同条件为蓝本。FIDIC 系列合同条件具有如下特点:

(1)具有国际性、广泛的适用性、权威性的特点。

FIDIC 编制的合同条件是在总结国际工程合同管理各方面经验教训的基础上制定的,是在总结各个国家和地区的业主、咨询工程师和承包人各方经验的基础上编制出来的,并且不断修改完善,是国际上最具权威性的合同文件,也是世界上国际招标的工程项目中使用最多的合同条件。

(2)具有公正合理性的特点。

FIDIC 合同条件较为公平地考虑了合同双方的利益风险,为双方合理确定价格奠定了良好的基础。

(3)具有程序严谨、易于操作的特点。

合同条件中对处理各种问题的步骤都有严格的规定,强调要及时处理解决问题,避免由于拖拉而产生不良后果,此外还特别强调各种书面文件及证据的重要性,这些规定使各方均有章可循,易于操作和实施。

(4)工程师的特殊作用。

在 1995 年 FIDIC 的橘皮书编制前,FIDIC 合同条件有一个显著的特点,就是在合同的执行过程中设置了具有相对独立性的第三方,即"工程师"。这里的工程师受业主聘用,负责合同管理和工程监督,有权根据合同约定做出决定、开具证明、发布命令。但在工程实践的许多场合,人们发现在某些国家工程师的独立地位得不到实现,所以新版 FIDIC 编制时,取消了工程师的独立地位,把工程师视为属于业主的人员,但仍要求工程师做出决定时应持公正的态度。

二、FIDIC《施工合同条件》简介

FIDIC 在 1999 年出版的新范本《施工合同条件》在维持《土木工程施工合同条件》(1988年第四版)基本原则的基础上,对合同结构和条款内容做了较大修订。新的版本有以下几方面的重大改动:

(1)合同的适用条件更为广泛,适用法律更广。

FIDIC 在《土木工程施工合同条件》基础上编制的《施工合同条件》不仅适用于建筑工程施工,也可以适用于安装工程施工;新版《施工合同条件》不仅在习惯法系(即英美法系)下能够适用,在大陆法系下也同样适用。为此,FIDIC 在合同小组中专设了一名律师,保证合同中的措辞适用于大陆法系和习惯法系。

(2)条款结构改变。

以前的 FIDIC 合同条件版本主要以工程类型和工作范围来划分,在新版的 FIDIC 合同条件中,主要从工程类型的划分、工作范围的划分、工程复杂程度及风险分摊大小等方面着眼,分别编制了能满足各方面要求的合同版本。在新版的 FIDIC《施工合同条件》中,通用条件条款的标题分别为:一般规定;业主;工程师;承包人;指定分包人;职员和劳工;永久设备、材料和工艺;开工、延误和暂停;竣工检验;业主的接收;缺陷责任;测量和估价;变更和调整;合同价格和

支付;业主提出终止;承包人提出暂停和终止;风险和责任;保险;不可抗力;索赔、争端和仲裁等,一共 20 条 247 款,比《土木工程施工合同条件》的 25 条条目数少,但条款数多,尽可能将相关内容归列在同一主题下,改正了以往合同履行过程中发生的某一事件往往涉及排列序号不在一起的很多条款,使得编写合同、履行管理都感到很烦琐的缺点。

(3)对业主、承包人双方的权利和义务做了更严格明确的规定。

(4)对工程师的职权规定得更为明确。

通用条款内明确规定,工程师应履行施工合同中赋予他的职责,行使合同中明确约定的或必然隐含的权力。如果要求工程师在行使施工合同中某些规定权力之前需先获得业主的批准,则应在业主与承包人签订合同的专用条件的相应条款内注明。合同履行过程中业主或承包人的各类要求均应提交工程师,由其做出"决定";除按照解决合同争议的条款将该事件提交争端裁决委员会或仲裁机构解决外,对工程师做出的每一项决定各方均应遵守。业主与承包人协商达成一致前,不得对工程师的权力加以进一步限制。通用条件的相关条款同时规定,每当工程师需要对某一事项做出商定或决定时,应首先与合同双方协商并尽力达成一致,如果不能达成一致,则应按照合同约定并适当考虑所有有关情况后再做出公正的决定。但在新版合同条件中,淡化了工程师的独立地位,将工程师视为业主的人员。

(5)补充了部分新内容。

随着工程项目管理的规范化发展,增加了一些《土木工程施工合同条件》没有包括的内容,如业主的资金安排、业主的索赔、承包人要求的变更、质量管理体系、知识产权、争端裁决委员会等,条款涵盖的范围更为全面合理。

(6)通用条件的条款更具备操作性。

通用条件条款数目的增加不仅表现为涵盖内容的宽泛,而且条款约定更为细致和便于操作。如将预付款支付与扣还、调价公式等编入了通用条件的条款。

三、FIDIC 合同风险责任划分

工程建设时间跨度长,技术难度大,外部环境不稳定。因此,工程实施过程中充满了变数,也就产生了风险。风险分担是合同中一项十分重要的内容,对承包人的投标报价和工程实施都会产生很大影响。

1. 业主应承担的风险

合同履行过程中可能发生的某些风险是有经验的承包人在准备投标时无法合理预见的,就业主利益而言,不应要求承包人在其报价中计入这些不可合理预见风险的损害补偿费,以取得有竞争性的合理报价。合同履行过程中发生此类风险事件后,应按承包人受到的实际影响给予补偿。

1)合同条件规定的业主风险

通用条件规定,属于业主的风险包括:

(1)战争以及敌对行为等。

(2)工程所在国内部起义、恐怖活动、革命等内部战争或动乱。

(3)非承包人(包括其分包人)人员造成的骚乱和混乱等。

(4)军火和其他爆炸性材料的放射性物质造成的离子辐射或污染等造成的威胁,但承包人使用此类材料。

(5)其他物质导致的情况除外。

(6)飞机以及其他飞行器造成的压力波。

(7)业主占有或使用部分永久工程(合同明文规定的除外)。

(8)业主方负责的工程设计不当造成的损失。

(9)一个有经验的承包人也无法合理预见并采取措施来防范自然力作用。

2)不可预见的物质条件

不可预见的物质条件范围包括承包人施工过程中遇到不利于施工的外界自然条件、人为干扰、招标文件和图纸均未说明的外界障碍物、污染物的影响、招标文件未提供或与提供资料不一致的地表以下的地质和水文条件,但不包括气候条件。

3)其他不能合理预见的风险

(1)外币支付部分由于汇率变化的影响。

(2)法令、政策变化对工程成本的影响。

2. 承包人的责任

承包人是工程的具体实施者。一项工程十分复杂,让承包人完成该工程,在合同条件中,一般应先简练但比较笼统地规定出承包人的基本义务,而具体的工程范围和执行工程的标准和规范等在合同其他相应的文件中约定。承包人的基本义务包括的内容如下:

(1)承包人应根据合同和工程师的指令来施工和修复缺陷。

(2)承包人应提供合同约定的永久设备和承包人的文件。

(3)承包人应提供其实施工程期间所需的一切人员和物品。

(4)承包人应为其现场作业以及施工方法的安全性和可靠性负责。

(5)承包人应为其文件、临时工程以及永久设备和材料的设计负责,但不对永久工程的设计或规范负责,除非有明确规定。

(6)工程师随时可以要求承包人提供施工方法和安排等内容,如果承包人随后需要修改,应事先通知工程师。

(7)如果合同要求承包人负责设计某部分永久工程,承包人执行该设计的程序简述如下。

①承包人应按合同约定的程序向工程师提交有关设计的承包人的文件;

②这些文件应符合规范和图纸的要求,并用合同约定的语言书写,这些文件还应包括工程师为了协调所需要的附加资料;

③承包人应为其设计的部分负责,并在完成后,该部分设计应符合合同约定这部分应达到的目的;

④在竣工检验开始之前,承包人应向工程师提交竣工文件和操作维护手册,以便业主使用。不提交这些文件,该部分工程不能认为完工和验收。

3. 工程师的职责

FIDIC 合同的使用条件是业主必须雇用工程师作为中间人,负责管理合同,所以 FIDIC 合同在执行中时刻离不开工程师。工程师是在投标函附录中指定的人员,或者业主任命的人员,他受雇于业主来管理工程项目;他属于业主的人员,不是独立的第三方;他按照业主与承包人签订的合同中授予他的权力来履行其职责;他是业主方管理工程的具体执行者。工程师是工程的实际管理者,是参与工程中众多角色中最核心的角色之一。无论是业主、承包人,还是工程师自己都应清楚地了解工程师的权力和职责范围。

1) 工程师的权力和职责范围

工程师是业主方管理合同的具体执行者,作为一个管理者,合同中必须约定清楚他有哪些职责及为履行这些职责所赋予他的权力。工程师的权力和职责范围主要内容可归纳如下:

(1) 业主应任命工程师来管理合同,工程师应履行合同中约定的职责。根据 FIDIC 合同条件,工程师的职责是解释书面合同,检查合同的执行情况,包括工程进展中向承包人发出与合同管理有关的指示、评估承包人提出的各类建议、保证施工材料和工艺符合合同约定、监测已完工程数量并代表业主校核批复验工计价等,以控制整个项目的顺利实施。

(2) 工程师的职员应是有能力履行这些职责的合格技术人员和其他专业人员。

(3) 工程师无权更改合同。

(4) 工程师可以行使合同中约定和确定隐含的赋予他的权力。FIDIC 合同条件中工程师的主要作用是监督管理承包人,宏观控制承包人在施工中履行合同的情况,以及在可能的条件下对业主与承包人进行必要的调解工作,是主动地安全、费用、进度和质量跟踪。

(5) 除了列明的限制之外,在签订合同后,没有承包人的同意,业主不得再进一步限制工程师的权力。

(6) 即使按照专用条件,工程师行使的某项权力需要得到业主的批准,一旦工程师行使了该权力,不管他是否获得了业主的批准,从承包人角度来看,都应被认为已经获得了业主的批准。

(7) 无论是工程师行使其权力,还是履行其职责,都应看作是为业主做的工作(合同条件中另有约定除外)。

(8) 工程师无权解除业主和承包人的义务和责任(合同条件中另有规定除外)。

(9) 工程师的任何批准、检查、证书、同意、通知、建议、检验、指令和要求等不解除承包人在合同中的责任(合同条件中另有约定除外)。

2) 决定

在工程的实施过程中,有许多地方都要进行决定。合同双方对某一问题可能有不同看法,所以,工程师还兼有"临时裁判"的特殊角色,这也是合同赋予他的权力之一。

(1) 当合同中要求工程师根据本款决定某事宜时,他应与各方商量,力争使双方达成一致意见。

(2) 若达不成一致意见,工程师应根据合同,结合实际情况,公平处理。

(3) 工程师应将自己的决定通知业主和承包人,并说明如此决定的理由。

(4) 如果一方对此决定有异议,可按"索赔,争端与仲裁"条款来解决,但在最终解决之前,双方应遵照执行工程师的指令。

第二节 工程变更

任何工程项目在实施过程中由于受到各种外界因素的干扰,都会发生不同程度的变更,因其无法事先做出具体的预测,而在开工后又无法避免。由于合同变更涉及工程价款的变更及时间的补偿等,则直接关系到项目效益。因此,变更管理在合同管理中就显得相当重要。

一、工程变更概述

工程变更是指经监理工程师审查批准并下达变更令后,对工程合同文件的任何部分或工程项目的任何部分所采用的形式上的改变、质量要求上的改变或工程数量上的改变。工程变更涉及的内容比较广泛。

监理工程师应谨慎地按合同条款实施工程变更管理。工程变更必须经过监理工程师的批准才能生效。监理机构应按下列规定处理工程变更:

(1)监理机构应按权限审核、办理施工单位提出的工程变更申请。
(2)对涉及修改工程设计文件的工程变更,应报建设单位组织处理。
(3)监理机构可向建设单位提出工程设计变更的建议。
(4)监理机构可对建设单位要求的工程变更提出意见。
(5)由于工程变更发生的费用变化应按施工合同约定执行。

二、工程变更的合同约定

根据《公路工程标准施工招标文件》(2018年版)通用合同条款第15条内容,工程变更的基本规定如下:

1. 变更范围和内容

除专用合同条款另有约定外,在履行合同中发生以下情形之一,应按照通用合同条款第15条的内容进行变更。

(1)取消合同中任何一项工作,被取消的工作不能转由发包人或其他人实施,由于承包人违约造成的情况除外;
(2)改变合同中任何一项工作的质量或其他特性;
(3)改变合同工程的基线、高程、位置或尺寸;
(4)改变合同中任何一项工作的施工时间或改变已批准的施工工艺或顺序;
(5)为完成工程需要追加的额外工作。

上述变更均不应使发包人与承包人签订的施工合同作废或无效。所有这类变更工程(如果有)的结果应根据第15条规定予以作价。但是,如果发出本工程的变更指令(简称"变更令")是因承包人过错、承包人违反合同或承包人责任造成的,则这种违约引起的任何额外费用应由承包人承担。

2. 变更指令

在履行合同过程中,经发包人同意,监理人可按通用合同条款第15.3款规定的变更程序向承包人作出变更指示,承包人应遵照执行。没有监理人的变更指示,承包人不得擅自变更。但如果工程量的增减是由于实际工程量超过或少于工程量清单中估算的数量而并非监理人指示的结果,则这类增减不需变更指令。

3. 变更程序

1）变更的提出

（1）在合同履行过程中，可能发生通用合同条款第15.1款规定变更情形的，监理人可向承包人发出变更意向书。变更意向书应说明变更的具体内容和发包人对变更的时间要求，并附必要的图纸和相关资料。变更意向书应要求承包人提交包括拟实施变更工作的计划、措施和竣工时间等内容的实施方案。发包人同意承包人根据变更意向书要求提交的变更实施方案的，由监理人按合同约定发出变更指示。

（2）在合同履行过程中，发生通用合同条款第15.1款规定变更情形的，监理人应按照合同条款的约定向承包人发出变更指示。

（3）承包人收到监理人按合同约定发出的图纸和文件，经检查认为其中存在合同条款约定变更情形的，可向监理人提出书面变更建议。变更建议应阐明要求变更的依据，并附必要的图纸和说明。监理人收到承包人书面建议后，应与发包人共同研究，确认存在变更的，应在收到承包人书面建议后的14天内作出变更指示。经研究后不同意作为变更的，应由监理人书面答复承包人。

（4）若承包人收到监理人的变更意向书后认为难以实施此项变更，应立即通知监理人，说明原因并附详细依据。监理人与承包人和发包人协商后确定撤销、改变或不改变原变更意向书。

2）变更估价

（1）除专用合同条款对期限另有约定外，承包人应在收到变更指示或变更意向书后的14天内，向监理人提交变更报价书，报价内容应根据合同条款约定的估价原则，详细开列变更工作的价格组成及其依据，并附必要的施工方法说明和有关图纸。

（2）变更工作影响工期的，承包人应提出调整工期的具体细节。监理人认为有必要时，可要求承包人提交要求提前或延长工期的施工进度计划及相应施工措施等详细资料。

（3）除专用合同条款对期限另有约定外，监理人收到承包人变更报价书后的14天内，根据合同条款约定的估价原则，按照通用合同条款第3.5款的约定商定或确定变更价格。通用合同条款第3.5款规定如下：

①合同约定总监理工程师应按照第3.5款对任何事项进行商定或确定时，总监理工程师应与合同当事人协商，尽量达成一致。不能达成一致的，总监理工程师应认真研究后审慎确定。如果这项商定或确定导致费用增加和（或）工期延长，或者涉及确定变更工程的价格，则总监理工程师在发出通知前，应征得发包人的同意。

②总监理工程师应将商定或确定的事项通知合同当事人，并附详细依据。对总监理工程师的确定有异议的，若构成争议，则按照第24条（争议的解决）的约定处理。在争议解决前，双方应暂按总监理工程师的确定执行，按照第24条的约定对总监理工程师的确定作出修改的，按修改后的结果执行。

3）变更指示

（1）变更指示只能由监理人发出，而且变更指示必须是书面形式，变更指示应在合同约定的期限内送达承包人，并办理签收手续。

（2）变更指示应说明变更的目的、范围、变更内容以及变更的工程量及其进度和技术要求,并附有关图纸和文件。承包人收到变更指示后,应按变更指示进行变更工作。

(3)在紧急情况下,总监理工程师或被授权的监理人员现场签发临时书面变更指示,承包人应遵照执行。承包人应在收到上述临时书面变更指示后24小时内,向监理人发出书面确认函。监理人在收到书面确认函后24小时内未予答复的,该书面确认函应被视为监理人的正式指示。

4)设计变更

设计变更程序应执行《公路工程设计变更管理办法》的相关规定。

4. 变更的估价原则

除项目专用合同条款另有约定外,因变更引起的价格调整按照通用合同条款第15.4款的规定处理。

(1)如果取消某项工作,则该项工作的总额价不予支付。

(2)已标价工程量清单中有适用于变更工作子目的,采用该子目的单价。

(3)已标价工程量清单中无适用于变更工作子目的,但有类似子目的,可在合理范围内参照类似子目的单价,由监理人按第3.5款商定或确定变更工作的单价。

(4)已标价工程量清单中无适用或类似子目的单价,可在综合考虑承包人在投标时所提供的单价分析表的基础上,由监理人按第3.5款商定或确定变更工作的单价。

(5)如果本工程的变更指示是因承包人过错、承包人违反合同或承包人责任造成的,则这种违约引起的任何额外费用应由承包人承担。

5. 承包人的合理化建议

在履行合同过程中,承包人对发包人提供的图纸、技术要求以及其他方面提出的合理化建议,均应以书面形式提交监理人。合理化建议书的内容应包括建议工作的详细说明、进度计划和效益,以及与其他工作的协调等,并附必要的设计文件。监理人应与发包人协商是否采纳建议。建议被采纳并构成变更的,应由监理人按合同约定向承包人发出变更指示。

承包人提出的合理化建议缩短了工期,发包人按合同约定给予提前竣工奖金。承包人提出的合理化建议降低了合同价格或者提高了工程经济效益的,发包人按项目专用合同条款数据表中规定的金额给予奖励。

三、工程变更的单价分析与计算

对变更工程的计价,通常在确定变更工程单价的基础上,对变更工程的工程量进行计量的量价分离原则。根据合同有关规定,变更工程单价的确定方法有四种。

1. 采用工程量清单中相应工程子目的单价

这是确定变更工程单价的首要依据。即工程量清单中有相应工程子目者,原则上应按工程量清单中相应的工程子目单价来确定变更工程的单价。由于工程量清单的价格是承包人投标时填报的,用于变更工程,容易被发包人、承包人及监理人所接受,而且从合同意义上来说也比较公平合理。

采用工程量清单中相应工程子目的单价作为计价依据,能充分体现单价合同的作用,减少变更工程承包人和发包人协商定价的分歧,尽快确定变更工程单价,及时办理变更工程的计量支付。所以,只要变更工程数量不大,都可以采用工程量清单中相应工程子目的单价作为计价依据。

实践中,采用工程量清单的子目单价一般分三种情形,一是直接套用,即直接采用工程量清单中相应子目的价格;二是间接套用,即依据工程量清单子目单价,经换算后采用;三是部分套用,即依据工程量清单,取用其价格中的某一部分。

> 【例9-1】 在某合同新增加的附属工程项目中,需要浇注C25混凝土,在工程量清单中,虽然可以找到C25混凝土的价格,但在不同的构造物中,由于几何尺寸、地理位置和施工条件不尽相同,尽管混凝土强度等级相同,单价却不一样,并且没有明显可与新增的附属工程情况靠近的单价。监理人在处理这项变更的定价问题时,首先将工程量清单中所有C25混凝土价格取出,然后计算其平均值,并以此平均值作为新增工程中C25混凝土的单价。

> 【例9-2】 在某合同工程中要使用的钻孔灌注桩有如下3种:直径为1.0m的桩共计桩长1501m,直径为1.2m的桩共计长8178m,直径为1.3m的桩共计长2017m,原合同约定选择直径为1.0m的钻孔灌注桩做静载破坏试验。显而易见,如果选择直径为1.2m的钻孔灌注桩做静载破坏试验,对工程更具有代表性和指导意义。因此,监理人决定进行变更。但在原工程量清单中仅有直径1.0m的钻孔灌注桩做静载破坏试验的价格,没有可以直接套用的价格。经过认真分析,监理人认为钻孔灌注桩静载破坏试验的费用主要由两部分组成,其一为试验费用,其二为桩的费用,而试验方法及设备并未因试验桩直径的改变而发生变化。因此,费用增减主要是由钻孔灌注桩直径的变化而引起的,而试验费用可认为没有变化。由于普通钻孔灌注桩的单价在工程量清单中可以找到,故改用直径为1.2m钻孔灌注桩进行静载破坏试验的费用 = 直径1.0m钻孔灌注桩静载破坏试验费 + 直径1.2m钻孔灌注桩的清单价格。

2. 采用计日工单价作计价依据

如果工程量清单中无相应的单价作计价依据,则当变更工程是一些小型变更工程时,可根据监理人的指示使用计日工单价作为计价的依据。

例如,某项目因设计变更增加一道盲沟,合同中无相应单价。此时,可根据监理人指示使用计日工单价作为计价依据。即监理人根据盲沟施工要求,指示承包人安排相应的人工、材料、机械进行施工,并及时对人工、材料、机械的数量进行清点和确认,然后按工程量清单中计日工的相应单价来计价。

在使用计日工单价作计价依据时,应注意变更工程是一些小型工程,且即使对其分解,工程量清单中也无相应工程子目的单价。由于使用计日工作计价依据,不利于促进施工单位加快施工进度,提高资源的使用效率。因此,对大型变更工程,使用计日工单价作计价依据是不合适的,该方法不适于大型变更工程的计价。

3. 对工程量清单中的相应单价进行变更

如果变更工程的性质和数量,关系到整个工程或其任何部分的性质或数量,使涉及的工程子目原有单价或总额价因此而不合理或不适应,在具体工程项目的"项目专用合同条款"中一般会约定,当该变更满足下列条件时,应对工程量清单中的相应单价进行调整。

1)单项工程

项目专用合同条款约定,如果合同的工程量清单中某一个支付子目所列的"金额"或"合价"超过签约时合同价格的2%(或合同约定的另一数值),而且该支付子目变更后的工程实际数量超过或少于工程量清单中所列数量的25%(或合同约定的另一数值),则该支付子目的单价或总额价应予以调整。

2)整个工程项目

项目专用合同条款约定,如果在签发交工证书时,发现合同价格的增加或减少总共超过"签约合同价"的15%(或合同约定的另一数值),则一般在项目专用合同条款中会约定工程量清单相应单价调整的规定和方法,在实际工作中按照合同条款的约定进行调整。但也有些合同在项目专用条款中没有具体约定单价调整的规定和方法,就需要监理人与发包人和承包人协商后确定一笔费用调整额,从合同价格中扣除或加到合同价格上。

该调整规定实际上是单价合同履行中公平性与可操作性的有机统一。就合同的严肃性及可操作性而言,变更工程原则上应按合同中的相应单价来办理结算,但如果工程变更太大,尤其合同中存在不平衡报价,则单价可能与成本相比会显得偏高或偏低。此时,当工程变更超出某一范围时,继续采用原单价结算会有悖公平性甚至出现有失公平的现象,所以此时单价应进行修订或调整。下面通过示例来进行说明。

【例9-3】 设有一合同,其利用填方工程量为100万 m^3,在施工过程中,由于设计变更而使得其实际数量达到150万 m^3,试问增加的50万 m^3 怎样办理结算。

【解】 根据合同的单价确定原则,增加的50万 m^3 填方工程量首先原则上应按合同中的相应单价来办理结算,除非该变更工程符合上述单价变更原则。

现假定合同中利用填方工程的金额为1000万元,该合同的总价为1亿元。则通过分析可知,该变更工程符合上述单价变更的有关条件。

第一,利用填方工程子目的合同金额为1000万元,达到合同价的10%,已超出合同总价(1亿元)的2%;第二,利用填方工程子目由于变更使得工程量增加了50万 m^3,其增幅为50%,已超出工程量清单中该子目工程量(100万 m^3)的25%。

所以利用填方的单价可以进行调整。但是否一定要进行调整,则应分析工程量清单中其单价是否真实地反映了承包人为完成工程所需要的成本和利润。

从成本和利润分析可知,承包人完成100万 m^3 土方的合理单价为10.5元$/m^3$。其价格组成是:

(1)直接成本8元$/m^3$;

(2)间接成本2元$/m^3$;

(3)利润0.5元$/m^3$。

但由于多种原因,承包人的报价可能出现以下三种情况:

第一种情况:10.5元$/m^3$ 及以上,即报价等于或高于合理单价;

第二种情况:10元$/m^3$,即报价中采取了让利策略,利润为0;

> 第三种情况:8元/m³甚至更低,即在第二种报价的基础上采用了不平衡报价法或将管理费分摊到了其他工程子目的报价中,此时的单价为一亏损价。
>
> 对于第一种报价。由于工程量的增加,承包人会增大规模效益,其增加的工程量部分的直接成本和间接成本均会降低,因此,在对超出25%部分的增加工程量计价时,原有合同单价应予以降低,当单价因不平衡报价而超出10.5元/m³时更应如此。
>
> 对于第二种报价。尽管承包人并未承诺对变更工程继续向发包人让利,但由于规模经济性会使得承包人的平均施工成本下降,承包人在完成变更工程中,可以从规模效益的增加中获利,因此其单价可维持不变。
>
> 对于第三种报价。由于其单价为亏损价,因此继续使用合同单价对超出25%部分的增加工程量计价是不公平的,宜采用10.5元/m³或10元/m³的价格对超出25%部分的变更工程计价。
>
> 本例中,从已知数据可知,合同中的利用填方单价为10元/m³,即承包人在报价中采取了让利策略,其利润为0。但由于规模经济性可使承包人从中获利,因此,其单价应维持不变。

基于例9-3分析可知,之所以出现单价变更,其主要原因在于:

第一,工程量清单中可能存在不平衡报价现象,因而对变更工程按不平衡单价办理结算显得不合理。

第二,即使不存在不平衡报价现象,施工规模的经济性及规模效益的变化也会使得在实施变更工程过程中,其发生的管理费等费用并不一定与变更后的工程量成正比的变化。当工程量增加时,承包人的施工成本并不一定成比例增加,而当工程量减少时,承包人的成本不一定成比例减少,因而对变更工程按原单价办理结算时会使得变更工程部分的管理费等费用考虑得不准确。

但即使出现上述情况,原则上首先需要维护合同的严肃性和可操作性,保持单价不变。只有当变化太大,即超出上述两个条件所列范围而使得当事人一方难以承受时,才考虑对超出部分带来的影响进行调整或考虑。此时,如原单价偏高,应予以降低,反之,应予以提高。其新的单价可根据现行《公路工程预算定额》(JTG/T 3832)及《公路工程建设项目概算预算编制办法》(JTG 3830)来确定。

4.协商确定新工程子目的单价

如果工程量清单中没有相应工程子目的单价,且又不宜采用计日工单价作计价依据,则监理人应按照第3.5款的规定,与发包人和承包人协商确定新的工程子目单价。在协商过程中,下列文件是协商确定变更工程单价的依据:

(1)现行《公路工程预算定额》(JTG/T 3832)及《公路工程建设项目概算预算概预算编制办法》(JTG 3830)。

(2)承包人投标时提交的单价分析资料及工程量清单中相关子目的单价。

实践中新单价的确定有以下方法:

1)以合同单价为基础定价

该方法的特点是简单且有合同依据。但如果原清单子目单价偏低,则得出的新单价也会偏低,反之,原单价偏高,则得出的新单价也会偏高。所以其确定的单价只有在原单价是合理情况下才会相对合理,当原单价不合理(有不平衡报价)时,该方法对增加的工程量部分的定价是不合理的。

2)以预算方法为基础定价

该方法的优点是以现行《公路工程预算定额》(JTG/T 3832)及《公路工程建设项目概算预算编制办法》(JTG 3830)作定价依据,产生的价格相对合理,能真实地反映完成变更工程的成本和利润。其缺点是不同的施工方案、施工方法会有不同的单价,另外该方法无法反映投标竞争产生的原有招标成果的作用,特别是当承包人有不平衡报价时,该方法会加剧总造价的不合理性。使用该方法时,应先确定沥青路面的施工方案和施工方法,进行资源价格的预算,之后按现行《公路工程预算定额》(JTG/T 3832)及《公路工程建设项目概算预算编制办法》(JTG 3830),确定其预算单价。

3)加权定价法

针对以上两种方法均存在不足的情况下,合理的定价方法应是在考虑路面(5cm)的单价,在保持原有报价不受实质影响的前提下,对新增工程部分按概预算方法定价,以此加权确定路面的单价。

4)以计时工为依据定价

这种方法仅适用于一些小型的变更工作。此时可将这些小型变更工作进行分解,并分别估算出人工、材料以及机械台班消耗的数量,然后由监理工程师发出指示,最后按计日工形式并根据工程量清单中计日工的有关单价计价。对大型变更工作而言,这种计价方式是不适用的。因为一方面它不利于施工效率提高,另一方面,发生的计日工数量的确定会有一定难度。

以上介绍了变更工程单价确定的四种方法。通过协商确定单价是基于工程量清单中没有或者虽有但不合适的情况所采取的一种方法。在这种情况下,监理人应与发包人和承包人就变更工程的价格及费率进行协商,但如果他们的意见不一致,监理人将决定变更工程的单价(除非合同另有约定)。特别要注意的是,一旦监理人决定的价格不太合理,或缺乏说服承包人的依据,那么承包人有权就此向发包人提出费用索赔。因此,监理人在协商和决定变更价格时,要充分熟悉和掌握工地情况和基础技术资料,并通过综合分析、合理判断,做到心中有数。如果按上述步骤处理,变更单价或总额价一时仍不能议定,监理人可以确定暂时的单价或总额价,作为暂付账款列入根据第17.3条规定签发的《期中支付证书》中,待议定后再在其后的支付证书中调整。

在极其特殊的情况下,如果无论采用什么办法都找不到某种材料的合理参考价格,则监理人也可用实际发货票据作为定价依据之一。但是,由于市场价格变化太大,再加上地区差价和部门差价,监理人必须进行一定的市场调查,以验证发货票据的真实性和与实际发生费用的符合性。

【例9-4】 设某项目有挖方、填方以及路面三项工程,其工程量和标底价格见表9-1。当承包人采用平衡报价或不平衡报价时,其报价结果有所不同(承包人采用不平衡报价是基于路基工程开工早,适当报高有利于资金周转及提前受益)。现假定路面在施工中由4cm变更为5cm,则采用不同的定价方法时会有不同的结算结果。

变更工程造价分析表　　　　　　　　　　　表 9-1

工程子目	数量(万 m²)	标底 每 m² 单价(元)	标底 金额(万元)	平衡报价 每 m² 单价(元)	平衡报价 金额(万元)	不平衡报价 每 m² 单价(元)	不平衡报价 金额(万元)	备注
挖方	100	8.5	850	8.0	800	9.5	950	投标时价格
填方	100	5.5	550	5.0	500	6.0	600	
路面(4cm)	26	40.0	1040	36.0	936	32.0	832	
原合同合计			2440		2236		2382	
变更路面(5cm)	26	50.0	1300	45.0	1170	40.0	1040	以合同单价为基础定价时
变更后合计			2700		2470		2590	
变更路面(5cm)	26	50.0	1300	50.0	1300	50.0	1300	以概预算方法定价时
变更后合计			2700		2600		2850	
变更路面(5cm)	26	50.0	1300	46.0	1196	42.0	1092	以加权定价法定价时
变更后合计			2700		2496		2642	

从表 9-1 中可以看出,如果未采用不平衡报价,则依据第一种方法定价时其结算总价为 2470 万元。该价格的不合理之处在于,对增加的路面(1cm)工程量,同样要求承包人向发包人让利(10%),而承包人在投标及签约时并未作此承诺。而采用第二种方法结算时,其结算总价为 2600 万元。该价格的不合理之处在于,由于采用路面的预算单价作结算价,使得承包人在投标及签约时作出的让利 10% 的承诺没有真实执行(承包人的路面报价是 36 元/㎡,标底是 40 元/㎡,故让利 10%)。

如果合同单价是一种不平衡报价,则采用第一种方法结算时其结算总价为 2590 万元。其不合理之处在于,对增加的路面(1cm)工程量同样要求承包人以低于标底 20% 的水平结算,而承包人在投标时并未作此承诺,当采用第二种方法结算时,其结算总价为 2850 万元,结算总价已大大高于预算(标底)总价(2700 万元)。其不合理之处在于原合同路面(4cm)的降价和不平衡报价因素使得路面单价偏低的现象被新确定的路面单价完全消除,而挖方和填方报价偏高的现象仍在继续执行。

四、加强变更工程费用监理的途径

1. 工程变更原因分析

按引发的原因不同,工程变更一般可归纳为如下几种情况:
(1)因设计不合理而引起的工程变更。
(2)发包人想扩大工程规模、提高设计标准或加快施工进度而出现的工程变更。
(3)为满足地方政府的要求而不得不进行的工程变更。
(4)为优化设计方案而出现的工程变更。
(5)因发包人风险或监理人责任等原因而引起的工程变更。

(6)因承包人的施工质量事故而引起的工程变更。

2. 监理人处理工程变更的注意事项

(1)工程变更的范围不能随意扩大。工程变更主要涉及的是设计图纸和技术规范文件的变更,而且在合同条款中对其范围作了清楚的说明。因此,超出这一范围,就不应该视为工程变更,而只能作为其他形式的合同变更去处理,也就是说,此时不能按通用合同条款第15条的规定由监理人去处理,而只能由发包人、承包人去协商解决。

(2)工程变更通常伴随工程数量的改变,但工程数量的改变并不意味着一定有工程变更的发生。例如,施工过程中,经常出现实际工程量与工程量清单中的估算工程量不一致现象,如果设计图纸不发生修改,则这种现象完全是由于估算误差造成的,这时的工程量增减并不属于工程变更的范围。

(3)承包人在执行工程变更前,必须以监理人的书面变更令为依据,即使紧急情况下执行监理人口头指令的工程变更,也应在执行过程中要求监理人尽快予以书面确认,否则这样的变更应视为无效变更,即使对发包人有利,也不一定能得到认可或补偿。工程变更的提出可以是发包人、监理人、设计单位、承包人及当地政府,但不管属于何种情况,最后需由监理人组织实施。

(4)尽管工程变更情况很多,但变更后的工程一般应该是原合同中已有的同类型工程,否则承包人的施工质量(或履行能力)无法保证,而且可能引起复杂的施工索赔,并增大工程结算和费用监理的难度。

3. 加强变更工程费用监理的途径

(1)严格按合同中约定的变更估价确定原则来确定变更工程的造价。

(2)加强变更工程的计量工作,尤其是要加强变更工程开、竣工测量工作、工程隐蔽部位的计量工作。

(3)对采用计日工形式计价的变更工程项目,监理人应及时对发生的计日工数量进行检查和清点,以保证计日工数量的准确性。另外对大型变更工程应避免使用计日工形式计价,因为该方式不利于促进施工效率提高,甚至增大工程造价,降低投资效益。

(4)当工程量清单中没有相应工程子目的单价而需要监理人和承包人协商确定新的单价时,监理人应参照现行《公路工程预算定额》(JTG/T 3832)及《公路工程建设项目概算预算编制办法》(JTG 3830),尽量依据承包人在投标时的报价分析资料和工程量清单中的单价来协商确定其价格。

(5)当整个过程项目的工程造价出现合同专用条款约定的合同价格调整现象时,监理人应本着公平合理原则,在全面分析承包人的施工成本和利润的基础上,确定需要增加或减少的合同款额。

(6)在变更工程的造价管理过程中,应严格按管理程序执行分级审批制度,加强内部监督,做到层层把关,以杜绝利用工程变更钻发包人和合同空子的行为。

(7)对有不平衡报价的合同,应加强单价分析,并对与此相关的工程子目和工程量,加强全面综合控制。以下是一些在造价管理中应加强控制的工程变更:

①工程规模扩大的工程变更。

②因工程性质改变的工程变更。
③单价偏高的工程子目其工程量会增大的工程变更。
④单价偏低的工程子目其工程量会减小的工程变更。

第三节 工程索赔

一、工程索赔概述

1. 索赔的概念和基本特征

FIDIC条款和《公路工程标准施工招标文件》(2018年版)通用合同条款并不希望承包人在其投标报价中将不可预见的风险因素和大笔应急费用全部包括进去,而是主张如果确实发生了此类事件,则应由发包人赔偿或支付这类费用,这就构成了索赔的理论基础。

所谓"索赔",顾名思义有索取赔偿之意,是指工程实施过程中,由于非承包人自身原因造成的费用损失(费用索赔)和/或工期延误(延期索赔),按照合同约定,经监理工程师书面批准的,承包人通过合法的途径和程序得到的追加付款和(或)延长工期。索赔包括费用索赔和工期索赔。它不包括由于承包人自身原因造成的费用损失和(或)工期延误。

在合同执行过程中,如果当事人一方认为另一方没能履行或不完全履行合同既定的义务或妨碍了自己履行合同义务,或是发生了合同中约定由另一方承担的风险事件,结果造成经济损失,则受损失方通常可提出索赔要求。显然,索赔对另一方不具任何惩罚性质,它是合同双方各自应该承担的义务或享有的合法权利,是发包人与承包人之间在工程风险责任上进一步分配的具体体现,是一种经济行为,也是一项管理业务,对发包人和承包人而言,这种经济行为是双向的,只是索赔的出发点和对象各不相同,按国际惯例经常使用"索赔"与"反索赔"的说法以示区别。

因此,广义的索赔从主体上包括承包人向发包人的索赔(索赔)及发包人向承包人的索赔(反索赔),从内容上包括费用索赔和工期索赔,《公路工程标准施工招标文件》(2018年版)第23条规定的索赔包括承包人的索赔和发包人的索赔,索赔内容包括时间索赔和费用索赔。

从《公路工程标准施工招标文件》(2018年版)通用合同条款中可以看出,索赔具有以下几个本质特征:

(1)索赔是要求给予赔偿的权利主张。
(2)索赔的依据是合同文件及适用法律的规定。
(3)承包人自己没有过错。
(4)所索取的费用是承包人投标报价中没有包括且合同约定应由发包人另行承担的风险费用。
(5)承包人已发生实际损失(时间或费用)。
(6)所索取的费用是一种损害赔偿(而不是违约罚款),必须以损害事实为依据。

2. 造成索赔的原因

在履行合同过程中,出现以下几种情况的,承包人有权向发包人提出工期和(或)费用索赔,并要求支付合理利润。

(1)业主原因。

主要包括:

①增加合同工作内容;

②改变合同中任何一项工作的质量要求或其他特性;

③业主迟延提供材料、工程设备或变更交货地点的;

④因业主原因导致的暂停施工;

⑤提供图纸延误;

⑥未按合同约定及时支付预付款、进度款;

⑦业主造成索赔的其他原因。

(2)异常恶劣的气候条件。

异常气候条件是指项目所在地30年以上一遇的罕见气候现象(包括温度、降水、降雪、风等)。异常恶劣的气候条件在项目专用合同条款中作出约定。

(3)发生不可抗力。

不可抗力是指承包人和业主在订立合同时不可预见,在工程施工过程中不可避免发生并不能克服的自然灾害和社会性突发事件。不可抗力包括但不限于:

①地震、海啸、火山爆发、泥石流、暴雨(雪)、台风、龙卷风、水灾等自然灾害;

②战争、骚乱、暴动,但纯属承包人或其分包人派遣与雇用的人员由于本合同工程施工原因引起者除外;

③核反应、辐射或放射性污染;

④空中飞行物体坠落或非发包人或承包人责任造成的爆炸、火灾;

⑤瘟疫;

⑥项目专用合同条款约定的其他情形。

(4)施工过程中挖掘出有价值的文物、化石。

3.承包人索赔的提出

根据合同约定,承包人认为有权得到追加付款和(或)延长工期的,应按以下程序向业主提出索赔:

(1)承包人应在知道或应当知道索赔事件发生后28天内,向监理人递交索赔意向通知书,并说明发生索赔事件的事由。承包人未在前述28天内发出索赔意向通知书的,丧失要求追加付款和(或)延长工期的权利。

(2)承包人应在发出索赔意向通知书后28天内,向监理工程师正式递交索赔通知书。索赔通知书应详细说明索赔理由以及要求追加的付款金额和(或)延长的工期,并附必要的记录和证明材料。

(3)索赔事件具有连续影响的,承包人应按合理时间间隔继续递交延续索赔通知,说明连续影响的实际情况和记录,列出累计的追加付款金额和(或)工期延长天数。

(4)在索赔事件影响结束后的28天内,承包人应向监理工程师递交最终索赔通知书,说明最终要求索赔的追加付款金额和(或)延长的工期,并附必要的记录和证明材料。

二、索赔程序的合同约定

1. 承包人提出索赔的期限

(1)承包人按合同条款的约定接受了竣工付款证书后,应被认为已无权再提出在合同工程接收证书颁发前所发生的任何索赔。

(2)承包人按合同条款的约定提交的最终结清申请单中,只限于提出工程接收证书颁发后发生的索赔。提出索赔的期限自接受最终结清证书时终止。

2. 监理工程师审理索赔的程序

(1)监理工程师收到承包人提交的索赔通知书后,应及时审查索赔通知书的内容、查验承包人的记录和证明材料,必要时监理工程师可要求承包人提交全部原始记录副本。

(2)监理工程师应按照合同有关条款的约定,商定或确定追加的付款和(或)延长的工期,并在收到上述索赔通知书或有关索赔的进一步证明材料后的42天内,将索赔处理结果答复承包人。如果承包人提出的索赔要求未能遵守相关约定,则承包人只限于索赔由监理工程师按当时记录予以核实的那部分款额和(或)工期延长天数。

(3)承包人接受索赔处理结果的,业主应在作出索赔处理结果答复后28天内完成赔付。承包人不接受索赔处理结果的,按合同条款约定的争议解决约定办理。

监理工程师根据合同约定处理索赔事件时,重点分两个步骤进行,即查证索赔原因、核实索赔费用数量和(或)延长工期时间。在收到承包人的正式索赔申请时,监理工程师首先应看所要求的索赔是否有合同依据,然后将承包人所附的原始记录、账目等与驻地监理工程师的记录核对,以弄清承包人所声称的费用和(或)工期损失是否由于自身工作效率低或管理不善所致。如果经监理工程师查证,承包人所提索赔理由成立,则应核实承包人的计算是否正确。在允许索赔事件中,承包人常常有意或无意地在计算上出差错,监理工程师必须严格审查计算过程,特别是承包人计算中所采用的合同条款依据、价格、费率标准和数量等方面。

一般来讲,监理工程师是代表业主的利益来进行工程项目管理。但在处理索赔时,监理工程师必须以完全独立的裁判人身份,对索赔做出公正的裁决,即使索赔对业主不利,也不能偏袒徇私。如果监理工程师的裁决不公正,承包人可将此类裁决诉诸仲裁,仲裁人可以推翻监理工程师的裁决,使监理工程师的信誉受到损害。

3. 业主的索赔

(1)发生索赔事件后,监理工程师应及时书面通知承包人,详细说明发包人有权得到的索赔金额和(或)延长缺陷责任期的细节和依据。业主提出索赔的期限和要求与承包人相同,延长缺陷责任期的通知应在缺陷责任期届满前发出。

(2)监理工程师按照合同约定,商定或确定业主从承包人处得到赔付的金额和(或)缺陷责任期的延长期。承包人应付给业主的金额可从拟支付给承包人的合同价款中扣除,或由承包人以其他方式支付给业主。

4. 索赔成立的基本条件

根据法律法规及合同条款,索赔成立的基本条件是:

(1)有明确的合同依据(或法律依据)。即合同中明确指出其责任由发包人承担,应增加额外费用和(或)延长工期。如果合同中没有明确约定,承包人也可依据法律规定对发包人因过错不履行合同造成的损失进行索赔。

(2)有具体的损害事实。即承包人能提供确凿的证据,证明自身确实因此而受到了损害,如财产损失、成本增加、预期利益丧失等。

(3)索赔期限符合合同约定。即承包人已严格按照合同约定的期限(或监理人允许的期限)提出了索赔意向通知书和索赔通知书。

(4)索取的费用和(或)工期与损害事实相符。即索赔通知书中所报事实真实,资料齐全,计算方法公平合理,计算结果可信。

5. 索赔审批的基本原则

监理人在审批费用索赔时,应坚持以下原则:

(1)恪守合同原则。即监理人在审批索赔时应严格按合同办事,在确认索赔是否成立时,首先应查实承包人的索赔是否有合同依据,是否是合同约定发包人应另行承担的赔偿责任。

(2)尊重事实原则。即监理人在审批索赔时应严格以事实为依据,凡是既有合同依据、又有损害事实的索赔应据实予以赔偿。否则,即使有合同依据,如损害事实不清甚至无损害事实,也不能予以认定。

(3)公平合理原则。即监理人在审批索赔时应客观公正,既要尊重承包人索赔的权利,保护承包人在索赔中的合法权益,又要严格审查,防止承包人滥用索赔、虚夸事实、高估冒算等现象,做到合同依据充分,损害事实清楚,计算方法公平合理,计算结果可信。

(4)分级审批原则。即监理人在审批索赔时,应严格遵守审批程序,逐级审查,分级把关,防止监理人员滥用权力的现象,保证索赔审批结果客观公正。在分级审批实践中,通常由监理人重点审查索赔数量和索赔价格,总监理工程师审查总的索赔费用。例如,在停工窝工费用索赔审查中,监理人重点审查停工窝工人员、机械的数量和索赔的人员、机械台班(或工日)单价,总监理工程师审查总索赔费用。

三、费用索赔的审批与计算

费用索赔的审批与计算主要包括三个方面,即索赔细目与数量的审定、单价与费率分析以及计算方法及总费用的审定。

1. 索赔细目与相应数量的审定

监理人应对承包人所申报的各个细目进行逐项分析和审查,以确认哪些细目确实与有效的索赔有关、哪些无关,对有关的细目应分析其内容和数量是否准确。主要步骤如下:

(1)仔细分析和阅读监理人的原始记录。例如,工地日志、监理日志、计量与支付报表及有关记录等。凡是没有事实依据,与有效的费用索赔无关,以及承包人自身管理不善所造成损失的工程量均不予考虑。

(2)仔细分析承包人的记录。《公路工程标准施工招标文件》(2018年版)第四章第二节第23条要求承包人在提出索赔意向通知书后,对事件的发生进一步做好当时记录,因为当时的记录对承包人发出的索赔意向来说可能是合理的,且可能是相当重要的补充资料。因此,监理人应该对此进行全面分析。

(3)现场核查。根据上述两个方面的记录,监理人应指派合格人员到施工现场对重点内容进行核查,以便进一步做出判断。

(4)综合分析。根据两方面的记录和现场核查结果,按合同文件有关约定进行综合分析。应当注意的是,对那些已根据监理人指令采取措施的工程细目,其索赔费用应做必要的折减,特别是如果监理人曾经采取过正确合理的措施,而承包人没有执行,则该措施所涉及的索赔数量不予考虑。

2. 单价和费率分析与确定

通过投标报价的内容可知,报价单中的价格已经包含了管理费和利润,即利润和各种间接费在报价时已按一定的方式摊入了单价。在施工过程中,由于现场的实际情况可能不同于报价时的情况,所以必须在全面理解承包人在投标报价时各种费用的计算依据和所考虑的因素的基础上,分析承包人在计算索赔费用时所用费率的种类和大小与其在报价时所用费率的种类和大小的差别,从而做到心中有数。

根据我国高速公路项目的工程实践,一般采用如下四种方法确定单价与费率并计算索赔费用。

1)利用工程量清单中的单价

对应索赔费用中包括利润且费用索赔项目与工程量清单中某项目的性质一致或基本一致的情形来说,可采用工程量清单中的单价(计日工单价)或从工程量清单中有关单价推算出的价格来计算索赔费用。

2)采用协商费率

协商费率,即发包人、监理人、承包人三方共同协商,采用一个三方均认可的费率来计算索赔费用。这是较为常用的方法,但三方意见往往较难统一。

3)采用正式规定和公布的标准确定费率

在索赔费用的计算中,如果工程量清单中的单价不适应,协商费率各方意见又不统一,这时就需要监理人来确定一个公平、合理的费率。实践证明,采用由省部级以上政府正式颁布的有一定法律效力的有关定额和标准来确定费率,是各方都基本能够接受的。例如,监理人经常采用交通运输部颁布的现行《公路工程预算定额》(JTG/T 3832)和《公路工程建设项目概算预算编制办法》(JTG 3830)等。

4)按有关票据计算

对于一些在费用索赔事件发生期间,承包人实际直接发生的,且不需要采用费率来计算的费用,可按承包人出示的正式票据(或合同)中的金额进行计算,如水电费、设备的租用费等。

上述四种确定单价与费率的方法,除第一种外,其余三种方法在计算索赔费用时往往共同使用。即可以通过协商确定的,应通过协商来确定;协商不能确定的,监理人应按正式规定和公布标准来确定;还有一部分费用应按承包人提供的正式票据等来确定。

3. 计算审查

在审定了索赔细目和相应的工程量以及确定了索赔费用计算的单价和费率后,确定赔偿金额的第三项工作就是对费用的计算进行审查。计算审查主要包括两个方面:一是分析和审查承包人的计算原则、计算方法;二是检查有无算术错误。计算审查的具体内容如下:

1) 人工费

由于增加了合同以外的工程内容,或由于发包人原因造成工程拖延,致使承包人多用了人工或延长了工作时间,则承包人有权向发包人要求补偿人工费的损失。其计算方法是:工资单价(按合同约定或计日工,分别按合同工、普通工、技术工计)×人工数(分别按合同工、普通工、技术工计)×应赔偿(或延长)的天数。经累加后,即为要赔偿的人工费。

在停工及窝工费的计算中应注意:

(1)合同中约定了计算方法的,原则上按合同中约定的计算方法计算。

(2)合同中未约定计算方法的,可以参考计日工单价或人工费预算单价以及当前的人工工资水平,在此基础上确定停工及窝工费的工日单价(对聘用的临时工可直接根据聘用合同来确定单价),并根据实际的停工及窝工时间进行计算。其中停工、窝工时间中应根据工程的不同性质扣除雨水天气所占用的时间。

2) 材料费

如果因发包人应承担的风险责任致使材料用量增加,则承包人可向发包人提出材料费用索赔。其计算方法:材料费 = (实际使用的材料数量 − 原来材料数量) × 所使用材料的单价。

其中,材料单价可根据发票来确定,或采用工程量清单中计日工的材料单价,由此求出增加材料的费用。

在审查因停工导致的材料积压损失费时,应注意:

(1)合同中已支付材料预付款的,原则上不考虑材料积压损失费。

(2)合同中未支付材料预付款的,可根据材料费价格及积压材料的费用总额计算其利息。

(3)对于有龄期的材料,当材料积压时间太长时,应根据实际情况考虑材料超过龄期后报废的损失。

【例9-5】 某合同钻孔灌注桩基础施工中因不可预见的地质情况致使施工中增加钢护筒,由此增加的材料费按市场价格计算为30000元,另外因此停工10天,有价值200万元的材料积压(其中100万元材料为应支付预付款的主要材料,已按投标书附录约定支付了75%的费用),其利息按利率0.0002计算。计算给承包人的材料费赔偿额。

【解】 因为所积压的200万元材料中,有100万元材料为应支付预付款的主要材料,已按投标书附录规定支付了75%的费用,所以应计算材料积压损失的材料费:

200 − 100 + (100 − 100 × 75%) = 125(万元)

其利息按利率0.0002计算,使用单利法,可得利息:

125 × 0.0002 × 10 × 10000 = 2500(元)

因此,总的材料费赔偿额为32500元。

3) 机械费

首先计算机械工作时间的增加量或机械停置的时间,即:原有各种机械比预定计算所增加的工作时间(或台班),新增加各种机械和数量的工作时间(或台班),由于发包人原因造成各种机械停置的数量和工作时间(或台班)。其次,将求得的以上各种工作时间的增加量(或停置时间)乘以合同约定单价或台班单价(一般包括机械人工费、燃料费、折旧费、大修理基金)。

最后,将不同种类机械费用累计,就可计算出机械的索赔金额。其中,机械台班的使用单价可使用工程量清单中计日工的单价或租赁机械的单价。在计算机械停置费损失时,其机械停置单价的计算方法是:

(1)合同中约定了计算方法的,原则上按合同中约定的计算方法计算。

(2)合同中未约定计算方法的,可参考下列公式计算:机械停置费台班单价 = (折旧费 + 大修理费)×50% + 经常修理费 + 机上人员工资 + 车船使用税。

其中,折旧费、大修理费是指机械台班费用定额中每台班的折旧费和大修理费,由于机械设备的使用率一般为50%左右,所以在计费时可按50%考虑;经常修理费是指机械台班费用定额中每台班的经常修理费;机上人员工资按停工、窝工费的计算方法确定;车船使用税等费用可查有关定额或规定。

(3)施工单位的租赁机械,可在出具租赁合同后,根据租赁价格扣除燃料费后确定其停置费。

4)其他工程费与间接费

其他工程费包括冬季施工增加费、雨季施工增加费、夜间施工增加费、特殊地区施工增加费、行车干扰工程施工增加费、施工标准化与安全措施费、临时设施费、施工辅助费、工地转移费等9项。间接费由规费、企业管理费组成。其他工程费与间接费通常可以按如下方法计算:

(1)可根据实际情况由发包人、承包人、监理人协商确定。

(2)按投标文件工程量清单的"单价分析表"中各项目的其他工程费与间接费,测算其他工程费与间接费占合同总价的比例,然后确定合同总价中的其他工程费与间接费总额,再根据项目合同工期测算承包人每天的其他工程费与间接费总额,最后根据增工、停工或窝工时间确定索赔事件期间所发生的其他工程费与间接费总额。

(3)可以按照现行《公路工程建设项目概算预算编制办法》(JTG 3830)计算其他工程费与间接费。其中:

其他工程费 = 其他工程费费率(%) × 直接工程费索赔额;

规费 = 规费费率(%) × 人工费;

企业管理费 = 企业管理费费率(%) × 直接费的索赔额;

其中,直接工程费索赔额是指人工费、材料费和机械费索赔额的合计数值,直接工程费索赔额和其他工程费索赔额构成直接费索赔额,规费和企业管理费费率可根据当地公路工程造价站(局)的规定计算。

5)利润

在《公路工程标准施工招标文件》(2018年版)中规定了绝大多数的索赔都包括利润的索赔,在履行合同过程中,由于发包人的原因造成工期延误的,承包人有权要求发包人延长工期和(或)增加费用,并支付合理利润。如第四章第二节5.2.6条规定:发包人提供的材料和工程设备的规格、数量或质量不符合合同要求,或由于发包人原因发生交货日期延误及交货地点变更等情况的,发包人应承担由此增加的费用和(或)工期延误,并向承包人支付合理利润。又如第四章第二节8.3条规定:发包人应对其提供的测量基准点、基准线和水准点,及其书面资料的真实性、准确性和完整性负责。发包人提供上述基准资料错误导致承包人测量放线工作的返工或造成工程损失的,发包人应当承担由此增加的费用和(或)工期延误,并向承包人支付合理利润。而由于出现专用合同条款规定的异常恶劣气候的条件导致工期延误的,则承包人有权要求发包人延长工期,而没有费用和利润的补偿。《公路工程标准施工招标文件》(2018年版)通用合同条款中规定可以索赔利润的合同条款号见表9-2。

通用合同条款中可以索赔利润的合同条款表　　　　　表9-2

序　号	合同条款号	合同条款的主要内容
1	5.2.6	发包人提供的材料和工程设备不符合合同要求
2	8.3	发包人提供基准资料错误
3	11.3	发包人的原因造成工期延误
4	12.2	发包人的原因引起暂停施工造成工期延误
5	12.4.2	暂停施工后的复工,因发包人原因无法按时复工
6	13.1.3	发包人原因造成工程质量达不到合同约定验收标准
7	13.5.3	监理人对质量有疑问,要求重新检验,经检验证明工程质量符合合同要求
8	13.6.2	发包人提供的材料或工程设备不合格造成的工程不合格,需要承包人采取措施补救
9	14.1.3	监理人对承包人的试验和检验结果有疑问,要求重新试验和检验结果证明该项材料、工程设备和工程符合合同要求
10	18.4.2	发包人在全部工程竣工前,使用已接收的单位工程导致承包人费用增加
11	18.6.2	发包人的原因导致试运行失败的,承包人应当采取措施保证试运行合格
12	19.2.3	监理人和承包人应共同查清缺陷和(或)损坏的原因,经查验属发包人原因造成
13	22.2.2	发包人无法继续履行或明确表示不履行或实质上已停止履行合同,承包人可向发包人发出通知,要求发包人采取有效措施纠正违约行为。发包人收到承包人通知后的28天内仍不履行合同义务承包人有权暂停施工,并通知监理人

6) 延长工期后的费用

工程保险费追加可根据保险单或调查所得的保险费率来确定保险费用(当合同约定由承包人办理工程保险时);承包人临时设施维护费,如已包含在管理费中,则不另行计算,否则可根据延长时间由发包人、承包人、监理人协商确定维护费用;延长期间的临时租地费可根据租地合同或其他票据参考确定(当合同约定临时租地费由发包人承担时);临时工程的维护费可根据临时工程的性质及实际情况由发包人、承包人、监理人协商确定。

7) 延期付款利息

根据投标书附件中规定的延期付款利率和延期付款时间按单利法进行计算。

8) 赶工费

为抢工期而增加的周转性材料增加费、工效和机械效率降低费、职工的加班费、夜班津贴、不经济地使用材料等赶工费由发包人、承包人、监理人根据赶工的工程性质和当时当地的实际情况协商确定。

9) 其他费用

根据实际情况由发包人、承包人及监理人协商确定。

4. 赔偿费用的确定

监理人在审核了索赔工程细目、所发生的数量、相应的单价和费率后,可按照所审核确定的计算方法对索赔费用的计算进行审核、汇总。在审核中,监理人还应对最后结果进行宏观上的审核和评价,以防止重算、漏算等现象的发生,并保证赔偿费用在整体上的公平合理性。

根据合同约定,监理人在确定最终审核结果前应和发包人、承包人协商甚至要取得发包人的批准,如果发包人、承包人的分歧较大,监理人可先确定意见一致的部分,或者确定暂时的赔偿额,留待以后进一步协商或根据通用合同条款第24条由仲裁机构裁决或向人民法院提起诉讼。

第四节　价格调整

一、价格调整的概述

1. 价格调整的必要性

价格调整是指合同履行过程中,当物价变化导致人工、材料等出现价格涨落,从而使得施工成本发生变化时进行的调价工作。

价格调整是国际竞争性招标项目的通行做法,也是《公路工程标准施工招标文件》(2018年版)的基本规定。合同中列明的价格调整条款,体现了物价变化的意外风险在发包人和承包人之间的公平、合理分配,从而既能使承包人报价时能合理计算标价并免除其中标后因劳力或原材料上涨而带来的风险,又能保证发包人能获得较真实和可靠的报价,以及在工程决算时能在一个合理的价格水平上承受工程费用。

从兼顾合同的公平性及简化合同管理的要求出发,对于工期较短(一年甚至更短)的项目,可不考虑设立价格调整条款,由承包人在报价中去考虑相关风险费用(通常,一个有经验的承包人能对短期内可能出现的物价上涨进行预测),以简化费用监理工作。但是,对于工期较长的合同,则应随劳动力、设备、原材料、燃料和运输价格等影响工程成本的因素变化进行价格调整。因此,凡是允许价格调整的施工项目,其合同价并不是一成不变的,只要符合合同条件的规定就可以进行价格调整。

2. 价格调整的一般方法

世界银行采购指南对合同价格的调整,一般采用两种方法。

第一种方法:根据地方劳动力和规定的材料等基本价格与现行价格之差来进行调整,通常称之为价差法或票证法。

第二种方法:根据各类资源在合同造价中所占的比例及各类资源价格指数的变化来计算综合调价系数及调价额,通常称之为价格指数法或公式法,《公路工程标准施工招标文件》(2018年版)规定公路工程项目的价格调整采用价格指数法。

1) 票证法

票证法是以施工过程中各种资源的价格(称为现行价格)与投标基准日期各种资源的价格(称为基本价格)差额为基础进行价格调整的一种方法。施工过程中的价格调整额根据其资源消耗量与资源价格变化量的乘积来确定。即:价格调整额 = 资源消耗量 × (现行价格 − 基本价格)。

在采用票证法时应解决好如下几个问题:
(1)对哪些资源的价格进行调整。
(2)资源消耗量怎样确定。
(3)基本价格怎样确定。
(4)现行价格怎样确定。

对于问题(1)(即对哪些资源的价格进行调整),为简化工作,通常只对占合同价格比例较大的几种资源(如人工费、几种主要材料费等)进行调整,以简化价格调整工作。为保持合同的可操作性,在专用条款中应详细列明拟调整价格的资源名称。

对于问题(2)(即资源消耗量的确定),可根据实际需要的到场材料和其他资源的数量来确定,但监理人将为到场材料数量的确定,特别是合理使用量的确定等管理工作花费很大的精力,实践中也难于管理。为简化工作,实践中可根据概预算中人工、主要材料、机械台班数量汇总表中的数据来确定。

对于问题(3)(即基本价格的确定),有两种方法:一是由承包人在投标时填报基本价格;另一种方法是根据各地造价(定额)站颁发的同期价格信息(如有的话)来确定。

对于问题(4)(即现行价格的确定),有三种方法:第一种方法是由监理人通过调查来确定现行价格,但往往由于价格信息的不充分及价格的波动而引起监理人、发包人和承包人对现行价格的分歧;第二种方法是根据各地造价(定额)站颁发的现行价格信息(如有的话)来确定;第三种方法是根据承包人的实际已到场材料的价格(发票)来确定,其缺点是发票的真伪不易辨认,且不利于承包人加强材料采购,降低材料价格。

总之,实践中要解决好以上四个问题,都有一定的难度。票证法看上去直观、简单,但操作起来却很困难,即可操作性差。

2)价格指数法

价格指数法是以基本价格指数为基础来进行价格调整的一种方法。基本价格指数,是指基准日期的各可调因子的价格指数。基准日期和基本价格指数及其来源在投标函附录价格指数和权重表中约定。基准日期一般为投标截止日期前28天,价格指数应首先采用有关部门(物价局或统计局)提供的价格指数,缺乏上述价格指数时,可采用有关部门提供的价格代替。

我国世行贷款项目及国内招标项目在合同专用条件关于调价公式的规定中,大都采用如下计算通式:

$$ADJ = LCP(或 FCP) \times (C_0 + \Sigma C_i D_i - 1) \tag{9-1}$$

式中: ADJ——合同价格调整的净值;

LCP、FCP——调价阶段所完成合同金额(人民币或外币),例如我国世行贷款项目中 LCP 为人民币、FCP 为外汇美元;

C_0——非调价因数,即支付中不进行调整的金额权重系数,不进行调整的金额指固定的间接费和利润、保险费和各类税收以及发包人以固定价格提供的材料和按现行价格支付的项目等。国际上一般取 5%~15%,少数合同低限取 0%,高限取 25%,甚至 55%,取值越大对发包人越有利,对承包人而言则要承担大部分物价风险;

i——1,2,3,…,n 代表要进行价格调整的各种资源;

C_i——参与调价的第 i 个工、料、机指标(如水泥)的费用占合同价的百分比(权重系数);

D_i——第 i 个工、料、机指标的现价指数与基价指数的比值,其值大于 1 说明物价上涨,反之说明物价下跌,$D_i = E_{1i}/E_{0i}$ (现价指数/基价指数),其中,E_{1i} 为现价指数,即各种资源在进行价格调整时适用的现行价格指数,E_{0i} 为基价指数,即基准日期的基本价格指数。

二、价格调整的合同约定

《公路工程标准施工招标文件》(2018 年版)通用合同条款第 16 条对价格调整的规定如下:

1. 物价波动引起的价格调整

(1)除项目专用合同条款另有约定外,因物价波动引起的价格调整应按项目专用合同条款数据表的规定,按照通用合同条款第 16.1.1 项或第 16.1.2 项规定的原则处理。

(2)在合同在执行期间(包括工期拖延期间)由于人工、材料和设备价格的上涨而引起工程施工成本增加的风险由承包人自行承担,合同价格不会因此而调整。

2. 价格调整公式

因人工、材料和设备等价格波动影响合同价格时,根据投标函附录中的价格指数和权重表约定的数据,按式(9-2)计算差额并调整合同价格:

$$\Delta P = P_0 \left[A + \left(B_1 \times \frac{F_{t1}}{F_{01}} + B_2 \times \frac{F_{t2}}{F_{02}} + B_3 \times \frac{F_{t3}}{F_{03}} + \cdots + B_n \times \frac{F_{tn}}{F_{0n}} \right) - 1 \right] \quad (9\text{-}2)$$

式中: ΔP——需调整的价格差额;

P_0——第 17.3.3 项、第 17.5.2 项和第 17.6.2 项约定的付款证书中承包人应得到的已完成工程量的金额,此项金额应不包括价格调整、不计质量保证金的扣留和支付、预付款的支付和扣回,第 15 条规定的变更及其他金额已按现行价格计价的,也不计在内;

A——定值权重(即不调部分的权重),$A = 1 - (B_1 + B_2 + B_3 + \cdots + B_n)$;

$B_1, B_2, B_3, \cdots, B_n$——各可调因子的变值权重(即可调部分的权重)为各可调因子在投标函投标总报价中所占的比例;

$F_{t1}, F_{t2}, F_{t3}, \cdots, F_{tn}$——各可调因子的现行价格指数,指第 17.3.3 项、第 17.5.2 项和第 17.6.2 项规定的付款证书相关周期最后一天的前 42 天的各可调因子的价格指数;

$F_{01}, F_{02}, F_{03}, \cdots, F_{0n}$——各可调因子的基本价格指数,指基准日期的各可调因子的价格指数。

在采用价格调整公式进行调价时,还应遵守以下规定:

(1)以上价格调整公式中的各可调因子、定值权重,以及基本价格指数及其来源由发包人在投标函附录价格指数和权重表中约定。价格指数应首先采用国家或省、自治区、直辖市价格部门或统计部门提供的价格指数,缺乏上述价格指数时,可采用上述部门提供的价格代替。

(2)价格调整公式中的变值权重,由发包人根据项目实际情况测算确定范围,并在投标函附录价格指数和权重表中约定范围;承包人在投标时在此范围内填写各可调因子的权重,合同实施期间将按此权重进行调价。

3. 暂时确定调整差额

在计算调整差额时得不到现行价格指数的,可暂用上一次价格指数计算,并在以后的付款中再按实际价格指数进行调整。

4. 权重的调整

按第15.1款规定的变更导致原定合同中的权重不合理时,由监理人与承包人和发包人协商后进行调整。

5. 承包人工期延误后的价格调整

由于承包人原因未在约定的工期内竣工的,则对原约定竣工日期后继续施工的工程,在使用价格调整公式时,应采用原约定竣工日期与实际竣工日期的两个价格指数中较低的一个作为现行价格指数。

6. 采用造价信息调整价格差额

施工期内,因人工、材料、设备和机械台班价格波动影响合同价格时,人工、机械使用费按照国家或省、自治区、直辖市建设行政管理部门、行业建设管理部门或其授权的工程造价管理机构发布的人工成本信息、机械台班单价或机械使用费系数进行调整;需要进行价格调整的材料,其单价和采购数应由监理人复核,监理人确认需调整的材料单价及数量,作为调整工程合同价格差额的依据。

7. 法律变化引起的价格调整

在基准日后,因法律变化导致承包人在合同履行中所需要的工程费用发生除第16.1款规定以外的增减时,监理人应根据法律和国家或省、自治区、直辖市有关部门的规定,按第3.5款商定或确定需调整的合同价款。

三、价格调整费用的计算

1. 确定调值因子 i

就公路建设项目而言,施工中所需要资源除人工和机械外,需要投入的材料主要有:水泥、木材、钢材、钢绞线、沥青、普通碎石、中砂、粗砂、石灰、粉煤灰、汽油、柴油、砖、料石、片石,以及各种预制件等。为了平衡物价风险,必须选择对工程投资、工程成本影响较大且投入数量较多的主要材料作为代表。一般来说,参与调价的调值因子取5~10个为宜,这样便于计算。

世行贷款公路项目如京津塘、西山、成渝、济青线的招标文件中都规定8个,即劳力、设备供应与维修、沥青、水泥、木材、钢材、碎石等地材,以及运输。如果指标中的某几种材料由发包人以固定的价格提供给承包人,就不参与调价,则 $i<8$。

《公路工程标准施工招标文件》(2018年版)通用合同条款第16条中规定,可调因子由发包人在投标函附录价格指数和权重表中约定,见表9-3。

价格指数和权重表 表9-3

名　　称		基本价格指数		权　　重			价格指数来源
		代号	指数值	代号	允许范围	投标人建议值	
定值部分				A			
变值部分	人工费	F_{01}		B_1	＿＿至＿＿		
	钢材	F_{02}		B_2	＿＿至＿＿		
	水泥	F_{03}		B_3	＿＿至＿＿		
	……	……		……	……		
合计						1.00	

2.确定可调因子的变值权重系数 B_i

可调因子的变值权重系数是指各类调价因子在造价中的权重,权重系数一般取至两位小数,其测算方法有指标费用计算法和百分比计算法两种,下面只介绍一种。所谓指标费用计算法,即由发包人根据招标控制价资料中所包含的劳力、材料、设备、运输等费用进行初步计算,确定可调因子的变值权重系数的范围,投标人根据投标资料中的签约合同价 CP 中所包含的劳力、材料、设备、运输等费用进行计算,确定可调因子的变值权重系数。其计算式为:

$$B_i = \frac{W_i}{\mathrm{CP}}, \quad A = 1 - \sum B_i \tag{9-3}$$

式中:B_i——第 i 种资源的权重系数;

W_i——第 i 种资源的总金额,如沥青材料等;

CP——签约合同价总金额;

A——定值权重系数。

根据《公路工程标准施工招标文件》(2018年版),可调因子的变值权重系数的范围由发包人测算确定,在招标文件发出前填写;承包人在投标时在此范围内填写各可调因子的变值权重系数,合同实施期间将按此权重系数进行调价。

3.确定基本价格指数

基本价格指数及其来源由发包人在投标函附录价格指数和权重表中约定,见表9-3。价格指数应首先采用国家或省、自治区、直辖市价格部门或统计部门提供的价格指数,缺乏上述价格指数时,可采用上述部门提供的价格代替。

4.确定现行价格指数

现行价格指数是指各类付款证书相关周期最后一天的前42天的各可调因子的价格指数;现行价格指数应首先采用国家或省、自治区、直辖市价格部门或统计部门提供的价格指数,缺乏上述价格指数时,可采用上述部门提供的价格代替。现行价格指数按指数选择基期的不同分为定基物价指数和环比物价指数。

定基物价指数以某一固定期为基期所计算的相对价格指数,而环比物价指数是以计算期的前一时期为基期所计算的相对价格指数,并规定以一个年度期限编制的环比指数为年度环比指数。

国际上习惯使用定基物价指数,并且以香港统计局公布的为准,如其每月公布的钢材价格指数都是以1975年12月为基期,1989年12月钢材价格指数为573,是指相对于1975年12月钢材价格指数为100而推测的。

我国每年公布一次本年度相对于上年度的各种物价指数,即环比物价指数,公布时间一般为次年3月,采用时应注意。如2011年3月公布的钢材现价指数为110,是指2010年钢材价格以2009年度为100推算为110。

设第i个调价因子发包人在投标函附录规定的基本价格指数为$F_{i0}(F_{i0}=100)$,次j年国家公布的相对于$(j-1)$年的现价环比指数为F_{ij},则次j年第i个指标相对于招标当年的定基物价指数D_{ij}的计算见式(9-4)。

$$D_{ij} = \Pi(F_{ij}/F_{i0}) = \Pi F_{ij} \times 100 - j \tag{9-4}$$

以上讨论了价格调整中调价因子选取、调价因子权重系数确定、价格指数计算等工作。实践中,监理人进行价格调整的步骤:

(1)熟悉合同条件、投标函及其附录规定的各调价因子、基本价格指数、投标人确定的各调价因子的权重系数。

(2)合理确定各期付款证书中承包人应得到的已完成工程量的金额。

(3)动态调查收集各调价因子的年度价格指数。

(4)按公式规定的应用范围和方法计算调整金额。

【**例9-6**】 某省一条高速公路全长318km,合同工期为36个月,2015年获得世行贷款1.1亿美元,并于当年8月30日开标,9月28日总监理工程师下达开工令。发包人在招标文件的《投标须知》中声明本工程投资随物价变化而进行合同价格调整,投标人报价时以2015年市场物价为基础不考虑物价风险,并在合同专用条件中规定了人民币调价公式:

$$ADJ = LCP \times 0.20 + 0.15\frac{LL_1}{LL_0} + 0.10\frac{PL_1}{PL_0} + 0.12\frac{CE_1}{CE_0} + 0.05\frac{TI_1}{TI_0} + 0.12\frac{ST_1}{ST_0} +$$

$$0.10\frac{BI_1}{BI_0} + 0.06\frac{LT_1}{LT_0} + 0.10\frac{LM_1}{LM_0} - 1$$

已知,该高速公路第5合同段合同价为20337.6万元,外汇比例为27.19%,2015年完成工作量818万元,2016年完成6471万元,2017年完成9345万元,2018年完成3665万元。工程所在省统计局公布的8个指标各年度相对于上年度环比指数见表9-4。试计算各年度应调整金额的人民币部分的净值。

各指标现价环比指数　　　　　　　　　　　　　　　　　表9-4

序 号	指 标 名 称	2016年	2017年	2018年
1	劳力 LL	112	126	128
2	设备 PL	135	127	128
3	水泥 CE	106	114	123
4	木材 TI	101	108	110
5	钢材 ST	123	141	129
6	沥青 BI	105	115	120
7	运输 LT	111	124	129
8	地材 LM	107	113	122

> 【解】 根据招标文件规定,招标当年完成的工作量不予调价,所以 2015 年完成的 818 万元不参与调价。根据给定的人民币调价公式及现价指数、定基指数计算公式就可计算人民币净调整额。
>
> (1) 2016 年度净调价金额:
>
> $$ADJ_{2016} = 6471 \times (1 - 27.19\%) \times \left(0.20 + 0.15 \times \frac{112}{100} + 0.10 \times \frac{135}{100} + 0.12 \times \frac{106}{100} + 0.05 \times \frac{101}{100} + \right.$$
> $$\left. 0.12 \times \frac{123}{100} + 0.10 \times \frac{105}{100} + 0.06 \times \frac{111}{100} + 0.10 \times \frac{107}{100} - 1\right)$$
> $$= 6471 \times 72.81\% \times 0.1069 = 503.6631(万元)$$
>
> (2) 2017 年度净调价金额:
>
> $$ADJ_{2017} = 9343 \times (1 - 27.19\%)(0.20 + 0.15 \times 112 \times 126 \times 100^{-2} + 0.10 \times 135 \times 127 \times 100^{-2} +$$
> $$0.12 \times 106 \times 114 \times 100^{-2} + 0.05 \times 101 \times 108 \times 100^{-2} + 0.12 \times 123 \times 141 \times 100^{-2} +$$
> $$0.10 \times 105 \times 115 \times 100^{-2} + 0.06 \times 111 \times 124 \times 100^{-2} + 0.01 \times 107 \times 113 \times 100^{-2} - 1)$$
> $$= 9343 \times 72.81\% \times 0.1350 = 2142.8311(万元)$$
>
> (3) 2018 年度净调价金额:
>
> $$ADJ_{2018} = 3665 \times (1 - 0.2719) \times \left(0.20 + \sum_{j=1}^{3} C_i D_{ij} - 1\right)$$
> $$= 3665 \times 75.281\% \times 0.5933 = 1583.2130(万元)$$
>
> (4) 总调价金额:
>
> 本合同工程自开工至竣工承包人共获得物价调整金额为:
>
> $$ADJ_{总} = ADJ_{2016} + ADJ_{2017} + ADJ_{2018}$$
> $$= 503.6631 + 2142.8311 + 1583.2130 = 4229.7072(万元)$$

第五节 反 索 赔

一、反索赔的概念、地位和作用

前面重点介绍了承包人向发包人的索赔。反之,若承包人给发包人造成了经济损失,或承包人不履行相应义务,或承包人承担了风险责任,发包人也有权向承包人要求补偿经济损失和(或)延长缺陷责任期提出索赔要求,这种索赔称为反索赔。根据《公路工程标准施工招标文件》(2018 年版)通用合同条款规定,反索赔是通过监理人从拟支付给承包人的合同价款中扣除,或由承包人以其他方式支付给发包人来完成的。

反索赔的目的,一是保护发包人的合法权益,二是促使承包人认真履行合同义务。当承包人的施工质量不符合要求时,通过反索赔有利于促进施工质量的提高;当承包人的施工进度达不到合同要求时,通过反索赔有利于保证施工进度;当合同中某些费用或风险由承包人承担时,通过反索赔有利于合理控制工程造价。总之,反索赔是质量控制、进度控制、造价控制的重要手段。

由于反索赔工作依靠监理人的扣款来完成,因此,监理人从客观、公正和加强费用监理的要求出发,应积极主动地加强反索赔的处理工作。

二、反索赔的类型

根据《公路工程标准施工招标文件》(2018年版)通用合同条款的规定及我国许多高速公路项目实施的经验,反索赔可以分为以下几种类型:

1. 工程拖期反索赔

工程施工过程中进度滞后是常见的现象,原因也是多方面的,关键是拖期以后,责任的确定。当工程拖期的责任在承包人一方,如开工拖后,设备材料进场不及时,施工人员安排不当,施工组织管理不善等,发包人则有权向承包人提出反索赔。如通用合同条款第11.5款规定:由于承包人原因,未能按合同进度计划完成工作,或监理人认为承包人施工进度不能满足合同工期要求的,承包人应采取措施加快进度,并承担加快进度所增加的费用。由于承包人原因造成工期延误,承包人应支付逾期竣工违约金。逾期竣工违约金的计算方法在专用合同条款中约定。承包人支付逾期竣工违约金,不免除承包人完成工程及修补缺陷的义务。若工程逾期是由于客观原因引起的,不属承包人的责任,如地震、海啸、瘟疫、水灾、骚乱、暴动等不可抗力原因造成,则发包人不能向承包人提出反索赔,这类性质的拖期,一般称作"可原谅、但不给经济补偿的拖期",不能按期竣工的,应合理延长工期,承包人不需支付逾期竣工违约金。发包人要求赶工的,承包人应采取赶工措施,赶工费用由发包人承担。

2. 施工缺陷反索赔

《公路工程标准施工招标文件》(2018年版)通用合同条款规定,如果承包人施工质量不符合施工技术规程的规定,或使用的设备和材料不符合合同约定,或者在缺陷责任期满以前未完成应进行修补的工程时,发包人有权向承包人追究责任,要求承担发包人所受的经济损失。如承包人在规定的期限内仍未完成应修补的缺陷工作,则发包人有权向承包人提出反索赔。

3. 其他损失反索赔

除上述两种情况外,由于承包人未承担相应的义务及风险责任造成发包人的经济损失,发包人向承包人提出反索赔,如承包人未履行保险义务而由监理人代办保险后的反索赔、由承包人承担的第三者责任引起的反索赔、因法规变更或物价下跌引起的反索赔、因工程变更引起的反索赔等。表9-5列举了《公路工程标准施工招标文件》(2018年版)中可引用的部分反索赔条款。

《公路工程标准施工招标文件》(2018年版)中可引用的反索赔条款   表9-5

序号	合同条款号	索赔条款主题内容
1	1.9	严禁贿赂
2	1.10	发现文物后不及时报告或隐瞒不报,致使文物丢失或损坏的
3	5.4	承包人提供不合格材料或工程设备

续上表

序　号	合同条款号	索赔条款主题内容
4	7.5	道路、桥梁的损坏
5	9.2	承包人的安全责任
6	9.4	承包人的环境保护责任
7	11.5	承包人工期延误
8	12.4	承包人无故拖延和拒绝复工
9	13.1	工程质量不合格
10	13.6	清除不合格工程
11	14.1	重新试验和检验的材料、工程设备或工程的质量不符合合同要求
12	18.5	在施工期运行中发现工程或工程设备损坏或存在缺陷的
13	18.7	承包人未按要求恢复临时占地,或者场地清理未达到合同约定的
14	19.3	缺陷责任期延长
15	22.1	承包人违约

三、承包人违约与反索赔

1. 承包人违约

《公路工程标准施工招标文件》(2018年版)通用合同条款第22.1款规定,在履行合同过程中发生的下列情况属承包人违约:

(1)承包人违反第1.8款或第4.3款的规定,私自将合同的全部或部分权利转让给其他人,或私自将合同的全部或部分义务转移给其他人。

(2)承包人违反第5.3款或第6.4款的规定,未经监理人批准,私自将已按合同约定进入施工场地的施工设备、临时设施、材料或工程设备撤离施工场地。

(3)承包人违反第5.4款的规定使用了不合格材料或工程设备,工程质量达不到标准要求,又拒绝清除不合格工程。

(4)承包人未能按合同进度计划及时完成合同约定的工作,已造成或预期造成工期延误。

(5)承包人在缺陷责任期内,未能对工程接收证书所列的缺陷清单的内容或缺陷责任期内发生的缺陷进行修复,而又拒绝按监理人指示再进行修补。

(6)承包人无法继续履行或明确表示不履行或实质上已停止履行合同。

(7)承包人未能按期开工。

(8)承包人违反第4.6款或第6.3款的规定,未按承诺或未按监理人的要求及时配备称职的主要管理人员、技术骨干或关键施工设备。

(9)经监理人和发包人检查,发现承包人有安全问题或有违反安全管理规章制度的情况。

(10)承包人不按合同约定履行义务的其他情况。

2. 对承包人违约的处理

(1)承包人发生第22.1.1(6)目规定的违约情况时,发包人可通知承包人立即解除合同,并按有关法律处理。

(2)承包人发生除第22.1.1(6)目规定以外的其他违约情况时,监理人可向承包人发出整改通知,要求其在指定的期限内改正。承包人应承担其违约所引起的费用增加和(或)工期延误。

(3)经检查证明承包人已采取了有效措施纠正违约行为,具备复工条件的,可由监理人签发复工通知复工。

(4)承包人发生第22.1.1项规定的违约情况时,无论发包人是否解除合同,发包人均有权向承包人课以项目专用合同条款中规定的违约金,并由发包人将其违约行为上报省级交通运输主管部门,作为不良记录纳入公路建设市场信用信息管理系统。

3. 承包人违约解除合同

监理人发出整改通知28天后,承包人仍不纠正违约行为的,发包人可向承包人发出解除合同通知。合同解除后,发包人可派员进驻施工场地,另行组织人员或委托其他承包人施工。发包人因继续完成该工程的需要,有权扣留使用承包人在现场的材料、设备和临时设施。但发包人的这一行动不免除承包人应承担的违约责任,也不影响发包人根据合同约定享有的索赔权利。

4. 合同解除后的估价、付款和结清

《公路工程标准施工招标文件》(2018年版)通用合同条款规定,在发包人解除合同之后,监理人应通过协商和调查询问之后,尽快地确定并认证。

合同解除后,监理人按第3.5款商定或确定承包人实际完成工作的价值,以及承包人已提供的材料、施工设备、工程设备和临时工程等的价值。

合同解除后,发包人应暂停对承包人的一切付款,查清各项付款和已扣款金额,包括承包人应支付的违约金。

合同解除后,发包人应按第23.4款的规定向承包人索赔由于解除合同给发包人造成的损失。

合同双方确认上述往来款项后,出具最终结清付款证书,结清全部合同款项。

发包人和承包人未能就解除合同后的结清达成一致而形成争议的,按第24条的规定办理。

【例9-7】 某项目合同价为5000万元。承包人施工过程中质量低下,进度缓慢,后经查实承包人擅自转让合同,发包人因此解除与承包人的合同关系。求解除终止后的债权与债务。

已知:(1)已经计量签证的承包人已完成的合格工程价值2000万元,发包人已支付1500万元。

(2)已经支付开工预付款为500万元,已扣回100万元。

(3)承包人到场的材料价值200万元、临时工程与临时房屋价值300万元(未付款)。

(4)扣留的质量保证金有100万元。

【解】 (1)上述合计发包人还欠承包人的款项为：
2000+200+300-1500-(500-100)=600(万元)
(2)发包人和新的承包人(利用到场的材料、临时工程与临时房屋)完成剩余工程需要3000万元，因此比原来5000万完成工程多出：
2000+200+300+3000-5000=500(万元)
(3)承包人应承担的逾期竣工违约金按规定为合同价的10%，即500万元。
(4)按合同条款规定承包人应支付的违约金为100万元。
(5)以上合计承包人欠发包人的费用为：
500+500+100-600=500(万元)

5. 合同解除后的付款

根据合同约定，在发包人因承包人违约而解除承包人在本合同项下的承包情况下，发包人将暂停向承包人支付任何款额；在本工程缺陷责任期满之后，再由监理人查清承包人实施和完成本工程与缺陷修复应结算的费用，应扣除的完工逾期竣工违约金(如有)以及发包人已实际支付给承包人的各项费用，并予以证实。

在监理人的查清证实后，承包人仅能得到原应支付给他的已完合格工程的款额，并扣除上述应扣款额之后的余额。如果应扣款额超过承包人应得到的原应支付给他的已完工程的款额，此超出部分款额应被视为承包人欠发包人的应还债务，由承包人支付给发包人。

第六节 违约处理

一、业主违约

1. 业主违约的情形

在履行合同过程中发生的下列情形，属业主违约：

(1)业主未能按合同约定支付预付款或合同价款，或拖延、拒绝批准付款申请和支付凭证，导致付款延误的。

(2)业主原因造成停工的。

(3)监理工程师无正当理由没有在约定期限内发出复工指示，导致承包人无法复工的。

(4)业主无法继续履行或明确表示不履行或实质上已停止履行合同的。

(5)业主不履行合同约定其他义务的。

2. 发包人违约时，承包人的处理对策

1)承包人有权暂停施工

业主发生除上述第(4)条以外的违约情况时，承包人可向业主发出通知，要求业主采取有效措施纠正违约行为。

业主收到承包人通知后的28天内仍不履行合同义务的，承包人有权暂停施工，并通知监理人,业主应承担由此增加的费用和(或)工期延误,并支付承包人合理利润。

2)承包人解除合同

发生业主违约的第(4)种违约情况时,承包人可书面通知发包人解除合同。

承包人按合同约定暂停施工28天后,业主仍不纠正违约行为的,承包人可向业主发出解除合同通知。但承包人的这一行动不免除业主承担的违约责任,也不影响承包人根据合同约定享有的索赔权利。

3)解除合同后的付款

因业主违约解除合同的,业主应在解除合同后28天内向承包人支付下列金额,承包人应在此期限内及时向业主提交要求支付下列金额的有关资料和凭证:

(1)合同解除日以前所完成工作的价款。

(2)承包人为该工程施工订购并已付款的材料、工程设备和其他物品的金额。业主付款后,该材料、工程设备和其他物品归业主所有。

(3)承包人为完成工程所发生的,而业主未支付的金额。

(4)承包人撤离施工场地以及遣散承包人人员的金额。

(5)由于解除合同应赔偿的承包人损失。

(6)按合同约定在合同解除日前应支付给承包人的其他金额。

业主应按本项约定支付上述金额并退还履约担保,但有权要求承包人支付应偿还给业主的各项金额。

因业主违约而解除合同后,承包人应妥善做好已竣工工程和已购材料、设备的保护和移交工作,按业主要求将承包人设备和人员撤出施工场地。承包人撤出施工场地应遵守合同约定,业主应为承包人撤出提供必要条件。

二、承包人的违约

1. 承包人违约的情形

在履行合同过程中发生的下列情况属承包人违约:

(1)承包人违反合同转让或分包的约定,私自将合同的全部或部分权利转让给其他人,或私自将合同的全部或部分义务转移给其他人。

(2)承包人违反合同条款有关约定,未经监理工程师批准,私自将已按合同约定进入施工场地的施工设备、临时设施或材料撤离施工场地。

(3)承包人违反合同条款的约定,使用了不合格材料或工程设备,工程质量达不到标准要求,又拒绝清除不合格工程。

(4)承包人未能按合同进度计划及时完成合同约定的工作,已造成或预期造成工期延误。

(5)承包人在缺陷责任期内,未能对工程接收证书所列的缺陷清单的内容或缺陷责任期内发生的缺陷进行修复,而又拒绝按监理工程师指示再进行修补。

(6)承包人无法继续履行或明确表示不履行或实质上已停止履行合同。

(7)承包人未能按期开工。

(8)承包人违反合同条款的约定,未按承诺或未按监理工程师的要求及时配备称职的主要管理人员、技术骨干或关键施工设备。

(9)经监理工程师和业主检查,发现承包人有安全问题或有违反安全管理规章制度的情况。

(10)承包人不按合同约定履行义务的其他情况。

2. 承包人违约时,业主的处理对策

1)业主解除合同

承包人发生上述第(6)条约定的违约情况时,业主可通知承包人立即解除合同,并按有关法律处理。承包人发生上述第(6)条约定以外的违约情况时,监理人发出整改通知28天后,承包人仍不纠正违约行为的,业主可向承包人发出解除合同通知。

合同解除后,业主可派员进驻施工场地,另行组织人员或委托其他承包人施工。业主因继续完成该工程的需要,有权扣留使用承包人在现场的材料、设备和临时设施。但发包人的这一行动不免除承包人应承担的违约责任,也不影响业主根据合同约定享有的索赔权利。

2)要求承包人限期纠正违约行为

承包人发生除上述第(6)条约定以外的其他违约情况时,监理人可向承包人发出整改通知,要求其在指定的期限内纠正违约行为。承包人应承担其违约所引起的费用增加和(或)工期延误。

3)课以违约金

承包人发生上述各项约定的违约情况时,无论业主是否解除合同,业主均有权向承包人课以项目专用合同条款中规定的违约金,并由业主将其违约行为上报省级交通运输主管部门,作为不良记录纳入公路建设市场信用信息管理系统。

3. 合同解除后的相关事宜

当业主通知承包人解除合同后,应按合同约定办理以下相关事宜:

(1)合同解除后,监理工程师按合同条款商定或确定承包人实际完成工作的价值,以及承包人已提供的材料、施工设备、工程设备和临时工程等的价值。

(2)合同解除后,业主应暂停对承包人的一切付款,查清各项付款和已扣款金额,包括承包人应支付的违约金。

(3)合同解除后,业主应按合同条款的约定向承包人索赔由于解除合同给发包人造成的损失。

(4)合同双方确认上述往来款项后,出具最终结清付款证书,结清全部合同款项。

(5)业主和承包人未能就解除合同后的结清达成一致而形成争议的,按合同条款争议事件的约定办理。

因承包人违约解除合同的,业主有权要求承包人将其为实施合同而签订的材料和设备的订货协议或任何服务协议利益转让给业主,并在解除合同后的14天内,依法办理转让手续。

在工程实施期间或缺陷责任期内发生危及工程安全的事件,监理工程师通知承包人进行抢救,承包人声明无能力或不愿立即执行的,业主有权雇佣其他人员进行抢救。此类抢救按合同约定属于承包人义务的,由此发生的金额和(或)工期延误由承包人承担。

第七节　合同其他事项管理

一、工程分包

1. 工程分包概述

工程分包,是指经监理工程师批准并报发包人同意后,承包人将所承包工程一部分交由分包人实施,或由分包人提供劳务人员及机具的施工行为。

按照合同条款规定,承包人不得将其承包的全部工程转包给第三人,或将其承包的全部工程拆解后以分包的名义转包给第三人。承包人不得将工程主体、关键性工作分包给第三人。经业主同意,承包人可将工程的其他部分或工作分包给第三人。

承包人应与分包人就分包工程向发包人承担连带责任。业主对承包人与分包人之间的法律与经济纠纷不承担任何责任和义务。业主可以对分包合同实施情况进行监督检查。承包人应将分包合同副本提交业主和监理工程师。

工程分包可分为专业分包和劳务分包。

2. 工程分包的规定

《公路工程标准施工招标文件》(2018年版)通用合同条款第4.3款规定如下：

1)专业分包

在工程施工过程中,承包人进行专业分包必须遵守以下规定：

(1)允许专业分包的工程范围仅限于非关键性工程或者适合专业化队伍施工的专项工程。未列入投标文件的专项工程,承包人不得分包。但因工程变更增加了有特殊性技术要求、特殊工艺或者涉及专利保护等的专项工程,且按规定无须再进行招标的,由承包人提出书面申请,经发包人书面同意,可以分包。

(2)专业分包人的资格能力(含安全生产能力)应与其分包工程的标准和规模相适应,且应当具备如下条件：

①具有经工商登记的法人资格；

②具有从事类似工程经验的管理与技术人员；

③具有(自有或租赁)分包工程所需的施工设备。承包人应向监理人提交专业分包人的资格能力证明材料,经监理人审查并报发包人批准后,可以将相应专业工程分包给该专业分包人。

(3)专业分包工程不得再次分包。

(4)承包人和专业分包人应当按照交通运输主管部门制定的统一格式依法签订专业分包合同,并履行合同约定的义务。专业分包合同必须遵循承包合同的各项原则,满足承包合同中的质量、安全、进度、环保以及其他技术、经济等要求。专业分包合同必须明确约定工程款支付条款、结算方式以及保证按期支付的相应措施,确保工程款的支付。承包人应在工程实施前,将经监理人审查同意后的分包合同报发包人备案。

(5)专业分包人应当设立项目管理机构,对所分包工程的施工活动实施管理。项目管理机构应当具有与分包工程的规模、技术复杂程度相适应的技术、经济管理人员,其中项目负责人和技术、财务、计量、质量、安全等主要管理人员必须是专业分包人本单位人员。

(6)承包人应当建立健全相关分包管理制度和台账,对专业分包工程的质量、安全、进度和专业分包人的行为等实施全过程管理,按照合同约定对专业分包工程的实施向发包人负责,并承担赔偿责任。专业分包合同不免除承包合同中规定的承包人的责任或者义务。

(7)专业分包人应当依据专业分包合同的约定,组织分包工程的施工,并对分包工程的质量、安全和进度等实施有效控制。专业分包人对其分包的工程向承包人负责,并就所分包的工程向发包人承担连带责任。

(8)承包人对施工现场安全负总责,并对专业分包人的安全生产进行培训和管理。专业分包人应将其专业分包工程的施工组织设计和施工安全方案报承包人备案。专业分包人对分包施工现场安全负责,发现事故隐患,应及时处理。

违反上述规定之一者属违规分包。

2)劳务分包

在工程施工过程中,承包人进行劳务分包必须守以下规定:

(1)劳务分包人应具有施工劳务资质。

(2)劳务分包应当依法签订劳务分包合同,劳务分包合同必须由承包人的法定代表人或其委托代理人与劳务分包人直接签订,不得由他人代签。承包人的项目经理部、项目经理、施工班组等不具备用工主体资格,不能与劳务分包人签订劳务分包合同。承包人应向发包人和监理人提交劳务分包合同副本并报项目所在地劳动保障部门备案。

(3)承包人雇用的劳务作业应加入承包人的施工班组统一管理。有关施工质量、施工安全、施工进度、环境保护、技术方案、试验检测、材料保管与供应、机械设备等都必须由承包人管理与调配,不得以包代管。

(4)承包人应当对劳务分包人员进行安全培训和管理,劳务分包人不得将其分包的劳务作业再次分包。

发包人对承包人与分包人之间的法律与经济纠纷不承担任何责任和义务。各项分包工作均应遵守《公路工程施工分包管理办法》的有关规定。

二、人员、设备检查

监理机构在监理过程中应按施工合同检查施工单位人员履约情况,重点检查项目经理、技术负责人、工地试验室负责人及质量、安全和环保等现场管理人员到岗情况;应检查进场的施工机械设备是否符合施工合同约定,主要施工机械设备是否满足施工质量、安全和进度等要求。

(1)监理人应熟悉项目招标文件、施工单位投标文件和施工合同,对合同约定的人员履约、施工机械设备进场等规定认真检查、执行。

(2)合同约定的人员履约、施工机械设备进场情况与施工单位的信用评价直接相关。

(3)将检查情况在监理记录中载明,并在监理月报中进行统计汇总,如果合同约定的履约人员不到场履约，主要施工机械设备不能满足施工质量、安全和进度等要求时，监理机构应及时对施工单位下达整改指令，同时上报建设单位，依据合同约定提出处理意见。

（4）监理人应重点检查施工单位项目经理、技术负责人、工地试验室负责人及质量、安全和环保等现场管理人员的到岗情况，此项检查宜采取动态的检查方法进行。

（5）监理人应在分项工程开工前，审查施工单位提交的该分项工程的施工组织及人员（包括技术负责人、质量自检人员、试验检测人员及主要施工操作人员）配备是否满足合同要求和施工需要。

（6）在监理过程中巡视施工现场，并重点检查正在施工的分项、分部工程是否已批准开工，质量检测人员是否按规定到岗，现场使用的施工机械设备、项目驻地试验检测仪器、设备是否按规定进行了校准。

（7）如施工单位主要管理、技术人员需变更，应督促施工单位及时办理变更手续。

三、工程暂停

1. 工程暂停令的签发

在工程施工过程中，监理工程师为了保证工程质量、施工安全、合同能够有效地实施，按照合同的规定有权要求承包人暂停施工。

当发生以下情况时，监理工程师在对暂停工程的影响范围和影响程度的初步评估后，有权根据合同的规定签发工程暂停令。

(1)业主要求暂停施工，且工程确有暂停施工必要时。
(2)工程施工中出现以下质量状态时：
①未经监理工程师检验或检验合格而进行下一道工序施工的。
②擅自采用未经监理工程师验收或不合格的材料、构配件和设备的。
③未经监理工程师批准，擅自变更设计图纸的。
④未经监理工程师批准，擅自将工程分包给其他单位的。
⑤工程出现质量缺陷、质量隐患及质量事故的。
⑥没有可靠质量保证措施导致出现施工质量问题，经监理工程师指出，未采取有效整改措施，仍继续施工的。
⑦违反国家及交通运输部有关规范、标准、规程进行野蛮施工的。
(3)施工中出现安全隐患，监理工程师认为必须停工消除隐患时。
(4)施工中出现违反环保规定、未按合同要求落实环保措施，监理工程师认为必须停工整改时。
(5)由于承包人一方某种违约或过错而导致工程施工无法正常进行时。
(6)由于现场天气条件而导致工程施工无法正常进行时。
(7)施工现场发生了诸如地震、海啸、洪水等不可抗力而导致工程施工无法正常进行时。
(8)工程开挖遇到地下文物古迹等需要保护处理时。
(9)施工现场发生质量、安全、环境污染事故必须停工保护现场或采取防止事态进一步扩大时。
(10)监理工程师认定发生了必须暂停施工的紧急事件或其他情况时。

监理工程师向承包人作出暂停施工的指示后,承包人应按监理工程师指示暂停施工。暂停施工的指示应明确工程暂停范围、期限及工程暂停期间施工单位应做的工作,并报建设单位。由于发包人的原因发生暂停施工的紧急情况,且监理工程师未及时下达暂停施工指示的,承包人可先暂停施工,并及时向监理工程师提出暂停施工的书面请求。监理工程师应在接到书面请求后的 24 小时内予以答复,逾期未答复的,视为同意承包人的暂停施工请求。

不论由于何种原因引起的暂停施工,暂停施工期间承包人应负责妥善保护工程并提供安全保障。

2. 暂停施工的责任

1) 承包人暂停施工的责任

因下列暂停施工增加的费用和工期延误由承包人承担:

(1) 承包人违约引起的暂停施工。

(2) 由于承包人原因,为工程合理施工和安全保障所必需的暂停施工。

(3) 承包人擅自暂停施工。

(4) 承包人的其他原因引起的暂停施工。

(5) 现场气候条件导致的必要停工(异常恶劣的气候条件除外)。

(6) 项目专用合同条款可能约定的由承包人承担的其他暂停施工。

2) 业主暂停施工的责任

由于业主原因引起的暂停施工造成工期延误的,承包人有权要求业主延长工期和(或)增加费用,并支付合理利润。属于业主的责任引起的暂停施工的情况包括:

(1) 由于业主违约引起的暂停施工。

(2) 由于不可抗力的自然或社会因素引起的暂停施工。

(3) 专用合同条款中约定的其他由业主原因引起的暂停施工。

3. 暂停范围的确定

监理工程师在签发工程暂停令前,应根据停工原因的影响范围和影响程度,慎重确定停工范围。在必须暂停工程施工的诸多原因中,有些影响是全工地性的,如灾害性天气等,有些影响可能是局部的,如发现质量隐患等。准确地确定影响范围是确定工程停工范围的依据。同时,项目监理机构还要对工程暂停的影响范围作出评估,特别是由于非承包人原因引起的工程停工,因为其容易引起工期和费用索赔,监理机构要仔细地如实记录与工程停工有关的情况,对照合同条款,分析工程停工的必要性,对影响程度进行深入研究,只有这样在承包人提出费用索赔和工程延期要求时才能有备无患,对索赔进行公正的审理。

在确定停工原因的影响范围后,监理工程师作出全面停工或部分工程暂停施工的建议。在监理工程师签发工程暂停令时,应具体说明要求停工的范围,对具备继续施工条件的工程应要求承包人继续施工。

四、工程复工

暂停施工后,监理工程师应与业主和承包人协商,在规定的时间内提出书面处理意见,采取有效措施积极消除暂停施工的影响。当发生的问题得到处理和解决,工程具备复工条件时,监理工程师应立即向承包人发出复工通知。承包人收到复工通知后,应在监理工程师指定的期限内复工。

承包人无故拖延和拒绝复工的,由此增加的费用和工期延误由承包人承担;因业主原因无法按时复工的,承包人有权要求业主延长工期和(或)增加费用,并支付合理利润。

监理工程师发出暂停施工指示后56天内未向承包人发出复工通知,除了该项停工属于承包人责任的情况外,承包人可向监理工程师提交书面通知,要求监理工程师在收到书面通知后28天内准许已暂停施工的工程或其中一部分工程继续施工。如监理工程师逾期不予批准,则承包人可以通知监理工程师,将工程受影响的部分视为按工程变更范围中的可取消工作。如暂停施工影响到整个工程,可视为业主违约,应按业主违约的规定办理。

由于承包人责任引起的暂停施工,如承包人在收到监理工程师暂停施工指示后56天内不认真采取有效的复工措施,造成工期延误,可视为承包人违约,应按承包人违约的规定办理。

五、工程延期

总监办应对符合施工合同约定的延期意向或事件进行现场调查,并应在施工单位提出工程延期申请后,对延期原因和拟采取措施等进行审核并报建设单位。

(1)监理机构批准符合施工合同约定的工程延期应同时满足下列条件:

①施工单位在施工合同约定的期限内提出工程延期;

②因非施工单位原因造成施工进度滞后;

③施工进度滞后影响到施工合同约定的工期。

(2)对符合施工合同约定的工程延期意向或事件,监理机构应及时安排监理人员进行现场调查,分析原因,评估影响,做好监理记录。

(3)适时召开专题会议进行讨论、研究,并形成会议纪要。

(4)施工单位提出工程延期申请后,监理机构依据监理记录、有关会议的会议纪要,审核延期申请文件,分析延期原因,提出审核意见报建设单位。

(5)对于施工单位自身原因造成的延期,在分析延期原因和评估其对工期的影响的基础上,签发监理指令单要求施工单位采取有效措施,加快工程进度,保证合同工期,并报建设单位。

六、争议的解决

在公路施工过程中,业主和承包人对合同以及工程施工中的很多问题都可能发生各种争议事件,包括由于监理工程师对某一问题的决定使双方意见不一致而导致的争议。合同条件对争议的解决作了明确的规定。

1.争议的解决方式

业主和承包人在履行合同中发生争议的,可以友好协商解决或者提请争议评审组评审。合同当事人友好协商解决不成、不愿提请争议评审或者不接受争议评审组意见的,可在项目专用合同条款中约定下列一种方式解决。

（1）向约定的仲裁委员会申请仲裁。

（2）向有管辖权的人民法院提起诉讼。

2. 友好解决

在提请争议评审、仲裁或者诉讼前，以及在争议评审、仲裁或诉讼过程中，业主和承包人均可共同努力友好协商解决争议。

3. 争议评审

采用争议评审的，业主和承包人应在开工日后的 28 天内或在争议发生后，协商成立争议评审组。争议评审组由有合同管理和工程实践经验的专家组成。争议评审组由 3 人或 5 人组成，专家的聘请方法可由业主和承包人共同协商确定，也可请政府主管部门推荐或通过合同争议调解机构聘请，且经双方认同。争议评审组成员应与合同双方均无利害关系。争议评审组的各项费用由业主和承包人平均分担。

合同双方的争议，应首先由申请人向争议评审组提交一份详细的评审申请报告，并附必要的文件、图纸和证明材料，申请人还应将上述报告的副本同时提交给被申请人和监理工程师。被申请人在收到申请人评审申请报告副本后的 28 天内，应向争议评审组提交一份答辩报告，并附证明材料。被申请人应将答辩报告的副本同时提交给申请人和监理工程师。

除专用合同条款另有约定外，争议评审组在收到合同双方报告后的 14 天内，邀请双方代表和有关人员举行调查会，向双方调查争议细节；必要时争议评审组可要求双方进一步提供补充材料。在调查会结束后的 14 天内，争议评审组应在不受任何干扰的情况下进行独立、公正的评审，作出书面评审意见，并说明理由。在争议评审期间，争议双方暂按总监理工程师的确定执行。

发包人和承包人接受评审意见的，由监理工程师根据评审意见拟定执行协议，经争议双方签字后作为合同的补充文件，并遵照执行。发包人或承包人不接受评审意见，并要求提交仲裁或提起诉讼的，应在收到评审意见后的 14 天内将仲裁或起诉意向书面通知另一方，并抄送监理工程师，但在仲裁或诉讼结束前应暂按总监理工程师的确定执行。

4. 仲裁

对于未能友好解决或未能通过争议评审解决的争议，业主或承包人任一方均有权提交给合同约定的仲裁委员会仲裁。

仲裁可在交工之前或之后进行，但业主、监理工程师和承包人各自的义务不得因在工程实施期间进行仲裁而有所改变。如果仲裁是在终止合同的情况下进行，则对合同工程应采取保护措施，措施费由败诉方承担。

仲裁裁决是终局性的，并对业主和承包人双方具有约束力。全部仲裁费用应由败诉方承担，或按仲裁委员会裁决的比例分担。

任何一方不履行仲裁机构的裁决的，对方可以向有管辖权的人民法院申请执行。

任何一方提出证据证明裁决有《中华人民共和国仲裁法》第五十八条规定情形之一的，可以向仲裁委员会所在地的中级人民法院申请撤销裁决。人民法院认定执行该裁决违背社会公共利益的，裁定不予执行。仲裁裁决被人民法院裁定不予执行的，当事人可以根据双方达成的书面仲裁协议重新申请仲裁，也可以向人民法院起诉。

第十章　交工验收与缺陷责任期监理

第一节　概　　述

按照我国公路工程建设程序的相关规定,所有公路工程建设项目在完工后投入使用前都必须通过工程验收。根据现行《公路工程竣(交)工验收办法》《公路工程竣(交)工验收办法实施细则》(交公路发〔2010〕65号)、现行《公路工程质量检验评定标准　第一册　土建工程》(JTG F80/1)、《公路建设项目文件材料立卷归档管理办法》(交办发〔2010〕382号)等文件规定进行公路工程交工、竣工验收工作。

公路工程验收的目的是考核公路建设成果,检验和鉴定工程是否符合设计要求,质量是否达到规定的技术标准,对施工工艺、材料消耗、工程成本、经济效益等作出评价,以便总结经验教训,提高管理水平,发挥投资效益,更好地完成今后的施工任务。

工程验收工作是一项十分细致而又严肃的工作,必须按照客观公正、实事求是的原则,认真负责地对全面建设工程进行验收。当全部基本建设工程经过验收合格,完全符合设计要求后,应立即移交给生产部门正式使用。此外,应迅速办理固定资产交付使用的转账手续,加强固定资产的管理。

一、公路工程质量鉴定要求

按照交通运输部2019年12月19日推出的《公路工程竣(交)工验收办法实施细则》(公交路发〔2010〕65号)修订细则,规定公路工程质量鉴定要求如下:

1. 基本要求

(1)公路工程质量鉴定由该建设项目的质量监督机构或竣工验收单位指定的质量监督机构负责组织。

(2)公路工程质量鉴定工作包括工程实体检测、外观检查和内业资料审查。

(3)公路工程质量鉴定依据质量监督机构在交工验收前和竣工验收前的工程质量检测资料,同时可结合监督过程中的检查资料进行评定(必要时工程质量检测工作可委托有相应资质的检测机构承担)。

2. 鉴定方法

1)分部工程质量鉴定方法

工程实体检测以本办法规定的抽查项目及频率为基础,按抽查项目的合格率加权平均乘100作为分部工程实测得分;外观检查发现的缺陷,在分部工程实测得分的基础上采用扣分制,扣分累计不得超过 15 分。

$$分部工程实测得分 = \frac{\sum[抽查项目合格率 \times 权值]}{\sum 权值} \times 100$$

分部工程得分 = 分部工程实测得分 – 外观扣分。

2) 单位工程、合同段、建设项目工程质量鉴定方法

根据分部工程得分采用加权平均值计算单位工程得分,再逐级加权计算合同段工程质量得分。内业资料审查发现的问题,在合同段工程质量得分的基础上采用扣分制,扣分累计不得超过 5 分;合同段工程质量得分减去内业资料扣分为该合同段工程质量鉴定得分。采用加权平均值计算建设项目工程质量鉴定得分。

$$单位工程实测得分 = \frac{\sum[分部工程得分 \times 权值]}{\sum 权值}$$

$$合同段工程质量鉴定得分 = \frac{\sum[单位工程得分 \times 单位工程投资额]}{\sum 单位工程投资额} - 内业资料扣分$$

$$建设项目工程质量鉴定得分 = \frac{\sum[合同段工程质量鉴定得分 \times 合同段工程投资额]}{\sum 合同段工程投资额}$$

式中的投资额原则使用结算价,当结算价暂时无法确定时,可使用招标合同价。但无论采用结算价还是招标合同价,计算时各单位工程或合同段均应统一。

3. **工程质量等级鉴定**

1) 总体要求

路基整体稳定;路面无严重缺陷;桥梁、隧道等构造物结构安全稳定,混凝土强度、桩基检测、预应力构件的张拉应力、桥梁承载力等均符合设计要求;工程质量经施工自检和监理评定均合格,并经项目法人确认。不满足上述要求的工程质量鉴定不予通过。

2) 工程质量等级划分

工程质量等级应按分部工程、单位工程、合同段、建设项目逐级进行评定,分部工程质量等级分为合格、不合格 2 个等级;单位工程、合同段、建设项目工程质量等级分为优良、合格、不合格 3 个等级。

分部工程得分大于或等于 75 分,则分部工程质量为合格,否则为不合格。

单位工程所含各分部工程均为合格,且单位工程得分大于或等于 90 分,质量等级为优良;所含各分部工程均合格且得分大于或等于 75 分,小于 90 分,质量等级为合格;否则为不合格。

合同段(建设项目)所含单位工程(合同段)均为合格,且工程质量鉴定得分大于或等于 90 分,工程质量鉴定等级为优良;所含单位工程均为合格,且得分大于或等于 75 分、小于 90 分,工程质量鉴定等级为合格;否则为不合格。

不合格分部工程经整修、加固、补强或返工后可重新进行鉴定,直至合格。

二、公路工程交工验收与竣工验收的关系

公路工程验收分为交工验收和竣工验收两个阶段,交工验收与竣工验收存在着必然的依

存关系,即公路工程建设项目交工验收合格,试运营期满,交工验收提出的工程质量缺陷等遗留问题已全部处理完毕,并经项目法人验收合格,才能进行竣工验收。交工验收与竣工验收二者之间也具有明显的区别,体现在以下几个方面:

1. 验收时间不同

交工验收在承包人完成合同工程、符合交工验收条件时进行;竣工验收在缺陷责任期满、符合竣工验收条件时进行。即交工验收在前,竣工验收在后。

2. 验收主体不同

交工验收由项目法人组织进行,设计、监理、施工等单位参加交工验收,拟交付使用的工程,应邀请运营、养护管理单位参加,交通运输主管部门、公路管理机构、质量监督机构视情况参加交工验收;而竣工验收由政府交通主管部门、管理机构、质量监督机构、造价管理机构等单位代表组成的竣工验收委员会组织进行,项目法人、设计、施工、监理、接管养护等单位代表参加竣工验收工作,但不作为竣工验收委员会成员。

3. 验收性质不同

交工验收是项目管理机构行为,属于经济行为;而竣工验收是一种政府管理机构行为,属于行政行为。

4. 验收内容和目的不同

交工验收是检查施工合同的执行情况,评价工程质量是否符合技术标准及设计要求、是否可以移交下一阶段施工或者是否满足通车要求,对各参建单位工作进行初步评价;竣工验收是综合评价工程建设成果,对工程质量、参建单位和建设项目进行综合评价。

5. 验收结论不同

交工验收工程质量等级评定分为合格和不合格;建设项目竣工验收工程质量等级和综合评定等级分为优良、合格、不合格。

第二节　交工验收与缺陷责任期监理

根据公路工程验收办法,交工验收阶段主要工作是检查施工合同的执行情况、评价工程质量、对各参建单位工作进行初步评价;竣工验收阶段主要工作是对工程质量、参建单位和建设项目进行综合评价,并对工程建设项目作出整体性综合评价。对单位、分部、分项工程的验收主要是指质量检验评定。

一、交工验收

公路工程各合同段符合交工验收条件后,经监理工程师同意,由施工单位向项目法人提出申请,由项目法人组织对该合同段进行交工验收。项目法人负责组织公路工程各合同段的设计、监理、施工等单位参加交工验收;拟交付使用的工程,应邀请运营、养护管理单位参加。参加验收单位的主要职责是:项目法人负责组织各合同段参建单位完成交工验收工作的各项内容,总结合同执行过程中的经验,对工程质量是否合格作出结论;设计单位负责检查已完成的工程是否与设计相符,是否满足设计要求;监理单位负责完成监理资料的汇总、整理,协助项目法人检查施工单位的合同执行情况,核对工程数量,科学公正地对工程质量进行评定;施工单位负责提交竣工资料,完成交工验收准备工作。

1. 交工验收的程序

(1)施工单位完成合同约定的全部工程内容,且经施工自检和监理检验评定均合格后,提出合同段交工验收申请报监理单位审查。交工验收申请应附自检评定资料和施工总结报告。

(2)监理单位根据工程实际情况、抽检资料,以及对合同段工程质量评定结果,对施工单位交工验收申请及其所附资料进行审查并签署意见。监理单位审查同意后,应同时向项目法人提交独立抽检资料、质量评定资料和监理工作报告。

(3)项目法人对施工单位的交工验收申请、监理单位的质量评定资料进行核查,必要时可委托有相应资质的检测机构进行重点抽查检测,认为合同段满足交工验收条件时应及时组织交工验收。

(4)对若干合同段完工时间相近的,项目法人可合并组织交工验收。对分段通车的项目,项目法人可按合同约定分段组织交工验收。

(5)通过交工验收的合同段,项目法人应及时颁发《公路工程交工验收证书》。

(6)各合同段全部验收合格后,项目法人应及时完成"公路工程交工验收报告",并向交通主管部门备案。国家、部重点公路工程项目中100km以上的高速公路、独立特大型桥梁和特长隧道工程向省级人民政府交通运输主管部门备案,其他公路工程按省级人民政府交通运输主管部门的规定向相应的交通运输主管部门备案。

2. 交工验收的条件

(1)合同约定的各项内容已全部完成。各方就合同变更的内容达成书面一致意见。

(2)施工单位按现行《公路工程质量检验评定标准 第一册 土建工程》(JTG F80/1)及相关规定对工程质量自检合格。

(3)监理单位对工程质量评定合格。

(4)质量监督机构按《公路工程质量鉴定办法》对工程质量进行检测,并出具检测意见。检测意见中需整改的问题已经处理完毕。

(5)竣工文件按公路工程档案管理的有关要求,完成"公路工程项目文件归档范围"(不含缺陷责任期资料)内容的收集、整理及归档工作。

(6)施工单位、监理单位完成本合同段的工作总结报告。

3. 交工验收的工作内容

交工验收组听取和审议以下报告:建设单位关于工程项目执行情况的报告;设计单位关于工程设计情况的报告;施工单位关于工程施工情况的报告;监理单位关于工程监理(含变更设计)情况的报告;质量监督部门关于工程质量检验评定情况的报告。交工验收组在听取报告、审查资料和实地查看的基础上,具体验收检查工作内容如下:

(1)检查合同执行情况。

(2)检查施工自检报告、施工总结报告及施工资料。

(3)检查监理单位独立抽检资料、监理工作报告及质量评定资料。

(4)检查工程实体,审查有关资料,包括主要产品质量的抽(检)测报告。

(5)核查工程完工数量是否与批准的设计文件相符,是否与工程计量数量一致。

(6)对合同是否全面执行、工程质量是否合格做出结论,按交通运输主管部门规定的格式签署合同段交工验收证书。

(7)按交通运输部规定的办法对设计、监理、施工等单位的工作进行初步评价。

交工验收由发包人主持,由发包人、监理人、质监、设计、施工、运营、管理养护等有关部门代表组成交工验收小组,对本项目的工程质量进行评定,并写出交工验收报告报交通运输主管部门备案。承包人应按发包人的要求提交竣工资料,完成交工验收准备工作。经验收合格工程的实际交工日期,以最终提交交工验收申请报告的日期为准,并在交工验收证书中写明。组织办理交工验收和签发交工验收证书的费用由发包人承担。但按照规定达不到合格标准的交工验收费用由承包人承担。

4. 监理在交工验收中的主要工作

1)审查交工验收申请

监理机构应按规定审查施工单位提出的合同段交工验收申请、审核施工单位编制的竣工图,应根据监理工作情况及工程质量评定结果,对是否同意交工验收进行审查并签署意见。重点检查合同约定的各项内容的完成情况,即检查拟交工工程是否满足进行交工验收应具备的条件;施工自检结果,即各项内容的施工自检结果是否合格;各项资料的完整性;工程数量核对情况;工程现场清理情况等。

2)评定工程质量与编制监理工作报告

监理机构应按工程验收办法等规定完成合同段工程质量评定、归集整理工程监理资料、编写监理工作报告,并提交建设单位。

3)参加交工验收

监理机构应参加交工验收工作,协助建设单位检查施工合同执行情况,并接受对监理合同执行情况的检查。

4)签认交工结账证书

合同段交工验收证书签发后,监理机构应审核施工单位提交的合同段交工结账单,并在规定期限内签认合同段交工结账证书,报建设单位审批。

二、缺陷责任期监理

1. 缺陷责任期

缺陷是指建设工程质量不符合工程建设强制性标准、设计文件,以及承包合同条件约定的标准。根据《公路工程标准施工招标文件》(2018年版),公路工程的缺陷责任期一般为2年。缺陷责任期从合同工程通过交工验收之日开始计算。在合同工程交工验收前,已经被发包人提前验收的单位工程,其缺陷责任期从通过单位工程验收后开始计算。在合同约定的缺陷责任期,包括根据合同约定延长的期限终止后14天内,由监理工程师向承包人出具经发包人签认的《缺陷责任期终止证书》,并退还剩余的质量保证金。在合同约定的缺陷责任期满时,承包人没有完成缺陷责任的,发包人有权扣留与未履行责任剩余工作所需金额相应的质量保证金余额,并有权根据合同约定要求延长缺陷责任期,直至完成剩余工作为止。

2. 缺陷责任

(1)承包人应在缺陷责任期内对已交付使用的工程承担缺陷责任。

(2)缺陷责任期内,业主对已接收使用的工程负责日常维护工作。发包人在使用过程中,发现已接收的工程存在新的缺陷或已修复的缺陷部位或部件又遭损坏的,承包人应负责修复,直至检验合格为止。

(3)监理工程师和承包人应共同查清缺陷和(或)损坏的原因。经查明属承包人原因造成的,应由承包人承担修复和查验的费用。经查验属发包人原因造成的,发包人应承担修复和查验的费用,并支付承包人合理利润。

(4)承包人不能在合理时间内修复缺陷的,发包人可自行修复或委托其他人修复。所需费用和利润的承担,按第(3)项约定办理。

(5)承包人在缺陷修复施工过程中,应服从管养单位的有关安全管理规定,由于承包人自身原因造成的人员伤亡、设备和材料的损毁及罚款等责任由承包人自负。

3. 缺陷责任期监理的任务

(1)监理工程师根据交工验收遗留问题清单,按工程实体与工作责任义务分类。

交工验收遗留问题有两种情况:

①交工验收时提出并经批准的剩余工程;

②交工证书写明的未完成工作。包括:交工验收前施工单位未履行的合同责任与义务和交工验收时提出的工程实体的遗留问题。

(2)监理工程师督促施工单位完成遗留问题的处理。

监理工程师按照施工单位在交工验收时提交并经交工验收小组批准的剩余工程计划,督促施工单位尽快完成未完工程和修复交工验收时指出的工程质量缺陷,对完成或修复的工程按合同约定的质量标准进行质量检查、监测、试验,合格的予以验收。

(3)巡视检查已完工程质量,记录发生的工程质量缺陷。

发现以前未发现的工程缺陷或交工验收后新发生的工程缺陷,调查、分析产生工程缺陷的原因和责任。确属非施工单位原因造成的工程缺陷,监理工程师应对施工单位修补、修复缺陷或重建的费用在与施工单位协商后予以确认,报建设单位批准、支付。

(4)指令施工单位进行修复。

记录发生的工程缺陷,指示施工单位进行修复,并对工程缺陷发生的原因、责任及修复费用进行调查、确认。

(5)督促施工单位按合同约定完成竣工资料。

(6)签发合同工程缺陷责任终止证书。

在合同段缺陷责任期结束,收到施工单位向建设单位提交的终止缺陷责任申请后,监理机构应进行审查。对符合合同约定的,总监办应在规定期限内签发合同段缺陷终止证书,并向建设单位提交缺陷责任期监理工作总结。

(7)签认最后支付证书。

收到施工单位提交的最后结账单及所附资料后应进行审核。审核后的最后结账单经施工单位认可后,由总监理工程师签认并报建设单位审批。

4. 保修责任

(1)保修期自实际交工日期起计算,具体期限在项目专用合同条款数据表中约定。保修期与缺陷责任期重叠的期间内,承包人的保修责任同缺陷责任。在缺陷责任期满后的保修期内,承包人可不在工地留有办事人员和机械设备,但必须随时与发包人保持联系,在保修期内承包人应对由于施工质量原因造成的损坏自费进行修复。

(2)在全部工程交工验收前,已经发包人提前验收的单位工程,其保修期的起算日期相应提前。

(3)工程保修期终止后28天内,监理人签发保修期终止证书。

(4)若承包人不履行保修义务和责任,则承包人应承担由于违约造成的法律后果,并由发包人将其违约行为上报省级交通运输主管部门,作为不良记录纳入公路建设市场信用信息管理系统。

第三节 竣 工 验 收

公路工程符合竣工验收条件后,项目法人应按照项目管理权限及时向交通运输主管部门申请验收。交通运输部负责国家、部重点公路工程项目中100km以上的高速公路、独立特大型桥梁和特长隧道工程的竣工验收工作;其他公路工程建设项目,由省级人民政府交通运输主管部门确定的相应交通运输主管部门负责竣工验收工作。交通运输主管部门自收到申请之日起30日内,对申请人递交的材料进行审查,对于不符合竣工验收条件的,应当及时退回并告知理由;对于符合验收条件的,应自收到申请文件之日起3个月内组织竣工验收。

一、公路工程竣工验收的条件

(1)通车试运营2年以上。
(2)交工验收提出的工程质量缺陷等遗留问题已全部处理完毕,并经业主验收合格。
(3)工程决算编制完成,竣工决算已经审计,并经交通运输主管部门或其授权单位认定。
(4)竣工文件已完成"公路工程项目文件归档范围"的全部内容。
(5)档案、环保等单项验收合格,土地使用手续已办理。
(6)各参建单位完成工作总结报告。
(7)质量监督机构对工程质量检测鉴定合格,并形成工程质量鉴定报告。

二、竣工验收的主要工作内容

(1)成立竣工验收委员会。

竣工验收委员会由交通运输主管部门、公路管理机构、质量监督机构、造价管理机构等单位代表组成。国防公路应邀请军队代表参加。大中型项目及技术复杂工程,应邀请有关专家参加。

（2）听取项目法人、设计单位、施工单位、监理单位的工作报告。

项目法人负责提交项目执行报告及验收工作所需资料；设计单位负责提交设计工作报告；施工单位负责提交施工总结报告以及提供各种资料；监理单位负责提交监理工作报告以及提供工程监理资料；接管养护单位负责提交项目使用情况报告。公路建设项目设计、施工、监理、接管养护等有多家单位的，项目法人应组织汇总设计工作报告、施工总结报告、监理工作报告、项目使用情况报告。竣工验收时选派代表向竣工验收委员会汇报。

（3）听取质量监督机构的工作报告及工程质量鉴定报告。

（4）检查工程实体质量、审查有关资料，形成书面检查意见。

（5）对项目法人建设管理工作进行综合评价。审定交工验收对设计单位、施工单位、监理单位的初步评价。

（6）对工程质量进行评分，确定工程质量等级，并综合评价建设项目。

（7）形成并出具《公路工程竣工验收鉴定书》。

（8）负责竣工验收的交通运输主管部门印发《公路工程竣工验收鉴定书》。

（9）质量监督机构依据竣工验收结论，对各参建单位签发"公路工程参建单位工作综合评价等级证书"。

三、监理在竣工验收中的职责

监理单位应参加工程竣工验收工作，负责提交监理工作报告，提供工程监理资料，配合竣工验收检查工作。公路工程验收办法规定监理单位代表应参加工程竣工验收工作，但不作为竣工验收委员会成员。

第十一章 监理工地会议

第一节 工地会议概述

工地会议是公路工程监理中形成的有效工作制度,是监理机构与参建各方重要的工作协调方式。通过会议检查工程实施情况与存在问题,研究下阶段工作计划,并对工程中重点、难点问题进行专题研讨。因此应坚持该项制度。

监理工地会议是一种有实质内容的工作协调会议。工地会议的目的在于监理机构对工程实施过程中的进度、质量、费用、安全、环保等的执行情况进行全面掌控,为正确决策提供依据,确保工程建设顺利进行。

监理工地会议根据召开时间、会议内容及参加人员等,可分为第一次工地会议、工地例会和专题会议。监理机构应制订工程项目参建各方予以确认的工地会议制度。

监理机构应做好会议记录,会议纪要应由各参加单位签认。会议决定执行的有关事项,应按规定的监理程序办理。

经三方确认的正式会议纪要,作为监理文件下达时成为合同管理文件的一部分。但会议纪要中涉及合同条款变更和设计文件等内容时,仍需要在工地会议三方协调一致的基础上按规定监理程序办理必要手续。

第二节 工地会议的组织与内容

一、第一次工地会议

第一次工地会议是承包人、监理工程师进入工地后召开的第一次会议,是业主、承包人、监理单位建立良好合作关系的一次机会。第一次工地会议应在工程正式开工前召开。会议由总监理工程师主持,监理单位应事前将会议议程及有关事项通知业主、承包人及有关方面,必要时可先召开一次预备会议,使参加会议的各方面做好资料准备。在会议举行中,如果某些重大问题达不到目的要求,可以暂时休会,待条件具备时再行复会。

1. 第一次工地会议的组织

第一次工地会议应在工程正式开工前召开。总监办应事先将会议议程及有关事项通知建设、施工单位及其他有关单位并做好会议准备。质量监督部门宜参加第一次工地会议。

第一次工地会议应由总监理工程师主持,建设单位、施工单位的法定代表人或授权代表应出席会议。各方在工程项目中的主要管理、技术人员等必须参加。

2. 第一次工地会议的主要内容

(1) 介绍人员及组织机构。

第一次工地会议上,各方应介绍各自的人员、组织机构、职责范围及联系方式。建设单位应宣布对监理工程师的授权;总监理工程师应宣布对驻地监理工程师授权;施工单位应书面提交对项目经理的授权书。

(2) 建设单位说明开工条件。

建设单位应就工程占地、临时用地、临时道路、拆迁、工程支付担保情况,以及其他与开工条件有关的内容及事项进行说明。

(3) 施工单位应陈述开工的各项准备情况;汇报开工的试验、测量、项目部建设、工地现场、施工设备、工程材料等准备情况;介绍总体施工进度安排等;监理工程师应对各项施工准备,特别是质量、安全、环保等情况予以评述,说明是否具备开工条件。

(4) 监理单位就监理工作准备情况以及有关事项作出陈述。

(5) 监理工程师应就主要监理程序、质量和安全事故报告程序、报表格式、函件往来程序、工地例会等进行说明。

(6) 总监理工程师应进行会议小结,明确施工准备工作还存在的主要问题及解决措施要求。

会议通过对开工准备情况的汇报、检查、核实,认为开工条件已具备时,会议在结束前由总监理工程师通知承包人尽快提交"合同工程开工报审表"。不具备开工条件时,也应对存在的问题提出解决的具体意见,特别是对准备的开工日期要提出要求,并统一各方认识。

二、工地例会

工地例会一般作为施工阶段每月定期召开的工地工作会议,如有必要应临时增开。工地例会主要是建设单位、施工单位、监理机构三方对工程进行检查与协调的例行会议,因此要求施工单位项目经理、技术负责人出席,工地试验室负责人、专职安全生产管理人员等参加。

工地例会由总监理工程师或驻地监理工程师主持。

1. 会议的组织

监理单位会议参加者应为总监理工程师或/和驻地监理工程师、专业监理工程师及总监理工程师办公室的有关人员;施工单位会议参加者应为项目经理、技术负责人及有关人员。

2. 会议的内容

会议按既定的例行议程进行,一般应由施工单位代表逐项进行陈述并提出问题和建议;监理工程师逐项组织讨论并作出决定或决议的意向。会议一般应按以下议程进行讨论和研究:

(1) 检查上次会议议定事项的落实情况。

(2) 审查工程进度:主要是关键线路上的施工进展情况及影响施工进度的因素和对策。

(3) 审查现场情况:主要是审查现场机械、材料、劳力的数额,以及对进度和质量的适应情况,并提出解决措施。

(4) 审查工程质量:主要针对工程缺陷和质量事故,就执行标准控制、施工工艺、检查验收等方面提出问题及解决措施。

(5)审查工程费用事项:主要是材料设备预付款、价格调整、额外的暂定金额等发生或将发生的问题及初步的处理意见或意向。

(6)审查安全事项:主要是对发生的安全事故或隐藏的不安全因素,以及对交通和民众的干扰提出问题及解决措施。

(7)审查环保事项:主要是对施工中出现违反环保规定,未按合同要求落实环保措施的情况进行讨论,并提出解决措施。

(8)讨论施工环境:主要是承包人无力防范的外部施工阻挠或不可预见的施工障碍等方面的问题及解决措施。

(9)讨论索赔等合同其他事项:主要是对承包人提出延期或索赔的意向进行初步的澄清和讨论,另按程序申报并约定专门会议的时间和地点。

(10)审议工程分包:主要是对承包人提出的工程分包的意向进行初步审议和澄清,确定进行正式审查的程序和安排,并解决监理工程师已批准(或批准进场)分包中管理方面的问题。

(11)其他事项:会议中若出现索赔及工程事故等重大问题,可另行召开专门会议协调处理。

三、专题工地会议

由于工地例会需研究和讨论的问题较多,施工过程中出现的某些重点、难点问题在工地例会上有时不能深入讨论,为此就要召开专题工地会议进行专题讨论。

(1)专题会议可由监理工程师主持,根据工程需要及时召开,建设单位、施工单位代表及有关人员参加,必要时可邀请有关专家参加。

(2)会议应针对工程技术、质量、安全、环保、费用、进度和合同事项等方面的重点、难点及需要协调的问题进行讨论,提出解决方案并形成意见。

工地会议应由监理单位做好记录,并应根据记录事项形成会议纪要。纪要中包括三方协商一致的意见及各方有保留的意见。会议纪要由参加单位确认后发放给各参会单位及有关部门,并作为合同文件的一部分。

第十二章 监 理 资 料

监理资料是指列入"公路工程项目文件归档范围"的各类文件、资料等,是按规定需要移交、长期保存的档案材料,是监理工作成果的证明和最终结果,而不仅仅是监理工作过程中文件与资料的收发、保管。

第一节 监理资料的内容

监理资料是全面、系统反映监理工作和工程实施情况的历程记录,需要在工程完工后接受检查和提交。监理资料应包括监理管理文件、质量监理文件、安全监理文件、环保监理文件、费用与进度监理文件、合同事项管理文件,以及监理日志、巡视记录、旁站记录、监理月报、监理工作报告及其他监理文件和影像资料。

一、监理管理文件

1. 监理管理文件

监理管理文件应包括监理合同、监理计划、监理细则、会议记录、会议纪要、综合性往来文件等。

2. 监理人员岗位职责

主要指监理机构中各类监理人员的岗位职责,主要包括:总监理工程师、专业监理工程师(路基、路面、结构、桥梁、隧道、交安、机电、安全、环保等)及监理员等岗位的职责。

3. 监理单位贯彻质量标准的有关作业文件

主要是指监理单位根据工程项目的具体情况,为落实质量标准而编制的一些专用的办法或操作规程等。

二、质量监理文件

质量监理文件应包括质量监理要求和往来文件,测量、材料等审查、试验资料,抽检记录,隐蔽工程验收和工程质量检验评定资料,质量问题处理资料等。

1. 质量监理要求、规定及来往文件和信函

主要是指在监理实施过程中,监理机构针对具体工程中的质量问题提出的处理意见、建议或处理措施及相关的规定,以及与之相关的和业主、承包人之间来往的文件和信函。

2. 材料试验、检测资料

资料主要包括监理过程中的验证试验、标准试验、工艺试验、抽样试验和验收试验的试验资料。具体包括：原材料进场前的验证试验、标准试验［主要有土工标准试验，集料的级配试验，路面、基层（底基层）标准试验，混凝土配合比试验，沥青混凝土配合比试验，结构的强度试验等］、工艺试验（如路基、路面试验路段的检测试验）、抽样试验（包括原材料的物理性能、土方及其他填筑施工的密实度、混凝土及沥青混凝土的强度等）、验收试验等资料。

3. 监理抽检资料

监理抽检资料即监理进行的抽样试验资料，主要包括土方、路面基层（底基层）、沥青混凝土路面的压实度，砂浆强度，混凝土强度，路面基层（底基层）、水泥混凝土面层和沥青混凝土面层的强度等抽样试验的资料。

4. 隐蔽工程验收资料

凡国家规范标准规定的隐蔽工程检查项目，应做隐蔽工程检查验收并填写隐蔽工程检查记录，监理工程师应在施工单位自检合格并接到报验申请后，组织隐蔽工程验收，隐蔽工程验收合格的应签署验收文件。隐蔽验收合格后，方可允许下道工序施工。

5. 交竣工验收工程质量评定资料

主要是指在交竣工验收中监理签认的相关质量检测资料。

6. 质量问题处理资料

工程质量问题处理资料主要包括：监理指令单、停工令、质量问题处理台账、往来文件等。

三、安全、环保监理文件

安全、环保监理文件应包括安全、环保管理制度、监理要求和往来文件，检查记录，事故、隐患及问题处理资料等。

四、费用与进度监理文件

费用与进度监理文件应包括费用与进度计划文件，监理要求和往来文件，工程计量、支付文件，工程开工令，进度检查文件等。

1. 费用监理文件

费用监理文件与资料包括各类工程支付文件、工程变更有关费用审核文件、工程竣工决算审核意见书等。

（1）支付文件。

工程支付文件包括计量记录和支付证书。符合要求的计量记录能说明哪些已经计量、哪些尚未计量，以及哪些已经签发支付证书、哪些尚未签发支付证书。

支付证书包括中期支付证书和最终支付证书。支付证书由一系列支付计量表组成，主要包括：工程计量申报表、工程款支付申请、工程计量支付汇总表、工程款支付证书、工程变更一览表、工程进度表等。

(2)工程竣工决算审核意见书。

2.进度监理文件

进度监理文件主要包括工程进度计划审批、进度计划检查、调整的有关文件,工程开工令等。

进度计划审批、检查、调整的有关文件主要包括监理对承包人提供的月进度计划、年进度计划、季或年度计划、总体计划进行审查、调整和批准的相关文件。

五、合同事项管理文件

合同事项管理文件应包括工程分包、履约检查文件,停工令及复工令,工程变更、延期、索赔、违约和争端处理文件,价格调整文件等。

六、监理日志和巡视记录

监理日志应按《公路工程施工监理规范》(JTG G10—2016)附录B.4格式填写,并应经驻地监理工程师或总监审核。巡视记录经驻地监理工程师或总监审核。

七、工程监理月报

监理月报是监理机构阶段性监理工作的定期总结,是监理实施情况的及时反馈,是与建设单位、施工单位等进行沟通交流的重要手段,其内容应客观、准确、翔实、有针对性。

监理月报由项目总监理工程师组织编写,由总监理工程师签认,报送业主和监理单位,报送时间由监理单位和业主协商确定,一般在收到承包人项目经理部报送来的工程进度,汇总了本月已完工程量和本月计划完成工程量的工程量表、工程款支付申请表等相关资料后,在最短的时间内提交,一般时间为5~7天。根据建设工程规模大小决定内容的详细程度,监理月报应包括下列主要内容:

(1)当月工程实施情况。
(2)当月监理工作情况。
(3)当月工程质量、安全、环保、费用、进度监理和合同事项管理请情况统计。
(4)发现施工存在的主要问题及处理情况。
(5)下月监理工作重点。

八、监理工作报告

监理工作报告是监理机构项目监理工作的最终总结,是监理实施情况的综合反映,其内容应系统、全面、客观、有建设性。监理工作报告应包括下列主要内容:

(1)工程概况。
(2)监理工作概况,包括组织机构、人员、设备和设施情况等。
(3)监理工作成效,包括质量、安全、环保、费用和进度监理及合同事项管理等措施,施工过程中检查情况,工程质量评定情况及问题和事故处理情况等。

（4）交工验收时存在的问题及处理情况。

（5）监理工作体会、说明和建议。

九、其他监理文件与资料

其他监理文件与资料是指没有列入上述监理文件与资料中的文件与资料。主要包括监理日记、监理工作指令、工程变更令、工地会议纪要、工程分项开工的申请批复单、检验申请批复单、试验抽检的原始记录及各种台账等。

1. 监理日记

现场每个监理人员都应记录的是监理日记。

监理日记由专业监理工程师和监理员书写，监理日记和施工日记一样，都是反映工程施工过程的实录。一个同样的施工行为，往往两本日记可能记载着不同的结论，事后在工程发现问题时，日记就起了重要的作用。因此，认真、及时、真实、详细、全面地记好监理日记，对发现问题、解决问题，甚至仲裁、诉讼都有作用。

1）专业监理工程师监理日记的主要内容

专业监理工程师的个人工作日记，一般应记录每天工程施工的详情和工地上发生的所有重要事项，特别是影响工程进度和可能导致承包人提出延期与索赔的事件，包括已经作出的重大决定、向承包人发出的书面或口头指令、合同纠纷及可能解决的办法、与监理工程师的口头协议、对下属人员的指示、向承包人签发的任何补充图纸和审批承包人的任何设计图纸等。

2）监理员监理日记的主要内容

内容视具体情况和具体工作而不同，基本内容如下：

（1）所有分项工程开始、完成及其检验的结果，以及承包人每日投入的人力、材料和机械的详细情况，记录工程施工质量和完成的数量。

（2）工程延误及其原因，以及所有给承包人的口头和书面的指令。

（3）工地上发生各类事故的详细情况。

（4）为修正进度计划查阅的档案记录，包括档案记录的号码、指令的变更、批准和许可，发出最后同意的计量细目的数量及日期等。

（5）机械的运送或转移，计划中关键的机械、设备和材料的到达及使用情况。

（6）现场主要人员的缺席情况，每日开始工作和结束的时间。

（7）必要的照片、电话记录、气候及其他工程有关的资料。

2. 工作指令

监理工程师向承包人发布的工作指令包括：

（1）正式函件：用于重要的指令。

（2）口头指令：最好在每日现场协调会上发出，仅在小的例行事务中使用，否则需经书面确认。如果使用现场指令，则发出的现场指令应在24小时内用书面指令予以确认。另外，发给承包人的任何草图应有副本归档备查。

3. 工程变更令

工程变更令主要由以下内容组成：

(1)文件目录。
(2)工程变更令。
(3)工程变更说明。
(4)工程变更费用估计表。
(5)附件。包括变更前后的图纸、业主、承包人、监理方面的会议、会谈记录与文件,有关设计部门对变更的意见有关行业部门、上级主管部门的文件,承包人的预算报告,确定工程数量及单价的证明资料等。

4. 工地会议纪要

工地例会是履约各方沟通情况、交流信息、协调处理、研究解决合同履行中存在的各方面问题的主要协调方式。会议纪要由项目监理机构根据会议记录整理,主要内容包括:
(1)会议地点及时间。
(2)会议主持人。
(3)与会人员姓名、单位、职务。
(4)会议主要内容、议决事项及其负责落实单位负责人和时限要求。
(5)其他事项。

例会上意见不一致的重大问题,应将各方的主要观点特别是相互对立的意见记入"其他事项"中。会议纪要的内容应准确如实、简明扼要,经总监理工程师审阅、与会各方代表会签后发至合同有关各方,并应有签收手续。

5. 试验抽检的原始记录

试验记录应对每公里道路和每座桥涵及人工构造物分别归档。对于每公里道路和每一个结构物的试验记录内容应包括已进行的试验、未完成试验及采取的措施、试验已获认可或被拒绝等。

6. 各种台账

监理工程师应建立材料、试验、测量、计量、工程变更、安全、环保等台账。

第二节 监理资料的管理

为了做好工程建设档案资料的管理工作,充分发挥档案资料在工程建设及建成后维护中的作用,应按国家及部、省主管部门的有关规定,及时地将监理文件与资料整理归档。

一、监理资料的日常管理

文件与资料管理是监理工作重要的工作内容,工程质量、安全、环保、费用、进度监理、合同的管理以及工程各方的往来函件及重要工程活动全部要通过监理文件与资料系统、完整的反映。监理机构应建立健全监理文件与资料管理制度,并运用计算机管理软件,设专人负责文件资料的管理工作。监理工程师应建立材料、试验、测量、计量支付、工程变更、安全、环保等台账。建立各类台账是文件与资料管理的重要手段,它可以简明地了解资料简况,便于检索与检查。

监理工作中产生的监理文件与资料应及时整理、分类有序。所有文件资料应内容完整、填写认真、审批意见与签认齐全。

二、公路工程项目文件归档范围

监理归档文件必须完整、准确、系统地反映工程监理活动的全过程。监理文件资料归档内容、组卷方法以及监理档案的验收、移交和管理工作，应根据《公路工程施工监理规范》(JTG G10—2016)及《公路建设项目文件材料立卷归档管理办法》(交办发〔2010〕382号)，并参考工程项目所在地区建设工程行政主管部门、建设监理行业主管部门、地方城市建设档案管理部门的规定执行。对一些需连续产生的监理信息，如对其有统计要求，在归档过程中应对该类信息建立相关的统计汇总表格以便进行核查和统计，并及时发现错漏之处，从而保证该类监理信息的完整性。

监理文件资料的归档保存中应严格按照保存原件为主、复印件为辅和按照一定顺序归档的原则执行。如在监理实践中出现作废和遗失等情况，应明确地记录作废和遗失原因及处理的过程。如采用计算机对监理信息进行辅助管理，当相关的文件和记录经相关责任人员签字确定、正式生效并已存入项目部相关资料夹中时，计算机管理人员应将储存在计算机中的相关文件和记录改变其文件属性为"只读"，并将保存的目录记录在书面文件上以便进行查阅。在项目文件资料归档前不得将计算机中保存的有效文件和记录删除。

按照交通运输部2019年12月19日发布的《公路工程竣(交)工验收办法实施细则》(交公路发〔2010〕65号)修订细则，规定公路工程项目文件归档范围如下：

第一部分　综合文件

1. 竣(交)工验收文件

1) 竣工验收文件(公路工程参建单位工作综合评价表、公路工程竣工验收评价表、公路工程竣工验收鉴定书相关内容及竣工验收委员会各专业检查组意见)。

2) 交工验收文件(公路工程交工验收证书、公路工程交工验收报告相关内容)。

3) 工程单项验收文件(环保、档案等)。

4) 各参建单位总结报告。

5) 接管养护单位项目使用情况报告。

2. 建设依据及上级有关指示

1) 项目建议书及批准文件。

2) 工程可行性研究报告及批准文件。

3) 水土保持批准文件。

4) 环境影响评价及批准文件。

5) 文物调查、保护等文件。

6) 初步设计文件及批准文件。

7) 施工图设计文件及批准文件。

8) 设计变更文件及批准文件。

9）设计中重大技术问题来往文件、会议纪要。

10）施工许可批准文件。

11）上级单位有关指示。

3. 征地拆迁资料

1）征地拆迁合同协议。

2）征地批文。

3）征用土地数量一览表。

4）占地图及土地使用证。

5）拆迁数量一览表。

4. 工程管理文件

1）招标文件。

2）投标文件、评标报告。

3）合同书、协议书。

4）技术文件及补充文件。

5）建设单位往来文件。

6）工程质量责任登记表。

7）其他文件及资料。

第二部分　决算和审计文件

1. 支付报表

2. 财务决算文件

3. 工程决算文件

4. 项目审计文件

5. 其他文件

第三部分　监理资料

1. 监理管理文件

2. 工程质量控制文件

1）质量控制措施、规定及往来文件。

2）监理独立抽检资料（注：编排顺序参照第四部分）。

3）交工验收工程质量评定资料。

3. 工程进度计划管理文件

4. 工程合同管理文件

5. 其他文件

6. 其他资料

监理日志，会议记录、纪要，工程照片，音像资料。

监理机构及人员情况，各级监理人员的工作范围、责任划分、工作制度。

第四部分　施工资料

1. 竣工图表

1）变更设计一览表。

2) 变更图纸。

3) 工程竣工图。

2. 工程管理文件

施工组织机构及人员,岗位责任划分,施工组织设计,技术交底文件,会议纪要等。

3. 施工质量控制文件

1) 工程质量管理文件。

(1) 工程质量往来文件(质量保证体系、专项技术方案等)。

(2) 工程质量自检报告及工程质量检验评定资料。

(3) 工程质量事故及处理情况报告、补救后达到要求的认可证明文件。

(4) 桥梁荷载试验报告。

(5) 桥梁基础检验汇总资料。

(6) 施工中遇到的非正常情况记录、处理方案、施工工艺、质量检测记录及观察记录、对工程质量影响分析。

(7) 交工验收施工单位的自检评定资料。

2) 材料及标准试验。

(1) 原材料、外购成品、半成品抽检试验报告及资料。

(2) 外购材料(产品)出厂合格证书、检验报告及质量鉴定报告。

(3) 各种标准试验、配合比设计报告。

3) 施工工序资料。

(1) 路基工程。

① 路基土石方工程。

ⅰ. 地表处理资料。

ⅱ. 不良地质处理方案、施工资料、检测资料。

ⅲ. 分层压实资料。

ⅳ. 路基检测、验收资料。

ⅴ. 分段资料汇总。

② 防护工程。

ⅰ. 基坑放样、开挖处理、试验检测资料。

ⅱ. 各工序施工记录、检测、试验资料。

ⅲ. 成品检测资料。

ⅳ. 砂浆(混凝土)强度试验资料。

③ 小桥工程。

ⅰ. 基坑放样、开挖处理、试验检测资料。

ⅱ. 基础施工检查、试验资料,桩基检测资料。

ⅲ. 各分项施工工序检查、成品检测资料。

ⅳ. 砂浆强度、混凝土强度、台背回填压实度等试验报告及汇总表。

④ 排水工程。

ⅰ. 基坑放样、开挖处理、试验检测资料。

　　　　ⅱ.各施工工序检查、成品检测资料。
　　　　ⅲ.砂浆、混凝土强度试验资料。
　　⑤涵洞工程。
　　　　ⅰ.基坑放样、开挖处理、试验检测资料。
　　　　ⅱ.各施工工序检查、成品检测资料。
　　　　ⅲ.砂浆强度、混凝土强度、台背回填压实度等试验报告及汇总表。
（2）路面工程。
　　①施工工序检查资料。
　　②材料配合比抽检（油石比、马歇尔试验等）资料。
　　③压实度、弯沉、强度等试验检测报告及汇总资料。
（3）桥梁工程。
　　①基坑放样、开挖处理、试验检测资料。
　　②基础施工检查、试验资料，桩基检测资料。
　　③墩台、现浇构件、预制构件、预应力等施工工序检查、成品检测资料。
　　④各工序施工、检测记录。
　　⑤砂浆强度、混凝土强度、台背回填压实度等试验报告及汇总表。
　　⑥引道工程施工检测、试验资料。
（4）隧道工程。
　　①洞身开挖施工、检查资料。
　　②衬砌施工、检验资料。
　　③隧道路面工程施工、检查资料。
　　④照明、通风、消防设施工、检查资料。
　　⑤洞口施工检查资料。
　　⑥各种附属设施检验施工资料
　　⑦各环节工序检查、验收资料。
　　⑧隧道衬砌厚度、混凝土（砂浆）强度试验检测资料。
（5）交通安全设施。
　　①各种标志牌制作安装检查记录。
　　②标线检查资料、施工记录。
　　③防撞护栏、隔离栅及附属设施施工、检查资料。
　　④照明系统施工、检测资料。
　　⑤各中间环节检测资料。
　　⑥成品检测资料。
（6）房屋建筑工程。
　　按建筑部门有关法规、资料编制办法管理、汇总。
（7）机电工程。
（8）绿化工程。
4）缺陷责任期资料。

4. 施工安全及文明施工文件

(1)安全生产的有关文件。

安全组织机构及人员、岗位责任、安全保证体系、施工专项技术方案、技术交底文件等。

(2)安全事故的调查处理文件。

(3)文明施工的有关文件。

5. 进度控制文件

(1)进度计划(文件、图表)、批准文件。

(2)进度执行情况(文件、图表)。

(3)有关进度的往来文件。

6. 计量支付文件

7. 合同管理文件

8. 施工原始记录

1)施工日志。

2)天气、温度及自然灾害记录。

3)测量原始记录。

4)各工序施工原始记录(未汇入施工质量控制文件的部分)。

5)会议记录、纪要。

6)施工照片、音像资料。

7)其他原始记录。

第五部分 科研、新技术资料

1. 科研资料

2. 新技术应用资料

批准的所有科研、新技术资料均要整理归档。

按照交通运输部《公路工程竣(交)工验收办法实施细则》(公交路发〔2010〕65号)以及《建设工程文件归档整理规范》(GB/T 50328—2001),监理文件有10大类,要求在不同的单位归档保存,具体要求如表12-1所示。

监理资料归档范围及保管期限　　　　　　　　表12-1

序号	归档文件	保管单位和保管期限		
		建设单位	监理单位	城建档案馆
1	监理管理文件			
①	监理计划	长期	短期	√
②	监理细则	长期	短期	√
2	监理月报中的有关质量问题	长期	长期	√
3	监理会议纪要中的有关质量问题	长期	长期	√
4	进度控制			
①	工程开工/复工审批表	长期	长期	√

续上表

序号	归档文件	保管单位和保管期限		
		建设单位	监理单位	城建档案馆
②	工程开工/复工暂停令	长期	长期	√
5	质量控制			
①	不合格项目通知	长期	长期	√
②	质量事故报告及处理意见	长期	长期	√
6	造价控制			
①	预付款报审与支付	短期		
②	月付款报审与支付	短期		
③	工程变更洽商费用报审与签认	长期		
④	工程竣工决算审核意见书	长期		√
7	分包资质			
①	分包单位资质材料	长期		
②	供货单位资质材料	长期		
③	试验等单位资质材料	长期		
8	监理通知			
①	有关进度控制的监理通知	长期	长期	
②	有关质量控制的监理通知	长期	长期	
③	有关造价控制的监理通知	长期	长期	
9	合同其他事项管理			
①	工程延期报告及审批	永久	长期	√
②	费用索赔报告及审批	长期	长期	
③	合同争议、违约报告及处理意见	永久	长期	√
④	工程变更材料	长期	长期	√
10	监理工作总结			
①	专题总结	长期	短期	
②	月报总结	长期	短期	
③	工程竣工总结	长期	长期	√
④	质量评估报告	长期	长期	√

注：表中保管期限，永久指需永远保存；长期指保存期等于该工程的使用寿命；短期指保存20年以下。

附录1 中华人民共和国公路法

(2017年11月4日 根据第十二届全国人民代表大会常务委员会第三十次会议《关于修改〈中华人民共和国会计法〉等十一部法律的决定》第五次修正)

第一章 总　则

第一条 为了加强公路的建设和管理,促进公路事业的发展,适应社会主义现代化建设和人民生活的需要,制定本法。

第二条 在中华人民共和国境内从事公路的规划、建设、养护、经营、使用和管理,适用本法。

本法所称公路,包括公路桥梁、公路隧道和公路渡口。

第三条 公路的发展应当遵循全面规划、合理布局、确保质量、保障畅通、保护环境、建设改造与养护并重的原则。

第四条 各级人民政府应当采取有力措施,扶持、促进公路建设。公路建设应当纳入国民经济和社会发展计划。

国家鼓励、引导国内外经济组织依法投资建设、经营公路。

第五条 国家帮助和扶持少数民族地区、边远地区和贫困地区发展公路建设。

第六条 公路按其在公路路网中的地位分为国道、省道、县道和乡道,并按技术等级分为高速公路、一级公路、二级公路、三级公路和四级公路。具体划分标准由国务院交通主管部门规定。

新建公路应当符合技术等级的要求。原有不符合最低技术等级要求的等外公路,应当采取措施,逐步改造为符合技术等级要求的公路。

第七条 公路受国家保护,任何单位和个人不得破坏、损坏或者非法占用公路、公路用地及公路附属设施。

任何单位和个人都有爱护公路、公路用地及公路附属设施的义务,有权检举和控告破坏、损坏公路、公路用地、公路附属设施和影响公路安全的行为。

第八条 国务院交通主管部门主管全国公路工作。

县级以上地方人民政府交通主管部门主管本行政区域内的公路工作;但是,县级以上地方人民政府交通主管部门对国道、省道的管理、监督职责,由省、自治区、直辖市人民政府确定。

乡、民族乡、镇人民政府负责本行政区域内的乡道的建设和养护工作。

县级以上地方人民政府交通主管部门可以决定由公路管理机构依照本法规定行使公路行政管理职责。

第九条 禁止任何单位和个人在公路上非法设卡、收费、罚款和拦截车辆。

第十条　国家鼓励公路工作方面的科学技术研究,对在公路科学技术研究和应用方面作出显著成绩的单位和个人给予奖励。

第十一条　本法对专用公路有规定的,适用于专用公路。

专用公路是指由企业或者其他单位建设、养护、管理,专为或者主要为本企业或者本单位提供运输服务的道路。

第二章　公路规划

第十二条　公路规划应当根据国民经济和社会发展以及国防建设的需要编制,与城市建设发展规划和其他方式的交通运输发展规划相协调。

第十三条　公路建设用地规划应当符合土地利用总体规划,当年建设用地应当纳入年度建设用地计划。

第十四条　国道规划由国务院交通主管部门会同国务院有关部门并商国道沿线省、自治区、直辖市人民政府编制,报国务院批准。

省道规划由省、自治区、直辖市人民政府交通主管部门会同同级有关部门并商省道沿线下一级人民政府编制,报省、自治区、直辖市人民政府批准,并报国务院交通主管部门备案。

县道规划由县级人民政府交通主管部门会同同级有关部门编制,经本级人民政府审定后,报上一级人民政府批准。

乡道规划由县级人民政府交通主管部门协助乡、民族乡、镇人民政府编制,报县级人民政府批准。

依照第三款、第四款规定批准的县道、乡道规划,应当报批准机关的上一级人民政府交通主管部门备案。

省道规划应当与国道规划相协调。县道规划应当与省道规划相协调。乡道规划应当与县道规划相协调。

第十五条　专用公路规划由专用公路的主管单位编制,经其上级主管部门审定后,报县级以上人民政府交通主管部门审核。

专用公路规划应当与公路规划相协调。县级以上人民政府交通主管部门发现专用公路规划与国道、省道、县道、乡道规划有不协调的地方,应当提出修改意见,专用公路主管部门和单位应当作出相应的修改。

第十六条　国道规划的局部调整由原编制机关决定。国道规划需要作重大修改的,由原编制机关提出修改方案,报国务院批准。

经批准的省道、县道、乡道公路规划需要修改的,由原编制机关提出修改方案,报原批准机关批准。

第十七条　国道的命名和编号,由国务院交通主管部门确定;省道、县道、乡道的命名和编号,由省、自治区、直辖市人民政府交通主管部门按照国务院交通主管部门的有关规定确定。

第十八条　规划和新建村镇、开发区,应当与公路保持规定的距离并避免在公路两侧对应进行,防止造成公路街道化,影响公路的运行安全与畅通。

第十九条　国家鼓励专用公路用于社会公共运输。专用公路主要用于社会公共运输时,由专用公路的主管单位申请,或者由有关方面申请,专用公路的主管单位同意,并经省、自治区、直辖市人民政府交通主管部门批准，可以改划为省道、县道或者乡道。

第三章 公 路 建 设

第二十条 县级以上人民政府交通主管部门应当依据职责维护公路建设秩序，加强对公路建设的监督管理。

第二十一条 筹集公路建设资金，除各级人民政府的财政拨款，包括依法征税筹集的公路建设专项资金转为的财政拨款外，可以依法向国内外金融机构或者外国政府贷款。

国家鼓励国内外经济组织对公路建设进行投资。开发、经营公路的公司可以依照法律、行政法规的规定发行股票、公司债券筹集资金。

依照本法规定出让公路收费权的收入必须用于公路建设。

向企业和个人集资建设公路，必须根据需要与可能，坚持自愿原则，不得强行摊派，并符合国务院的有关规定。

公路建设资金还可以采取符合法律或者国务院规定的其他方式筹集。

第二十二条 公路建设应当按照国家规定的基本建设程序和有关规定进行。

第二十三条 公路建设项目应当按照国家有关规定实行法人负责制度、招标投标制度和工程监理制度。

第二十四条 公路建设单位应当根据公路建设工程的特点和技术要求，选择具有相应资格的勘察设计单位、施工单位和工程监理单位，并依照有关法律、法规、规章的规定和公路工程技术标准的要求，分别签订合同，明确双方的权利义务。

承担公路建设项目的可行性研究单位、勘察设计单位、施工单位和工程监理单位，必须持有国家规定的资质证书。

第二十五条 公路建设项目的施工，须按国务院交通主管部门的规定报请县级以上地方人民政府交通主管部门批准。

第二十六条 公路建设必须符合公路工程技术标准。

承担公路建设项目的设计单位、施工单位和工程监理单位，应当按照国家有关规定建立健全质量保证体系，落实岗位责任制，并依照有关法律、法规、规章以及公路工程技术标准的要求和合同约定进行设计、施工和监理，保证公路工程质量。

第二十七条 公路建设使用土地依照有关法律、行政法规的规定办理。

公路建设应当贯彻切实保护耕地、节约用地的原则。

第二十八条 公路建设需要使用国有荒山、荒地或者需要在国有荒山、荒地、河滩、滩涂上挖砂、采石、取土的，依照有关法律、行政法规的规定办理后，任何单位和个人不得阻挠或者非法收取费用。

第二十九条 地方各级人民政府对公路建设依法使用土地和搬迁居民，应当给予支持和协助。

第三十条 公路建设项目的设计和施工，应当符合依法保护环境、保护文物古迹和防止水土流失的要求。

公路规划中贯彻国防要求的公路建设项目，应当严格按照规划进行建设，以保证国防交通的需要。

第三十一条 因建设公路影响铁路、水利、电力、邮电设施和其他设施正常使用时,公路建设单位应当事先征得有关部门的同意;因公路建设对有关设施造成损坏的,公路建设单位应当按照不低于该设施原有的技术标准予以修复,或者给予相应的经济补偿。

第三十二条 改建公路时,施工单位应当在施工路段两端设置明显的施工标志、安全标志。需要车辆绕行的,应当在绕行路口设置标志;不能绕行的,必须修建临时道路,保证车辆和行人通行。

第三十三条 公路建设项目和公路修复项目竣工后,应当按照国家有关规定进行验收;未经验收或者验收不合格的,不得交付使用。

建成的公路,应当按照国务院交通主管部门的规定设置明显的标志、标线。

第三十四条 县级以上地方人民政府应当确定公路两侧边沟(截水沟、坡脚护坡道,下同)外缘起不少于一米的公路用地。

第四章 公 路 养 护

第三十五条 公路管理机构应当按照国务院交通主管部门规定的技术规范和操作规程对公路进行养护,保证公路经常处于良好的技术状态。

第三十六条 国家采用依法征税的办法筹集公路养护资金,具体实施办法和步骤由国务院规定。

依法征税筹集的公路养护资金,必须专项用于公路的养护和改建。

第三十七条 县、乡级人民政府对公路养护需要的挖砂、采石、取土以及取水,应当给予支持和协助。

第三十八条 县、乡级人民政府应当在农村义务工的范围内,按照国家有关规定组织公路两侧的农村居民履行为公路建设和养护提供劳务的义务。

第三十九条 为保障公路养护人员的人身安全,公路养护人员进行养护作业时,应当穿着统一的安全标志服;利用车辆进行养护作业时,应当在公路作业车辆上设置明显的作业标志。

公路养护车辆进行作业时,在不影响过往车辆通行的前提下,其行驶路线和方向不受公路标志、标线限制;过往车辆对公路养护车辆和人员应当注意避让。

公路养护工程施工影响车辆、行人通行时,施工单位应当依照本法第三十二条的规定办理。

第四十条 因严重自然灾害致使国道、省道交通中断,公路管理机构应当及时修复;公路管理机构难以及时修复时,县级以上地方人民政府应当及时组织当地机关、团体、企业事业单位、城乡居民进行抢修,并可以请求当地驻军支援,尽快恢复交通。

第四十一条 公路用地范围内的山坡、荒地,由公路管理机构负责水土保持。

第四十二条 公路绿化工作,由公路管理机构按照公路工程技术标准组织实施。

公路用地上的树木,不得任意砍伐;需要更新砍伐的,应当经县级以上地方人民政府交通主管部门同意后,依照《中华人民共和国森林法》的规定办理审批手续,并完成更新补种任务。

第五章 路 政 管 理

第四十三条 各级地方人民政府应当采取措施,加强对公路的保护。

县级以上地方人民政府交通主管部门应当认真履行职责,依法做好公路保护工作,并努力采用科学的管理方法和先进的技术手段,提高公路管理水平,逐步完善公路服务设施,保障公路的完好、安全和畅通。

第四十四条 任何单位和个人不得擅自占用、挖掘公路。

因修建铁路、机场、电站、通信设施、水利工程和进行其他建设工程需要占用、挖掘公路或者使公路改线的,建设单位应当事先征得有关交通主管部门的同意;影响交通安全的,还须征得有关公安机关的同意。占用、挖掘公路或者使公路改线的,建设单位应当按照不低于该段公路原有的技术标准予以修复、改建或者给予相应的经济补偿。

第四十五条 跨越、穿越公路修建桥梁、渡槽或者架设、埋设管线等设施的,以及在公路用地范围内架设、埋设管线、电缆等设施的,应当事先经有关交通主管部门同意,影响交通安全的,还须征得有关公安机关的同意;所修建、架设或者埋设的设施应当符合公路工程技术标准的要求。对公路造成损坏的,应当按照损坏程度给予补偿。

第四十六条 任何单位和个人不得在公路上及公路用地范围内摆摊设点、堆放物品、倾倒垃圾、设置障碍、挖沟引水、利用公路边沟排放污物或者进行其他损坏、污染公路和影响公路畅通的活动。

第四十七条 在大中型公路桥梁和渡口周围二百米、公路隧道上方和洞口外一百米范围内,以及在公路两侧一定距离内,不得挖砂、采石、取土、倾倒废弃物,不得进行爆破作业及其他危及公路、公路桥梁、公路隧道、公路渡口安全的活动。

在前款范围内因抢险、防汛需要修筑堤坝、压缩或者拓宽河床的,应当事先报经省、自治区、直辖市人民政府交通主管部门会同水行政主管部门批准,并采取有效的保护有关的公路、公路桥梁、公路隧道、公路渡口安全的措施。

第四十八条 铁轮车、履带车和其他可能损害公路路面的机具,不得在公路上行驶。

农业机械因当地田间作业需要在公路上短距离行驶或者军用车辆执行任务需要在公路上行驶的,可以不受前款限制,但是应当采取安全保护措施。对公路造成损坏的,应当按照损坏程度给予补偿。

第四十九条 在公路上行驶的车辆的轴载质量应当符合公路工程技术标准要求。

第五十条 超过公路、公路桥梁、公路隧道或者汽车渡船的限载、限高、限宽、限长标准的车辆,不得在有限定标准的公路、公路桥梁上或者公路隧道内行驶,不得使用汽车渡船。超过公路或者公路桥梁限载标准确需行驶的,必须经县级以上地方人民政府交通主管部门批准,并按要求采取有效的防护措施;运载不可解体的超限物品的,应当按照指定的时间、路线、时速行驶,并悬挂明显标志。

运输单位不能按照前款规定采取防护措施的,由交通主管部门帮助其采取防护措施,所需费用由运输单位承担。

第五十一条 机动车制造厂和其他单位不得将公路作为检验机动车制动性能的试车场地。

第五十二条 任何单位和个人不得损坏、擅自移动、涂改公路附属设施。

前款公路附属设施,是指为保护、养护公路和保障公路安全畅通所设置的公路防护、排水、养护、管理、服务、交通安全、渡运、监控、通信、收费等设施、设备以及专用建筑物、构筑物等。

第五十三条 造成公路损坏的,责任者应当及时报告公路管理机构,并接受公路管理机构的现场调查。

第五十四条 任何单位和个人未经县级以上地方人民政府交通主管部门批准,不得在公路用地范围内设置公路标志以外的其他标志。

第五十五条 在公路上增设平面交叉道口,必须按照国家有关规定经过批准,并按照国家规定的技术标准建设。

第五十六条 除公路防护、养护需要的以外,禁止在公路两侧的建筑控制区内修建建筑物和地面构筑物;需要在建筑控制区内埋设管线、电缆等设施的,应当事先经县级以上地方人民政府交通主管部门批准。

前款规定的建筑控制区的范围,由县级以上地方人民政府按照保障公路运行安全和节约用地的原则,依照国务院的规定划定。

建筑控制区范围经县级以上地方人民政府依照前款规定划定后,由县级以上地方人民政府交通主管部门设置标桩、界桩。任何单位和个人不得损坏、擅自挪动该标桩、界桩。

第五十七条 除本法第四十七条第二款的规定外,本章规定由交通主管部门行使的路政管理职责,可以依照本法第八条第四款的规定,由公路管理机构行使。

第六章 收 费 公 路

第五十八条 国家允许依法设立收费公路,同时对收费公路的数量进行控制。

除本法第五十九条规定可以收取车辆通行费的公路外,禁止任何公路收取车辆通行费。

第五十九条 符合国务院交通主管部门规定的技术等级和规模的下列公路,可以依法收取车辆通行费:

(一)由县级以上地方人民政府交通主管部门利用贷款或者向企业、个人集资建成的公路;

(二)由国内外经济组织依法受让前项收费公路收费权的公路;

(三)由国内外经济组织依法投资建成的公路。

第六十条 县级以上地方人民政府交通主管部门利用贷款或者集资建成的收费公路的收费期限,按照收费偿还贷款、集资款的原则,由省、自治区、直辖市人民政府依照国务院交通主管部门的规定确定。

有偿转让公路收费权的公路,收费权转让后,由受让方收费经营。收费权的转让期限由出让、受让双方约定,最长不得超过国务院规定的年限。

国内外经济组织投资建设公路,必须按照国家有关规定办理审批手续;公路建成后,由投资者收费经营。收费经营期限按照收回投资并有合理回报的原则,由有关交通主管部门与投资者约定并按照国家有关规定办理审批手续,但最长不得超过国务院规定的年限。

第六十一条 本法第五十九条第一款第一项规定的公路中的国道收费权的转让,应当在转让协议签订之日起三十个工作日内报国务院交通主管部门备案;国道以外的其他公路收费权的转让,应当在转让协议签订之日起二十个工作日内报省、自治区、直辖市人民政府备案。

前款规定的公路收费权出让的最低成交价,以国有资产评估机构评估的价值为依据确定。

第六十二条 受让公路收费权和投资建设公路的国内外经济组织应当依法成立开发、经营公路的企业(以下简称公路经营企业)。

第六十三条　收费公路车辆通行费的收费标准,由公路收费单位提出方案,报省、自治区、直辖市人民政府交通主管部门会同同级物价行政主管部门审查批准。

第六十四条　收费公路设置车辆通行费的收费站,应当报经省、自治区、直辖市人民政府审查批准。跨省、自治区、直辖市的收费公路设置车辆通行费的收费站,由有关省、自治区、直辖市人民政府协商确定;协商不成的,由国务院交通主管部门决定。同一收费公路由不同的交通主管部门组织建设或者由不同的公路经营企业经营的,应当按照"统一收费、按比例分成"的原则,统筹规划,合理设置收费站。

两个收费站之间的距离,不得小于国务院交通主管部门规定的标准。

第六十五条　有偿转让公路收费权的公路,转让收费权合同约定的期限届满,收费权由出让方收回。

由国内外经济组织依照本法规定投资建成并经营的收费公路,约定的经营期限届满,该公路由国家无偿收回,由有关交通主管部门管理。

第六十六条　依照本法第五十九条规定受让收费权或者由国内外经济组织投资建成经营的公路的养护工作,由各该公路经营企业负责。各该公路经营企业在经营期间应当按照国务院交通主管部门规定的技术规范和操作规程做好对公路的养护工作。在受让收费权的期限届满,或者经营期限届满时,公路应当处于良好的技术状态。

前款规定的公路的绿化和公路用地范围内的水土保持工作,由各该公路经营企业负责。

第一款规定的公路的路政管理,适用本法第五章的规定。该公路路政管理的职责由县级以上地方人民政府交通主管部门或者公路管理机构的派出机构、人员行使。

第六十七条　在收费公路上从事本法第四十四条第二款、第四十五条、第四十八条、第五十条所列活动的,除依照各该条的规定办理外,给公路经营企业造成损失的,应当给予相应的补偿。

第六十八条　收费公路的具体管理办法,由国务院依照本法制定。

第七章　监督检查

第六十九条　交通主管部门、公路管理机构依法对有关公路的法律、法规执行情况进行监督检查。

第七十条　交通主管部门、公路管理机构负有管理和保护公路的责任,有权检查、制止各种侵占、损坏公路、公路用地、公路附属设施及其他违反本法规定的行为。

第七十一条　公路监督检查人员依法在公路、建筑控制区、车辆停放场所、车辆所属单位等进行监督检查时,任何单位和个人不得阻挠。

公路经营者、使用者和其他有关单位、个人,应当接受公路监督检查人员依法实施的监督检查,并为其提供方便。

公路监督检查人员执行公务,应当佩戴标志,持证上岗。

第七十二条　交通主管部门、公路管理机构应当加强对所属公路监督检查人员的管理和教育,要求公路监督检查人员熟悉国家有关法律和规定,公正廉洁,热情服务,秉公执法,对公路监督检查人员的执法行为应当加强监督检查,对其违法行为应当及时纠正,依法处理。

第七十三条 用于公路监督检查的专用车辆,应当设置统一的标志和示警灯。

第八章 法律责任

第七十四条 违反法律或者国务院有关规定,擅自在公路上设卡、收费的,由交通主管部门责令停止违法行为,没收违法所得,可以处违法所得三倍以下的罚款,没有违法所得的,可以处二万元以下的罚款;对负有直接责任的主管人员和其他直接责任人员,依法给予行政处分。

第七十五条 违反本法第二十五条规定,未经有关交通主管部门批准擅自施工的,交通主管部门可以责令停止施工,并可以处五万元以下的罚款。

第七十六条 有下列违法行为之一的,由交通主管部门责令停止违法行为,可以处三万元以下的罚款:

(一)违反本法第四十四条第一款规定,擅自占用、挖掘公路的;

(二)违反本法第四十五条规定,未经同意或者未按照公路工程技术标准的要求修建桥梁、渡槽或者架设、埋设管线、电缆等设施的;

(三)违反本法第四十七条规定,从事危及公路安全的作业的;

(四)违反本法第四十八条规定,铁轮车、履带车和其他可能损害路面的机具擅自在公路上行驶的;

(五)违反本法第五十条规定,车辆超限使用汽车渡船或者在公路上擅自超限行驶的;

(六)违反本法第五十二条、第五十六条规定,损坏、移动、涂改公路附属设施或者损坏、挪动建筑控制区的标桩、界桩,可能危及公路安全的。

第七十七条 违反本法第四十六条的规定,造成公路路面损坏、污染或者影响公路畅通的,或者违反本法第五十一条规定,将公路作为试车场地的,由交通主管部门责令停止违法行为,可以处五千元以下的罚款。

第七十八条 违反本法第五十三条规定,造成公路损坏,未报告的,由交通主管部门处一千元以下的罚款。

第七十九条 违反本法第五十四条规定,在公路用地范围内设置公路标志以外的其他标志的,由交通主管部门责令限期拆除,可以处二万元以下的罚款;逾期不拆除的,由交通主管部门拆除,有关费用由设置者负担。

第八十条 违反本法第五十五条规定,未经批准在公路上增设平面交叉道口的,由交通主管部门责令恢复原状,处五万元以下的罚款。

第八十一条 违反本法第五十六条规定,在公路建筑控制区内修建建筑物、地面构筑物或者擅自埋设管线、电缆等设施的,由交通主管部门责令限期拆除,并可以处五万元以下的罚款。逾期不拆除的,由交通主管部门拆除,有关费用由建筑者、构筑者承担。

第八十二条 除本法第七十四条、第七十五条的规定外,本章规定由交通主管部门行使的行政处罚权和行政措施,可以依照本法第八条第四款的规定由公路管理机构行使。

第八十三条 阻碍公路建设或者公路抢修,致使公路建设或者抢修不能正常进行,尚未造成严重损失的,依照《中华人民共和国治安管理处罚法》的规定处罚。

损毁公路或者擅自移动公路标志,可能影响交通安全,尚不够刑事处罚的,适用《中华人民共和国道路交通安全法》第九十九条的处罚规定。

拒绝、阻碍公路监督检查人员依法执行职务未使用暴力、威胁方法的,依照《中华人民共和国治安管理处罚法》的规定处罚。

第八十四条 违反本法有关规定,构成犯罪的,依法追究刑事责任。

第八十五条 违反本法有关规定,对公路造成损害的,应当依法承担民事责任。

对公路造成较大损害的车辆,必须立即停车,保护现场,报告公路管理机构,接受公路管理机构的调查、处理后方得驶离。

第八十六条 交通主管部门、公路管理机构的工作人员玩忽职守、徇私舞弊、滥用职权,构成犯罪的,依法追究刑事责任;尚不构成犯罪的,依法给予行政处分。

第九章 附 则

第八十七条 本法自1998年1月1日起施行。

附录2 公路工程建设项目招标投标管理办法

(2015年12月8日 交通运输部令2015年第24号)

第一章 总 则

第一条 为规范公路工程建设项目招标投标活动,完善公路工程建设市场管理体系,根据《中华人民共和国公路法》《中华人民共和国招标投标法》《中华人民共和国招标投标法实施条例》等法律、行政法规,制定本办法。

第二条 在中华人民共和国境内从事公路工程建设项目勘察设计、施工、施工监理等的招标投标活动,适用本办法。

第三条 交通运输部负责全国公路工程建设项目招标投标活动的监督管理工作。

省级人民政府交通运输主管部门负责本行政区域内公路工程建设项目招标投标活动的监督管理工作。

第四条 各级交通运输主管部门应当按照国家有关规定,推进公路工程建设项目招标投标活动进入统一的公共资源交易平台进行。

第五条 各级交通运输主管部门应当按照国家有关规定,推进公路工程建设项目电子招标投标工作。招标投标活动信息应当公开,接受社会公众监督。

第六条 公路工程建设项目的招标人或者其指定机构应当对资格审查、开标、评标等过程录音录像并存档备查。

第二章 招 标

第七条 公路工程建设项目招标人是提出招标项目、进行招标的项目法人或者其他组织。

第八条 对于按照国家有关规定需要履行项目审批、核准手续的依法必须进行招标的公路工程建设项目,招标人应当按照项目审批、核准部门确定的招标范围、招标方式、招标组织形式开展招标。

公路工程建设项目履行项目审批或者核准手续后,方可开展勘察设计招标;初步设计文件批准后,方可开展施工监理、设计施工总承包招标;施工图设计文件批准后,方可开展施工招标。

施工招标采用资格预审方式的,在初步设计文件批准后,可以进行资格预审。

第九条 有下列情形之一的公路工程建设项目,可以不进行招标:

(一)涉及国家安全、国家秘密、抢险救灾或者属于利用扶贫资金实行以工代赈、需要使用农民工等特殊情况;

(二)需要采用不可替代的专利或者专有技术;

(三)采购人自身具有工程施工或者提供服务的资格和能力,且符合法定要求;

(四)已通过招标方式选定的特许经营项目投资人依法能够自行施工或者提供服务;

(五)需要向原中标人采购工程或者服务,否则将影响施工或者功能配套要求;

(六)国家规定的其他特殊情形。

招标人不得为适用前款规定弄虚作假,规避招标。

第十条 公路工程建设项目采用公开招标方式的,原则上采用资格后审办法对投标人进行资格审查。

第十一条 公路工程建设项目采用资格预审方式公开招标的,应当按照下列程序进行:

(一)编制资格预审文件;

(二)发布资格预审公告,发售资格预审文件,公开资格预审文件关键内容;

(三)接收资格预审申请文件;

(四)组建资格审查委员会对资格预审申请人进行资格审查,资格审查委员会编写资格审查报告;

(五)根据资格审查结果,向通过资格预审的申请人发出投标邀请书;向未通过资格预审的申请人发出资格预审结果通知书,告知未通过的依据和原因;

(六)编制招标文件;

(七)发售招标文件,公开招标文件的关键内容;

(八)需要时,组织潜在投标人踏勘项目现场,召开投标预备会;

(九)接收投标文件,公开开标;

(十)组建评标委员会评标,评标委员会编写评标报告、推荐中标候选人;

(十一)公示中标候选人相关信息;

(十二)确定中标人;

(十三)编制招标投标情况的书面报告;

(十四)向中标人发出中标通知书,同时将中标结果通知所有未中标的投标人;

(十五)与中标人订立合同。

采用资格后审方式公开招标的,在完成招标文件编制并发布招标公告后,按照前款程序第(七)项至第(十五)项进行。

采用邀请招标的,在完成招标文件编制并发出投标邀请书后,按照前款程序第(七)项至第(十五)项进行。

第十二条 国有资金占控股或者主导地位的依法必须进行招标的公路工程建设项目,采用资格预审的,招标人应当按照有关规定组建资格审查委员会审查资格预审申请文件。资格审查委员会的专家抽取以及资格审查工作要求,应当适用本办法关于评标委员会的规定。

第十三条 资格预审审查办法原则上采用合格制。

资格预审审查办法采用合格制的,符合资格预审文件规定审查标准的申请人均应当通过资格预审。

第十四条 资格预审审查工作结束后,资格审查委员会应当编制资格审查报告。资格审查报告应当载明下列内容:

(一)招标项目基本情况;

(二)资格审查委员会成员名单;

(三)监督人员名单;

(四)资格预审申请文件递交情况;

(五)通过资格审查的申请人名单;

(六)未通过资格审查的申请人名单以及未通过审查的理由;

(七)评分情况;

(八)澄清、说明事项纪要;

(九)需要说明的其他事项;

(十)资格审查附表。

除前款规定的第(一)、(三)、(四)项内容外,资格审查委员会所有成员应当在资格审查报告上逐页签字。

第十五条 资格预审申请人对资格预审审查结果有异议的,应当自收到资格预审结果通知书后3日内提出。招标人应当自收到异议之日起3日内作出答复;作出答复前,应当暂停招标投标活动。

招标人未收到异议或者收到异议并已作出答复的,应当及时向通过资格预审的申请人发出投标邀请书。未通过资格预审的申请人不具有投标资格。

第十六条 对依法必须进行招标的公路工程建设项目,招标人应当根据交通运输部制定的标准文本,结合招标项目具体特点和实际需要,编制资格预审文件和招标文件。

资格预审文件和招标文件应当载明详细的评审程序、标准和方法,招标人不得另行制定评审细则。

第十七条 招标人应当按照省级人民政府交通运输主管部门的规定,将资格预审文件及其澄清、修改,招标文件及其澄清、修改报相应的交通运输主管部门备案。

第十八条 招标人应当自资格预审文件或者招标文件开始发售之日起,将其关键内容上传至具有招标监督职责的交通运输主管部门政府网站或者其指定的其他网站上进行公开,公开内容包括项目概况、对申请人或者投标人的资格条件要求、资格审查办法、评标办法、招标人联系方式等,公开时间至提交资格预审申请文件截止时间2日前或者投标截止时间10日前结束。

招标人发出的资格预审文件或者招标文件的澄清或者修改涉及到前款规定的公开内容的,招标人应当在向交通运输主管部门备案的同时,将澄清或者修改的内容上传至前款规定的网站。

第十九条 潜在投标人或者其他利害关系人可以按照国家有关规定对资格预审文件或者招标文件提出异议。招标人应当对异议作出书面答复。未在规定时间内作出书面答复的,应当顺延提交资格预审申请文件截止时间或者投标截止时间。

招标人书面答复内容涉及影响资格预审申请文件或者投标文件编制的,应当按照有关澄清或者修改的规定,调整提交资格预审申请文件截止时间或者投标截止时间,并以书面形式通知所有获取资格预审义件或者招标文件的潜在投标人。

第二十条 招标人应当合理划分标段、确定工期,提出质量、安全目标要求,并在招标文件中载明。标段的划分应当有利于项目组织和施工管理、各专业的衔接与配合,不得利用划分标段规避招标、限制或者排斥潜在投标人。

招标人可以实行设计施工总承包招标、施工总承包招标或者分专业招标。

第二十一条 招标人结合招标项目的具体特点和实际需要,设定潜在投标人或者投标人的资质、业绩、主要人员、财务能力、履约信誉等资格条件,不得以不合理的条件限制、排斥潜在投标人或者投标人。

除《中华人民共和国招标投标法实施条例》第三十二条规定的情形外,招标人有下列行为之一的,属于以不合理的条件限制、排斥潜在投标人或者投标人:

(一)设定的资质、业绩、主要人员、财务能力、履约信誉等资格、技术、商务条件与招标项目的具体特点和实际需要不相适应或者与合同履行无关;

(二)强制要求潜在投标人或者投标人的法定代表人、企业负责人、技术负责人等特定人员亲自购买资格预审文件、招标文件或者参与开标活动;

(三)通过设置备案、登记、注册、设立分支机构等无法律、行政法规依据的不合理条件,限制潜在投标人或者投标人进入项目所在地进行投标。

第二十二条 招标人应当根据国家有关规定,结合招标项目的具体特点和实际需要,合理确定对投标人主要人员以及其他管理和技术人员的数量和资格要求。投标人拟投入的主要人员应当在投标文件中进行填报,其他管理和技术人员的具体人选由招标人和中标人在合同谈判阶段确定。对于特别复杂的特大桥梁和特长隧道项目主体工程和其他有特殊要求的工程,招标人可以要求投标人在投标文件中填报其他管理和技术人员。

本办法所称主要人员是指设计负责人、总监理工程师、项目经理和项目总工程师等项目管理和技术负责人。

第二十三条 招标人可以自行决定是否编制标底或者设置最高投标限价。招标人不得规定最低投标限价。

接受委托编制标底或者最高投标限价的中介机构不得参加该项目的投标,也不得为该项目的投标人编制投标文件或者提供咨询。

第二十四条 招标人应当严格遵守有关法律、行政法规关于各类保证金收取的规定,在招标文件中载明保证金收取的形式、金额以及返还时间。

招标人不得以任何名义增设或者变相增设保证金或者随意更改招标文件载明的保证金收取形式、金额以及返还时间。招标人不得在资格预审期间收取任何形式的保证金。

第二十五条 招标人在招标文件中要求投标人提交投标保证金的,投标保证金不得超过招标标段估算价的2%。投标保证金有效期应当与投标有效期一致。

依法必须进行招标的公路工程建设项目的投标人,以现金或者支票形式提交投标保证金的,应当从其基本账户转出。投标人提交的投标保证金不符合招标文件要求的,应当否决其投标。

招标人不得挪用投标保证金。

第二十六条 招标人应当按照国家有关法律法规规定,在招标文件中明确允许分包的或者不得分包的工程和服务,分包人应当满足的资格条件以及对分包实施的管理要求。

招标人不得在招标文件中设置对分包的歧视性条款。

招标人有下列行为之一的,属于前款所称的歧视性条款:

(一)以分包的工作量规模作为否决投标的条件;
(二)对投标人符合法律法规以及招标文件规定的分包计划设定扣分条款;
(三)按照分包的工作量规模对投标人进行区别评分;
(四)以其他不合理条件限制投标人进行分包的行为。

第二十七条 招标人应当在招标文件中合理划分双方风险,不得设置将应由招标人承担的风险转嫁给勘察设计、施工、监理等投标人的不合理条款。招标文件应当设置合理的价格调整条款,明确约定合同价款支付期限、利息计付标准和日期,确保双方主体地位平等。

第二十八条 招标人应当根据招标项目的具体特点以及本办法的相关规定,在招标文件中合理设定评标标准和方法。评标标准和方法中不得含有倾向或者排斥潜在投标人的内容,不得妨碍或者限制投标人之间的竞争。禁止采用抽签、摇号等博彩性方式直接确定中标候选人。

第二十九条 以暂估价形式包括在招标项目范围内的工程、货物、服务,属于依法必须进行招标的项目范围且达到国家规定规模标准的,应当依法进行招标。招标项目的合同条款中应当约定负责实施暂估价项目招标的主体以及相应的招标程序。

第三章 投 标

第三十条 投标人是响应招标、参加投标竞争的法人或者其他组织。

投标人应当具备招标文件规定的资格条件,具有承担所投标项目的相应能力。

第三十一条 投标人在投标文件中填报的资质、业绩、主要人员资历和目前在岗情况、信用等级等信息,应当与其在交通运输主管部门公路建设市场信用信息管理系统上填报并发布的相关信息一致。

第三十二条 投标人应当按照招标文件要求装订、密封投标文件,并按照招标文件规定的时间、地点和方式将投标文件送达招标人。

公路工程勘察设计和施工监理招标的投标文件应当以双信封形式密封,第一信封内为商务文件和技术文件,第二信封内为报价文件。

对公路工程施工招标,招标人采用资格预审方式进行招标且评标方法为技术评分最低标价法的,或者采用资格后审方式进行招标的,投标文件应当以双信封形式密封,第一信封内为商务文件和技术文件,第二信封内为报价文件。

第三十三条 投标文件按照要求送达后,在招标文件规定的投标截止时间前,投标人修改或者撤回投标文件的,应当以书面函件形式通知招标人。

修改投标文件的函件是投标文件的组成部分,其编制形式、密封方式、送达时间等,适用对投标文件的规定。

投标人在投标截止时间前撤回投标文件且招标人已收取投标保证金的,招标人应当自收到投标人书面撤回通知之日起5日内退还其投标保证金。

投标截止后投标人撤销投标文件的,招标人可以不退还投标保证金。

第三十四条 投标人根据招标文件有关分包的规定,拟在中标后将中标项目的部分工作进行分包的,应当在投标文件中载明。

投标人在投标文件中未列入分包计划的工程或者服务,中标后不得分包,法律法规或者招标文件另有规定的除外。

第四章 开标、评标和中标

第三十五条 开标应当在招标文件确定的提交投标文件截止时间的同一时间公开进行；开标地点应当为招标文件中预先确定的地点。

投标人少于3个的，不得开标，投标文件应当当场退还给投标人；招标人应当重新招标。

第三十六条 开标由招标人主持，邀请所有投标人参加。开标过程应当记录，并存档备查。投标人对开标有异议的，应当在开标现场提出，招标人应当当场作出答复，并制作记录。未参加开标的投标人，视为对开标过程无异议。

第三十七条 投标文件按照招标文件规定采用双信封形式密封的，开标分两个步骤公开进行：

第一步骤对第一信封内的商务文件和技术文件进行开标，对第二信封不予拆封并由招标人予以封存；

第二步骤宣布通过商务文件和技术文件评审的投标人名单，对其第二信封内的报价文件进行开标，宣读投标报价。未通过商务文件和技术文件评审的，对其第二信封不予拆封，并当场退还给投标人；投标人未参加第二信封开标的，招标人应当在评标结束后及时将第二信封原封退还投标人。

第三十八条 招标人应当按照国家有关规定组建评标委员会负责评标工作。

国家审批或者核准的高速公路、一级公路、独立桥梁和独立隧道项目，评标委员会专家应当由招标人从国家重点公路工程建设项目评标专家库相关专业中随机抽取；其他公路工程建设项目的评标委员会专家可以从省级公路工程建设项目评标专家库相关专业中随机抽取，也可以从国家重点公路工程建设项目评标专家库相关专业中随机抽取。

对于技术复杂、专业性强或者国家有特殊要求，采取随机抽取方式确定的评标专家难以保证胜任评标工作的特殊招标项目，可以由招标人直接确定。

第三十九条 交通运输部负责国家重点公路工程建设项目评标专家库的管理工作。

省级人民政府交通运输主管部门负责本行政区域公路工程建设项目评标专家库的管理工作。

第四十条 评标委员会应当民主推荐一名主任委员，负责组织评标委员会成员开展评标工作。评标委员会主任委员与评标委员会的其他成员享有同等权利与义务。

第四十一条 招标人应当向评标委员会提供评标所必需的信息，但不得明示或者暗示其倾向或者排斥特定投标人。

评标所必需的信息主要包括招标文件、招标文件的澄清或者修改、开标记录、投标文件、资格预审文件。招标人可以协助评标委员会开展下列工作并提供相关信息：

（一）根据招标文件，编制评标使用的相应表格；

（二）对投标报价进行算术性校核；

（三）以评标标准和方法为依据，列出投标文件相对于招标文件的所有偏差，并进行归类汇总；

（四）查询公路建设市场信用信息管理系统，对投标人的资质、业绩、主要人员资历和目前在岗情况、信用等级进行核实。

招标人不得对投标文件作出任何评价,不得故意遗漏或者片面摘录,不得在评标委员会对所有偏差定性之前透露存有偏差的投标人名称。

评标委员会应当根据招标文件规定,全面、独立评审所有投标文件,并对招标人提供的上述相关信息进行核查,发现错误或者遗漏的,应当进行修正。

第四十二条 评标委员会应当按照招标文件确定的评标标准和方法进行评标。招标文件没有规定的评标标准和方法不得作为评标的依据。

第四十三条 公路工程勘察设计和施工监理招标,应当采用综合评估法进行评标,对投标人的商务文件、技术文件和报价文件进行评分,按照综合得分由高到低排序,推荐中标候选人。评标价的评分权重不宜超过10%,评标价得分应当根据评标价与评标基准价的偏离程度进行计算。

第四十四条 公路工程施工招标,评标采用综合评估法或者经评审的最低投标价法。综合评估法包括合理低价法、技术评分最低标价法和综合评分法。

合理低价法,是指对通过初步评审的投标人,不再对其施工组织设计、项目管理机构、技术能力等因素进行评分,仅依据评标基准价对评标价进行评分,按照得分由高到低排序,推荐中标候选人的评标方法。

技术评分最低标价法,是指对通过初步评审的投标人的施工组织设计、项目管理机构、技术能力等因素进行评分,按照得分由高到低排序,对排名在招标文件规定数量以内的投标人的报价文件进行评审,按照评标价由低到高的顺序推荐中标候选人的评标方法。招标人在招标文件中规定的参与报价文件评审的投标人数量不得少于3个。

综合评分法,是指对通过初步评审的投标人的评标价、施工组织设计、项目管理机构、技术能力等因素进行评分,按照综合得分由高到低排序,推荐中标候选人的评标方法。其中评标价的评分权重不得低于50%。

经评审的最低投标价法,是指对通过初步评审的投标人,按照评标价由低到高排序,推荐中标候选人的评标方法。

公路工程施工招标评标,一般采用合理低价法或者技术评分最低标价法。技术特别复杂的特大桥梁和特长隧道项目主体工程,可以采用综合评分法。工程规模较小、技术含量较低的工程,可以采用经评审的最低投标价法。

第四十五条 实行设计施工总承包招标的,招标人应当根据工程地质条件、技术特点和施工难度确定评标办法。

设计施工总承包招标的评标采用综合评分法的,评分因素包括评标价、项目管理机构、技术能力、设计文件的优化建议、设计施工总承包管理方案、施工组织设计等因素,评标价的评分权重不得低于50%。

第四十六条 评标委员会成员应当客观、公正、审慎地履行职责,遵守职业道德。评标委员会成员应当依据评标办法规定的评审顺序和内容逐项完成评标工作,对本人提出的评审意见以及评分的公正性、客观性、准确性负责。

除评标价和履约信誉评分项外,评标委员会成员对投标人商务和技术各项因素的评分一般不得低于招标文件规定该因素满分值的60%;评分低于满分值60%的,评标委员会成员应当在评标报告中作出说明。

招标人应当对评标委员会成员在评标活动中的职责履行情况予以记录,并在招标投标情况的书面报告中载明。

第四十七条 招标人应当根据项目规模、技术复杂程度、投标文件数量和评标方法等因素合理确定评标时间。超过三分之一的评标委员会成员认为评标时间不够的,招标人应当适当延长。

评标过程中,评标委员会成员有回避事由、擅离职守或者因健康等原因不能继续评标的,应当及时更换。被更换的评标委员会成员作出的评审结论无效,由更换后的评标委员会成员重新进行评审。

根据前款规定被更换的评标委员会成员如为评标专家库专家,招标人应当从原评标专家库中按照原方式抽取更换后的评标委员会成员,或者在符合法律规定的前提下相应减少评标委员会中招标人代表数量。

第四十八条 评标委员会应当查询交通运输主管部门的公路建设市场信用信息管理系统,对投标人的资质、业绩、主要人员资历和目前在岗情况、信用等级等信息进行核实。若投标文件载明的信息与公路建设市场信用信息管理系统发布的信息不符,使得投标人的资格条件不符合招标文件规定的,评标委员会应当否决其投标。

第四十九条 评标委员会发现投标人的投标报价明显低于其他投标人报价或者在设有标底时明显低于标底的,应当要求该投标人对相应投标报价作出书面说明,并提供相关证明材料。

投标人不能证明可以按照其报价以及招标文件规定的质量标准和履行期限完成招标项目的,评标委员会应当认定该投标人以低于成本价竞标,并否决其投标。

第五十条 评标委员会应当根据《中华人民共和国招标投标法实施条例》第三十九条、第四十条、第四十一条的有关规定,对在评标过程中发现的投标人与投标人之间、投标人与招标人之间存在的串通投标的情形进行评审和认定。

第五十一条 评标委员会对投标文件进行评审后,因有效投标不足3个使得投标明显缺乏竞争的,可以否决全部投标。未否决全部投标的,评标委员会应当在评标报告中阐明理由并推荐中标候选人。

投标文件按照招标文件规定采用双信封形式密封的,通过第一信封商务文件和技术文件评审的投标人在3个以上的,招标人应当按照本办法第三十七条规定的程序进行第二信封报价文件开标;在对报价文件进行评审后,有效投标不足3个的,评标委员会应当按照本条第一款规定执行。

通过第一信封商务文件和技术文件评审的投标人少于3个的,评标委员会可以否决全部投标;未否决全部投标的,评标委员会应当在评标报告中阐明理由,招标人应当按照本办法第三十七条规定的程序进行第二信封报价文件开标,但评标委员会在进行报价文件评审时仍有权否决全部投标;评标委员会未在报价文件评审时否决全部投标的,应当在评标报告中阐明理由并推荐中标候选人。

第五十二条 评标完成后,评标委员会应当向招标人提交书面评标报告。评标报告中推荐的中标候选人应当不超过3个,并标明排序。

评标报告应当载明下列内容：

(一)招标项目基本情况；

(二)评标委员会成员名单；

(三)监督人员名单；

(四)开标记录；

(五)符合要求的投标人名单；

(六)否决的投标人名单以及否决理由；

(七)串通投标情形的评审情况说明；

(八)评分情况；

(九)经评审的投标人排序；

(十)中标候选人名单；

(十一)澄清、说明事项纪要；

(十二)需要说明的其他事项；

(十三)评标附表。

对评标监督人员或者招标人代表干预正常评标活动，以及对招标投标活动的其他不正当言行，评标委员会应当在评标报告第(十二)项内容中如实记录。

除第二款规定的第(一)、(三)、(四)项内容外，评标委员会所有成员应当在评标报告上逐页签字。对评标结果有不同意见的评标委员会成员应当以书面形式说明其不同意见和理由，评标报告应当注明该不同意见。评标委员会成员拒绝在评标报告上签字又不书面说明其不同意见和理由的，视为同意评标结果。

第五十三条 依法必须进行招标的公路工程建设项目，招标人应当自收到评标报告之日起3日内，在对该项目具有招标监督职责的交通运输主管部门政府网站或者其指定的其他网站上公示中标候选人，公示期不得少于3日，公示内容包括：

(一)中标候选人排序、名称、投标报价；

(二)中标候选人在投标文件中承诺的主要人员姓名、个人业绩、相关证书编号；

(三)中标候选人在投标文件中填报的项目业绩；

(四)被否决投标的投标人名称、否决依据和原因；

(五)招标文件规定公示的其他内容。

投标人或者其他利害关系人对依法必须进行招标的公路工程建设项目的评标结果有异议的，应当在中标候选人公示期间提出。招标人应当自收到异议之日起3日内作出答复；作出答复前，应当暂停招标投标活动。

第五十四条 除招标人授权评标委员会直接确定中标人外，招标人应当根据评标委员会提出的书面评标报告和推荐的中标候选人确定中标人。国有资金占控股或者主导地位的依法必须进行招标的公路工程建设项目，招标人应当确定排名第一的中标候选人为中标人。排名第一的中标候选人放弃中标、因不可抗力不能履行合同、不按照招标文件要求提交履约保证金，或者被查实存在影响中标结果的违法行为等情形，不符合中标条件的，招标人可以按照评标委员会提出的中标候选人名单排序依次确定其他中标候选人为中标人，也可以重新招标。

第五十五条 依法必须进行招标的公路工程建设项目，招标人应当自确定中标人之日起

15日内,将招标投标情况的书面报告报对该项目具有招标监督职责的交通运输主管部门备案。

前款所称书面报告至少应当包括下列内容:

(一)招标项目基本情况;

(二)招标过程简述;

(三)评标情况说明;

(四)中标候选人公示情况;

(五)中标结果;

(六)附件,包括评标报告、评标委员会成员履职情况说明等。

有资格预审情况说明、异议及投诉处理情况和资格审查报告的,也应当包括在书面报告中。

第五十六条 招标人应当及时向中标人发出中标通知书,同时将中标结果通知所有未中标的投标人。

第五十七条 招标人和中标人应当自中标通知书发出之日起30日内,按照招标文件和中标人的投标文件订立书面合同,合同的标的、价格、质量、安全、履行期限、主要人员等主要条款应当与上述文件的内容一致。招标人和中标人不得再行订立背离合同实质性内容的其他协议。

招标人最迟应当在中标通知书发出后5日内向中标候选人以外的其他投标人退还投标保证金,与中标人签订书面合同后5日内向中标人和其他中标候选人退还投标保证金。以现金或者支票形式提交的投标保证金,招标人应当同时退还投标保证金的银行同期活期存款利息,且退还至投标人的基本账户。

第五十八条 招标文件要求中标人提交履约保证金的,中标人应当按照招标文件的要求提交。履约保证金不得超过中标合同金额的10%。招标人不得指定或者变相指定履约保证金的支付形式,由中标人自主选择银行保函或者现金、支票等支付形式。

第五十九条 招标人应当加强对合同履行的管理,建立对中标人主要人员的到位率考核制度。

省级人民政府交通运输主管部门应当定期组织开展合同履约评价工作的监督检查,将检查情况向社会公示,同时将检查结果记入中标人单位以及主要人员个人的信用档案。

第六十条 依法必须进行招标的公路工程建设项目,有下列情形之一的,招标人在分析招标失败的原因并采取相应措施后,应当依照本办法重新招标:

(一)通过资格预审的申请人少于3个的;

(二)投标人少于3个的;

(三)所有投标均被否决的;

(四)中标候选人均未与招标人订立书面合同的。

重新招标的,资格预审文件、招标文件和招标投标情况的书面报告应当按照本办法的规定重新报交通运输主管部门备案。

重新招标后投标人仍少于3个的,属于按照国家有关规定需要履行项目审批、核准手续的依法必须进行招标的公路工程建设项目,报经项目审批、核准部门批准后可以不再进行招标;

其他项目可由招标人自行决定不再进行招标。

依照本条规定不再进行招标的,招标人可以邀请已提交资格预审申请文件的申请人或者已提交投标文件的投标人进行谈判,确定项目承担单位,并将谈判报告报对该项目具有招标监督职责的交通运输主管部门备案。

第五章 监 督 管 理

第六十一条 各级交通运输主管部门应当按照《中华人民共和国招标投标法》《中华人民共和国招标投标法实施条例》等法律法规、规章以及招标投标活动行政监督职责分工,加强对公路工程建设项目招标投标活动的监督管理。

第六十二条 各级交通运输主管部门应当建立健全公路工程建设项目招标投标信用体系,加强信用评价工作的监督管理,维护公平公正的市场竞争秩序。

招标人应当将交通运输主管部门的信用评价结果应用于公路工程建设项目招标。鼓励和支持招标人优先选择信用等级高的从业企业。

招标人对信用等级高的资格预审申请人、投标人或者中标人,可以给予增加参与投标的标段数量,减免投标保证金,减少履约保证金、质量保证金等优惠措施。优惠措施以及信用评价结果的认定条件应当在资格预审文件和招标文件中载明。

资格预审申请人或者投标人的信用评价结果可以作为资格审查或者评标中履约信誉项的评分因素,各信用评价等级的对应得分应当符合省级人民政府交通运输主管部门有关规定,并在资格预审文件或者招标文件中载明。

第六十三条 投标人或者其他利害关系人认为招标投标活动不符合法律、行政法规规定的,可以自知道或者应当知道之日起10日内向交通运输主管部门投诉。

就本办法第十五条、第十九条、第三十六条、第五十三条规定事项投诉的,应当先向招标人提出异议,异议答复期间不计算在前款规定的期限内。

第六十四条 投诉人投诉时,应当提交投诉书。投诉书应当包括下列内容:

(一)投诉人的名称、地址及有效联系方式;
(二)被投诉人的名称、地址及有效联系方式;
(三)投诉事项的基本事实;
(四)异议的提出及招标人答复情况;
(五)相关请求及主张;
(六)有效线索和相关证明材料。

对本办法规定应先提出异议的事项进行投诉的,应当提交已提出异议的证明文件。未按规定提出异议或者未提交已提出异议的证明文件的投诉,交通运输主管部门可以不予受理。

第六十五条 投诉人就同一事项向两个以上交通运输主管部门投诉的,由具体承担该项目招标投标活动监督管理职责的交通运输主管部门负责处理。

交通运输主管部门应当自收到投诉之日起3个工作日内决定是否受理投诉,并自受理投诉之日起30个工作日内作出书面处理决定;需要检验、检测、鉴定、专家评审的,所需时间不计算在内。

投诉人缺乏事实根据或者法律依据进行投诉的,或者有证据表明投诉人捏造事实、伪造材料的,或者投诉人以非法手段取得证明材料进行投诉的,交通运输主管部门应当予以驳回,并对恶意投诉按照有关规定追究投诉人责任。

第六十六条 交通运输主管部门处理投诉,有权查阅、复制有关文件、资料,调查有关情况,相关单位和人员应当予以配合。必要时,交通运输主管部门可以责令暂停招标投标活动。

交通运输主管部门的工作人员对监督检查过程中知悉的国家秘密、商业秘密,应当依法予以保密。

第六十七条 交通运输主管部门对投诉事项作出的处理决定,应当在对该项目具有招标监督职责的交通运输主管部门政府网站上进行公告,包括投诉的事由、调查结果、处理决定、处罚依据以及处罚意见等内容。

第六章 法 律 责 任

第六十八条 招标人有下列情形之一的,由交通运输主管部门责令改正,可以处三万元以下的罚款:

(一)不满足本办法第八条规定的条件而进行招标的;
(二)不按照本办法规定将资格预审文件、招标文件和招标投标情况的书面报告备案的;
(三)邀请招标不依法发出投标邀请书的;
(四)不按照项目审批、核准部门确定的招标范围、招标方式、招标组织形式进行招标的;
(五)不按照本办法规定编制资格预审文件或者招标文件的;
(六)由于招标人原因导致资格审查报告存在重大偏差且影响资格预审结果的;
(七)挪用投标保证金,增设或者变相增设保证金的;
(八)投标人数量不符合法定要求不重新招标的;
(九)向评标委员会提供的评标信息不符合本办法规定的;
(十)不按照本办法规定公示中标候选人的;
(十一)招标文件中规定的履约保证金的金额、支付形式不符合本办法规定的。

第六十九条 投标人在投标过程中存在弄虚作假、与招标人或者其他投标人串通投标、以行贿谋取中标、无正当理由放弃中标以及进行恶意投诉等投标不良行为的,除依照有关法律、法规进行处罚外,省级交通运输主管部门还可以扣减其年度信用评价分数或者降低年度信用评价等级。

第七十条 评标委员会成员未对招标人根据本办法第四十一条第二款(一)至(四)项规定提供的相关信息进行认真核查,导致评标出现疏漏或者错误的,由交通运输主管部门责令改正。

第七十一条 交通运输主管部门应当依法公告对公路工程建设项目招标投标活动中招标人、招标代理机构、投标人以及评标委员会成员等的违法违规或者恶意投诉等行为的行政处理决定,并将其作为招标投标不良行为信息记入相应当事人的信用档案。

第七章 附 则

第七十二条 使用国际组织或者外国政府贷款、援助资金的项目进行招标,贷款方、资金提供方对招标投标的具体条件和程序有不同规定的,可以适用其规定,但违背中华人民共和国的社会公共利益的除外。

第七十三条 采用电子招标投标的,应当按照本办法和国家有关电子招标投标的规定执行。

第七十四条 本办法自 2016 年 2 月 1 日起施行。《公路工程施工招标投标管理办法》(交通部令 2006 年第 7 号)、《公路工程施工监理招标投标管理办法》(交通部令 2006 年第 5 号)、《公路工程勘察设计招标投标管理办法》(交通部令 2001 年第 6 号)和《关于修改〈公路工程勘察设计招标投标管理办法〉的决定》(交通运输部令 2013 年第 3 号)、《关于贯彻国务院办公厅关于进一步规范招投标活动的若干意见的通知》(交公路发〔2004〕688 号)、《关于公路建设项目货物招标严禁指定材料产地的通知》(厅公路字〔2007〕224 号)、《公路工程施工招标资格预审办法》(交公路发〔2006〕57 号)、《关于加强公路工程评标专家管理工作的通知》(交公路发〔2003〕464 号)、《关于进一步加强公路工程施工招标评标管理工作的通知》(交公路发〔2008〕261 号)、《关于进一步加强公路工程施工招标资格审查工作的通知》(交公路发〔2009〕123 号)、《关于改革使用国际金融组织或者外国政府贷款公路建设项目施工招标管理制度的通知》(厅公路字〔2008〕40 号)、《公路工程勘察设计招标评标办法》(交公路发〔2001〕582 号)、《关于认真贯彻执行公路工程勘察设计招标投标管理办法的通知》(交公路发〔2002〕303 号)同时废止。

附录3 公路建设监督管理办法

(2006年6月8日 交通部令2006年第6号)

第一章 总 则

第一条 为促进公路事业持续、快速、健康发展,加强公路建设监督管理,维护公路建设市场秩序,根据《中华人民共和国公路法》、《建设工程质量管理条例》和国家有关法律、法规,制定本办法。

第二条 在中华人民共和国境内从事公路建设的单位和人员必须遵守本办法。

本办法所称公路建设是指公路、桥梁、隧道、交通工程及沿线设施和公路渡口的项目建议书、可行性研究、勘察、设计、施工、竣(交)工验收和后评价全过程的活动。

第三条 公路建设监督管理实行统一领导,分级管理。

交通部主管全国公路建设监督管理;县级以上地方人民政府交通主管部门主管本行政区域内公路建设监督管理。

第四条 县级以上人民政府交通主管部门必须依照法律、法规及本办法的规定对公路建设实施监督管理。

有关单位和个人应当接受县级以上人民政府交通主管部门依法进行的公路建设监督检查,并给予支持与配合,不得拒绝或阻碍。

第二章 监督部门的职责与权限

第五条 公路建设监督管理的职责包括:
(一)监督国家有关公路建设工作方针、政策和法律、法规、规章、强制性技术标准的执行;
(二)监督公路建设项目建设程序的履行;
(三)监督公路建设市场秩序;
(四)监督公路工程质量和工程安全;
(五)监督公路建设资金的使用;
(六)指导、检查下级人民政府交通主管部门的监督管理工作;
(七)依法查处公路建设违法行为。

第六条 交通部对全国公路建设项目进行监督管理,依据职责负责国家高速公路网建设项目和交通部确定的其他重点公路建设项目前期工作、施工许可、招标投标、工程质量、工程进度、资金、安全管理的监督和竣工验收工作。

除应当由交通部实施的监督管理职责外,省级人民政府交通主管部门依据职责负责本行政区域内公路建设项目的监督管理,具体负责本行政区域内的国家高速公路网建设项目、交通部和省级人民政府确定的其他重点公路建设项目的监督管理。

设区的市和县级人民政府交通主管部门按照有关规定负责本行政区域内公路建设项目的监督管理。

第七条 县级以上人民政府交通主管部门在履行公路建设监督管理职责时,有权要求:

(一)被检查单位提供有关公路建设的文件和资料;

(二)进入被检查单位的工作现场进行检查;

(三)对发现的工程质量和安全问题以及其他违法行为依法处理。

第三章 建设程序的监督管理

第八条 公路建设应当按照国家规定的建设程序和有关规定进行。

政府投资公路建设项目实行审批制,企业投资公路建设项目实行核准制。县级以上人民政府交通主管部门应当按职责权限审批或核准公路建设项目,不得越权审批、核准项目或擅自简化建设程序。

第九条 政府投资公路建设项目的实施,应当按照下列程序进行:

(一)根据规划,编制项目建议书;

(二)根据批准的项目建议书,进行工程可行性研究,编制可行性研究报告;

(三)根据批准的可行性研究报告,编制初步设计文件;

(四)根据批准的初步设计文件,编制施工图设计文件;

(五)根据批准的施工图设计文件,组织项目招标;

(六)根据国家有关规定,进行征地拆迁等施工前准备工作,并向交通主管部门申报施工许可;

(七)根据批准的项目施工许可,组织项目实施;

(八)项目完工后,编制竣工图表、工程决算和竣工财务决算,办理项目交、竣工验收和财产移交手续;

(九)竣工验收合格后,组织项目后评价。

国务院对政府投资公路建设项目建设程序另有简化规定的,依照其规定执行。

第十条 企业投资公路建设项目的实施,应当按照下列程序进行:

(一)根据规划,编制工程可行性研究报告;

(二)组织投资人招标工作,依法确定投资人;

(三)投资人编制项目申请报告,按规定报项目审批部门核准;

(四)根据核准的项目申请报告,编制初步设计文件,其中涉及公共利益、公众安全、工程建设强制性标准的内容应当按项目隶属关系报交通主管部门审查;

(五)根据初步设计文件编制施工图设计文件;

(六)根据批准的施工图设计文件组织项目招标;

(七)根据国家有关规定,进行征地拆迁等施工前准备工作,并向交通主管部门申报施工许可;

(八)根据批准的项目施工许可,组织项目实施;

(九)项目完工后,编制竣工图表、工程决算和竣工财务决算,办理项目交、竣工验收;

（十）竣工验收合格后，组织项目后评价。

第十一条 县级以上人民政府交通主管部门根据国家有关规定，按照职责权限负责组织公路建设项目的项目建议书、工程可行性研究工作、编制设计文件、经营性项目的投资人招标、竣工验收和项目后评价工作。

公路建设项目的项目建议书、工程可行性研究报告、设计文件、招标文件、项目申请报告等应按照国家颁发的编制办法或有关规定编制，并符合国家规定的工作质量和深度要求。

第十二条 公路建设项目法人应当依法选择勘察、设计、施工、咨询、监理单位，采购与工程建设有关的重要设备、材料，办理施工许可，组织项目实施，组织项目交工验收，准备项目竣工验收和后评价。

第十三条 公路建设项目应当按照国家有关规定实行项目法人责任制度、招标投标制度、工程监理制度和合同管理制度。

第十四条 公路建设项目必须符合公路工程技术标准。施工单位必须按批准的设计文件施工，任何单位和人员不得擅自修改工程设计。

已批准的公路工程设计，原则上不得变更。确需设计变更的，应当按照交通部制定的《公路工程设计变更管理办法》的规定履行审批手续。

第十五条 公路建设项目验收分为交工验收和竣工验收两个阶段。项目法人负责组织对各合同段进行交工验收，并完成项目交工验收报告报交通主管部门备案。交通主管部门在15天内没有对备案项目的交工验收报告提出异议，项目法人可开放交通进入试运营期。试运营期不得超过3年。

通车试运营2年后，交通主管部门应组织竣工验收，经竣工验收合格的项目可转为正式运营。对未进行交工验收、交工验收不合格或没有备案的工程开放交通进行试运营的，由交通主管部门责令停止试运营。

公路建设项目验收工作应当符合交通部制定的《公路工程竣（交）工验收办法》的规定。

第四章 建设市场的监督管理

第十六条 县级以上人民政府交通主管部门依据职责，负责对公路建设市场的监督管理，查处建设市场中的违法行为。对经营性公路建设项目投资人、公路建设从业单位和主要从业人员的信用情况应进行记录并及时向社会公布。

第十七条 公路建设市场依法实行准入管理。公路建设项目法人或其委托的项目建设管理单位的项目建设管理机构、主要负责人的技术和管理能力应当满足拟建项目的管理需要，符合交通部有关规定的要求。公路工程勘察、设计、施工、监理、试验检测等从业单位应当依法取得有关部门许可的相应资质后，方可进入公路建设市场。

公路建设市场必须开放，任何单位和个人不得对公路建设市场实行地方保护，不得限制符合市场准入条件的从业单位和从业人员依法进入公路建设市场。

第十八条 公路建设从业单位从事公路建设活动，必须遵守国家有关法律、法规、规章和公路工程技术标准，不得损害社会公共利益和他人合法权益。

第十九条 公路建设项目法人应当承担公路建设相关责任和义务，对建设项目质量、投资和工期负责。

公路建设项目法人必须依法开展招标活动,不得接受投标人低于成本价的投标,不得随意压缩建设工期,禁止指定分包和指定采购。

第二十条 公路建设从业单位应当依法取得公路工程资质证书并按照资质管理有关规定,在其核定的业务范围内承揽工程,禁止无证或越级承揽工程。

公路建设从业单位必须按合同规定履行其义务,禁止转包或违法分包。

第五章 质量与安全的监督管理

第二十一条 县级以上人民政府交通主管部门应当加强对公路建设从业单位的质量与安全生产管理机构的建立、规章制度落实情况的监督检查。

第二十二条 公路建设实行工程质量监督管理制度。公路工程质量监督机构应当根据交通主管部门的委托依法实施工程质量监督,并对监督工作质量负责。

第二十三条 公路建设项目实施过程中,监理单位应当依照法律、法规、规章以及有关技术标准、设计文件、合同文件和监理规范的要求,采用旁站、巡视和平行检验形式对工程实施监理,对不符合工程质量与安全要求的工程应当责令施工单位返工。

未经监理工程师签认,施工单位不得将建筑材料、构件和设备在工程上使用或安装,不得进行下一道工序施工。

第二十四条 公路工程质量监督机构应当具备与质量监督工作相适应的试验检测条件,根据国家有关工程质量的法律、法规、规章和交通部制定的技术标准、规范、规程以及质量检验评定标准等,对工程质量进行监督、检查和鉴定。任何单位和个人不得干预或阻挠质量监督机构的质量鉴定工作。

第二十五条 公路建设从业单位应当对工程质量和安全负责。工程实施中应当加强对职工的教育与培训,按照国家有关规定建立健全质量和安全保证体系,落实质量和安全生产责任制,保证工程质量和工程安全。

第二十六条 公路建设项目发生工程质量事故,项目法人应在24小时内按项目管理隶属关系向交通主管部门报告,工程质量事故同时报公路工程质量监督机构。

省级人民政府交通主管部门或受委托的公路工程质量监督机构负责调查处理一般工程质量事故;交通部会同省级人民政府交通主管部门负责调查处理重大工程质量事故;特别重大工程质量事故和安全事故的调查处理按照国家有关规定办理。

第六章 建设资金的监督管理

第二十七条 对于使用财政性资金安排的公路建设项目,县级以上人民政府交通主管部门必须对公路建设资金的筹集、使用和管理实行全过程监督检查,确保建设资金的安全。

公路建设项目法人必须按照国家有关法律、法规、规章的规定,合理安排和使用公路建设资金。

第二十八条 对于企业投资公路建设项目,县级以上人民政府交通主管部门要依法对资金到位情况、使用情况进行监督检查。

第二十九条 公路建设资金监督管理的主要内容:

(一)是否严格执行建设资金专款专用、专户存储、不准侵占、挪用等有关管理规定;

(二)是否严格执行概预算管理规定,有无将建设资金用于计划外工程;

(三)资金来源是否符合国家有关规定,配套资金是否落实、及时到位;

(四)是否按合同规定拨付工程进度款,有无高估冒算,虚报冒领情况,工程预备费使用是否符合有关规定;

(五)是否在控制额度内按规定使用建设管理费,按规定的比例预留工程质量保证金,有无非法扩大建设成本的问题;

(六)是否按规定编制项目竣工财务决算,办理财产移交手续,形成的资产是否及时登记入账管理;

(七)财会机构是否建立健全,并配备相适应的财会人员。各项原始记录、统计台账、凭证账册、会计核算、财务报告、内部控制制度等基础性工作是否健全、规范。

第三十条　县级以上人民政府交通主管部门对公路建设资金监督管理的主要职责:

(一)制定公路建设资金管理制度;

(二)按规定审核、汇总、编报、批复年度公路建设支出预算、财务决算和竣工财务决算;

(三)合理安排资金,及时调度、拨付和使用公路建设资金;

(四)监督管理建设项目工程概预算、年度投资计划安排与调整、财务决算;

(五)监督检查公路建设项目资金筹集、使用和管理,及时纠正违法问题,对重大问题提出意见报上级交通主管部门;

(六)收集、汇总、报送公路建设资金管理信息,审查、编报公路建设项目投资效益分析报告;

(七)督促项目法人及时编报工程财务决算,做好竣工验收准备工作;

(八)督促项目法人及时按规定办理财产移交手续,规范资产管理。

第七章　社会监督

第三十一条　县级以上人民政府交通主管部门应定期向社会公开发布公路建设市场管理、工程进展、工程质量情况、工程质量和安全事故处理等信息,接受社会监督。

第三十二条　公路建设施工现场实行标示牌管理。标示牌应当标明该项工程的作业内容,项目法人、勘察、设计、施工、监理单位名称和主要负责人姓名,接受社会监督。

第三十三条　公路建设实行工程质量举报制度,任何单位和个人对公路建设中违反国家法律、法规的行为,工程质量事故和质量缺陷都有权向县级以上人民政府交通主管部门或质量监督机构检举和投诉。

第三十四条　县级以上人民政府交通主管部门可聘请社会监督员对公路建设活动和工程质量进行监督。

第三十五条　对举报内容属实的单位和个人,县级以上人民政府交通主管部门可予以表彰或奖励。

第八章　罚　　则

第三十六条　违反本办法第四条规定,拒绝或阻碍依法进行公路建设监督检查工作的,责令改正,构成犯罪的,依法追究刑事责任。

第三十七条 违反本办法第八条规定,越权审批、核准或擅自简化基本建设程序的,责令限期补办手续,可给予警告处罚;造成严重后果的,对全部或部分使用财政性资金的项目,可暂停项目执行或暂缓资金拨付,对直接责任人依法给予行政处分。

第三十八条 违反本办法第十二条规定,项目法人将工程发包给不具有相应资质等级的勘察、设计、施工和监理单位的,责令改正,处50万元以上100万元以下的罚款;未按规定办理施工许可擅自施工的,责令停止施工、限期改正,视情节可处工程合同价款1%以上2%以下罚款。

第三十九条 违反本办法第十四条规定,未经批准擅自修改工程设计,责令限期改正,可给予警告处罚;情节严重的,对全部或部分使用财政性资金的项目,可暂停项目执行或暂缓资金拨付。

第四十条 违反本办法第十五条规定,未组织项目交工验收或验收不合格擅自交付使用的,责令改正并停止使用,处工程合同价款2%以上4%以下的罚款;对收费公路项目应当停止收费。

第四十一条 违反本办法第十九条规定,项目法人指定分包和指定采购,随意压缩工期,侵犯他人合法权益的,责令限期改正,可处20万元以上50万元以下的罚款;造成严重后果的,对全部或部分使用财政性资金的项目,可暂停项目执行或暂缓资金拨付。

第四十二条 违反本办法第二十条规定,承包单位弄虚作假、无证或越级承揽工程任务的,责令停止违法行为,对勘察、设计单位或工程监理单位处合同约定的勘察费、设计费或监理酬金1倍以上2倍以下的罚款;对施工单位处工程合同价款2%以上4%以下的罚款,可以责令停业整顿,降低资质等级;情节严重的,吊销资质证书;有违法所得的,予以没收。承包单位转包或违法分包工程的,责令改正,没收违法所得,对勘察、设计、监理单位处合同约定的勘察费、设计费、监理酬金的25%以上50%以下的罚款;对施工单位处工程合同价款0.5%以上1%以下的罚款。

第四十三条 违反本办法第二十二条规定,公路工程质量监督机构不履行公路工程质量监督职责、不承担质量监督责任的,由交通主管部门视情节轻重,责令整改或者给予警告。公路工程质量监督机构工作人员在公路工程质量监督管理工作中玩忽职守、滥用职权、徇私舞弊的,由交通主管部门或者公路工程质量监督机构依法给予行政处分;构成犯罪的,依法追究刑事责任。

第四十四条 违反本办法第二十三条规定,监理单位将不合格的工程、建筑材料、构件和设备按合格予以签认的,责令改正,可给予警告处罚,情节严重的,处50万元以上100万元以下的罚款;施工单位在工程上使用或安装未经监理签认的建筑材料、构件和设备的,责令改正,可给予警告处罚,情节严重的,处工程合同价款2%以上4%以下的罚款。

第四十五条 违反本办法第二十五条规定,公路建设从业单位忽视工程质量和安全管理,造成质量或安全事故的,对项目法人给予警告、限期整改,情节严重的,暂停资金拨付;对勘察、设计、施工和监理等单位视情节轻重给予警告、取消其2年至5年内参加依法必须进行招标项目的投标资格的处罚;对情节严重的监理单位,还可给予责令停业整顿、降低资质等级和吊销资质证书的处罚。

第四十六条 违反本办法第二十六条规定,项目法人对工程质量事故隐瞒不报、谎报或拖延报告期限的,给予警告处罚,对直接责任人依法给予行政处分。

第四十七条 违反本办法第二十九条规定,项目法人侵占、挪用公路建设资金,非法扩大建设成本,责令限期整改,可给予警告处罚;情节严重的,对全部或部分使用财政性资金的项目,可暂停项目执行或暂缓资金拨付,对直接责任人依法给予行政处分。

第四十八条 公路建设从业单位有关人员,具有行贿、索贿、受贿行为,损害国家、单位合法权益,构成犯罪的,依法追究刑事责任。

第四十九条 政府交通主管部门工作人员玩忽职守、滥用职权、徇私舞弊的,依法给予行政处分;构成犯罪的,依法追究刑事责任。

第九章 附 则

第五十条 本办法由交通部负责解释。

第五十一条 本办法自2006年8月1日起施行。交通部2000年8月28日公布的《公路建设监督管理办法》(交通部令2000年第8号)同时废止。

附录4 公路建设市场管理办法

(2015年6月26日 交通运输部令2015年第11号 根据交通运输《关于修改〈公路建设市场管理办法〉的决定》第二次修正)

第一章 总 则

第一条 为加强公路建设市场管理,规范公路建设市场秩序,保证公路工程质量,促进公路建设市场健康发展,根据《中华人民共和国公路法》、《中华人民共和国招标投标法》、《建设工程质量管理条例》,制定本办法。

第二条 本办法适用于各级交通运输主管部门对公路建设市场的监督管理活动。

第三条 公路建设市场遵循公平、公正、公开、诚信的原则。

第四条 国家建立和完善统一、开放、竞争、有序的公路建设市场,禁止任何形式的地区封锁。

第五条 本办法中下列用语的含义是指:

公路建设市场主体是指公路建设的从业单位和从业人员。

从业单位是指从事公路建设的项目法人,项目建设管理单位,咨询、勘察、设计、施工、监理、试验检测单位,提供相关服务的社会中介机构以及设备和材料的供应单位。

从业人员是指从事公路建设活动的人员。

第二章 管 理 职 责

第六条 公路建设市场管理实行统一管理、分级负责。

第七条 国务院交通运输主管部门负责全国公路建设市场的监督管理工作,主要职责是:

(一)贯彻执行国家有关法律、法规,制定全国公路建设市场管理的规章制度;

(二)组织制定和监督执行公路建设的技术标准、规范和规程;

(三)依法实施公路建设市场准入管理、市场动态管理,并依法对全国公路建设市场进行监督检查;

(四)建立公路建设行业评标专家库,加强评标专家管理;

(五)发布全国公路建设市场信息;

(六)指导和监督省级地方人民政府交通运输主管部门的公路建设市场管理工作;

(七)依法受理举报和投诉,依法查处公路建设市场违法行为;

(八)法律、行政法规规定的其他职责。

第八条 省级人民政府交通运输主管部门负责本行政区域内公路建设市场的监督管理工作,主要职责是:

（一）贯彻执行国家有关法律、法规、规章和公路建设技术标准、规范和规程,结合本行政区域内的实际情况,制定具体的管理制度;

（二）依法实施公路建设市场准入管理,对本行政区域内公路建设市场实施动态管理和监督检查;

（三）建立本地区公路建设招标评标专家库,加强评标专家管理;

（四）发布本行政区域公路建设市场信息,并按规定向国务院交通运输主管部门报送本行政区域公路建设市场的信息;

（五）指导和监督下级交通运输主管部门的公路建设市场管理工作;

（六）依法受理举报和投诉,依法查处本行政区域内公路建设市场违法行为;

（七）法律、法规、规章规定的其他职责。

第九条 省级以下地方人民政府交通运输主管部门负责本行政区域内公路建设市场的监督管理工作,主要职责是:

（一）贯彻执行国家有关法律、法规、规章和公路建设技术标准、规范和规程;

（二）配合省级地方人民政府交通运输主管部门进行公路建设市场准入管理和动态管理;

（三）对本行政区域内公路建设市场进行监督检查;

（四）依法受理举报和投诉,依法查处本行政区域内公路建设市场违法行为;

（五）法律、法规、规章规定的其他职责。

第三章 市场准入管理

第十条 凡符合法律、法规规定的市场准入条件的从业单位和从业人员均可进入公路建设市场,任何单位和个人不得对公路建设市场实行地方保护,不得对符合市场准入条件的从业单位和从业人员实行歧视待遇。

第十一条 公路建设项目依法实行项目法人负责制。项目法人可自行管理公路建设项目,也可委托具备法人资格的项目建设管理单位进行项目管理。

项目法人或者其委托的项目建设管理单位的组织机构、主要负责人的技术和管理能力应当满足拟建项目的管理需要,符合国务院交通运输主管部门有关规定的要求。

第十二条 收费公路建设项目法人和项目建设管理单位进入公路建设市场实行备案制度。

收费公路建设项目可行性研究报告批准或依法核准后,项目投资主体应当成立或者明确项目法人。项目法人应当按照项目管理的隶属关系将其或者其委托的项目建设管理单位的有关情况报交通运输主管部门备案。

对不符合规定要求的项目法人或者项目建设管理单位,交通运输主管部门应当提出整改要求。

第十三条 公路工程勘察、设计、施工、监理、试验检测等从业单位应当按照法律、法规的规定,取得有关管理部门颁发的相应资质后,方可进入公路建设市场。

第十四条 法律、法规对公路建设从业人员的执业资格作出规定的,从业人员应当依法取得相应的执业资格后,方可进入公路建设市场。

第四章 市场主体行为管理

第十五条 公路建设从业单位和从业人员在公路建设市场中必须严格遵守国家有关法律、法规和规章,严格执行公路建设行业的强制性标准、各类技术规范及规程的要求。

第十六条 公路建设项目法人必须严格执行国家规定的基本建设程序,不得违反或者擅自简化基本建设程序。

第十七条 公路建设项目法人负责组织有关专家或者委托有相应工程咨询或者设计资质的单位,对施工图设计文件进行审查。施工图设计文件审查的主要内容包括:

(一)是否采纳工程可行性研究报告、初步设计批复意见;

(二)是否符合公路工程强制性标准、有关技术规范和规程要求;

(三)施工图设计文件是否齐全,是否达到规定的技术深度要求;

(四)工程结构设计是否符合安全和稳定性要求。

第十八条 公路建设项目法人应当按照项目管理隶属关系将施工图设计文件报交通运输主管部门审批。施工图设计文件未经审批的,不得使用。

第十九条 申请施工图设计文件审批应当向相关的交通运输主管部门提交以下材料:

(一)施工图设计的全套文件;

(二)专家或者委托的审查单位对施工图设计文件的审查意见;

(三)项目法人认为需要提交的其他说明材料。

第二十条 交通运输主管部门应当自收到完整齐备的申请材料之日起20日内审查完毕。经审查合格的,批准使用,并将许可决定及时通知申请人。审查不合格的,不予批准使用,应当书面通知申请人并说明理由。

第二十一条 公路建设项目法人应当按照公开、公平、公正的原则,依法组织公路建设项目的招标投标工作。不得规避招标,不得对潜在投标人和投标人实行歧视政策,不得实行地方保护和暗箱操作。

第二十二条 公路工程的勘察、设计、施工、监理单位和设备、材料供应单位应当依法投标,不得弄虚作假,不得串通投标,不得以行贿等不合法手段谋取中标。

第二十三条 公路建设项目法人与中标人应当根据招标文件和投标文件签订合同,不得附加不合理、不公正条款,不得签订虚假合同。

国家投资的公路建设项目,项目法人与施工、监理单位应当按照国务院交通运输主管部门的规定,签订廉政合同。

第二十四条 公路建设项目依法实行施工许可制度。国家和国务院交通运输主管部门确定的重点公路建设项目的施工许可由省级人民政府交通运输主管部门实施,其他公路建设项目的施工许可按照项目管理权限由县级以上地方人民政府交通运输主管部门实施。

第二十五条 项目施工应当具备以下条件:

(一)项目已列入公路建设年度计划;

(二)施工图设计文件已经完成并经审批同意;

(三)建设资金已经落实,并经交通运输主管部门审计;

(四)征地手续已办理,拆迁基本完成;

（五）施工、监理单位已依法确定；
（六）已办理质量监督手续，已落实保证质量和安全的措施。

第二十六条　项目法人在申请施工许可时应当向相关的交通运输主管部门提交以下材料：

（一）施工图设计文件批复；
（二）交通运输主管部门对建设资金落实情况的审计意见；
（三）国土资源部门关于征地的批复或者控制性用地的批复；
（四）建设项目各合同段的施工单位和监理单位名单、合同价情况；
（五）应当报备的资格预审报告、招标文件和评标报告；
（六）已办理的质量监督手续材料；
（七）保证工程质量和安全措施的材料。

第二十七条　交通运输主管部门应当自收到完整齐备的申请材料之日起20日内作出行政许可决定。予以许可的，应当将许可决定及时通知申请人；不予许可的，应当书面通知申请人并说明理由。

第二十八条　公路建设从业单位应当按照合同约定全面履行义务：

（一）项目法人应当按照合同约定履行相应的职责，为项目实施创造良好的条件；
（二）勘察、设计单位应当按照合同约定，按期提供勘察设计资料和设计文件。工程实施过程中，应当按照合同约定派驻设计代表，提供设计后续服务；
（三）施工单位应当按照合同约定组织施工，管理和技术人员及施工设备应当及时到位，以满足工程需要。要均衡组织生产，加强现场管理，确保工程质量和进度，做到文明施工和安全生产；
（四）监理单位应当按照合同约定配备人员和设备，建立相应的现场监理机构，健全监理管理制度，保持监理人员稳定，确保对工程的有效监理；
（五）设备和材料供应单位应当按照合同约定，确保供货质量和时间，做好售后服务工作；
（六）试验检测单位应当按照试验规程和合同约定进行取样、试验和检测，提供真实、完整的试验检测资料。

第二十九条　公路工程实行政府监督、法人管理、社会监理、企业自检的质量保证体系。交通运输主管部门及其所属的质量监督机构对工程质量负监督责任，项目法人对工程质量负管理责任，勘察设计单位对勘察设计质量负责，施工单位对施工质量负责，监理单位对工程质量负现场管理责任，试验检测单位对试验检测结果负责，其他从业单位和从业人员按照有关规定对其产品或者服务质量负相应责任。

第三十条　各级交通运输主管部门及其所属的质量监督机构对工程建设项目进行监督检查时，公路建设从业单位和从业人员应当积极配合，不得拒绝和阻挠。

第三十一条　公路建设从业单位和从业人员应当严格执行国家有关安全生产的法律、法规、国家标准及行业标准，建立健全安全生产的各项规章制度，明确安全责任，落实安全措施，履行安全管理的职责。

第三十二条　发生工程质量、安全事故后，从业单位应当按照有关规定及时报有关主管部门，不得拖延和隐瞒。

第三十三条 公路建设项目法人应当合理确定建设工期,严格按照合同工期组织项目建设。项目法人不得随意要求更改合同工期。如遇特殊情况,确需缩短合同工期的,经合同双方协商一致,可以缩短合同工期,但应当采取措施,确保工程质量,并按照合同规定给予经济补偿。

第三十四条 公路建设项目法人应当按照国家有关规定管理和使用公路建设资金,做到专款专用,专户储存;按照工程进度,及时支付工程款;按照规定的期限及时退还保证金、办理工程结算。不得拖欠工程款和征地拆迁款,不得挤占挪用建设资金。

施工单位应当加强工程款管理,做到专款专用,不得拖欠分包人的工程款和农民工工资;项目法人对工程款使用情况进行监督检查时,施工单位应当积极配合,不得阻挠和拒绝。

第三十五条 公路建设从业单位和从业人员应当严格执行国家和地方有关环境保护和土地管理的规定,采取有效措施保护环境和节约用地。

第三十六条 公路建设项目法人、监理单位和施工单位对勘察设计中存在的问题应当及时提出设计变更的意见,并依法履行审批手续。设计变更应当符合国家制定的技术标准和设计规范要求。

任何单位和个人不得借设计变更虚报工程量或者提高单价。

重大工程变更设计应当按有关规定报原初步设计审批部门批准。

第三十七条 勘察、设计单位经项目法人批准,可以将工程设计中跨专业或者有特殊要求的勘察、设计工作委托给有相应资质条件的单位,但不得转包或者二次分包。

监理工作不得分包或者转包。

第三十八条 施工单位可以将非关键性工程或者适合专业化队伍施工的工程分包给具有相应资格条件的单位,并对分包工程负连带责任。允许分包的工程范围应当在招标文件中规定。分包工程不得再次分包,严禁转包。

任何单位和个人不得违反规定指定分包、指定采购或者分割工程。

项目法人应当加强对施工单位工程分包的管理,所有分包合同须经监理审查,并报项目法人备案。

第三十九条 施工单位可以直接招用农民工或者将劳务作业发包给具有劳务分包资质的劳务分包人。施工单位招用农民工的,应当依法签订劳动合同,并将劳动合同报项目监理工程师和项目法人备案。

施工单位和劳务分包人应当按照合同按时支付劳务工资,落实各项劳动保护措施,确保农民工安全。

劳务分包人应当接受施工单位的管理,按照技术规范要求进行劳务作业。劳务分包人不得将其分包的劳务作业再次分包。

第四十条 项目法人和监理单位应当加强对施工单位使用农民工的管理,对不签订劳动合同、非法使用农民工的,或者拖延和克扣农民工工资的,要予以纠正。拒不纠正的,项目法人要及时将有关情况报交通运输主管部门调查处理。

第四十一条 项目法人应当按照交通部《公路工程竣(交)工验收办法》的规定及时组织项目的交工验收,并报请交通运输主管部门进行竣工验收。

第五章 动 态 管 理

第四十二条 各级交通运输主管部门应当加强对公路建设从业单位和从业人员的市场行为的动态管理。应当建立举报投诉制度,查处违法行为,对有关责任单位和责任人依法进行处理。

第四十三条 国务院交通运输主管部门和省级地方人民政府交通运输主管部门应当建立公路建设市场的信用管理体系,对进入公路建设市场的从业单位和主要从业人员在招投标活动、签订合同和履行合同中的信用情况进行记录并向社会公布。

第四十四条 公路工程勘察、设计、施工、监理等从业单位应当按照项目管理的隶属关系,向交通运输主管部门提供本单位的基本情况、承接任务情况和其他动态信息,并对所提供信息的真实性、准确性和完整性负责。项目法人应当将其他从业单位在建设项目中的履约情况,按照项目管理的隶属关系报交通运输主管部门,由交通运输主管部门核实后记入从业单位信用记录中。

第四十五条 从业单位和主要从业人员的信用记录应当作为公路建设项目招标资格审查和评标工作的重要依据。

第六章 法 律 责 任

第四十六条 对公路建设从业单位和从业人员违反本办法规定进行的处罚,国家有关法律、法规和交通运输部规章已有规定的,适用其规定;没有规定的,由交通运输主管部门根据各自的职责按照本办法规定进行处罚。

第四十七条 项目法人违反本办法规定,实行地方保护的或者对公路建设从业单位和从业人员实行歧视待遇的,由交通运输主管部门责令改正。

第四十八条 从业单位违反本办法规定,在申请公路建设从业许可时,隐瞒有关情况或者提供虚假材料的,行政机关不予受理或者不予行政许可,并给予警告;行政许可申请人在 1 年内不得再次申请该行政许可。

被许可人以欺骗、贿赂等不正当手段取得从业许可的,行政机关应当依照法律、法规给予行政处罚;申请人在 3 年内不得再次申请该行政许可;构成犯罪的,依法追究刑事责任。

第四十九条 投标人相互串通投标或者与招标人串通投标的,投标人以向招标人或者评标委员会成员行贿的手段谋取中标的,中标无效,处中标项目金额 0.5% 以上 1% 以下的罚款,对单位直接负责的主管人员和其他直接责任人员处单位罚款数额 5% 以上 10% 以下的罚款;有违法所得的,并处没收违法所得;情节严重的,取消其 1 年至 2 年内参加依法必须进行招标的项目的投标资格并予以公告;构成犯罪的,依法追究刑事责任。给他人造成损失的,依法承担赔偿责任。

第五十条 投标人以他人名义投标或者以其他方式弄虚作假,骗取中标的,中标无效,给招标人造成损失的,依法承担赔偿责任;构成犯罪的,依法追究刑事责任。

依法必须进行招标的项目的投标人有前款所列行为尚未构成犯罪的,处中标项目金额 0.5% 以上 1% 以下的罚款,对单位直接负责的主管人员和其他直接责任人员处单位罚款数额 5% 以上 10% 以下的罚款;有违法所得的,并处没收违法所得;情节严重的,取消其 1 年至 3 年内参加依法必须进行招标的项目的投标资格并予以公告。

第五十一条 项目法人违反本办法规定,拖欠工程款和征地拆迁款的,由交通运输主管部门责令改正,并由有关部门依法对有关责任人员给予行政处分。

第五十二条 除因不可抗力不能履行合同的,中标人不按照与招标人订立的合同履行施工质量、施工工期等义务,造成重大或者特大质量和安全事故,或者造成工期延误的,取消其2年至5年内参加依法必须进行招标的项目的投标资格并予以公告。

第五十三条 施工单位有以下违法违规行为的,由交通运输主管部门责令改正,并由有关部门依法对有关责任人员给予行政处分:

(一)违反本办法规定,拖欠分包人工程款和农民工工资的;

(二)违反本办法规定,造成生态环境破坏和乱占土地的;

(三)违反本办法规定,在变更设计中弄虚作假的;

(四)违反本办法规定,不按规定签订劳动合同的。

第五十四条 违反本办法规定,承包单位将承包的工程转包或者违法分包的,责令改正,没收违法所得,对勘察、设计单位处合同约定的勘察费、设计费25%以上50%以下的罚款;对施工单位处工程合同价款0.5%以上1%以下的罚款;可以责令停业整顿,降低资质等级;情节严重的,吊销资质证书。

工程监理单位转让工程监理业务的,责令改正,没收违法所得,处合同约定的监理酬金25%以上50%以下的罚款;可以责令停业整顿,降低资质等级;情节严重的,吊销资质证书。

第五十五条 公路建设从业单位违反本办法规定,在向交通运输主管部门填报有关市场信息时弄虚作假的,由交通运输主管部门责令改正。

第五十六条 各级交通运输主管部门和其所属的质量监督机构的工作人员违反本办法规定,在建设市场管理中徇私舞弊、滥用职权或者玩忽职守的,按照国家有关规定处理。构成犯罪的,由司法部门依法追究刑事责任。

第七章 附 则

第五十七条 本办法由交通运输部负责解释。

第五十八条 本办法自2005年3月1日起施行。交通部1996年7月11日公布的《公路建设市场管理办法》同时废止。

附录5 公路水运工程监理企业资质管理规定

(2019年11月28日 交通运输部令2019年第37号 根据2019年11月28日《交通运输部关于修改〈公路水运监理企业资质管理规定〉的决定》修正)

第一章 总 则

第一条 为加强公路、水运工程监理企业的资质管理,规范公路、水运建设市场秩序,保证公路、水运工程建设质量,根据《建设工程质量管理条例》,制定本规定。

第二条 公路、水运工程监理企业资质的取得及监督管理,适用本规定。

第三条 从事公路、水运工程监理活动,应当按照本规定取得公路、水运工程监理企业资质后方可开展相应的监理业务。

第四条 交通运输部负责全国公路、水运工程监理企业资质监督管理工作。

省、自治区、直辖市人民政府交通运输主管部门负责本行政区域内公路、水运工程监理企业资质管理工作,省、自治区、直辖市人民政府交通运输主管部门可以委托其所属的质量监督机构具体负责本行政区域内公路、水运工程监理企业资质的监督管理工作。

第二章 资质等级和从业范围

第五条 公路、水运工程监理企业资质按专业划分为公路工程和水运工程两个专业。

公路工程专业监理资质分为甲级、乙级、丙级三个等级和特殊独立大桥专项、特殊独立隧道专项、公路机电工程专项;水运工程专业监理资质分为甲级、乙级、丙级三个等级和水运机电工程专项。

第六条 公路、水运工程监理企业应当按照其取得的资质等级在下列业务范围内开展监理业务:

(一)取得公路工程专业甲级监理资质,可在全国范围内从事一、二、三类公路工程、桥梁工程、隧道工程项目的监理业务;

(二)取得公路工程专业乙级监理资质,可在全国范围内从事二、三类公路工程、桥梁工程、隧道工程项目的监理业务;

(三)取得公路工程专业丙级监理资质,可在企业所在地的省级行政区域内从事三类公路工程、桥梁工程、隧道工程项目的监理业务;

(四)取得公路工程专业特殊独立大桥专项监理资质,可在全国范围内从事特殊独立大桥项目的监理业务;

(五)取得公路工程专业特殊独立隧道专项监理资质,可在全国范围内从事特殊独立隧道项目的监理业务;

(六)取得公路工程专业公路机电工程专项监理资质,可在全国范围内从事各等级公路、桥梁、隧道工程通讯、监控、收费等机电工程项目的监理业务；

（七）取得水运工程专业甲级监理资质，可在全国范围内从事大、中、小型水运工程项目的监理业务；

（八）取得水运工程专业乙级监理资质，可在全国范围内从事中、小型水运工程项目的监理业务；

（九）取得水运工程专业丙级监理资质，可在企业所在地的省级行政区域内从事小型水运工程项目的监理业务；

（十）取得水运工程专业水运机电工程专项监理资质，可在全国范围内从事水运机电工程项目的监理业务。

公路、水运工程监理业务的分级标准见本规定附件3。

第三章　申请与许可

第七条　申请公路、水运工程监理资质的企业，应当具备本规定附件1、附件2规定的相应资质条件。

第八条　交通运输部负责公路工程专业甲级、乙级监理资质，公路工程专业特殊独立大桥专项、特殊独立隧道专项、公路机电工程专项监理资质的行政许可工作。

省、自治区、直辖市人民政府交通运输主管部门负责公路工程专业丙级监理资质，水运工程专业甲级、乙级、丙级监理资质，水运机电工程专项监理资质的行政许可工作。

第九条　申请人申请公路、水运工程监理资质应当向第八条规定的许可机关提交下列申请材料或信息：

（一）《公路水运工程监理企业资质申请表》；
（二）企业统一社会信用代码；
（三）企业章程和制度；
（四）监理工程师和中级职称以上人员名单；
（五）企业、人员从业业绩清单；
（六）主要试验检测仪器和设备清单。

申请人应当按照规定，将人员、业绩、仪器设备等情况，录入全国或者省级交通运输公路、水运建设市场信用信息管理系统。

全国或者省级交通运输公路、水运建设市场信用信息管理系统应当向社会公开，接受社会监督。

申请人应当如实向许可机关提交有关材料和反映真实情况，并对其提交材料实质内容的真实性负责。

第十条　属于交通运输部受理的申请，申请人在向交通运输部提交申请材料的同时，应当向企业注册地的省、自治区、直辖市人民政府交通运输主管部门提交申请材料副本。

有关省、自治区、直辖市人民政府交通运输主管部门自收到申请人的申请材料副本之日起十日内提出审查意见报交通运输部。

交通运输部自收到申请人完整齐备的申请材料之日起二十日内作出行政许可决定。准予许可的，颁发相应的《监理资质证书》；不予许可的，应当书面通知申请人并说明理由。

第十一条 属于省、自治区、直辖市人民政府交通运输主管部门受理的申请,申请人应当向企业注册地的省、自治区、直辖市人民政府交通运输主管部门提交本规定第九条规定的申请材料或信息。省、自治区、直辖市人民政府交通运输主管部门自收到完整齐备的申请材料之日起二十日内作出行政许可决定。准予许可的,颁发相应的《监理资质证书》,并在三十日内向交通运输部报备;不予许可的,应当书面通知申请人并说明理由。

第十二条 许可机关在作出行政许可决定的过程中可以聘请专家对申请材料进行评审,并且将评审结果向社会公示。

专家评审的时间不计算在行政许可期限内,但应当将专家评审需要的时间告知申请人。专家评审的时间最长不得超过六十日。

第十三条 许可机关聘请的评审专家应当从其建立的公路、水运工程监理专家库中选定。

选择专家应当符合回避的要求;参与评审的专家应当履行公正评审、保守企业商业秘密的义务。

第十四条 许可机关在许可过程中需要核查申请人有关条件的,可以对申请人的有关情况进行实地核查,申请人应当配合。

第十五条 许可机关作出的准予许可决定,应当向社会公开,公众有权查阅。

第十六条 《监理资质证书》有效期限为四年。

第十七条 《监理资质证书》有效期届满,企业拟继续从事监理业务的,应当在《监理资质证书》有效期届满六十日前,向原许可机关提出延续资质申请,提交《公路水运工程监理企业延续资质申请表》,并按照资质延续的相关要求提交材料。

第十八条 许可机关对提出延续资质申请企业的各项条件进行审查,自收到企业资质申请之日起二十日内作出是否准予延续许可的决定。对符合资质延续条件的企业,许可机关准予资质延续四年。

第十九条 监理企业在领取新的资质证书时,应当将原资质证书交回原许可机关。

第四章 监督检查

第二十条 监理企业应当依法、依合同对公路、水运工程建设项目实施监理。

第二十一条 监理企业和各有关机构必须如实填写《项目监理评定书》。《项目监理评定书》的格式由交通运输部规定。

第二十二条 监理企业资质实行定期检验制度,每两年检验一次。

定期检验的内容是检查监理企业现状与资质等级条件的符合程度以及监理企业在检验期内的业绩情况。

第二十三条 申请定期检验的企业应当在其资质证书使用期满两年前三十日内向检验机构提出定期检验申请,并提交以下材料:

(一)《公路水运工程监理企业资质检验表》;

(二)本检验期内的《项目监理评定书》。

第二十四条 监理企业的定期检验工作由作出许可决定的许可机关或者委托其所属的质量监督机构负责。

负责检验的许可机关或者质量监督机构应当自收到完整齐备的申请材料二十日内作出定

期检验结论。

第二十五条 对定期检验合格的监理企业,由原许可机关或者质量监督机构在其《监理资质证书》上签署意见并盖章。

对定期检验不合格的监理企业,原许可机关或者质量监督机构应当责令其在六个月内进行整改。整改期满仍不能达到规定条件的,由原许可机关对其予以降低资质等级或者撤销对其的资质许可。

第二十六条 监理企业未按照规定的期限申请资质定期检验的,其资质证书失效。

第二十七条 有下列情形之一的,监理企业应当及时向许可机关交回资质证书,许可机关应当注销其监理资质:

(一)未按照规定期限申请资质延续的;

(二)企业依法终止的;

(三)资质被依法撤销、撤回或者资质证书依法被吊销的;

(四)法律、法规规定的应当注销资质的其他情形。

第二十八条 监理企业遗失《监理资质证书》,应当在公开媒体和许可机关指定的网站上声明作废,并到原许可机关办理补证手续。

第二十九条 监理企业的名称、地址、法定代表人等一般事项变更,应当在变更事项发生后十日内向原许可机关申请签注变更。

监理企业发生合并、分立、重组、改制等重大事项变更,应当在变更事项发生后十日内向原许可机关申请变更,由原许可机关重新核定企业资质等级。

第三十条 各级交通运输主管部门及其质量监督机构应当加强对监理企业以及监理现场工作的监督检查,有关单位应当配合。

第三十一条 交通运输部和省、自治区、直辖市人民政府交通运输主管部门依据职权有权对利害关系人的举报进行调查核实,有关单位应当配合。

第三十二条 监理企业违反本规定,由交通运输部或省、自治区、直辖市人民政府交通运输主管部门依据《建设工程质量管理条例》及有关规定给予相应处罚。

第三十三条 交通运输主管部门工作人员在资质许可和监督管理工作中玩忽职守、滥用职权、徇私舞弊等严重失职的,由所在单位或者其上级机关依照国家有关规定给予行政处分;构成犯罪的,依法追究刑事责任。

第五章 附 则

第三十四条 监理企业的《监理资质证书》由许可机关按照交通运输部规定的统一格式印制,正本一份,副本二份,副本与正本具有同等法律效力。

第三十五条 本规定自2018年7月1日起施行。2004年6月30日以交通部令2004年第5号发布的《公路水运工程监理企业资质管理规定》、2014年4月9日以交通运输部令2014年第7号发布的《关于修改〈公路水运工程监理企业资质管理规定〉的决定》、2015年5月12日以交通运输部令2015年第4号发布的《关于修改〈公路水运工程监理企业资质管理规定〉的决定》同时废止。

附件1

公路水运工程监理企业资质等级条件

一、公路工程

(一) 甲级监理资质条件

1. 人员、业绩和人员结构条件

企业负责人和技术负责人中至少有2人具有公路或者相关专业高级技术职称,10年以上从事公路、桥梁、隧道工程工作经历,5年以上监理或者建设管理工作经历,已取得监理工程师资格。

企业拥有中级职称以上各类专业技术人员不少于50人。其中,持监理工程师资格证书的人数不少于30人,工程系列高级专业技术职称人数不少于10人;高、中级经济师,高、中级会计师或者造价工程师不少于3人。上述各类人员中,与企业签订3年以上劳动合同的人数不低于70%。

企业具有公路工程乙级监理资质,且具备不少于5项二类企业监理业绩,其中桥梁、隧道类业绩不超过2项。持监理工程师证书人员中,不少于9人具有2项一类工程监理业绩,不少于3人具有高级驻地监理工程师经历;上述人员与企业签订的劳动合同期限不少于3年。

企业各类专业技术人员结构合理。主要包括路基路面、桥隧结构、试验检测、工程地质、工程经济、合同管理等专业人员。

2. 企业拥有材料、路基路面等工程试验检测设备和测量放样等仪器,具备建立工地试验室条件(见附件2)。

3. 企业具有完善的规章制度和组织体系。

4. 企业作为工程质量安全事故当事人,已经有关主管部门认定无责任,或者虽受到有关主管部门的行政处罚但处罚实施已满1年。

5. 企业信誉良好。最近一期公路建设市场全国综合信用评价等级不低于A级。

6. 甲级监理资质延续,应当满足上述第1、2、3项条件,并符合下列要求,但第1项条件中的企业业绩、监理工程师的个人业绩和经历不再考核:

(1)原资质有效期内,监理企业具备2项一类业绩,或者同时具备1项一类和2项二类工程业绩。

(2)最近两期公路建设市场全国综合信用评价等级为B级以上(含B级)。

(二) 乙级监理资质条件

1. 人员、业绩和人员结构条件

企业负责人和技术负责人中至少有2人具有公路或者相关专业中级技术职称,8年以上从事公路、桥梁、隧道工程工作经历,3年以上监理或者建设管理工作经历,已取得监理工程师资格。

企业拥有中级职称以上各类专业技术人员不少于30人。其中,持监理工程师资格证书的人数不少于18人,工程系列高级专业技术职称人数不少于5人,经济师、会计师或者造价工程师不少于2人。上述各类人员中,与企业签订3年以上劳动合同的人数不低于70%。

持监理工程师证书的人员中,不少于9人具有2项二类及以上工程监理业绩,不少于3人具有高级驻地监理工程师经历;上述人员与企业签订的劳动合同期限不少于3年。不具备前述监理工程师个人业绩及经历条件,但具备以下条件者视为符合条件:监理企业具备不少于5项三类工程业绩。

各类专业技术人员结构合理。主要包括路基路面、桥隧结构、试验检测、工程地质、工程经济、合同管理等专业人员。

2. 企业拥有材料、路基路面等工程试验检测设备和测量放样等仪器,具有建立工地试验室的条件(见附件2)。

3. 企业具有完善的规章制度和组织体系。

4. 企业作为工程质量安全事故当事人,已经有关主管部门认定无责任,或者虽受到有关主管部门的行政处罚但处罚实施已满1年。

5. 企业信誉良好。最近一期公路建设市场全国综合信用评价等级不低于A级。

6. 乙级监理资质延续,应当满足上述第1、2、3项条件,并符合下列要求,但第1项条件中的企业业绩、监理工程师的个人业绩和经历不再考核:

(1) 原资质有效期内,监理企业具备2项二类业绩,或者同时具备1项二类和2项三类工程业绩。

(2) 最近两期公路建设市场全国综合信用评价等级为B级以上(含B级)。

(三)丙级监理资质条件

1. 人员、业绩和人员结构条件

企业负责人和技术负责人中至少有2人具有公路或者相关专业中级技术职称,5年以上从事公路、桥梁、隧道工程工作经历,2年以上监理或者建设管理工作经历,已取得监理工程师资格。

企业拥有中级职称以上各类专业技术人员不少于20人。其中,持监理工程师资格证书的人数不少于8人,工程系列高级专业技术职称人数不少于3人,经济师、会计师或者造价工程师不少于1人。上述各类人员中,与企业签订3年以上劳动合同的人数不低于70%。

持监理工程师证书的人员中,不少于3人具有2项三类及以上工程监理业绩,上述人员与企业签订的劳动合同期限不少于3年。

各类专业技术人员结构合理。主要包括路基路面、桥隧结构、试验检测、工程地质、工程经济、合同管理等专业人员。

2. 企业拥有必要的试验检测设备和测量放样仪器(见附件2)。

3. 企业拥有完善的规章制度和组织体系。

4. 企业作为工程质量安全事故当事人,已经有关主管部门认定无责任,或者虽受到有关主管部门的行政处罚但处罚实施已满1年。

5. 丙级监理资质延续应当满足本条第1、2、3、4项条件。

(四)特殊独立大桥专项监理资质条件

1. 已取得公路工程甲级监理资质。

2. 持监理工程师证书人员中,有不少于20人具有特大桥监理业绩,上述人员与企业签订的劳动合同期限不少于3年。不具备本条前述条件,但具备以下条件者视为符合本条条件:监理企业具有4项以上特大桥监理业绩。

3. 企业作为工程质量安全事故当事人,已经有关主管部门认定无责任,或者虽受到有关主管部门的行政处罚但处罚实施已满1年。

4. 企业信誉良好。最近两期公路建设市场全国综合信用评价等级不低于A级。

5. 特殊独立大桥专项监理资质延续,应当满足上述第1项条件,并符合下列要求:

(1)原资质有效期内监理企业具备1项特殊独立大桥或者2项特大桥工程业绩。

(2)最近两期公路建设市场全国综合信用评价等级为B级以上(含B级)。

(五)特殊独立隧道专项监理资质条件

1. 已取得公路工程甲级监理资质。

2. 持监理工程师证书人员中,有不少于20人具有特长隧道监理业绩,有不少于10人是隧道专业监理工程师,上述人员与企业签订的劳动合同期限不少于3年。不具备本条前述条件,但具备以下条件者视为符合本条条件:监理企业具有2项以上特长隧道监理业绩。

3. 企业作为工程质量安全事故当事人,已经有关主管部门认定无责任,或者虽受到有关主管部门的行政处罚但处罚实施已满1年。

4. 企业信誉良好。最近两期公路建设市场全国综合信用评价等级不低于A级。

5. 特殊独立隧道专项监理资质延续,应当满足上述第1项条件,并符合下列要求:

(1)原资质有效期内监理企业具备1项特殊独立隧道或者2项长隧道工程业绩。

(2)最近两期公路建设市场全国综合信用评价等级为B级以上(含B级)。

(六)公路机电工程专项监理资质条件

1. 人员、业绩和人员结构条件

企业负责人和技术负责人中至少2人以上具有机电专业高级技术职称,8年以上从事相关专业工作经历,5年以上监理或者建设管理工作经历,已取得公路机电专业监理工程师资格。

企业拥有中级职称以上各类专业技术人员不少于30人。其中,持公路机电专业监理工程师资格证书人数不少于15人,高级专业技术职称人数不少于10人,经济师、会计师或者造价工程师不少于2人。上述各类人员中,与企业签订3年以上劳动合同的人数不低于70%。

持监理工程师证书人员中,不少于8人具有公路机电工程监理业绩,以上人员与企业签订的劳动合同期限不少于3年。

2. 企业拥有公路机电工程所需的常用试验检测设备(见附件2)。

3. 企业具有完善的规章制度和组织体系。

4. 企业作为工程质量安全事故当事人,已经有关主管部门认定无责任,或者虽受到有关主管部门的行政处罚但处罚实施已满1年。

5. 企业信誉良好。最近一期公路建设市场全国综合信用评价等级不低于A级。

6. 公路机电工程专项监理资质延续，应当满足上述第1、2、3项条件，并符合下列要求，但第1项条件中的监理工程师的个人业绩和经历不再考核：

(1) 原资质有效期内监理企业具备2项公路机电工程业绩。

(2) 最近两期公路建设市场全国综合信用评价等级为B级以上(含B级)。

二、水运工程

(一) 甲级监理资质条件

1. 人员、业绩和人员结构条件

企业负责人中至少有1人具备10年以上水运工程建设的经历，具有监理工程师资格；技术负责人应当具有15年以上水运工程建设的经历，承担过大型水运工程项目的总监工作，具有水运工程系列高级专业技术职称和监理工程师资格。

企业拥有中级技术职称以上各类专业技术人员不少于40人。其中，持监理工程师资格证书的人员不少于25人，取得港口、航道监理工程师资格证书的人员不少于18人，工程系列高级技术专业职称人数不少于10人，经济师、会计师或者造价工程师不少于2人。上述各类人员中，与企业签订3年以上劳动合同的人数不低于70%。

企业需具有水运工程乙级监理资质，且具备不少于5项中型水运工程监理业绩。持监理工程师资格证书人员中，不少于9人具有大型工程监理业绩，不少于3人具有大型工程监理项目负责人经历。上述人员与企业签订的劳动合同期限不少于3年。

各类专业技术人员结构合理。主要包括港口、航道、工民建、测量、试验检测、合同管理等专业人员。

2. 企业拥有材料、土工等工程试验仪器和检测设备，具有建立工地试验室的条件(见附件2)。

3. 企业具有完善的规章制度和组织体系。

4. 企业作为工程质量安全事故当事人，已经有关主管部门认定无责任，或者虽受到有关主管部门的行政处罚但处罚实施已满1年。

5. 企业信誉良好。最近一期水运建设市场全国综合信用评价等级不低于A级。

6. 甲级监理资质延续，应当满足上述第1、2、3项条件，并符合下列要求，但第1项条件中的企业业绩、监理工程师的个人业绩和经历不再考核：

(1) 原资质有效期内，监理企业具备2项大型水运工程业绩，或者同时具备1项大型工程业绩和2项中型水运工程业绩。

(2) 最近两期水运建设市场全国综合信用评价等级为B级以上(含B级)。

(二) 乙级监理资质条件

1. 人员、业绩和人员结构条件

企业负责人中至少有1人具有8年以上水运工程建设的经历，具有监理工程师资格；技术负责人应当具有10年以上水运工程建设的经历，承担过中型水运工程项目的总监工作，具有水运工程系列高级专业技术职称和监理工程师资格。

企业拥有中级技术职称以上各类专业技术人员不少于30人。其中,持监理工程师资格证书的人员不少于15人,取得港口、航道监理工程师资格证书的人员不少于10人,工程系列高级技术专业职称人数不少于5人,经济师、会计师或者造价工程师不少于1人。上述各类人员中,与企业签订3年以上劳动合同的人数不低于70%。

持监理工程师资格证书的人员中,不少于5人具有中型水运工程监理业绩,不少于2人具有中型水运工程监理项目负责人经历,上述人员与企业签订的劳动合同期限不少于3年;不具备前述监理工程师个人业绩及经历条件,但具备以下条件者视为符合条件:具备5项以上小型水运工程业绩。

各类专业技术人员结构合理。主要包括港口、航道、工民建、测量、试验检测、合同管理等专业人员。

2. 企业拥有材料、土工等工程试验仪器和检测设备,具有建立工地试验室的条件(见附件2)。

3. 企业具有完善的规章制度和组织体系。

4. 企业作为工程质量安全事故当事人,已经有关主管部门认定无责任,或者虽受到有关主管部门的行政处罚但处罚实施已满1年。

5. 企业信誉良好。最近一期水运建设市场全国综合信用评价等级不低于A级。

6. 乙级监理资质延续,应当满足上述第1、2、3项条件,并符合下列要求,但第1项条件中的企业业绩、监理工程师的个人业绩和经历不再考核:

(1)原资质有效期内,监理企业具备2项中型水运工程业绩,或者同时具备1项中型水运工程业绩和2项小型水运工程业绩。

(2)最近两期水运建设市场全国综合信用评价等级为B级以上(含B级)。

(三)丙级监理资质条件

1. 人员、业绩和人员结构条件

企业负责人中至少有1人具有5年以上水运工程建设的经历,具有监理工程师资格;技术负责人应当具有8年以上水运工程建设的经历,承担过小型水运工程项目的总监工作,具有水运工程监理工程师资格。

企业拥有中级技术职称以上各类专业技术人员不少于15人。其中,持监理工程师资格证书的人员不少于8人,工程系列高级技术专业职称人数不少于3人。上述各类人员中,与企业签订3年以上劳动合同的人数不低于70%。

持监理工程师资格证书的人员中,不少于3人具有小型水运工程监理业绩,不少于2人具有小型水运工程监理项目负责人经历,上述人员与企业签订的劳动合同期限不少于3年。

2. 企业具有完善的规章制度和组织体系。

3. 企业作为工程质量安全事故当事人,已经有关主管部门认定无责任,或者虽受到有关主管部门的行政处罚但处罚实施已满1年。

4. 丙级监理资质延续应当满足本条第1、2、3项条件。

(四)水运机电工程专项监理资质条件

1. 人员、业绩和人员结构条件

企业负责人中至少有1人具备10年以上水运机电工程建设的经历,具有监理工程师资格;技术负责人应当具有15年以上水运机电工程建设的经历,承担过水运机电工程项目的总监工作,具有水运工程系列高级专业技术职称和水运机电监理工程师资格。

企业拥有中级技术职称以上各类专业技术人员不少于25人。其中,持监理工程师资格证书的人员不少于15人,取得机电监理工程师资格证书的人员不少于10人,工程系列高级技术专业职称人数不少于10人,经济师、会计师或者造价工程师不少于2人。上述各类人员中,与企业签订3年以上劳动合同的人数不低于70%。

持监理工程师资格证书人员中,不少于8人具有水运机电工程监理业绩,不少于3人具有水运机电工程监理项目负责人经历,上述人员与企业签订的劳动合同期限不少于3年。

各类专业技术人员结构合理。主要包括机电、测量、试验检测、合同管理等专业人员。

2. 企业拥有机电工程试验仪器和检测设备,具有建立工地试验室的条件(见附件2)。

3. 企业具有完善的规章制度和组织体系。

4. 企业作为工程质量安全事故当事人,已经有关主管部门认定无责任,或者虽受到有关主管部门的行政处罚但处罚实施已满1年。

5. 企业信誉良好。最近一期水运建设市场全国综合信用评价等级不低于A级。

6. 水运机电工程专项监理资质延续,应当满足上述第1、2、3项条件,并符合下列要求,但第1项条件中的监理工程师的个人业绩和经历不再考核:

(1)原资质有效期内,监理企业具备2项水运机电工程业绩。

(2)最近两期水运建设市场全国综合信用评价等级为B级以上(含B级)。

说明:

1. 信用评价结果。最近一期无全国综合信用评价结果的,采用其上一年度结果;无全国综合信用评价结果的,可采用省级信用评价结果;无省级信用评价结果且未发现严重不良行为的,可视为信誉良好。

2. 监理工程师。指在公路、水运建设市场信用信息管理系统中完成监理工程师岗位登记的人员。

3. 人员监理业绩。指在公路、水运建设市场信用信息管理系统中登记且已完工的个人监理业绩。

4. 企业监理业绩。新申请资质的,指近10年内竣(交)工的工程业绩;延续资质的,包括在建和竣(交)工的工程业绩。其中三级(含)以上公路、独立招标的特大桥、大桥、特长隧道、长隧道、中隧道、公路机电工程等须在公路建设市场信用信息管理系统中完成业绩登记;水运工程业绩应当在水运建设市场信用信息管理系统中完成业绩登记。

附件 2

公路水运工程监理企业基本试验检测能力或仪器设备配备标准

一、公路工程

(一) 甲级监理资质

1. 土工试验(筛分、密度、含水量、塑液限、击实)
2. 石灰试验(有效钙镁含量)
3. 水泥混凝土(坍落度、抗压强度、抗折强度)、砂浆强度试验、配合比设计
4. 沥青指标试验(针入度、延度、软化点)
5. 沥青混凝土配合比设计
6. 路面基层材料试验(击实、无侧限抗压强度、灰剂量、配合比设计)
7. 路基、路面、构造物几何尺寸检测
8. 路基路面检测(压实度、厚度、平整度、弯沉、路面构造深度、摩擦系数)
9. 砌石工程常规试验检测
10. 钢材、焊接试验
11. 测量设备(经纬仪、水准仪、测距仪、全站仪)

(二) 乙级监理资质

1. 土工试验(筛分、密度、含水量、塑液限、击实)
2. 石灰试验(有效钙镁含量)
3. 水泥混凝土(坍落度、抗压强度、抗折强度)、砂浆强度试验、配合比设计
4. 沥青指标试验(针入度、延度、软化点)
5. 路面基层材料试验(击实、无侧限抗压强度、灰剂量、配合比设计)
6. 路基、路面、构造物几何尺寸检测
7. 路基路面检测(压实度、厚度、平整度、弯沉、路面构造深度、摩擦系数)
8. 砌石工程常规试验检测
9. 钢材、焊接试验
10. 测量设备(经纬仪、水准仪、测距仪)

(三) 丙级监理资质

1. 土工试验(筛分、密度、含水量、塑液限、击实)
2. 石灰试验(有效钙镁含量)
3. 水泥混凝土(坍落度)、砂浆强度试验、配合比设计

4. 路基、路面、构造物几何尺寸检测
5. 路基路面(压实度、厚度、平整度、摩擦系数)
6. 砌石工程常规试验检测
7. 测量设备(经纬仪、水准仪)

(四)公路机电工程专项监理资质

1. 光功率计/光源
2. 光时域反射仪
3. 误码仪
4. 音频信号发生器
5. SDH综合测试仪
6. 音频性能分析仪
7. 声压计
8. 数据通信测试分析仪
9. PCM综合测试仪
10. 综合布线认证分析仪
11. 计算机网络分析仪
12. 秒表
13. 低速数据测试仪
14. 脉冲数字线路故障测试器
15. 视频分析仪/信号源
16. 色彩色差计
17. 雷达测速器
18. 数字式功率计
19. 风速仪
20. 闭路电视测试仪
21. 远红外线湿度测试仪
22. 轻便气象综合测试仪
23. 交流电源分析仪
24. 绝缘电阻测试仪
25. 耐压强度测试仪
26. 数字式地阻仪
27. 直流高压发生器
28. 钳流表
29. 照度测试仪
30. 经纬仪
31. 亮度计
32. 电缆故障测试仪

33. 焊口探伤仪
34. 数字万用表
35. 数显卡尺
36. 材料阻燃性能分析仪
37. RCL 测试仪
38. 逆反射系数测定仪
39. 双臂电桥
40. 电子涂层测厚仪
41. 超声波测厚仪
42. 数字存储示波器

二、水运工程

(一) 甲级监理资质

1. 测量(经纬仪、水准仪、测距仪、全站仪)
2. 砂试验(筛分、含泥量、泥块含量、密度)
3. 石试验(筛分、含泥量、泥块含量、密度、压碎指标)
4. 混凝土、砂浆试验(配合比设计、稠度、强度)
5. 钢筋试验(钢筋力学和工艺性能、焊接接头机械性能)
6. 土工试验(筛分、密度、含水率、强度)
7. 非破损检测

(二) 乙级监理资质

1. 测量(经纬仪、水准仪、测距仪)
2. 砂试验(筛分、含泥量、泥块含量、密度)
3. 石试验(筛分、含泥量、泥块含量、密度、压碎指标)
4. 混凝土、砂浆试验(配合比设计、稠度、强度)
5. 土工试验(筛分、密度、含水量、击实)
6. 非破损检测

(三) 水运机电工程专项监理资质

1. 经纬仪、水准仪、测距仪
2. 拉压力传感器
3. 荷重传感器
4. 手持数字转速表
5. 数字多用表
6. 数字钳形表
7. 绝缘电阻表
8. 照度计

9. 超声波测厚仪
10. 超声波探测仪
11. 超声波涂层测厚仪
12. 尺寸检测量具
13. 红外式温度计
14. 接地电阻测试仪
15. 噪声计
16. 水平仪
17. 风速仪

附件3

一、公路工程分级标准

表1

	一类	二类	三类
1.公路工程	高速公路	高速公路路基工程及一级公路	一级公路路基工程及二级以下各级公路
2.桥梁工程	特大桥	大桥、中桥	小桥、涵洞
3.隧道工程	特长隧道、长隧道	中隧道	短隧道

表2

1.特殊独立大桥	主跨250米以上钢筋混凝土拱桥、单跨250米以上预应力混凝土连续结构、400米以上斜拉桥、800米以上悬索桥等结构复杂的独立特大桥项目
2.特殊独立隧道	大于3000米的独立特长隧道项目
3.公路机电工程	通讯、监控、收费等机电工程

注：1. 本标准使用术语含义与交通运输部《公路工程技术标准》(JTG B01—2014)规定一致。
2. 一、二、三类分级标准中含配套的交通安全设施、环保工程和沿线附属设施；不含各专项内容。

二、水运工程分级标准

序号	建设项目		计量单位	大型	中型	小型
1	沿海港口工程	集装箱、件杂、多用途等	吨级	≥20000	10000~20000	<10000
		散货、原油	吨级	≥30000	10000~30000	<10000
2	内河港口工程		吨级	≥1000	300~1000	<300
3	通航建筑与整治工程		吨级	≥1000	300~1000	<300
4	航道工程	沿海	吨级	≥30000	10000~30000	<10000
		内河	吨级	≥1000	300~1000	<300
5	修造船水工工程	船坞	船舶吨级	≥10000	3000~10000	<3000
		船台、滑道	船体重量	≥5000	1000~5000	<1000
6	防波堤、导流堤等水工工程		最大水深(米)	≥6	<6	
7	其他水运工程项目	沿海	受监的建安工程费（万元）	≥6000	2000~6000	<2000
		内河	受监的建安工程费（万元）	≥4000	1000~4000	<1000

附录6 公路水运工程监理工程师登记管理办法

(2011年10月10日 交通运输部 交质监发〔2011〕572号)

第一章 基本要求

第一条 为加强公路水运工程监理工程师从业管理,促进监理市场有序发展,制定本办法。

第二条 取得交通运输部公路水运工程监理工程师或专业监理工程师资格的人员,应按规定进行从业登记和业绩登记。

从业登记是指与监理企业建立合同关系的监理工程师,声明以监理工程师名义从事工程监理或相关业务活动的起始记录。

业绩登记是指监理工程师在工程项目中代表监理企业以监理工程师名义从事监理工作的记录。

第三条 工程项目总监、副总监、总监代表、驻地、副驻地和专业监理工程师应在项目中标监理企业进行从业登记和业绩登记。

第四条 交通运输部工程质量监督局(以下简称部质监局)负责建立和完善登记管理制度及网络登记系统,监督、检查和指导省级交通运输主管部门质量监督机构(以下简称省级质监机构)的登记工作。

各省级质监机构负责本地区监理工程师登记的具体工作。其中,从业登记由监理企业注册地的省级质监机构负责,业绩登记由负责工程项目监督工作的质量监督机构(以下简称项目质监机构)负责。

第五条 登记工作依托部质监局网络登记系统进行,遵循个人录入、企业复核、质监机构审核的原则。监理工程师对其录入和填写资料的真实性负责。

第二章 从业登记

第六条 申请从业登记的监理工程师应正式受聘于一家监理企业,依法与企业签订劳动合同,企业为其正常缴纳基本养老保险、基本医疗保险和失业保险(离退休人员除外,属于企业内部人事调动或事业单位编制情形的,需提供相关证明)。

第七条 申请人通过虚假手段获得监理资格证书的,提供虚假登记资料的,违反规定同时受聘于两家以上企业的,信用评价周期内从业承诺履行状况很差(信用评价累计扣分大于等于24分)的,仍在刑事、行政处罚期内的,或在职的国家公职人员,省级质监机构不得予以登记。

省级质监机构发现已登记的监理工程师有上述情形的,应当直接注销登记,并告知监理企业和监理工程师本人。省级质监机构应对直接注销从业登记人员的姓名、身份证件号、监理资格证书号、注销原因等情况进行记录备查。

第八条 申请从业登记时需提交下列材料：

（一）监理工程师从业登记表（格式见附表1、附表2）；

（二）身份证件复印件（原件备查）；

（三）监理资格证书和职称证复印件（原件备查）；

（四）劳动合同复印件（原件备查）和缴纳保险情况证明（离退休人员除外，属于企业内部人事调动或事业单位编制情形的，需提供相关证明）；

（五）其他需提交的资料。

第九条 省级质监机构收到监理工程师的从业登记表及相关材料后，应当在20个工作日内完成审核工作。

第十条 自从业登记审核通过之日起，省级质监机构6个月内不受理同一监理工程师的从业登记注销申请。已办理过从业登记的监理工程师，其身份证件、监理资格证书、职称等个人信息发生变化时，应当办理个人信息变更。个人信息变更由本人书面提出，所在监理企业复核，报省级质监机构审核。监理工程师应按要求提供相关信息变更证明资料。

第十一条 监理工程师与监理企业依法终止劳动合同的，应当在合同终止之日起20个工作日内向监理企业提交从业登记注销表（格式见附表3）。监理企业应在收到注销表之日起20个工作日内完成确认工作并报省级质监机构办理注销手续。

监理工程师因其他原因离开监理企业的，自其离开之日起，企业应在20个工作日内向省级质监机构提交从业登记注销表。

省级质监机构收到从业登记注销表后，应在20个工作日内完成审核注销。

第十二条 监理工程师在原从业登记的监理企业注销登记后，方可变更登记至其他企业。对于已进行从业登记的监理工程师，其年龄达到65岁时自动退出从业登记人员数据库。监理工程师变更从业登记所在企业的历史记录可供社会查询。

第十三条 监理工程师已离开监理企业，未在规定的时限内申请从业登记注销的，监理企业应当及时向省级质监机构申请办理其从业登记注销。

监理工程师已离开监理企业，并向监理企业提出从业登记注销，监理企业逾期未予以从业登记注销确认的，监理工程师可持相关证明材料直接向省级质监机构申请办理从业登记注销。

第三章 业绩登记

第十四条 在工程项目上从事监理工作的监理工程师应在进场后20个工作日内，向项目质监机构提交业绩登记表（格式见附表4）。项目质监机构收到监理工程师业绩登记表后，应在20个工作日内完成审核。

第十五条 监理工程师结束工程项目现场监理工作的，自其离开项目现场监理机构之日起20个工作日内，由监理企业向项目质监机构提交业绩登记截止表（格式见附表5）。质监机构收到业绩登记截止表后，应在20个工作日内完成审核；监理企业逾期未办理的，由项目质监机构责成其限期改正。

第十六条 监理工程师在一个工程项目的业绩登记截止审核确认后，方可在下一工程项目上进行业绩登记。未进行业绩登记或业绩登记尚未截止的项目,不作为监理工程师个人的完整业绩。

第四章 监 督 管 理

第十七条 省级质监机构应建立健全从业登记、业绩登记相关管理制度,确保登记工作有序开展。从业登记、业绩登记过程中经审核的电子信息与纸质资料信息具有同等效力。登记申请等相关纸质资料应保存3年。

第十八条 监理企业或监理工程师在从业登记、业绩登记中违反本办法有关规定的,相应行为记入信用记录,纳入监理企业和监理工程师信用评价管理。质监机构工作人员在登记管理中玩忽职守、滥用职权的,按违反质监工作纪律追究责任。

第十九条 任何单位和个人有权对登记工作中的违规行为向质监机构进行举报投诉。

第五章 附 则

第二十条 本办法由部质监局负责解释。

第二十一条 本办法自2012年3月1日起施行。原交通部办公厅《关于完善公路水运工程监理工程师岗位登记制度并开展岗位登记工作的通知》(厅质监字〔2005〕131号)中的附件《公路水运工程监理工程师岗位登记制度》(试行)同时废止。

附录7 建设工程质量管理条例

(2019年04月23日 国务院令第714号 根据2019年4月29日《国务院关于修改部分行政法规的决定》修正)

第一章 总 则

第一条 为了加强对建设工程质量的管理,保证建设工程质量,保护人民生命和财产安全,根据《中华人民共和国建筑法》,制定本条例。

第二条 凡在中华人民共和国境内从事建设工程的新建、扩建、改建等有关活动及实施对建设工程质量监督管理的,必须遵守本条例。本条例所称建设工程,是指土木工程、建筑工程、线路管道和设备安装工程及装修工程。

第三条 建设单位、勘察单位、设计单位、施工单位、工程监理单位依法对建设工程质量负责。

第四条 县级以上人民政府建设行政主管部门和其他有关部门应当加强对建设工程质量的监督管理。

第五条 从事建设工程活动,必须严格执行基本建设程序,坚持先勘察、后设计、再施工的原则。

县级以上人民政府及其有关部门不得超越权限审批建设项目或者擅自简化基本建设程序。

第六条 国家鼓励采用先进的科学技术和管理方法,提高建设工程质量。

第二章 建设单位的质量责任和义务

第七条 建设单位应当将工程发包给具有相应资质等级的单位。

建设单位不得将建设工程肢解发包。

第八条 建设单位应当依法对工程建设项目的勘察、设计、施工、监理以及与工程建设有关的重要设备、材料等的采购进行招标。

第九条 建设单位必须向有关的勘察、设计、施工、工程监理等单位提供与建设工程有关的原始资料。

原始资料必须真实、准确、齐全。

第十条 建设工程发包单位不得迫使承包方以低于成本的价格竞标,不得任意压缩合理工期。

建设单位不得明示或者暗示设计单位或者施工单位违反工程建设强制性标准,降低建设工程质量。

第十一条 施工图设计文件审查的具体办法,由国务院建设行政主管部门、国务院其他有关部门制定。

施工图设计文件未经审查批准的,不得使用。

(相关资料:修订沿革)

第十二条 实行监理的建设工程,建设单位应当委托具有相应资质等级的工程监理单位进行监理,也可以委托具有工程监理相应资质等级并与被监理工程的施工承包单位没有隶属关系或者其他利害关系的该工程的设计单位进行监理。

下列建设工程必须实行监理:

(一)国家重点建设工程;

(二)大中型公用事业工程;

(三)成片开发建设的住宅小区工程;

(四)利用外国政府或者国际组织贷款、援助资金的工程;

(五)国家规定必须实行监理的其他工程。

第十三条 建设单位在开工前,应当按照国家有关规定办理工程质量监督手续,工程质量监督手续可以与施工许可证或者开工报告合并办理。

第十四条 按照合同约定,由建设单位采购建筑材料、建筑构配件和设备的,建设单位应当保证建筑材料、建筑构配件和设备符合设计文件和合同要求。

建设单位不得明示或者暗示施工单位使用不合格的建筑材料、建筑构配件和设备。

第十五条 涉及建筑主体和承重结构变动的装修工程,建设单位应当在施工前委托原设计单位或者具有相应资质等级的设计单位提出设计方案;没有设计方案的,不得施工。

房屋建筑使用者在装修过程中,不得擅自变动房屋建筑主体和承重结构。

第十六条 建设单位收到建设工程竣工报告后,应当组织设计、施工、工程监理等有关单位进行竣工验收。

建设工程竣工验收应当具备下列条件:

(一)完成建设工程设计和合同约定的各项内容;

(二)有完整的技术档案和施工管理资料;

(三)有工程使用的主要建筑材料、建筑构配件和设备的进场试验报告;

(四)有勘察、设计、施工、工程监理等单位分别签署的质量合格文件;

(五)有施工单位签署的工程保修书。

建设工程经验收合格的,方可交付使用。

第十七条 建设单位应当严格按照国家有关档案管理的规定,及时收集、整理建设项目各环节的文件资料,建立、健全建设项目档案,并在建设工程竣工验收后,及时向建设行政主管部门或者其他有关部门移交建设项目档案。

第三章 勘察、设计单位的质量责任和义务

第十八条 从事建设工程勘察、设计的单位应当依法取得相应等级的资质证书,并在其资质等级许可的范围内承揽工程。

禁止勘察、设计单位超越其资质等级许可的范围或者以其他勘察、设计单位的名义承揽工程。禁止勘察、设计单位允许其他单位或者个人以本单位的名义承揽工程。

勘察、设计单位不得转包或者违法分包所承揽的工程。

第十九条 勘察、设计单位必须按照工程建设强制性标准进行勘察、设计,并对其勘察、设计的质量负责。

注册建筑师、注册结构工程师等注册执业人员应当在设计文件上签字,对设计文件负责。

第二十条 勘察单位提供的地质、测量、水文等勘察成果必须真实、准确。

第二十一条 设计单位应当根据勘察成果文件进行建设工程设计。

设计文件应当符合国家规定的设计深度要求,注明工程合理使用年限。

第二十二条 设计单位在设计文件中选用的建筑材料、建筑构配件和设备,应当注明规格、型号、性能等技术指标,其质量要求必须符合国家规定的标准。

除有特殊要求的建筑材料、专用设备、工艺生产线等外,设计单位不得指定生产厂、供应商。

第二十三条 设计单位应当就审查合格的施工图设计文件向施工单位作出详细说明。

第二十四条 设计单位应当参与建设工程质量事故分析,并对因设计造成的质量事故,提出相应的技术处理方案。

第四章 施工单位的质量责任和义务

第二十五条 施工单位应当依法取得相应等级的资质证书,并在其资质等级许可的范围内承揽工程。

禁止施工单位超越本单位资质等级许可的业务范围或者以其他施工单位的名义承揽工程。禁止施工单位允许其他单位或者个人以本单位的名义承揽工程。

施工单位不得转包或者违法分包工程。

第二十六条 施工单位对建设工程的施工质量负责。

施工单位应当建立质量责任制,确定工程项目的项目经理、技术负责人和施工管理负责人。

建设工程实行总承包的,总承包单位应当对全部建设工程质量负责;建设工程勘察、设计、施工、设备采购的一项或者多项实行总承包的,总承包单位应当对其承包的建设工程或者采购的设备的质量负责。

第二十七条 总承包单位依法将建设工程分包给其他单位的,分包单位应当按照分包合同的约定对其分包工程的质量向总承包单位负责,总承包单位与分包单位对分包工程的质量承担连带责任。

第二十八条 施工单位必须按照工程设计图纸和施工技术标准施工,不得擅自修改工程设计,不得偷工减料。

施工单位在施工过程中发现设计文件和图纸有差错的,应当及时提出意见和建议。

第二十九条 施工单位必须按照工程设计要求、施工技术标准和合同约定,对建筑材料、建筑构配件、设备和商品混凝土进行检验,检验应当有书面记录和专人签字;未经检验或者检验不合格的,不得使用。

第三十条 施工单位必须建立、健全施工质量的检验制度,严格工序管理,作好隐蔽工程的质量检查和记录。隐蔽工程在隐蔽前,施工单位应当通知建设单位和建设工程质量监督机构。

第三十一条 施工人员对涉及结构安全的试块、试件以及有关材料,应当在建设单位或者工程监理单位监督下现场取样,并送具有相应资质等级的质量检测单位进行检测。

第三十二条 施工单位对施工中出现质量问题的建设工程或者竣工验收不合格的建设工程,应当负责返修。

第三十三条 施工单位应当建立、健全教育培训制度,加强对职工的教育培训;未经教育培训或者考核不合格的人员,不得上岗作业。

第五章 工程监理单位的质量责任和义务

第三十四条 工程监理单位应当依法取得相应等级的资质证书,并在其资质等级许可的范围内承担工程监理业务。

禁止工程监理单位超越本单位资质等级许可的范围或者以其他工程监理单位的名义承担工程监理业务。禁止工程监理单位允许其他单位或者个人以本单位的名义承担工程监理业务。

工程监理单位不得转让工程监理业务。

第三十五条 工程监理单位与被监理工程的施工承包单位以及建筑材料、建筑构配件和设备供应单位有隶属关系或者其他利害关系的,不得承担该项建设工程的监理业务。

第三十六条 工程监理单位应当依照法律、法规以及有关技术标准、设计文件和建设工程承包合同,代表建设单位对施工质量实施监理,并对施工质量承担监理责任。

第三十七条 工程监理单位应当选派具备相应资格的总监理工程师和监理工程师进驻施工现场。

未经监理工程师签字,建筑材料、建筑构配件和设备不得在工程上使用或者安装,施工单位不得进行下一道工序的施工。未经总监理工程师签字,建设单位不拨付工程款,不进行竣工验收。

第三十八条 监理工程师应当按照工程监理规范的要求,采取旁站、巡视和平行检验等形式,对建设工程实施监理。

第六章 建设工程质量保修

第三十九条 建设工程实行质量保修制度。

建设工程承包单位在向建设单位提交工程竣工验收报告时,应当向建设单位出具质量保修书。质量保修书中应当明确建设工程的保修范围、保修期限和保修责任等。

第四十条 在正常使用条件下,建设工程的最低保修期限为:

(一)基础设施工程、房屋建筑的地基基础工程和主体结构工程,为设计文件规定的该工程的合理使用年限;

(二)屋面防水工程、有防水要求的卫生间、房间和外墙面的防渗漏,为 5 年;

(三)供热与供冷系统,为 2 个采暖期、供冷期;

(四)电气管线、给排水管道、设备安装和装修工程,为 2 年。

其他项目的保修期限由发包方与承包方约定。

建设工程的保修期,自竣工验收合格之日起计算。

第四十一条 建设工程在保修范围和保修期限内发生质量问题的,施工单位应当履行保修义务,并对造成的损失承担赔偿责任。

第四十二条 建设工程在超过合理使用年限后需要继续使用的,产权所有人应当委托具有相应资质等级的勘察、设计单位鉴定,并根据鉴定结果采取加固、维修等措施,重新界定使用期。

第七章 监 督 管 理

第四十三条 国家实行建设工程质量监督管理制度。

国务院建设行政主管部门对全国的建设工程质量实施统一监督管理。国务院铁路、交通、水利等有关部门按照国务院规定的职责分工,负责对全国的有关专业建设工程质量的监督管理。

县级以上地方人民政府建设行政主管部门对本行政区域内的建设工程质量实施监督管理。县级以上地方人民政府交通、水利等有关部门在各自的职责范围内,负责对本行政区域内的专业建设工程质量的监督管理。

第四十四条 国务院建设行政主管部门和国务院铁路、交通、水利等有关部门应当加强对有关建设工程质量的法律、法规和强制性标准执行情况的监督检查。

第四十五条 国务院发展计划部门按照国务院规定的职责,组织稽查特派员,对国家出资的重大建设项目实施监督检查。

国务院经济贸易主管部门按照国务院规定的职责,对国家重大技术改造项目实施监督检查。

第四十六条 建设工程质量监督管理,可以由建设行政主管部门或者其他有关部门委托的建设工程质量监督机构具体实施。

从事房屋建筑工程和市政基础设施工程质量监督的机构,必须按照国家有关规定经国务院建设行政主管部门或者省、自治区、直辖市人民政府建设行政主管部门考核;从事专业建设工程质量监督的机构,必须按照国家有关规定经国务院有关部门或者省、自治区、直辖市人民政府有关部门考核。经考核合格后,方可实施质量监督。

第四十七条 县级以上地方人民政府建设行政主管部门和其他有关部门应当加强对有关建设工程质量的法律、法规和强制性标准执行情况的监督检查。

第四十八条 县级以上人民政府建设行政主管部门和其他有关部门履行监督检查职责时,有权采取下列措施:

(一)要求被检查的单位提供有关工程质量的文件和资料;

(二)进入被检查单位的施工现场进行检查;

(三)发现有影响工程质量的问题时,责令改正。

第四十九条 建设单位应当自建设工程竣工验收合格之日起15日内,将建设工程竣工验收报告和规划、公安消防、环保等部门出具的认可文件或者准许使用文件报建设行政主管部门或者其他有关部门备案。

建设行政主管部门或者其他有关部门发现建设单位在竣工验收过程中有违反国家有关建

设工程质量管理规定行为的,责令停止使用,重新组织竣工验收。

第五十条 有关单位和个人对县级以上人民政府建设行政主管部门和其他有关部门进行的监督检查应当支持与配合,不得拒绝或者阻碍建设工程质量监督检查人员依法执行职务。

第五十一条 供水、供电、供气、公安消防等部门或者单位不得明示或者暗示建设单位、施工单位购买其指定的生产供应单位的建筑材料、建筑构配件和设备。

第五十二条 建设工程发生质量事故,有关单位应当在 24 小时内向当地建设行政主管部门和其他有关部门报告。对重大质量事故,事故发生地的建设行政主管部门和其他有关部门应当按照事故类别和等级向当地人民政府和上级建设行政主管部门和其他有关部门报告。

特别重大质量事故的调查程序按照国务院有关规定办理。

第五十三条 任何单位和个人对建设工程的质量事故、质量缺陷都有权检举、控告、投诉。

第八章 罚 则

第五十四条 违反本条例规定,建设单位将建设工程发包给不具有相应资质等级的勘察、设计、施工单位或者委托给不具有相应资质等级的工程监理单位的,责令改正,处 50 万元以上 100 万元以下的罚款。

第五十五条 违反本条例规定,建设单位将建设工程肢解发包的,责令改正,处工程合同价款百分之零点五以上百分之一以下的罚款;对全部或者部分使用国有资金的项目,并可以暂停项目执行或者暂停资金拨付。

第五十六条 违反本条例规定,建设单位有下列行为之一的,责令改正,处 20 万元以上 50 万元以下的罚款:

(一)迫使承包方以低于成本的价格竞标的;
(二)任意压缩合理工期的;
(三)明示或者暗示设计单位或者施工单位违反工程建设强制性标准,降低工程质量的;
(四)施工图设计文件未经审查或者审查不合格,擅自施工的;
(五)建设项目必须实行工程监理而未实行工程监理的;
(六)未按照国家规定办理工程质量监督手续的;
(七)明示或者暗示施工单位使用不合格的建筑材料、建筑构配件和设备的;
(八)未按照国家规定将竣工验收报告、有关认可文件或者准许使用文件报送备案的。

第五十七条 违反本条例规定,建设单位未取得施工许可证或者开工报告未经批准,擅自施工的,责令停止施工,限期改正,处工程合同价款百分之一以上百分之二以下的罚款。

第五十八条 违反本条例规定,建设单位有下列行为之一的,责令改正,处工程合同价款百分之二以上百分之四以下的罚款;造成损失的,依法承担赔偿责任:

(一)未组织竣工验收,擅自交付使用的;
(二)验收不合格,擅自交付使用的;
(三)对不合格的建设工程按照合格工程验收的。

第五十九条 违反本条例规定,建设工程竣工验收后,建设单位未向建设行政主管部门或者其他有关部门移交建设项目档案的,责令改正,处 1 万元以上 10 万元以下的罚款。

第六十条 违反本条例规定,勘察、设计、施工、工程监理单位超越本单位资质等级承揽工程的,责令停止违法行为,对勘察、设计单位或者工程监理单位处合同约定的勘察费、设计费或者监理酬金1倍以上2倍以下的罚款;对施工单位处工程合同价款百分之二以上百分之四以下的罚款,可以责令停业整顿,降低资质等级;情节严重的,吊销资质证书;有违法所得的,予以没收。

未取得资质证书承揽工程的,予以取缔,依照前款规定处以罚款;有违法所得的,予以没收。

以欺骗手段取得资质证书承揽工程的,吊销资质证书,依照本条第一款规定处以罚款;有违法所得的,予以没收。

第六十一条 违反本条例规定,勘察、设计、施工、工程监理单位允许其他单位或者个人以本单位名义承揽工程的,责令改正,没收违法所得,对勘察、设计单位和工程监理单位处合同约定的勘察费、设计费和监理酬金1倍以上2倍以下的罚款;对施工单位处工程合同价款百分之二以上百分之四以下的罚款;可以责令停业整顿,降低资质等级;情节严重的,吊销资质证书。

第六十二条 违反本条例规定,承包单位将承包的工程转包或者违法分包的,责令改正,没收违法所得,对勘察、设计单位处合同约定的勘察费、设计费百分之二十五以上百分之五十以下的罚款;对施工单位处工程合同价款百分之零点五以上百分之一以下的罚款;可以责令停业整顿,降低资质等级;情节严重的,吊销资质证书。

工程监理单位转让工程监理业务的,责令改正,没收违法所得,处合同约定的监理酬金百分之二十五以上百分之五十以下的罚款;可以责令停业整顿,降低资质等级;情节严重的,吊销资质证书。

第六十三条 违反本条例规定,有下列行为之一的,责令改正,处10万元以上30万元以下的罚款:

(一)勘察单位未按照工程建设强制性标准进行勘察的;

(二)设计单位未根据勘察成果文件进行工程设计的;

(三)设计单位指定建筑材料、建筑构配件的生产厂、供应商的;

(四)设计单位未按照工程建设强制性标准进行设计的。

有前款所列行为,造成工程质量事故的,责令停业整顿,降低资质等级;情节严重的,吊销资质证书;造成损失的,依法承担赔偿责任。

第六十四条 违反本条例规定,施工单位在施工中偷工减料的,使用不合格的建筑材料、建筑构配件和设备的,或者有不按照工程设计图纸或者施工技术标准施工的其他行为的,责令改正,处工程合同价款百分之二以上百分之四以下的罚款;造成建设工程质量不符合规定的质量标准的,负责返工、修理,并赔偿因此造成的损失;情节严重的,责令停业整顿,降低资质等级或者吊销资质证书。

第六十五条 违反本条例规定,施工单位未对建筑材料、建筑构配件、设备和商品混凝土进行检验,或者未对涉及结构安全的试块、试件以及有关材料取样检测的,责令改正,处10万元以上20万元以下的罚款;情节严重的,责令停业整顿,降低资质等级或者吊销资质证书;造成损失的,依法承担赔偿责任。

第六十六条 违反本条例规定,施工单位不履行保修义务或者拖延履行保修义务的,责令改正,处10万元以上20万元以下的罚款,并对在保修期内因质量缺陷造成的损失承担赔偿责任。

第六十七条 工程监理单位有下列行为之一的,责令改正,处50万元以上100万元以下的罚款,降低资质等级或者吊销资质证书;有违法所得的,予以没收;造成损失的,承担连带赔偿责任:

(一) 与建设单位或者施工单位串通,弄虚作假、降低工程质量的;

(二) 将不合格的建设工程、建筑材料、建筑构配件和设备按照合格签字的。

第六十八条 违反本条例规定,工程监理单位与被监理工程的施工承包单位以及建筑材料、建筑构配件和设备供应单位有隶属关系或者其他利害关系承担该项建设工程的监理业务的,责令改正,处5万元以上10万元以下的罚款,降低资质等级或者吊销资质证书;有违法所得的,予以没收。

第六十九条 违反本条例规定,涉及建筑主体或者承重结构变动的装修工程,没有设计方案擅自施工的,责令改正,处50万元以上100万元以下的罚款;房屋建筑使用者在装修过程中擅自变动房屋建筑主体和承重结构的,责令改正,处5万元以上10万元以下的罚款。

有前款所列行为,造成损失的,依法承担赔偿责任。

第七十条 发生重大工程质量事故隐瞒不报、谎报或者拖延报告期限的,对直接负责的主管人员和其他责任人员依法给予行政处分。

第七十一条 违反本条例规定,供水、供电、供气、公安消防等部门或者单位明示或者暗示建设单位或者施工单位购买其指定的生产供应单位的建筑材料、建筑构配件和设备的,责令改正。

第七十二条 违反本条例规定,注册建筑师、注册结构工程师、监理工程师等注册执业人员因过错造成质量事故的,责令停止执业1年;造成重大质量事故的,吊销执业资格证书,5年以内不予注册;情节特别恶劣的,终身不予注册。

第七十三条 依照本条例规定,给予单位罚款处罚的,对单位直接负责的主管人员和其他直接责任人员处单位罚款数额百分之五以上百分之十以下的罚款。

第七十四条 建设单位、设计单位、施工单位、工程监理单位违反国家规定,降低工程质量标准,造成重大安全事故,构成犯罪的,对直接责任人员依法追究刑事责任。

第七十五条 本条例规定的责令停业整顿,降低资质等级和吊销资质证书的行政处罚,由颁发资质证书的机关决定;其他行政处罚,由建设行政主管部门或者其他有关部门依照法定职权决定。

依照本条例规定被吊销资质证书的,由工商行政管理部门吊销其营业执照。

第七十六条 国家机关工作人员在建设工程质量监督管理工作中玩忽职守、滥用职权、徇私舞弊,构成犯罪的,依法追究刑事责任;尚不构成犯罪的,依法给予行政处分。

第七十七条 建设、勘察、设计、施工、工程监理单位的工作人员因调动工作、退休等原因离开该单位后,被发现在该单位工作期间违反国家有关建设工程质量管理规定,造成重大工程质量事故的,仍应当依法追究法律责任。

第九章 附 则

第七十八条 本条例所称肢解发包,是指建设单位将应当由一个承包单位完成的建设工程分解成若干部分发包给不同的承包单位的行为。

本条例所称违法分包,是指下列行为:

(一)总承包单位将建设工程分包给不具备相应资质条件的单位的;

(二)建设工程总承包合同中未有约定,又未经建设单位认可,承包单位将其承包的部分建设工程交由其他单位完成的;

(三)施工总承包单位将建设工程主体结构的施工分包给其他单位的;

(四)分包单位将其承包的建设工程再分包的。

本条例所称转包,是指承包单位承包建设工程后,不履行合同约定的责任和义务,将其承包的全部建设工程转给他人或者将其承包的全部建设工程肢解以后以分包的名义分别转给其他单位承包的行为。

第七十九条 本条例规定的罚款和没收的违法所得,必须全部上缴国库。

第八十条 抢险救灾及其他临时性房屋建筑和农民自建低层住宅的建设活动,不适用本条例。

第八十一条 军事建设工程的管理,按照中央军事委员会的有关规定执行。

第八十二条 本条例自发布之日起施行。

附录8 建设工程安全生产管理条例

(2003年11月24日 国务院令第393号)

第一章 总 则

第一条 为了加强建设工程安全生产监督管理,保障人民群众生命和财产安全,根据《中华人民共和国建筑法》、《中华人民共和国安全生产法》,制定本条例。

第二条 在中华人民共和国境内从事建设工程的新建、扩建、改建和拆除等有关活动及实施对建设工程安全生产的监督管理,必须遵守本条例。

本条例所称建设工程,是指土木工程、建筑工程、线路管道和设备安装工程及装修工程。

第三条 建设工程安全生产管理,坚持安全第一、预防为主的方针。

第四条 建设单位、勘察单位、设计单位、施工单位、工程监理单位及其他与建设工程安全生产有关的单位,必须遵守安全生产法律、法规的规定,保证建设工程安全生产,依法承担建设工程安全生产责任。

第五条 国家鼓励建设工程安全生产的科学技术研究和先进技术的推广应用,推进建设工程安全生产的科学管理。

第二章 建设单位的安全责任

第六条 建设单位应当向施工单位提供施工现场及毗邻区域内供水、排水、供电、供气、供热、通信、广播电视等地下管线资料,气象和水文观测资料,相邻建筑物和构筑物、地下工程的有关资料,并保证资料的真实、准确、完整。

建设单位因建设工程需要,向有关部门或者单位查询前款规定的资料时,有关部门或者单位应当及时提供。

第七条 建设单位不得对勘察、设计、施工、工程监理等单位提出不符合建设工程安全生产法律、法规和强制性标准规定的要求,不得压缩合同约定的工期。

第八条 建设单位在编制工程概算时,应当确定建设工程安全作业环境及安全施工措施所需费用。

第九条 建设单位不得明示或者暗示施工单位购买、租赁、使用不符合安全施工要求的安全防护用具、机械设备、施工机具及配件、消防设施和器材。

第十条 建设单位在申请领取施工许可证时,应当提供建设工程有关安全施工措施的资料。

依法批准开工报告的建设工程,建设单位应当自开工报告批准之日起15日内,将保证安全施工的措施报送建设工程所在地的县级以上地方人民政府建设行政主管部门或者其他有关部门备案。

第十一条 建设单位应当将拆除工程发包给具有相应资质等级的施工单位。

建设单位应当在拆除工程施工15日前,将下列资料报送建设工程所在地的县级以上地方人民政府建设行政主管部门或者其他有关部门备案:

(一)施工单位资质等级证明;

(二)拟拆除建筑物、构筑物及可能危及毗邻建筑的说明;

(三)拆除施工组织方案;

(四)堆放、清除废弃物的措施。

实施爆破作业的,应当遵守国家有关民用爆炸物品管理的规定。

第三章 勘察、设计、工程监理及其他有关单位的安全责任

第十二条 勘察单位应当按照法律、法规和工程建设强制性标准进行勘察,提供的勘察文件应当真实、准确,满足建设工程安全生产的需要。

勘察单位在勘察作业时,应当严格执行操作规程,采取措施保证各类管线、设施和周边建筑物、构筑物的安全。

第十三条 设计单位应当按照法律、法规和工程建设强制性标准进行设计,防止因设计不合理导致生产安全事故的发生。

设计单位应当考虑施工安全操作和防护的需要,对涉及施工安全的重点部位和环节在设计文件中注明,并对防范生产安全事故提出指导意见。

采用新结构、新材料、新工艺的建设工程和特殊结构的建设工程,设计单位应当在设计中提出保障施工作业人员安全和预防生产安全事故的措施建议。

设计单位和注册建筑师等注册执业人员应当对其设计负责。

第十四条 工程监理单位应当审查施工组织设计中的安全技术措施或者专项施工方案是否符合工程建设强制性标准。

工程监理单位在实施监理过程中,发现存在安全事故隐患的,应当要求施工单位整改;情况严重的,应当要求施工单位暂时停止施工,并及时报告建设单位。施工单位拒不整改或者不停止施工的,工程监理单位应当及时向有关主管部门报告。

工程监理单位和监理工程师应当按照法律、法规和工程建设强制性标准实施监理,并对建设工程安全生产承担监理责任。

第十五条 为建设工程提供机械设备和配件的单位,应当按照安全施工的要求配备齐全有效的保险、限位等安全设施和装置。

第十六条 出租的机械设备和施工机具及配件,应当具有生产(制造)许可证、产品合格证。

出租单位应当对出租的机械设备和施工机具及配件的安全性能进行检测,在签订租赁协议时,应当出具检测合格证明。

禁止出租检测不合格的机械设备和施工机具及配件。

第十七条 在施工现场安装、拆卸施工起重机械和整体提升脚手架、模板等自升式架设设施,必须由具有相应资质的单位承担。

安装、拆卸施工起重机械和整体提升脚手架、模板等自升式架设设施,应当编制拆装方案、制定安全施工措施,并由专业技术人员现场监督。

施工起重机械和整体提升脚手架、模板等自升式架设设施安装完毕后,安装单位应当自检,出具自检合格证明,并向施工单位进行安全使用说明,办理验收手续并签字。

第十八条 施工起重机械和整体提升脚手架、模板等自升式架设设施的使用达到国家规定的检验检测期限的,必须经具有专业资质的检验检测机构检测。经检测不合格的,不得继续使用。

第十九条 检验检测机构对检测合格的施工起重机械和整体提升脚手架、模板等自升式架设设施,应当出具安全合格证明文件,并对检测结果负责。

第四章 施工单位的安全责任

第二十条 施工单位从事建设工程的新建、扩建、改建和拆除等活动,应当具备国家规定的注册资本、专业技术人员、技术装备和安全生产等条件,依法取得相应等级的资质证书,并在其资质等级许可的范围内承揽工程。

第二十一条 施工单位主要负责人依法对本单位的安全生产工作全面负责。施工单位应当建立健全安全生产责任制度和安全生产教育培训制度,制定安全生产规章制度和操作规程,保证本单位安全生产条件所需资金的投入,对所承担的建设工程进行定期和专项安全检查,并做好安全检查记录。

施工单位的项目负责人应当由取得相应执业资格的人员担任,对建设工程项目的安全施工负责,落实安全生产责任制度、安全生产规章制度和操作规程,确保安全生产费用的有效使用,并根据工程的特点组织制定安全施工措施,消除安全事故隐患,及时、如实报告生产安全事故。

第二十二条 施工单位对列入建设工程概算的安全作业环境及安全施工措施所需费用,应当用于施工安全防护用具及设施的采购和更新、安全施工措施的落实、安全生产条件的改善,不得挪作他用。

第二十三条 施工单位应当设立安全生产管理机构,配备专职安全生产管理人员。

专职安全生产管理人员负责对安全生产进行现场监督检查。发现安全事故隐患,应当及时向项目负责人和安全生产管理机构报告;对违章指挥、违章操作的,应当立即制止。

专职安全生产管理人员的配备办法由国务院建设行政主管部门会同国务院其他有关部门制定。

第二十四条 建设工程实行施工总承包的,由总承包单位对施工现场的安全生产负总责。

总承包单位应当自行完成建设工程主体结构的施工。

总承包单位依法将建设工程分包给其他单位的,分包合同中应当明确各自的安全生产方面的权利、义务。总承包单位和分包单位对分包工程的安全生产承担连带责任。

分包单位应当服从总承包单位的安全生产管理,分包单位不服从管理导致生产安全事故的,由分包单位承担主要责任。

第二十五条 垂直运输机械作业人员、安装拆卸工、爆破作业人员、起重信号工、登高架设作业人员等特种作业人员,必须按照国家有关规定经过专门的安全作业培训,并取得特种作业操作资格证书后,方可上岗作业。

第二十六条　施工单位应当在施工组织设计中编制安全技术措施和施工现场临时用电方案,对下列达到一定规模的危险性较大的分部分项工程编制专项施工方案,并附具安全验算结果,经施工单位技术负责人、总监理工程师签字后实施,由专职安全生产管理人员进行现场监督:

(一)基坑支护与降水工程;

(二)土方开挖工程;

(三)模板工程;

(四)起重吊装工程;

(五)脚手架工程;

(六)拆除、爆破工程;

(七)国务院建设行政主管部门或者其他有关部门规定的其他危险性较大的工程。

对前款所列工程中涉及深基坑、地下暗挖工程、高大模板工程的专项施工方案,施工单位还应当组织专家进行论证、审查。

本条第一款规定的达到一定规模的危险性较大工程的标准,由国务院建设行政主管部门会同国务院其他有关部门制定。

第二十七条　建设工程施工前,施工单位负责项目管理的技术人员应当对有关安全施工的技术要求向施工作业班组、作业人员作出详细说明,并由双方签字确认。

第二十八条　施工单位应当在施工现场入口处、施工起重机械、临时用电设施、脚手架、出入通道口、楼梯口、电梯井口、孔洞口、桥梁口、隧道口、基坑边沿、爆破物及有害危险气体和液体存放处等危险部位,设置明显的安全警示标志。安全警示标志必须符合国家标准。

施工单位应当根据不同施工阶段和周围环境及季节、气候的变化,在施工现场采取相应的安全施工措施。施工现场暂时停止施工的,施工单位应当做好现场防护,所需费用由责任方承担,或者按照合同约定执行。

第二十九条　施工单位应当将施工现场的办公、生活区与作业区分开设置,并保持安全距离;办公、生活区的选址应当符合安全性要求。职工的膳食、饮水、休息场所等应当符合卫生标准。施工单位不得在尚未竣工的建筑物内设置员工集体宿舍。

施工现场临时搭建的建筑物应当符合安全使用要求。施工现场使用的装配式活动房屋应当具有产品合格证。

第三十条　施工单位对因建设工程施工可能造成损害的毗邻建筑物、构筑物和地下管线等,应当采取专项防护措施。

施工单位应当遵守有关环境保护法律、法规的规定,在施工现场采取措施,防止或者减少粉尘、废气、废水、固体废物、噪声、振动和施工照明对人和环境的危害和污染。

在城市市区内的建设工程,施工单位应当对施工现场实行封闭围挡。

第三十一条　施工单位应当在施工现场建立消防安全责任制度,确定消防安全责任人,制定用火、用电、使用易燃易爆材料等各项消防安全管理制度和操作规程,设置消防通道、消防水源,配备消防设施和灭火器材,并在施工现场入口处设置明显标志。

第三十二条　施工单位应当向作业人员提供安全防护用具和安全防护服装,并书面告知危险岗位的操作规程和违章操作的危害。

作业人员有权对施工现场的作业条件、作业程序和作业方式中存在的安全问题提出批评、检举和控告,有权拒绝违章指挥和强令冒险作业。

在施工中发生危及人身安全的紧急情况时,作业人员有权立即停止作业或者在采取必要的应急措施后撤离危险区域。

第三十三条 作业人员应当遵守安全施工的强制性标准、规章制度和操作规程,正确使用安全防护用具、机械设备等。

第三十四条 施工单位采购、租赁的安全防护用具、机械设备、施工机具及配件,应当具有生产(制造)许可证、产品合格证,并在进入施工现场前进行查验。

施工现场的安全防护用具、机械设备、施工机具及配件必须由专人管理,定期进行检查、维修和保养,建立相应的资料档案,并按照国家有关规定及时报废。

第三十五条 施工单位在使用施工起重机械和整体提升脚手架、模板等自升式架设设施前,应当组织有关单位进行验收,也可以委托具有相应资质的检验检测机构进行验收;使用承租的机械设备和施工机具及配件的,由施工总承包单位、分包单位、出租单位和安装单位共同进行验收。验收合格的方可使用。

《特种设备安全监察条例》规定的施工起重机械,在验收前应当经有相应资质的检验检测机构监督检验合格。

施工单位应当自施工起重机械和整体提升脚手架、模板等自升式架设设施验收合格之日起30日内,向建设行政主管部门或者其他有关部门登记。登记标志应当置于或者附着于该设备的显著位置。

第三十六条 施工单位的主要负责人、项目负责人、专职安全生产管理人员应当经建设行政主管部门或者其他有关部门考核合格后方可任职。

施工单位应当对管理人员和作业人员每年至少进行一次安全生产教育培训,其教育培训情况记入个人工作档案。安全生产教育培训考核不合格的人员,不得上岗。

第三十七条 作业人员进入新的岗位或者新的施工现场前,应当接受安全生产教育培训。未经教育培训或者教育培训考核不合格的人员,不得上岗作业。

施工单位在采用新技术、新工艺、新设备、新材料时,应当对作业人员进行相应的安全生产教育培训。

第三十八条 施工单位应当为施工现场从事危险作业的人员办理意外伤害保险。

意外伤害保险费由施工单位支付。实行施工总承包的,由总承包单位支付意外伤害保险费。意外伤害保险期限自建设工程开工之日起至竣工验收合格止。

第五章 监 督 管 理

第三十九条 国务院负责安全生产监督管理的部门依照《中华人民共和国安全生产法》的规定,对全国建设工程安全生产工作实施综合监督管理。

县级以上地方人民政府负责安全生产监督管理的部门依照《中华人民共和国安全生产法》的规定,对本行政区域内建设工程安全生产工作实施综合监督管理。

第四十条 国务院建设行政主管部门对全国的建设工程安全生产实施监督管理。国务院铁路、交通、水利等有关部门按照国务院规定的职责分工,负责有关专业建设工程安全生产的监督管理。

县级以上地方人民政府建设行政主管部门对本行政区域内的建设工程安全生产实施监督管理。县级以上地方人民政府交通、水利等有关部门在各自的职责范围内,负责本行政区域内的专业建设工程安全生产的监督管理。

第四十一条　建设行政主管部门和其他有关部门应当将本条例第十条、第十一条规定的有关资料的主要内容抄送同级负责安全生产监督管理的部门。

第四十二条　建设行政主管部门在审核发放施工许可证时,应当对建设工程是否有安全施工措施进行审查,对没有安全施工措施的,不得颁发施工许可证。

建设行政主管部门或者其他有关部门对建设工程是否有安全施工措施进行审查时,不得收取费用。

第四十三条　县级以上人民政府负有建设工程安全生产监督管理职责的部门在各自的职责范围内履行安全监督检查职责时,有权采取下列措施:

(一)要求被检查单位提供有关建设工程安全生产的文件和资料;

(二)进入被检查单位施工现场进行检查;

(三)纠正施工中违反安全生产要求的行为;

(四)对检查中发现的安全事故隐患,责令立即排除;重大安全事故隐患排除前或者排除过程中无法保证安全的,责令从危险区域内撤出作业人员或者暂时停止施工。

第四十四条　建设行政主管部门或者其他有关部门可以将施工现场的监督检查委托给建设工程安全监督机构具体实施。

第四十五条　国家对严重危及施工安全的工艺、设备、材料实行淘汰制度。具体目录由国务院建设行政主管部门会同国务院其他有关部门制定并公布。

第四十六条　县级以上人民政府建设行政主管部门和其他有关部门应当及时受理对建设工程生产安全事故及安全事故隐患的检举、控告和投诉。

第六章　生产安全事故的应急救援和调查处理

第四十七条　县级以上地方人民政府建设行政主管部门应当根据本级人民政府的要求,制定本行政区域内建设工程特大生产安全事故应急救援预案。

第四十八条　施工单位应当制定本单位生产安全事故应急救援预案,建立应急救援组织或者配备应急救援人员,配备必要的应急救援器材、设备,并定期组织演练。

第四十九条　施工单位应当根据建设工程施工的特点、范围,对施工现场易发生重大事故的部位、环节进行监控,制定施工现场生产安全事故应急救援预案。实行施工总承包的,由总承包单位统一组织编制建设工程生产安全事故应急救援预案,工程总承包单位和分包单位按照应急救援预案,各自建立应急救援组织或者配备应急救援人员,配备救援器材、设备,并定期组织演练。

第五十条　施工单位发生生产安全事故,应当按照国家有关伤亡事故报告和调查处理的规定,及时、如实地向负责安全生产监督管理的部门、建设行政主管部门或者其他有关部门报告;特种设备发生事故的,还应当同时向特种设备安全监督管理部门报告。接到报告的部门应当按照国家有关规定,如实上报。

实行施工总承包的建设工程,由总承包单位负责上报事故。

第五十一条 发生生产安全事故后,施工单位应当采取措施防止事故扩大,保护事故现场。需要移动现场物品时,应当做出标记和书面记录,妥善保管有关证物。

第五十二条 建设工程生产安全事故的调查、对事故责任单位和责任人的处罚与处理,按照有关法律、法规的规定执行。

第七章 法 律 责 任

第五十三条 违反本条例的规定,县级以上人民政府建设行政主管部门或者其他有关行政管理部门的工作人员,有下列行为之一的,给予降级或者撤职的行政处分;构成犯罪的,依照刑法有关规定追究刑事责任:

(一)对不具备安全生产条件的施工单位颁发资质证书的;

(二)对没有安全施工措施的建设工程颁发施工许可证的;

(三)发现违法行为不予查处的;

(四)不依法履行监督管理职责的其他行为。

第五十四条 违反本条例的规定,建设单位未提供建设工程安全生产作业环境及安全施工措施所需费用的,责令限期改正;逾期未改正的,责令该建设工程停止施工。

建设单位未将保证安全施工的措施或者拆除工程的有关资料报送有关部门备案的,责令限期改正,给予警告。

第五十五条 违反本条例的规定,建设单位有下列行为之一的,责令限期改正,处20万元以上50万元以下的罚款;造成重大安全事故,构成犯罪的,对直接责任人员,依照刑法有关规定追究刑事责任;造成损失的,依法承担赔偿责任:

(一)对勘察、设计、施工、工程监理等单位提出不符合安全生产法律、法规和强制性标准规定的要求的;

(二)要求施工单位压缩合同约定的工期的;

(三)将拆除工程发包给不具有相应资质等级的施工单位的。

第五十六条 违反本条例的规定,勘察单位、设计单位有下列行为之一的,责令限期改正,处10万元以上30万元以下的罚款;情节严重的,责令停业整顿,降低资质等级,直至吊销资质证书;造成重大安全事故,构成犯罪的,对直接责任人员,依照刑法有关规定追究刑事责任;造成损失的,依法承担赔偿责任:

(一)未按照法律、法规和工程建设强制性标准进行勘察、设计的;

(二)采用新结构、新材料、新工艺的建设工程和特殊结构的建设工程,设计单位未在设计中提出保障施工作业人员安全和预防生产安全事故的措施建议的。

第五十七条 违反本条例的规定,工程监理单位有下列行为之一的,责令限期改正;逾期未改正的,责令停业整顿,并处10万元以上30万元以下的罚款;情节严重的,降低资质等级,直至吊销资质证书;造成重大安全事故,构成犯罪的,对直接责任人员,依照刑法有关规定追究刑事责任;造成损失的,依法承担赔偿责任:

(一)未对施工组织设计中的安全技术措施或者专项施工方案进行审查的;

（二）发现安全事故隐患未及时要求施工单位整改或者暂时停止施工的；

（三）施工单位拒不整改或者不停止施工，未及时向有关主管部门报告的；

（四）未依照法律、法规和工程建设强制性标准实施监理的。

第五十八条 注册执业人员未执行法律、法规和工程建设强制性标准的，责令停止执业3个月以上1年以下；情节严重的，吊销执业资格证书，5年内不予注册；造成重大安全事故的，终身不予注册；构成犯罪的，依照刑法有关规定追究刑事责任。

第五十九条 违反本条例的规定，为建设工程提供机械设备和配件的单位，未按照安全施工的要求配备齐全有效的保险、限位等安全设施和装置的，责令限期改正，处合同价款1倍以上3倍以下的罚款；造成损失的，依法承担赔偿责任。

第六十条 违反本条例的规定，出租单位出租未经安全性能检测或者经检测不合格的机械设备和施工机具及配件的，责令停业整顿，并处5万元以上10万元以下的罚款；造成损失的，依法承担赔偿责任。

第六十一条 违反本条例的规定，施工起重机械和整体提升脚手架、模板等自升式架设设施安装、拆卸单位有下列行为之一的，责令限期改正，处5万元以上10万元以下的罚款；情节严重的，责令停业整顿，降低资质等级，直至吊销资质证书；造成损失的，依法承担赔偿责任：

（一）未编制拆装方案、制定安全施工措施的；

（二）未由专业技术人员现场监督的；

（三）未出具自检合格证明或者出具虚假证明的；

（四）未向施工单位进行安全使用说明，办理移交手续的。

施工起重机械和整体提升脚手架、模板等自升式架设设施安装、拆卸单位有前款规定的第（一）项、第（三）项行为，经有关部门或者单位职工提出后，对事故隐患仍不采取措施，因而发生重大伤亡事故或者造成其他严重后果，构成犯罪的，对直接责任人员，依照刑法有关规定追究刑事责任。

第六十二条 违反本条例的规定，施工单位有下列行为之一的，责令限期改正；逾期未改正的，责令停业整顿，依照《中华人民共和国安全生产法》的有关规定处以罚款；造成重大安全事故，构成犯罪的，对直接责任人员，依照刑法有关规定追究刑事责任：

（一）未设立安全生产管理机构、配备专职安全生产管理人员或者分部分项工程施工时无专职安全生产管理人员现场监督的；

（二）施工单位的主要负责人、项目负责人、专职安全生产管理人员、作业人员或者特种作业人员，未经安全教育培训或者经考核不合格即从事相关工作的；

（三）未在施工现场的危险部位设置明显的安全警示标志，或者未按照国家有关规定在施工现场设置消防通道、消防水源、配备消防设施和灭火器材的；

（四）未向作业人员提供安全防护用具和安全防护服装的；

（五）未按照规定在施工起重机械和整体提升脚手架、模板等自升式架设设施验收合格后登记的；

（六）使用国家明令淘汰、禁止使用的危及施工安全的工艺、设备、材料的。

第六十三条 违反本条例的规定，施工单位挪用列入建设工程概算的安全生产作业环境及安全施工措施所需费用的，责令限期改正，处挪用费用20%以上50%以下的罚款；造成损失的,依法承担赔偿责任。

　　第六十四条　违反本条例的规定,施工单位有下列行为之一的,责令限期改正;逾期未改正的,责令停业整顿,并处5万元以上10万元以下的罚款;造成重大安全事故,构成犯罪的,对直接责任人员,依照刑法有关规定追究刑事责任:

　　(一)施工前未对有关安全施工的技术要求作出详细说明的;

　　(二)未根据不同施工阶段和周围环境及季节、气候的变化,在施工现场采取相应的安全施工措施,或者在城市市区内的建设工程的施工现场未实行封闭围挡的;

　　(三)在尚未竣工的建筑物内设置员工集体宿舍的;

　　(四)施工现场临时搭建的建筑物不符合安全使用要求的;

　　(五)未对因建设工程施工可能造成损害的毗邻建筑物、构筑物和地下管线等采取专项防护措施的。

　　施工单位有前款规定第(四)项、第(五)项行为,造成损失的,依法承担赔偿责任。

　　第六十五条　违反本条例的规定,施工单位有下列行为之一的,责令限期改正;逾期未改正的,责令停业整顿,并处10万元以上30万元以下的罚款;情节严重的,降低资质等级,直至吊销资质证书;造成重大安全事故,构成犯罪的,对直接责任人员,依照刑法有关规定追究刑事责任;造成损失的,依法承担赔偿责任:

　　(一)安全防护用具、机械设备、施工机具及配件在进入施工现场前未经查验或者查验不合格即投入使用的;

　　(二)使用未经验收或者验收不合格的施工起重机械和整体提升脚手架、模板等自升式架设设施的;

　　(三)委托不具有相应资质的单位承担施工现场安装、拆卸施工起重机械和整体提升脚手架、模板等自升式架设设施的;

　　(四)在施工组织设计中未编制安全技术措施、施工现场临时用电方案或者专项施工方案的。

　　第六十六条　违反本条例的规定,施工单位的主要负责人、项目负责人未履行安全生产管理职责的,责令限期改正;逾期未改正的,责令施工单位停业整顿;造成重大安全事故、重大伤亡事故或者其他严重后果,构成犯罪的,依照刑法有关规定追究刑事责任。

　　作业人员不服管理、违反规章制度和操作规程冒险作业造成重大伤亡事故或者其他严重后果,构成犯罪的,依照刑法有关规定追究刑事责任。

　　施工单位的主要负责人、项目负责人有前款违法行为,尚不够刑事处罚的,处2万元以上20万元以下的罚款或者按照管理权限给予撤职处分;自刑罚执行完毕或者受处分之日起,5年内不得担任任何施工单位的主要负责人、项目负责人。

　　第六十七条　施工单位取得资质证书后,降低安全生产条件的,责令限期改正;经整改仍未达到与其资质等级相适应的安全生产条件的,责令停业整顿,降低其资质等级直至吊销资质证书。

　　第六十八条　本条例规定的行政处罚,由建设行政主管部门或者其他有关部门依照法定职权决定。

　　违反消防安全管理规定的行为,由公安消防机构依法处罚。

有关法律、行政法规对建设工程安全生产违法行为的行政处罚决定机关另有规定的,从其规定。

第八章 附 则

第六十九条 抢险救灾和农民自建低层住宅的安全生产管理,不适用本条例。

第七十条 军事建设工程的安全生产管理,按照中央军事委员会的有关规定执行。

第七十一条 本条例自 2004 年 2 月 1 日起施行。

附录9　公路水运工程安全生产监督管理办法

(2017年6月12日　交通运输部令2017年第25号)

第一章　总　　则

第一条　为了加强公路水运工程安全生产监督管理,防止和减少生产安全事故,保障人民群众生命和财产安全,根据《中华人民共和国安全生产法》《建设工程安全生产管理条例》《生产安全事故报告和调查处理条例》等法律、行政法规,制定本办法。

第二条　公路水运工程建设活动的安全生产行为及对其实施监督管理,应当遵守本办法。

第三条　本办法所称公路水运工程,是指经依法审批、核准或者备案的公路、水运基础设施的新建、改建、扩建等建设项目。

本办法所称从业单位,是指从事公路、水运工程建设、勘察、设计、施工、监理、试验检测、安全服务等工作的单位。

第四条　公路水运工程安全生产工作应当以人民为中心,坚持安全第一、预防为主、综合治理的方针,强化和落实从业单位的主体责任,建立从业单位负责、职工参与、政府监管、行业自律和社会监督的机制。

第五条　交通运输部负责全国公路水运工程安全生产的监督管理工作。

长江航务管理局承担长江干线航道工程安全生产的监督管理工作。

县级以上地方人民政府交通运输主管部门按照规定的职责负责本行政区域内的公路水运工程安全生产监督管理工作。

第六条　交通运输主管部门应当按照保障安全生产的要求,依法制修订公路水运工程安全应急标准体系。

第七条　交通运输主管部门应当建立公路水运工程从业单位和从业人员安全生产违法违规行为信息库,实行安全生产失信黑名单制度,并按规定将有关信用信息及时纳入交通运输和相关统一信用信息共享平台,依法向社会公开。

第八条　有关行业协会依照法律、法规、规章和协会章程,为从业单位提供有关安全生产信息、培训等服务,发挥行业自律作用,促进从业单位加强安全生产管理。

第九条　国家鼓励和支持公路水运工程安全生产科学技术研究成果和先进技术的推广应用,鼓励从业单位运用科技和信息化等手段对存在重大安全风险的施工部位加强监控。

第十条　在改善项目安全生产条件、防止生产安全事故、参加抢险救援等方面取得显著成绩的单位和个人,交通运输主管部门依法给予奖励。

第二章 安全生产条件

第十一条 从业单位从事公路水运工程建设活动,应当具备法律、法规、规章和工程建设强制性标准规定的安全生产条件。任何单位和个人不得降低安全生产条件。

第十二条 公路水运工程应当坚持先勘察后设计再施工的程序。施工图设计文件依法经审批后方可使用。

第十三条 公路水运工程施工招标文件及施工合同中应当载明项目安全管理目标、安全生产职责、安全生产条件、安全生产信用情况及专职安全生产管理人员配备的标准等要求。

第十四条 施工单位从事公路水运工程建设活动,应当取得安全生产许可证及相应等级的资质证书。施工单位的主要负责人和安全生产管理人员应当经交通运输主管部门对其安全生产知识和管理能力考核合格。

施工单位应当设置安全生产管理机构或者配备专职安全生产管理人员。施工单位应当根据工程施工作业特点、安全风险以及施工组织难度,按照年度施工产值配备专职安全生产管理人员,不足5 000万元的至少配备1名;5 000万元以上不足2亿元的按每5 000万元不少于1名的比例配备;2亿元以上的不少于5名,且按专业配备。

第十五条 从业单位应当依法对从业人员进行安全生产教育和培训。未经安全生产教育和培训合格的从业人员,不得上岗作业。

第十六条 公路水运工程从业人员中的特种作业人员应当按照国家有关规定取得相应资格,方可上岗作业。

第十七条 施工中使用的施工机械、设施、机具以及安全防护用品、用具和配件等应当具有生产(制造)许可证、产品合格证或者法定检验检测合格证明,并设立专人查验、定期检查和更新,建立相应的资料档案。无查验合格记录的不得投入使用。

第十八条 特种设备使用单位应当依法取得特种设备使用登记证书,建立特种设备安全技术档案,并将登记标志置于该特种设备的显著位置。

第十九条 翻模、滑(爬)模等自升式架设设施,以及自行设计、组装或者改装的施工挂(吊)篮、移动模架等设施在投入使用前,施工单位应当组织有关单位进行验收,或者委托具有相应资质的检验检测机构进行验收。验收合格后方可使用。

第二十条 对严重危及公路水运工程生产安全的工艺、设备和材料,应当依法予以淘汰。交通运输主管部门可以会同安全生产监督管理部门联合制定严重危及公路水运工程施工安全的工艺、设备和材料的淘汰目录并对外公布。

从业单位不得使用已淘汰的危及生产安全的工艺、设备和材料。

第二十一条 从业单位应当保证本单位所应具备的安全生产条件必需的资金投入。

建设单位在编制工程招标文件及项目概预算时,应当确定保障安全作业环境及安全施工措施所需的安全生产费用,并不得低于国家规定的标准。

施工单位在工程投标报价中应当包含安全生产费用并单独计提,不得作为竞争性报价。

安全生产费用应当经监理工程师审核签认,并经建设单位同意后,在项目建设成本中据实列支,严禁挪用。

第二十二条 公路水运工程施工现场的办公、生活区与作业区应当分开设置,并保持安全距离。办公、生活区的选址应当符合安全性要求,严禁在已发现的泥石流影响区、滑坡体等危险区域设置施工驻地。

施工作业区应当根据施工安全风险辨识结果,确定不同风险等级的管理要求,合理布设。在风险等级较高的区域应当设置警戒区和风险告知牌。

施工作业点应当设置明显的安全警示标志,按规定设置安全防护设施。施工便道便桥、临时码头应当满足通行和安全作业要求,施工便桥和临时码头还应当提供临边防护和水上救生等设施。

第二十三条 施工单位与从业人员订立的劳动合同,应当载明有关保障从业人员劳动安全、防止职业危害等事项。施工单位还应当向从业人员书面告知危险岗位的操作规程。

施工单位应当向作业人员提供符合标准的安全防护用品,监督、教育从业人员按照使用规则佩戴、使用。

第二十四条 公路水运工程建设应当实施安全生产风险管理,按规定开展设计、施工安全风险评估。

设计单位应当依据风险评估结论,对设计方案进行修改完善。

施工单位应当依据风险评估结论,对风险等级较高的分部分项工程编制专项施工方案,并附安全验算结果,经施工单位技术负责人签字后报监理工程师批准执行。

必要时,施工单位应当组织专家对专项施工方案进行论证、审核。

第二十五条 建设、施工等单位应当针对工程项目特点和风险评估情况分别制定项目综合应急预案、合同段施工专项应急预案和现场处置方案,告知相关人员紧急避险措施,并定期组织演练。

施工单位应当依法建立应急救援组织或者指定工程现场兼职的、具有一定专业能力的应急救援人员,配备必要的应急救援器材、设备和物资,并进行经常性维护、保养。

第二十六条 从业单位应当依法参加工伤保险,为从业人员缴纳保险费。

鼓励从业单位投保安全生产责任保险和意外伤害保险。

第三章 安全生产责任

第二十七条 从业单位应当建立健全安全生产责任制,明确各岗位的责任人员、责任范围和考核标准等内容。从业单位应当建立相应的机制,加强对安全生产责任制落实情况的监督考核。

第二十八条 建设单位对公路水运工程安全生产负管理责任。依法开展项目安全生产条件审核,按规定组织风险评估和安全生产检查。根据项目风险评估等级,在工程沿线受影响区域作出相应风险提示。

建设单位不得对勘察、设计、监理、施工、设备租赁、材料供应、试验检测、安全服务等单位提出不符合安全生产法律、法规和工程建设强制性标准规定的要求。不得违反或者擅自简化基本建设程序。不得随意压缩工期。工期确需调整的,应当对影响安全的风险进行论证和评估,经合同双方协商一致,提出相应的施工组织和安全保障措施。

第二十九条 勘察单位应当按照法律、法规、规章、工程建设强制性标准和合同文件进行实地勘察,针对不良地质、特殊性岩土、有毒有害气体等不良情形或者其他可能引发工程生产安全事故的情形加以说明并提出防治建议。

勘察单位提交的勘察文件必须真实、准确,满足公路水运工程安全生产的需要。

勘察单位及勘察人员对勘察结论负责。

第三十条 设计单位应当按照法律、法规、规章、工程建设强制性标准和合同文件进行设计,防止因设计不合理导致生产安全事故的发生。

设计单位应当考虑施工安全操作和防护的需要,对涉及施工安全的重点部位和环节在设计文件中加以注明,提出安全防范意见。依据设计风险评估结论,对存在较高安全风险的工程部位还应当增加专项设计,并组织专家进行论证。

采用新结构、新工艺、新材料的工程和特殊结构工程,设计单位应当在设计文件中提出保障施工作业人员安全和预防生产安全事故的措施建议。

设计单位和设计人员应当对其设计负责,并按合同要求做好安全技术交底和现场服务。

第三十一条 监理单位应当按照法律、法规、规章、工程建设强制性标准和合同文件进行监理,对工程安全生产承担监理责任。

监理单位应当审核施工项目安全生产条件,审查施工组织设计中安全措施和专项施工方案。在实施监理过程中,发现存在安全事故隐患的,应当要求施工单位整改;情节严重的,应当下达工程暂停令,并及时报告建设单位。施工单位拒不整改或者不停止施工的,监理单位应当及时向有关主管部门书面报告,并有权拒绝计量支付审核。

监理单位应当如实记录安全事故隐患和整改验收情况,对有关文字、影像资料应当妥善保存。

第三十二条 依合同承担试验检测或者施工监测的单位应当按照法律、法规、规章、工程建设强制性标准和合同文件开展工作。所提交的试验检测或者施工监测数据应当真实、准确,数据出现异常时应当及时向合同委托方报告。

第三十三条 依法设立的为安全生产提供技术、管理服务的机构,依照法律、法规、规章和执业准则,接受从业单位的委托为其安全生产工作提供技术、管理服务。

从业单位委托前款规定的机构提供安全生产技术、管理服务的,保障安全生产的责任仍由本单位负责。

第三十四条 施工单位应当按照法律、法规、规章、工程建设强制性标准和合同文件组织施工,保障项目施工安全生产条件,对施工现场的安全生产负主体责任。施工单位主要负责人依法对项目安全生产工作全面负责。

建设工程实行施工总承包的,由总承包单位对施工现场的安全生产负总责。分包单位应当服从总承包单位的安全生产管理,分包单位不服从管理导致生产安全事故的,由分包单位承担主要责任。

第三十五条 施工单位应当书面明确本单位的项目负责人,代表本单位组织实施项目施工生产。

项目负责人对项目安全生产工作负有下列职责:

(一)建立项目安全生产责任制,实施相应的考核与奖惩;

(二)按规定配足项目专职安全生产管理人员;

(三)结合项目特点,组织制定项目安全生产规章制度和操作规程;

（四）组织制定项目安全生产教育和培训计划；

（五）督促项目安全生产费用的规范使用；

（六）依据风险评估结论，完善施工组织设计和专项施工方案；

（七）建立安全预防控制体系和隐患排查治理体系，督促、检查项目安全生产工作，确认重大事故隐患整改情况；

（八）组织制定本合同段施工专项应急预案和现场处置方案，并定期组织演练；

（九）及时、如实报告生产安全事故并组织自救。

第三十六条 施工单位的专职安全生产管理人员履行下列职责：

（一）组织或者参与拟订本单位安全生产规章制度、操作规程，以及合同段施工专项应急预案和现场处置方案；

（二）组织或者参与本单位安全生产教育和培训，如实记录安全生产教育和培训情况；

（三）督促落实本单位施工安全风险管控措施；

（四）组织或者参与本合同段施工应急救援演练；

（五）检查施工现场安全生产状况，做好检查记录，提出改进安全生产标准化建设的建议；

（六）及时排查、报告安全事故隐患，并督促落实事故隐患治理措施；

（七）制止和纠正违章指挥、违章操作和违反劳动纪律的行为。

第三十七条 施工单位应当推进本企业承接项目的施工场地布置、现场安全防护、施工工艺操作、施工安全管理活动记录等方面的安全生产标准化建设，并加强对安全生产标准化实施情况的自查自纠。

第三十八条 施工单位应当根据施工规模和现场消防重点建立施工现场消防安全责任制度，确定消防安全责任人，制定消防管理制度和操作规程，设置消防通道，配备相应的消防设施、物资和器材。

施工单位对施工现场临时用火、用电的重点部位及爆破作业各环节应当加强消防安全检查。

第三十九条 施工单位应当将专业分包单位、劳务合作单位的作业人员及实习人员纳入本单位统一管理。

新进人员和作业人员进入新的施工现场或者转入新的岗位前，施工单位应当对其进行安全生产培训考核。

施工单位采用新技术、新工艺、新设备、新材料的，应当对作业人员进行相应的安全生产教育培训，生产作业前还应当开展岗位风险提示。

第四十条 施工单位应当建立健全安全生产技术分级交底制度，明确安全技术分级交底的原则、内容、方法及确认手续。

分项工程实施前，施工单位负责项目管理的技术人员应当按规定对有关安全施工的技术要求向施工作业班组、作业人员详细说明，并由双方签字确认。

第四十一条 施工单位应当按规定开展安全事故隐患排查治理，建立职工参与的工作机制，对隐患排查、登记、治理等全过程闭合管理情况予以记录。事故隐患排查治理情况应当向从业人员通报，重大事故隐患还应当按规定上报和专项治理。

第四十二条 事故发生单位应当依法如实向项目建设单位和负有安全生产监督管理职责

的有关部门报告。不得隐瞒不报、谎报或者迟报。

发生生产安全事故，施工单位负责人接到事故报告后，应当迅速组织抢救，减少人员伤亡，防止事故扩大。组织抢救时，应当妥善保护现场，不得故意破坏事故现场、毁灭有关证据。

事故调查处置期间，事故发生单位的负责人、项目主要负责人和有关人员应当配合事故调查，不得擅离职守。

第四十三条　作业人员应当遵守安全施工的规章制度和操作规程，正确使用安全防护用具、机械设备。发现安全事故隐患或者其他不安全因素，应当向现场专（兼）职安全生产管理人员或者本单位项目负责人报告。

作业人员有权了解其作业场所和工作岗位存在的风险因素、防范措施及事故应急措施，有权对施工现场存在的安全问题提出检举和控告，有权拒绝违章指挥和强令冒险作业。

在施工中发生可能危及人身安全的紧急情况时，作业人员有权立即停止作业或者在采取可能的应急措施后撤离危险区域。

第四章　监督管理

第四十四条　交通运输主管部门应当对公路水运工程安全生产行为和下级交通运输主管部门履行安全生产监督管理职责情况进行监督检查。

交通运输主管部门应当依照安全生产法律、法规、规章及工程建设强制性标准，制定年度监督检查计划，确定检查重点、内容、方式和频次。加强与其他安全生产监管部门的合作，推进联合检查执法。

第四十五条　交通运输主管部门对公路水运工程安全生产行为的监督检查主要包括下列内容：

（一）被检查单位执行法律、法规、规章及工程建设强制性标准情况；

（二）本办法规定的项目安全生产条件落实情况；

（三）施工单位在施工场地布置、现场安全防护、施工工艺操作、施工安全管理活动记录等方面的安全生产标准化建设推进情况。

第四十六条　交通运输主管部门在职责范围内开展安全生产监督检查时，有权采取下列措施：

（一）进入被检查单位进行检查，调阅有关工程安全管理的文件和相关照片、录像及电子文本等资料，向有关单位和人员了解情况；

（二）进入被检查单位施工现场进行监督抽查；

（三）责令相关单位立即或者限期停止、改正违法行为；

（四）法律、行政法规规定的其他措施。

第四十七条　交通运输主管部门对监督检查中发现的安全问题或者安全事故隐患，应当根据情况作出如下处理：

（一）被检查单位存在安全管理问题需要整改的，以书面方式通知存在问题的单位限期整改；

（二）发现严重安全生产违法行为的，予以通报，并按规定依法实施行政处罚或者移交有关部门处理；

（三）被检查单位存在安全事故隐患的,责令立即排除;重大事故隐患排除前或者排除过程中无法保证安全的,责令其从危险区域撤出作业人员,暂时停止施工,并按规定专项治理,纳入重点监管的失信黑名单;

（四）被检查单位拒不执行交通运输主管部门依法作出的相关行政决定,有发生生产安全事故的现实危险的,在保证安全的前提下,经本部门负责人批准,可以提前24小时以书面方式通知有关单位和被检查单位,采取停止供电、停止供应民用爆炸物品等措施,强制被检查单位履行决定;

（五）因建设单位违规造成重大生产安全事故的,对全部或者部分使用财政性资金的项目,可以建议相关职能部门暂停项目执行或者暂缓资金拨付;

（六）督促负有直接监督管理职责的交通运输主管部门,对存在安全事故隐患整改不到位的被检查单位主要负责人约谈警示;

（七）对违反本办法有关规定的行为实行相应的安全生产信用记录,对列入失信黑名单的单位及主要责任人按规定向社会公布;

（八）法律、行政法规规定的其他措施。

第四十八条　交通运输主管部门执行监督检查任务时,应当将检查的时间、地点、内容、发现的问题及其处理情况作出书面记录,并由检查人员和被检查单位的负责人签字。被检查单位负责人拒绝签字的,检查人员应当将情况记录在案,向本单位领导报告,并抄告被检查单位所在的企业法人。

第四十九条　交通运输主管部门对有下列情形之一的从业单位及其直接负责的主管人员和其他直接责任人员给予违法违规行为失信记录并对外公开,公开期限一般自公布之日起12个月:

（一）因违法违规行为导致工程建设项目发生一般及以上等级的生产安全责任事故并承担主要责任的;

（二）交通运输主管部门在监督检查中,发现因从业单位违法违规行为导致工程建设项目存在安全事故隐患的;

（三）存在重大事故隐患,经交通运输主管部门指出或者责令限期消除,但从业单位拒不采取措施或者未按要求消除隐患的;

（四）对举报或者新闻媒体报道的违法违规行为,经交通运输主管部门查实的;

（五）交通运输主管部门依法认定的其他违反安全生产相关法律法规的行为。

对违法违规行为情节严重的从业单位及主要责任人员,应当列入安全生产失信黑名单,将具体情节抄送相关行业主管部门。

第五十条　交通运输主管部门在专业性较强的监督检查中,可以委托具备相应资质能力的机构或者专家开展检查、检测和评估,所需费用按照本级政府购买服务的相关程序要求进行申请。

第五十一条　交通运输主管部门应当健全工程建设安全监管制度,协调有关部门依法保障监督执法经费和装备,加强对监督管理人员的教育培训,提高执法水平。

监督管理人员应当忠于职守,秉公执法,坚持原则。

第五十二条　交通运输主管部门在进行安全生产责任追究时,被问责部门及其工作人员按照法律、法规、规章和工程建设强制性标准规定的方式、程序、计划已经履行安全生产督查职责,但仍有下列情形之一的,可不承担责任:

(一)对发现的安全生产违法行为和安全事故隐患已经依法查处,因从业单位及其从业人员拒不执行导致生产安全责任事故的;

(二)从业单位非法生产或者经责令停工整顿后仍不具备安全生产条件,已经依法提请县级以上地方人民政府决定中止或者取缔施工的;

(三)对拒不执行行政处罚决定的从业单位,已经依法申请人民法院强制执行的;

(四)工程项目中止施工后发生生产安全责任事故的;

(五)因自然灾害等不可抗力导致生产安全事故的;

(六)依法不承担责任的其他情形。

第五十三条 交通运输主管部门应当建立举报制度,及时受理对公路水运工程生产安全事故、事故隐患以及监督检查人员违法行为的检举、控告和投诉。

任何单位或者个人对安全事故隐患、安全生产违法行为或者事故险情等,均有权向交通运输主管部门报告或者举报。

第五章 法 律 责 任

第五十四条 从业单位及相关责任人违反本办法规定,国家有关法律、行政法规对其法律责任有规定的,适用其规定;没有规定的,由交通运输主管部门根据各自的职责按照本办法规定进行处罚。

第五十五条 从业单位及相关责任人违反本办法规定,有下列行为之一的,责令限期改正;逾期未改正的,对从业单位处1万元以上3万元以下的罚款;构成犯罪的,依法移送司法部门追究刑事责任:

(一)从业单位未全面履行安全生产责任,导致重大事故隐患的;

(二)未按规定开展设计、施工安全风险评估,或者风险评估结论与实际情况严重不符,导致重大事故隐患未被及时发现的;

(三)未按批准的专项施工方案进行施工,导致重大事故隐患的;

(四)在已发现的泥石流影响区、滑坡体等危险区域设置施工驻地,导致重大事故隐患的。

第五十六条 施工单位有下列行为之一的,责令限期改正,可以处5万元以下的罚款;逾期未改正的,责令停产停业整顿,并处5万元以上10万元以下的罚款,对其直接负责的主管人员和其他直接责任人员处1万元以上2万元以下的罚款:

(一)未按照规定设置安全生产管理机构或者配备安全生产管理人员的;

(二)主要负责人和安全生产管理人员未按照规定经考核合格的。

第五十七条 交通运输主管部门及其工作人员违反本办法规定,有下列情形之一的,对直接负责的主管人员和其他直接责任人员依法给予行政处分;构成犯罪的,依法移送司法部门追究刑事责任:

(一)发现公路水运工程重大事故隐患、生产安全事故不予查处的;

(二)对涉及施工安全的重大检举、投诉不依法及时处理的;

(三)在监督检查过程中索取或者接受他人财物,或者谋取其他利益的。

第六章 附 则

第五十八条 地方人民政府对农村公路建设的安全生产另有规定的,适用其规定。

第五十九条 本办法自 2017 年 8 月 1 日起施行。交通部于 2007 年 2 月 14 日以交通部令 2007 年第 1 号发布、交通运输部于 2016 年 3 月 7 日以交通运输部令 2016 年第 9 号修改的《公路水运工程安全生产监督管理办法》同时废止。

附录 10 公路工程竣(交)工验收办法

(2004 年 3 月 31 日 交通部令 2004 年第 3 号)

第一章 总 则

第一条 为规范公路工程竣(交)工验收工作,保障公路安全有效运营,根据《中华人民共和国公路法》,制定本办法。

第二条 本办法适用于中华人民共和国境内新建和改建的公路工程竣(交)工验收活动。

第三条 公路工程应按本办法进行竣(交)工验收,未经验收或者验收不合格的,不得交付使用。

第四条 公路工程验收分为交工验收和竣工验收两个阶段。

交工验收是检查施工合同的执行情况,评价工程质量是否符合技术标准及设计要求,是否可以移交下一阶段施工或是否满足通车要求,对各参建单位工作进行初步评价。

竣工验收是综合评价工程建设成果,对工程质量、参建单位和建设项目进行综合评价。

第五条 公路工程竣(交)工验收的依据是:

(一)批准的工程可行性研究报告;

(二)批准的工程初步设计、施工图设计及变更设计文件;

(三)批准的招标文件及合同文本;

(四)行政主管部门的有关批复、批示文件;

(五)交通部颁布的公路工程技术标准、规范、规程及国家有关部门的相关规定。

第六条 交工验收由项目法人负责。

竣工验收由交通主管部门按项目管理权限负责。交通部负责国家、部重点公路工程项目中 100 公里以上的高速公路、独立特大型桥梁和特长隧道工程的竣工验收工作;其他公路工程建设项目,由省级人民政府交通主管部门确定的相应交通主管部门负责竣工验收工作。

第七条 公路工程竣(交)工验收工作应当做到公正、真实和科学。

第二章 交 工 验 收

第八条 公路工程(合同段)进行交工验收应具备以下条件:

(一)合同约定的各项内容已完成;

(二)施工单位按交通部制定的《公路工程质量检验评定标准》及相关规定的要求对工程质量自检合格;

(三)监理工程师对工程质量的评定合格;

(四)质量监督机构按交通部规定的公路工程质量鉴定办法对工程质量进行检测(必要时

可委托有相应资质的检测机构承担检测任务),并出具检测意见;

(五)竣工文件已按交通部规定的内容编制完成;

(六)施工单位、监理单位已完成本合同段的工作总结。

第九条 公路工程各合同段符合交工验收条件后,经监理工程师同意,由施工单位向项目法人提出申请,项目法人应及时组织对该合同段进行交工验收。

第十条 交工验收的主要工作内容是:

(一)检查合同执行情况;

(二)检查施工自检报告、施工总结报告及施工资料;

(三)检查监理单位独立抽检资料、监理工作报告及质量评定资料;

(四)检查工程实体,审查有关资料,包括主要产品质量的抽(检)测报告;

(五)核查工程完工数量是否与批准的设计文件相符,是否与工程计量数量一致;

(六)对合同是否全面执行、工程质量是否合格作出结论,按交通主管部门规定的格式签署合同段交工验收证书;

(七)按交通部规定的办法对设计单位、监理单位、施工单位的工作进行初步评价。

第十一条 项目法人负责组织公路工程各合同段的设计、监理、施工等单位参加交工验收。拟交付使用的工程,应邀请运营、养护管理单位参加。参加验收单位的主要职责是:

项目法人负责组织各合同段参建单位完成交工验收工作的各项内容,总结合同执行过程中的经验,对工程质量是否合格作出结论;

设计单位负责检查已完成的工程是否与设计相符,是否满足设计要求;

监理单位负责完成监理资料的汇总、整理,协助项目法人检查施工单位的合同执行情况,核对工程数量,科学公正地对工程质量进行评定;

施工单位负责提交竣工资料,完成交工验收准备工作。

第十二条 项目法人组织监理单位按《公路工程质量检验评定标准》的要求对各合同段的工程质量进行评定。

监理单位根据独立抽检资料对工程质量进行评定,当监理按规定完成的独立抽检资料不能满足评定要求时,可以采用经监理确认的施工自检资料。

项目法人根据对工程质量的检查及平时掌握的情况,对监理单位所做的工程质量评定进行审定。

第十三条 各合同段工程质量评分采用所含各单位工程质量评分的加权平均值。即:

工程各合同段交工验收结束后,由项目法人对整个工程项目进行工程质量评定,工程质量评分采用各合同段工程质量评分的加权平均值。即:

工程质量等级评定分为合格和不合格,工程质量评分值大于等于 75 分的为合格,小于 75 分的为不合格。

第十四条 公路工程各合同段验收合格后,项目法人应按交通部规定的要求及时完成项目交工验收报告,并向交通主管部门备案。国家、部重点公路工程项目中 100 公里以上的高速公路、独立特大型桥梁和特长隧道工程向省级人民政府交通主管部门备案,其他公路工程按省级人民政府交通主管部门的规定向相应的交通主管部门备案。

公路工程各合同段验收合格后,质量监督机构应向交通主管部门提交项目的检测报告。

交通主管部门在15天内未对备案的项目交工验收报告提出异议,项目法人可开放交通进入试运营期。试运营期不得超过3年。

第十五条 交工验收提出的工程质量缺陷等遗留问题,由施工单位限期完成。

第三章 竣 工 验 收

第十六条 公路工程进行竣工验收应具备以下条件:

(一)通车试运营2年后;

(二)交工验收提出的工程质量缺陷等遗留问题已处理完毕,并经项目法人验收合格;

(三)工程决算已按交通部规定的办法编制完成,竣工决算已经审计,并经交通主管部门或其授权单位认定;

(四)竣工文件已按交通部规定的内容完成;

(五)对需进行档案、环保等单项验收的项目,已经有关部门验收合格;

(六)各参建单位已按交通部规定的内容完成各自的工作报告;

(七)质量监督机构已按交通部规定的公路工程质量鉴定办法对工程质量检测鉴定合格,并形成工程质量鉴定报告。

第十七条 公路工程符合竣工验收条件后,项目法人应按照项目管理权限及时向交通主管部门申请验收。交通主管部门应当自收到申请之日起30日内,对申请人递交的材料进行审查,对于不符合竣工验收条件的,应当及时退回并告知理由;对于符合验收条件的,应自收到申请文件之日起3个月内组织竣工验收。

第十八条 竣工验收的主要工作内容是:

(一)成立竣工验收委员会;

(二)听取项目法人、设计单位、施工单位、监理单位的工作报告;

(三)听取质量监督机构的工作报告及工程质量鉴定报告;

(四)检查工程实体质量、审查有关资料;

(五)按交通部规定的办法对工程质量进行评分,并确定工程质量等级;

(六)按交通部规定的办法对参建单位进行综合评价;

(七)对建设项目进行综合评价;

(八)形成并通过竣工验收鉴定书。

第十九条 竣工验收委员会由交通主管部门、公路管理机构、质量监督机构、造价管理机构等单位代表组成。大中型项目及技术复杂工程,应邀请有关专家参加。国防公路应邀请军队代表参加。

项目法人、设计单位、监理单位、施工单位、接管养护等单位参加竣工验收工作。

第二十条 参加竣工验收工作各方的主要职责是:

竣工验收委员会负责对工程实体质量及建设情况进行全面检查。按交通部规定的办法对工程质量进行评分,对各参建单位进行综合评价,对建设项目进行综合评价,确定工程质量和建设项目等级,形成工程竣工验收鉴定书。

项目法人负责提交项目执行报告及验收所需资料,协助竣工验收委员会开展工作;

设计单位负责提交设计工作报告,配合竣工验收检查工作;

监理单位负责提交监理工作报告,提供工程监理资料,配合竣工验收检查工作;

施工单位负责提交施工总结报告,提供各种资料,配合竣工验收检查工作。

第二十一条 竣工验收工程质量评分采取加权平均法计算,其中交工验收工程质量得分权值为0.2,质量监督机构工程质量鉴定得分权值为0.6,竣工验收委员会对工程质量评定得分权值为0.2。

工程质量评定得分大于等于90分为优良,小于90分且大于等于75分为合格,小于75分为不合格。

第二十二条 竣工验收委员会按交通部规定的办法对参建单位的工作进行综合评价。

评定得分大于等于90分且工程质量等级优良的为好,大于等于75分为中,小于75分为差。

第二十三条 竣工验收建设项目综合评分采取加权平均法计算,其中竣工验收工程质量得分权值为0.7,参建单位工作评价得分权值为0.3(项目法人占0.15,设计、施工、监理各占0.05)。

评定得分大于等于90分且工程质量等级优良的为优,大于等于75分为合格,小于75分为不合格。

第二十四条 负责组织竣工验收的交通主管部门对通过验收的建设项目按交通部规定的要求签发《公路工程竣工验收鉴定书》。

通过竣工验收的工程,由质量监督机构依据竣工验收结论,按照交通部规定的格式对各参建单位签发工作综合评价等级证书。

第四章 罚 则

第二十五条 项目法人违反本办法规定,对不具备交工验收条件的公路工程组织交工验收,交工验收无效,由交通主管部门责令改正。

第二十六条 项目法人违反本办法规定,对未进行交工验收、交工验收不合格或未备案的工程开放交通进行试运营的,由交通主管部门责令停止试运营,并予以警告处罚。

第二十七条 项目法人对试运营期超过3年的公路工程不申请组织竣工验收的,由交通主管部门责令改正。对责令改正后仍不申请组织竣工验收的,由交通主管部门责令停止试运营。

第二十八条 质量监督机构人员在验收工作中滥用职权、玩忽职守、徇私舞弊的,依法给予行政处分,构成犯罪的,依法追究刑事责任。

第五章 附 则

第二十九条 公路工程建设项目建成后,施工单位、监理单位、项目法人应负责编制工程竣工文件、图表、资料,并装订成册,其编制费用分别由施工单位、监理单位、项目法人承担。

各合同段交工验收工作所需的费用由施工单位承担。整个建设项目竣(交)工验收期间质量监督机构进行工程质量检测所需的费用由项目法人承担。

第三十条 对通过验收的工程,由项目法人按照国家规定,分别向档案管理部门和公路管理机构、接管养护单位办理有关档案资料和资产移交手续。

第三十一条 对于规模较小、等级较低的小型项目,可将交工验收和竣工验收合并进行。规模较小、等级较低的小型项目的具体标准由省级人民政府交通主管部门结合本地区的具体情况制订。

第三十二条 本办法由交通部负责解释。

第三十三条 本办法自 2004 年 10 月 1 日起施行。交通部颁布的《公路工程竣工验收办法》(交公路发〔1995〕1081 号)同时废止。

附录 11　公路水运工程试验检测管理办法

(2019 年 11 月 28 日　交通运输部令 2019 年第 38 号　根据 2019 年 11 月 28 日《交通运输部关于修改〈公路水运试验检测管理办法〉的决定》第二次修正)

第一章　总　　则

第一条　为规范公路水运工程试验检测活动,保证公路水运工程质量及人民生命和财产安全,根据《建设工程质量管理条例》,制定本办法。

第二条　从事公路水运工程试验检测活动,应当遵守本办法。

第三条　本办法所称公路水运工程试验检测,是指根据国家有关法律、法规的规定,依据工程建设技术标准、规范、规程,对公路水运工程所用材料、构件、工程制品、工程实体的质量和技术指标等进行的试验检测活动。

本办法所称公路水运工程试验检测机构(以下简称检测机构),是指承担公路水运工程试验检测业务并对试验检测结果承担责任的机构。

本办法所称公路水运工程试验检测人员(以下简称检测人员),是指具备相应公路水运工程试验检测知识、能力,并承担相应公路水运工程试验检测业务的专业技术人员。

第四条　公路水运工程试验检测活动应当遵循科学、客观、严谨、公正的原则。

第五条　交通运输部负责公路水运工程试验检测活动的统一监督管理。交通运输部工程质量监督机构(以下简称部质量监督机构)具体实施公路水运工程试验检测活动的监督管理。

省级人民政府交通运输主管部门负责本行政区域内公路水运工程试验检测活动的监督管理。省级交通质量监督机构(以下简称省级交通质监机构)具体实施本行政区域内公路水运工程试验检测活动的监督管理。

部质量监督机构和省级交通质监机构以下称质监机构。

第二章　检测机构等级评定

第六条　检测机构等级,是依据检测机构的公路水运工程试验检测水平、主要试验检测仪器设备及检测人员的配备情况、试验检测环境等基本条件对检测机构进行的能力划分。

检测机构等级,分为公路工程和水运工程专业。

公路工程专业分为综合类和专项类。公路工程综合类设甲、乙、丙 3 个等级。公路工程专项类分为交通工程和桥梁隧道工程。

水运工程专业分为材料类和结构类。水运工程材料类设甲、乙、丙 3 个等级。水运工程结构类设甲、乙 2 个等级。

检测机构等级标准由部质量监督机构另行制定。

第七条 部质量监督机构负责公路工程综合类甲级、公路工程专项类和水运工程材料类及结构类甲级的等级评定工作。

省级交通质监机构负责公路工程综合类乙、丙级和水运工程材料类乙、丙级、水运工程结构类乙级的等级评定工作。

第八条 检测机构可以同时申请不同专业、不同类别的等级。

检测机构被评为丙级、乙级后须满1年且具有相应的试验检测业绩方可申报上一等级的评定。

第九条 申请公路水运工程试验检测机构等级评定,应向所在地省级交通质监机构提交以下材料:

(一)《公路水运工程试验检测机构等级评定申请书》;

(二)质量保证体系文件。

第十条 公路水运工程试验检测机构等级评定工作分为受理、初审、现场评审3个阶段。

第十一条 省级交通质监机构认为所提交的申请材料齐备、规范、符合规定要求的,应当予以受理;材料不符合规定要求的,应当及时退还申请人,并说明理由。

所申请的等级属于部质量监督机构评定范围的,省级交通质监机构核查后出具核查意见并转送部质量监督机构。

第十二条 初审主要包括以下内容:

(一)试验检测水平、人员及检测环境等条件是否与所申请的等级标准相符;

(二)申报的试验检测项目范围及设备配备与所申请的等级是否相符;

(三)采用的试验检测标准、规范和规程是否合法有效;

(四)检定和校准是否按规定进行;

(五)质量保证体系是否具有可操作性;

(六)是否具有良好的试验检测业绩。

第十三条 初审合格的进入现场评审阶段;初审认为有需要补正的,质监机构应当通知申请人予以补正直至合格;初审不合格的,质监机构应当及时退还申请材料,并说明理由。

第十四条 现场评审是通过对申请人完成试验检测项目的实际能力、检测机构申报材料与实际状况的符合性、质量保证体系和运转等情况的全面核查。

现场评审所抽查的试验检测项目,原则上应当覆盖申请人所申请的试验检测各大项目。抽取的具体参数应当通过抽签方式确定。

第十五条 现场评审由专家评审组进行。

专家评审组由质监机构组建,3人以上单数组成(含3人)。评审专家从质监机构建立的试验检测专家库中选取,与申请人有利害关系的不得进入专家评审组。

专家评审组应当独立、公正地开展评审工作。专家评审组成员应当客观、公正地履行职责,遵守职业道德,并对所提出的评审意见承担个人责任。

第十六条 专家评审组应当向质监机构出具《现场评审报告》,主要内容包括:

(一)现场考核评审意见;

(二)公路水运工程试验检测机构等级评分表;

(三)现场操作考核项目一览表;

(四)两份典型试验检测报告。

第十七条 质监机构依据《现场评审报告》及检测机构等级标准对申请人进行等级评定。

质监机构的评定结果,应当通过交通运输主管部门指定的报刊、信息网络等媒体向社会公示,公示期不得少于7天。

公示期内,任何单位和个人有权就评定结果向质监机构提出异议,质监机构应当及时受理、核实和处理。

公示期满无异议或者经核实异议不成立的,由质监机构根据评定结果向申请人颁发《公路水运工程试验检测机构等级证书》(以下简称《等级证书》);经核实异议成立的,应当书面通知申请人,并说明理由,同时应当为异议人保密。

省级交通质监机构颁发证书的同时应当报部质量监督机构备案。

第十八条 《公路水运工程试验检测机构等级评定申请书》和《等级证书》由部质量监督机构统一规定格式。

《等级证书》应当注明检测机构从事公路水运工程试验检测的专业、类别、等级和项目范围。

第十九条 《等级证书》有效期为5年。

《等级证书》期满后拟继续开展公路水运工程试验检测业务的,检测机构应提前3个月向原发证机构提出换证申请。

第二十条 换证的申请、复核程序按照本办法规定的等级评定程序进行,并可以适当简化。在申请等级评定时已经提交过且未发生变化的材料可以不再重复提交。

第二十一条 换证复核以书面审查为主。必要时,可以组织专家进行现场评审。

换证复核的重点是核查检测机构人员、仪器设备、试验检测项目、场所的变动情况,试验检测工作的开展情况,质量保证体系文件的执行情况,违规与投诉情况等。

第二十二条 换证复核合格的,予以换发新的《等级证书》。不合格的,质监机构应当责令其在6个月内进行整改,整改期内不得承担质量评定和工程验收的试验检测业务。整改期满仍不能达到规定条件的,质监机构根据实际达到的试验检测能力条件重新作出评定,或者注销《等级证书》。

换证复核结果应当向社会公布。

第二十三条 检测机构名称、地址、法定代表人或者机构负责人、技术负责人等发生变更的,应当自变更之日起30日内到原发证质监机构办理变更登记手续。

第二十四条 检测机构停业时,应当自停业之日起15日内向原发证质监机构办理《等级证书》注销手续。

第二十五条 等级评定不得收费,有关具体事务性工作可以通过政府购买服务等方式实施。

第二十六条 《等级证书》遗失或者污损的,可以向原发证质监机构申请补发。

第二十七条 任何单位和个人不得伪造、涂改、转让、租借《等级证书》。

第三章 试验检测活动

第二十八条 取得《等级证书》,同时按照《计量法》的要求经过计量行政部门考核合格的检测机构,可在《等级证书》注明的项目范围内,向社会提供试验检测服务。

第二十九条 取得《等级证书》的检测机构,可设立工地临时试验室,承担相应公路水运工程的试验检测业务,并对其试验检测结果承担责任。

工程所在地省级交通质监机构应当对工地临时试验室进行监督。

第三十条 检测机构应当严格按照现行有效的国家和行业标准、规范和规程独立开展检测工作,不受任何干扰和影响,保证试验检测数据客观、公正、准确。

第三十一条 检测机构应当建立严密、完善、运行有效的质量保证体系。应当按照有关规定对仪器设备进行正常维护,定期检定与校准。

第三十二条 检测机构应当建立样品管理制度,提倡盲样管理。

第三十三条 检测机构应当重视科技进步,及时更新试验检测仪器设备,不断提高业务水平。

第三十四条 检测机构应当建立健全档案制度,保证档案齐备,原始记录和试验检测报告内容必须清晰、完整、规范。

第三十五条 检测机构在同一公路水运工程项目标段中不得同时接受业主、监理、施工等多方的试验检测委托。

第三十六条 检测机构依据合同承担公路水运工程试验检测业务,不得转包、违规分包。

第三十七条 检测人员分为试验检测师和助理试验检测师。

检测机构的技术负责人应当由试验检测师担任。

试验检测报告应当由试验检测师审核、签发。

第三十八条 检测人员应当重视知识更新,不断提高试验检测业务水平。

第三十九条 检测人员应当严守职业道德和工作程序,独立开展检测工作,保证试验检测数据科学、客观、公正,并对试验检测结果承担法律责任。

第四十条 检测人员不得同时受聘于两家以上检测机构,不得借工作之便推销建设材料、构配件和设备。

第四章 监督检查

第四十一条 质监机构应当建立健全公路水运工程试验检测活动监督检查制度,对检测机构进行定期或不定期的监督检查,及时纠正、查处违反本规定的行为。

第四十二条 公路水运工程试验检测监督检查,主要包括下列内容:

(一)《等级证书》使用的规范性,有无转包、违规分包、超范围承揽业务和涂改、租借《等级证书》的行为;

(二)检测机构能力变化与评定的能力等级的符合性;

(三)原始记录、试验检测报告的真实性、规范性和完整性;

(四)采用的技术标准、规范和规程是否合法有效,样品的管理是否符合要求;

(五)仪器设备的运行、检定和校准情况;

(六)质量保证体系运行的有效性;

(七)检测机构和检测人员试验检测活动的规范性、合法性和真实性;

(八)依据职责应当监督检查的其他内容。

第四十三条 质监机构实施监督检查时,有权采取以下措施:

(一)查阅、记录、录音、录像、照相和复制与检查相关的事项和资料；

(二)进入检测机构的工作场地(包括施工现场)进行抽查；

(三)发现有不符合国家有关标准、规范、规程和本办法规定的试验检测行为时,责令即时改正或限期整改。

第四十四条 质监机构应当组织比对试验,验证检测机构的能力。

部质量监督机构不定期开展全国检测机构的比对试验。各省级交通质监机构每年年初应当制定本行政区域检测机构年度比对试验计划,报部质量监督机构备案,并于年末将比对试验的实施情况报部质量监督机构。

检测机构应当予以配合,如实说明情况和提供相关资料。

第四十五条 任何单位和个人都有权向质监机构投诉或举报违法违规的试验检测行为。

质监机构的监督检查活动,应当接受交通运输主管部门和社会公众的监督。

第四十六条 质监机构在监督检查中发现检测机构有违反本规定行为的,应当予以警告、限期整改,情节严重的列入违规记录并予以公示,质监机构不再委托其承担检测业务。

实际能力已达不到《等级证书》能力等级的检测机构,质监机构应当给予整改期限。整改期满仍达不到规定条件的,质监机构应当视情况注销《等级证书》或者重新评定检测机构等级。重新评定的等级低于原来评定等级的,检测机构1年内不得申报升级。被注销等级的检测机构,2年内不得再次申报。

质监机构应当及时向社会公布监督检查的结果。

第四十七条 质监机构在监督检查中发现检测人员违反本办法的规定,出具虚假试验检测数据或报告的,应当给予警告,情节严重的列入违规记录并予以公示。

第四十八条 质监机构工作人员在试验检测管理活动中,玩忽职守、徇私舞弊、滥用职权的,应当依法给予行政处分。

第五章 附 则

第四十九条 本办法施行前检测机构通过的资质评审,期满复核时应当按照本办法的规定进行《等级证书》的评定。

第五十条 本办法自2005年12月1日起施行。交通部1997年12月10日公布的《水运工程试验检测暂行规定》(交基发[1997]803号)和2002年6月26日公布的《交通部水运工程试验检测机构资质管理办法》(交通部令2002年第4号)同时废止。

附录12　关于深化公路建设管理体制改革的若干意见

(2015年4月21日　交通运输部　交公路发〔2015〕54号)

各省、自治区、直辖市、新疆生产建设兵团交通运输厅(局、委):

为深入推进交通运输改革,全面推行现代工程管理,提高公路建设管理水平,现就深化公路建设管理体制改革提出如下意见:

一、深化改革的指导思想和基本原则

(一)指导思想。

贯彻落实党的十八大、十八届三中、四中全会精神,按照全面深化改革、全面推进依法治国、推进国家治理体系和治理能力现代化的总体要求,处理好政府和市场的关系,使市场在资源配置中起决定性作用和更好发挥政府作用,以完善市场机制、创新管理模式和政府监管方式、落实建设管理责任为重点,改革完善建设管理制度,建立与现代工程管理相适应的公路建设管理体系,为促进公路建设科学发展、安全发展提供制度保障。

(二)基本原则。

依法管理。完善公路建设管理相关法律法规,推进公路建设法治化,做到依法建设,依法管理,依法监督。

责权一致。明确公路建设项目相关主体的责权,做到责权对等、责任落实。

科学高效。整合项目管理职责,减少管理层级,创新管理模式,推行专业化管理,提高管理效能和建设管理水平。

公开透明。健全和规范公路建设市场,加强政府监管,规范权力运行,铲除公路建设中滋生腐败行为的土壤和条件。

二、完善公路建设管理四项制度

(三)落实项目法人责任制。

公路建设项目法人由项目出资人和项目建设管理法人组成。项目出资人依法履行出资职责;项目建设管理法人是经依法设立或认定,具有注册法人资格的企、事业单位,负责公路项目的建设管理,承担工程质量、安全、进度、投资控制等法定责任。

公路建设项目应实行项目法人责任制。对于目前由地方政府或交通运输主管部门直接负责建设管理的国省干线公路、农村公路项目,应按照政企分开、政事分开、监管与执行分开的原则,逐步过渡到由公路管理机构履行项目建设管理法人职责,或通过代建方式由专业化的项目管理单位负责建设。

按照项目投资性质,政府作为出资人的,应依法确定企业或事业单位作为建设管理法人;企业作为出资人的,应组建项目建设管理法人。项目建设管理法人应具备与项目建设管理相适应的管理能力,并承担项目建设管理职能及相应的法律责任。当项目建设管理法人不具备相应的项目建设管理能力时,应委托符合项目建设管理要求的代建单位进行建设管理,并依法承担各自相应的法律责任。项目法人在报送项目设计文件时,应将项目建设管理法人相关资料作为文件的组成内容一并上报。交通运输主管部门在设计审批时,应对项目建设管理法人的管理能力情况进行审核。对不满足项目建设管理要求的,应按规定要求其补充完善或委托代建。

地方交通运输主管部门应按照交通运输部《关于进一步加强公路项目建设单位管理的若干意见》(交公路发〔2011〕438号),结合本地区实际及具体项目情况,制定针对项目的建设管理能力要求,主要包括项目管理机构组成、职责分工、项目负责人等关键岗位人员的配置及资格、工程建设管理经验等方面内容。

交通运输主管部门要以项目为单位对项目建设管理法人和法人代表及项目管理主要人员开展考核和信用评价,不断完善对项目建设管理法人的监督约束机制和责任追究机制。考核内容涵盖项目建设管理法人和主要负责人的管理行为和项目建设的质量、安全、进度、造价等控制情况。通过考核激励和责任追究,强化项目建设管理法人的主体意识和责任意识,提高项目管理专业化水平。

(四)改革工程监理制。

坚持和完善工程监理制,更好地发挥监理作用。按照项目的投资类型及建设管理模式,由项目建设管理法人自主决定工程监理的实现形式。

明确监理定位。工程监理在项目管理中不作为独立的第三方,监理单位是对委托人负责的受托方,按合同要求和监理规范提供监理咨询服务。

明确监理职责和权利。监理工作是项目建设管理工作的重要组成部分。监理单位根据项目建设管理法人要求,按照合同约定的权利和义务,依法、依合同开展监理工作。工程施工质量和安全的第一责任人是施工单位,勘察设计质量和安全的第一责任人是勘察设计单位,监理单位依法承担监理合同范围内规定的相应责任。

调整完善监理工作机制。监理工作应改进方式,以质量、安全为重点,加强程序控制、工序验收和抽检评定,加强对隐蔽工程和关键部位的监理,精简内业工作量,明确环境监理和安全监理工作内容,落实对质量安全等问题的监督权和否决权。

引导监理企业和监理从业人员转型发展。引导监理企业逐步向代建、咨询、可行性研究、设计和监理一体化方向发展,拓展业务范围,根据市场需求,提供高层次、多样化的管理咨询服务。政府部门也可通过购买服务的方式委托监理企业开展相关工作。深化监理人员执业资格制度改革,提高监理人员的实际能力、专业技术水平和职业道德水平。引导监理市场规范有序发展,维护监理企业的合理利润和监理人员的合理待遇。

(五)完善招标投标制。

坚持依法择优导向。遵循"公平、公正、公开、择优"原则,尊重项目建设管理法人依法选择参建单位的自主权。改进资格审查和评标工作,加强信用评价结果在招投标中的应用,采取有效措施防止恶意低价抢标、围标串标。大力推进电子招投标,完善限额以下简易招标制度。加强对评标专家的管理,实行评标专家信用管理制度。

健全规章制度体系。加快制定公路建设项目代建、设计施工总承包招投标管理办法及标准招标文件,加快修订施工、设计、监理等招投标管理办法。对出资人自行设计和施工的项目,要进一步完善投资人招标等有关规定。

加强政府监管。交通运输主管部门要按照当地政府的有关规定,具备条件的公路建设项目招投标应进入公共资源交易市场。要依法纠正招投标中的违法行为,不得干预招标人的正常招标活动。要坚持信息公开,鼓励社会监督,规范招投标行为。

(六)强化合同管理制。

各级交通运输主管部门和从业单位应强化法律意识和契约意识,杜绝非法合同、口头协议和纸外合同等不规范现象。不断完善合同管理体系,研究制定《公路建设项目合同管理办法》,健全标准合同范本体系,制定代建、设计施工总承包、公路简明施工等标准合同范本,坚持以合同为依据规范项目建设管理工作。

加强对合同谈判、签订、履行、变更、结算等全过程管理,进一步完善工作机制和管理制度,注重培养合同管理人才,提高合同管理的科学化水平。强化合同执行情况的监督,通过履约考核、信用评价、奖励处罚等措施,督促合同双方履约守信。

三、创新项目建设管理模式

根据公路建设实际和投融资体制改革的要求,为提高项目管理专业化水平,各地可结合本地区实际情况和建设项目特点选用以下三种项目建设管理模式。同时,为进一步激发社会资本活力,鼓励各地进一步探索政府和社会资本合作(PPP)模式等新的融资模式下的其他有效建设管理模式。

(七)自管模式。由项目建设管理法人统一负责项目的全部建设管理工作和监理工作。项目建设管理法人必须具备相应的管理能力和技术能力,并配备具有相应执业资格的专业人员,能够完成项目管理全部工作,包括《公路工程施工监理规范》规定的相关工作,对项目质量、安全、进度、投资、环保等负总责。根据建设项目的规模和技术复杂程度,项目建设管理法人应依据自身监管能力从具有相应资质等级的监理单位聘请有相应资格的监理人员负责监理工作。

(八)改进的传统模式。由项目建设管理法人通过招标等方式,选择符合相应资质要求的监理单位对项目实行监理。按照监理制度改革的新要求,在监理合同中应明确项目建设管理法人与监理单位的职责界面,项目建设管理法人对项目建设管理负总责,监理单位受其委托,按照合同约定和授权依法履行相应的职责。

(九)代建模式。由出资人或项目建设管理法人通过招标等方式选择符合项目建设管理要求的代建单位承担项目建设管理工作。代建单位依据代建合同开展工作,履行合同规定的职权,承担相应的责任。鼓励代建单位统一负责项目建设管理工作和监理工作。

(十)建设管理模式确定程序。项目法人在向交通运输主管部门报送设计文件时,应明确拟采用的建设管理模式(包括相应的监理选择方式)并提交相关的材料。设计文件批复时要明确项目建设管理模式,以及建设管理法人、法人代表及项目主要负责人等,采用代建模式的,应明确代建单位及主要负责人等。项目建设管理模式、项目建设管理法人等变更时,应报原审批设计文件的交通运输主管部门备案。

四、逐步推行设计施工总承包方式

(十一)各级交通运输主管部门应鼓励项目建设管理法人根据项目特点,科学选择工程承发包方式,逐步推行设计施工总承包。设计施工总承包单位应按有关规定通过招标等方式确定,由其负责施工图勘察设计、工程施工和缺陷责任期修复等工作。要通过合同明确项目建设管理法人与总承包单位的职责分工和风险划分。设计施工总承包可以实行项目整体总承包,也可以分路段实行总承包,或者对机电、房建、绿化工程等实行专业总承包。实行设计施工总承包方式,要深化初步设计及概算工作,加强设计审查及设计变更管理,确保质量安全标准不降低,工程耐久性符合要求。探索推行设计、施工和固定年限养护相结合的总承包方式。

五、建立健全统一开放的公路建设市场体系

(十二)完善公路建设市场信用体系。

加强信用信息的基础性建设工作。完善全国统一的从业单位和从业人员数据库,利用信息化手段,实现信息共享,做到市场主体信用信息公开、透明、有效。规范信用信息的应用管理,完善守信激励和失信惩戒的相关制度。

要拓展对市场主体的评价工作。做好对勘察设计、施工、监理、试验检测等单位的信用评价工作,试行对项目建设管理法人、代建单位的信用评价,并将各市场主体的信用情况与招投标、资质审查等工作挂钩。

建立主要从业人员信用评价体系。对项目建设管理法人、代建单位、勘察设计、施工、监理及试验检测等各参建单位的项目负责人、技术负责人、安全生产负责人及其他关键岗位负责人等主要从业人员,建立个人执业信息登记和公开制度,开展个人信用评价,将评价结果计入个人信用信息档案,并与招投标等工作挂钩。大力整治从业人员非法挂靠、虚报资格(质)、履约不到位等问题,以净化市场环境。

(十三)加强代建市场的培育。各级交通运输主管部门要建立健全代建项目管理的规章制度,推进项目管理专业化。要通过政策引导和有效管理,促进代建市场规范有序发展。

(十四)加强从业人员管理工作。交通运输主管部门、项目法人及有关从业单位应充分考虑不同层次、不同岗位从业人员的差别化需求,加强各类培训和经验交流。公路建设项目各参建单位对一线操作人员要积极创造学习条件,定期举办技术交流培训,促使操作人员熟练掌握工作技能,不断提高文化和职业素质。

(十五)完善工程保险制度。根据项目规模、技术复杂程度、企业业绩、管理水平等,逐步实行差别化保险费率和浮动费率。通过市场风险管理机制,促使企业增强品牌意识、诚信意识和法律意识,规范市场行为。

六、强化政府监管

(十六)强化事中事后监管。各级交通运输主管部门要按照行政管理体制改革要求,逐步精简事前审批事项,减少市场准入限制,加强对项目的事中事后监管,特别是对项目出资人资金到位情况、招标投标、设计审查、工程变更、工程验收等关键环节的监管,重点整治招投标中的非法干预、暗箱操作、围标串标行为,以及试验数据和变更设计造假、层层转包和非法分包、虚报工程量、多计工程款等违法违规行为,加强对工人工资支付情况的监管。实行项目建设管理法人及其他参建单位责任登记制度,细化、分解相关单位及人员的责任。建立工程质量终身责任追究制度和工程造价监督管理制度,完善设计变更管理制度、工程项目信息公开制度和材料设备阳光采购制度。对存在违法违规行为的参建单位和个人要依法严惩,列入"黑名单",给予限期不准参加招标投标、吊销资质证书、停止执业、吊销执业证书等相应处罚。

(十七)创新监管方式。要研究制定针对新的项目管理模式和新的融资方式的建设项目的监管模式、重点和措施,对社会资本投资的项目,要制定相应的监管方案,明确监管单位、人员、职责和监管措施,提高监管的针对性。要认真审核特许经营协议中关于质量、安全、工期、环保、检测频率等内容条款,明确项目建设管理法人的相关责任、义务和权利。严格审查技术标准、建设规模和重大技术方案,重点加强对建设程序执行、建设资金使用、质量安全等措施的监管。必要时政府可通过招标等方式选择第三方专业机构,提供技术审查咨询、试验检测等相关技术服务,丰富监管手段,有效发挥监管作用。

七、有关要求

(十八)提高思想认识,加强组织领导。省级交通运输主管部门要高度重视公路建设管理体制改革工作,按照部公路建设管理体制改革的总体部署,因地制宜地制定本地区改革实施方案,明确责任、精心组织、狠抓落实,推进公路建设管理体制改革不断深化。

(十九)积极开展试点,稳步推进改革。省级交通运输主管部门要结合本地区实际情况组织开展自管模式、代建模式、监理改革和设计施工总承包等试点工作,改革试点方案报部备案。处理好改革、发展、稳定的关系,既要积极推进改革,又要稳妥可靠,既要做好改革的顶层设计和总体规划,又要因地制宜提出具有可操作性的解决方案。要跟踪试点进展情况,及时研究解决试点中发现的问题,总结经验,完善制度,加以推广。

(二十)完善法规体系,实现依法建设。根据公路建设管理体制改革的总体要求,结合试点情况,及时修订有关法规、规章及规范性文件,完善管理制度,细化配套措施,健全法规体系,不断提升公路建设管理水平,实现公路建设管理的法制化。

参 考 文 献

[1] 刘建新.监理概论[M].北京:人民交通出版社,1999.
[2] 袁志英,王富春.监理概论[M].3版.北京:人民交通出版社,2013.
[3] 中国建设监理协会.建设工程监理概论[M].3版.北京:知识产权出版社,2007.
[4] 成虎,陈群.工程项目管理[M].4版.北京:中国建筑工业出版社,2019.
[5] 吕国仁,张亮堂,杨正凯,等.公路施工组织与管理[M].北京:人民交通出版社股份有限公司,2017.
[6] 李明顺.FIDIC条件与合同管理[M].北京:冶金工业出版社,2011.
[7] 中国交通建设监理协会.交通建设工程施工环境保护监理[M].北京:人民交通出版社,2010.
[8] 中华人民共和国交通运输部.公路工程标准施工监理招标文件(2018年版).北京:人民交通出版社股份有限公司,2018.
[9] 中华人民共和国交通运输部.公路工程施工监理规范:JTG G10—2016[S].北京:人民交通出版社股份有限公司,2016.
[10] 中华人民共和国交通运输部.公路工程标准施工招标文件(2018年版).北京:人民交通出版社股份有限公司,2018.